國家古籍整理出版資助項目
全國高校古委會資助項目

五禮通考

〔清〕秦蕙田 撰

方向東 王鍔 點校

一

吉禮〔一〕

中華書局

圖書在版編目(CIP)數據

五禮通考/(清)秦蕙田撰;方向東,王鍔點校. —北京:中華書局,2020.11(2023.8 重印)
ISBN 978-7-101-14842-8

Ⅰ.五… Ⅱ.①秦…②方…③王… Ⅲ.禮儀-研究-中國-古代 Ⅳ.K892.9

中國版本圖書館 CIP 數據核字(2020)第 198999 號

責任編輯:徐真真 石 玉 王 娟
責任校對:宋梅鵬 彭春芳 李 舉
責任印製:陳麗娜

五禮通考
(全二十册)
〔清〕秦蕙田 撰
方向東 王 鍔 點校
*
中華書局出版發行
(北京市豐臺區太平橋西里 38 號 100073)
http://www.zhbc.com.cn
E-mail:zhbc@zhbc.com.cn
三河市中晟雅豪印務有限公司印刷
*
920×1250 毫米 1/32 · 407¼印張 · 40 插頁 · 6000 千字
2020 年 11 月第 1 版 2023 年 8 月第 2 次印刷
印數:1501-2000 册 定價:1990.00 元

ISBN 978-7-101-14842-8

總目

第一册

第二册

第三册

第四册

第五册

第六册

第七册

第八册

第九册

第十册

第十一册

第十二册

第十三册

第十四册

第十五册

第十六册

第十七册

第十八册

第十九册

第二十册

目録

五禮通考卷五　吉禮五

整理前言

儀禮、周禮、禮記包括大戴禮記是中華禮樂文明的淵藪，也是兩千多年來歷代王朝政府制定適合自己時代禮儀制度的根據。自東漢鄭玄給儀禮、周禮、禮記作注，三書始並稱三禮。研究三禮之學問，乃稱爲「三禮學」。三禮涉及内容廣泛，對中華文化産生了深刻影響。

一

東漢已降，對於三禮之研究，基本可分爲三大類：一是立足三禮本身，注疏經文，研討經義，若賈公彦儀禮疏、周禮疏，孔穎達禮記正義等；二是根據三禮記載，創建當代禮儀制度，若大唐開元禮、大明集禮等；三是綜合三禮内容，參考經史典籍，考察周代或西周以來之禮儀制度，若通典禮典、朱子儀禮經傳通解、徐乾學讀禮通考、秦蕙田五禮通考等。

朱子乞修三禮劄子曰：

熙寧以來，王安石變亂舊制，廢罷儀禮而獨存禮記之科，棄經任傳，遺本宗末，其失已甚。而博士諸生，又不過誦其虛文，以供應舉。至於其間，亦有因儀法度數之實而立文者，則咸幽冥而莫知其源。一有大議，率用耳學臆斷而已。若乃樂之爲教，則又絶無師授，律尺短長，聲音清濁，學士大夫莫有知其說者，而不知其爲闕也。故臣頃在山林，嘗與一二學者考訂其說，欲以儀禮爲經，而取禮記及諸經史雜書所載有及於禮者，皆以附於本經之下，具列注疏諸儒之說，略有端緒〔一〕。

朱子因王安石「變亂舊制，廢罷儀禮，而獨存禮記之科，棄經任傳，遺本宗末」，導致「博士諸生，又不過誦其虛文，以供應舉。至於其間，亦有因儀法度數之實而立文者，

〔一〕朱傑人、嚴佐之、劉永翔主編朱子全書，上海古籍出版社、安徽教育出版社二〇〇二年，第二册第二十五頁。

則咸幽冥而莫知其源。一有大議，率用耳學臆斷而已」。乃於晚年，彙集諸生，編纂儀禮經傳通解，「欲以儀禮爲經，而取禮記及諸經史雜書所載有及於禮者，皆以附於本經之下，具列注疏諸儒之説」，考察西周禮制沿革，以供當政者之參稽。然編纂未盡，成書三十七卷，親定者僅二十三卷，朱子仙逝。「喪禮」、「祭禮」二門，乃委託弟子黄榦、楊復，成儀禮經傳通解續二十九卷。

宋明學者，研禮者多，然於凶禮，用功甚少。及至清朝，徐乾學撰讀禮通考一百二十卷。朱彝尊讀禮通考序曰：

追宋講學日繁，而言禮者寡，於凶事少專書。朱子家禮盛行於民間，而世之儒者於國恤不復措意。其僅存可稽者，杜氏通典、馬氏通考已焉。嗚呼！慎終追遠之義輟而不講，斯民德之日歸於薄矣。刑部尚書崑山徐公居母憂，讀喪禮，撰通考一書，再期而成。尋於休沐之暇，瀏覽載籍，又增益之，凡一百二十卷。摭采之博而擇之也精，考據之詳而執之有要，此天壤間必不可少之書也。……彝尊因勸公并修吉、軍、賓、嘉四禮，庶成完書。公喜劇，即編定體例，分授諸子，方事排纂而公逝[一]。

四庫提要曰：

是編乃其家居讀禮時所輯。歸田以後，又加訂定，積十餘年，三易稿而後成。於儀禮喪服、士喪、既夕、士虞等篇及大小戴記，則仿朱子經傳通解，兼采衆說，剖析其義。於歷代典制，則一本正史，參以通典及開元禮、政和五禮新儀諸書，立綱統目。其大端有八：一曰喪期，二曰喪服，三曰喪儀節，四曰葬考，五曰喪具，六曰變禮，七曰喪制，八曰廟制。喪期歷代異同則有表，喪服暨儀節、喪具則有圖，縷析條分，頗爲詳備。……又欲并修吉、軍、賓、嘉四禮，方事排纂而殁。然是書蒐羅富有，秦蕙田五禮通考即因其義例而成，古今言喪禮者，蓋莫備於是焉[二]。

徐乾學仿儀禮經傳通解撰讀禮通考，以儀禮爲主，參考他書，兼采衆說，研討喪禮，縷

[一] 徐乾學讀禮通考，文淵閣四庫全書，上海古籍出版社一九八七年，第一一二册第二至三頁。
[二] 欽定四庫全書總目，中華書局一九九七年，上册第二六四頁。

析條分，頗爲詳備。「又欲并修吉、軍、賓、嘉四禮，方事排纂而歿」，十分可惜！朱子曰：「禮樂廢壞二千餘年，若以大數觀之，亦未爲遠，然已都無稽考處。後來須有一箇大大底人出來，盡數拆洗一番，但未知遠近在幾時。」〔二〕秦蕙田即此「大大底人」，其發凡起例，編撰五禮通考二百六十二卷。正如秦氏所言：「吾之爲此，蓋將以繼朱子之志耳，豈徒欲作徐氏之功臣哉！」〔三〕

秦蕙田，字樹峰，號味經，江蘇金匱（今無錫）人。生於清康熙四十一年（一七〇二），卒於乾隆二十九年（一七六四）。據清史稿卷三〇四記載，秦蕙田於乾隆元年（一七三六）中一甲三名進士，授編修，南書房行走，累遷至禮部右侍郎。二十二年（一七五七），遷工部尚書。二十三年，調刑部尚書，仍兼領工部，加太子太保。二十五、二十八年，兩任會試正考官。二十九年，秦氏兩以病請解任回籍，乾隆一再挽留，及准請，回家途中，九月九日巳時卒於滄州，謚曰文恭。錢大昕潛研堂文集卷四二光

〔二〕黎靖德編朱子語類，中華書局一九九九年，第六册第二一七七頁。

〔三〕王鳴盛五禮通考序，西莊始存稿卷二四，續修四庫全書，上海古籍出版社二〇〇二年，第一四三四册第三一八頁，又見本書附録一。

禄大夫經筵講官太子太保刑部尚書秦文恭公墓志銘曰：

公立朝三十年，治事以勤，奉上以敬，剛介自守，不曲意徇物。公退，則杜門謝賓客著書，不異爲諸生時。後進有通經嗜古者，奬借不去口，蓋天性然也。公幼而穎悟，及長，從給諫公於京邸，何屺瞻、王若林、徐壇長諸先生咸折輩行與之交。中歲居里門，與蔡宸錫、吴大年、尊彜、龔繩中爲讀經之會。嘗慨禮經名物制度，諸儒詮解互異，鮮能會通其説。故於郊社、宗廟、宫室、衣服之類，尤究心焉。上御極之初，江陰楊文定公領國子監事，薦公篤志經術，可佐教成均。既而直内廷，課皇子講讀，益以經術爲後學宗。嘗言：「儒者舍經以談道，非道也；離經以求學，非學也。」故以窮經爲主，而不居講學之名。生平所爲文，號味經窩類稿者凡若干卷，而説經之文居其大半。公夙精三禮之學，及佐秩宗，考古今禮制因革，以爲禮自秦火而後，漢儒保殘守缺，什僅存一。朱子生於南宋，嘗有志編次朝廷、公卿、大夫、士民禮爲當代之典，而所撰儀禮經傳通解體例未備，喪、祭禮又續自黄氏、楊氏，未克竟朱子之志。乃按周官吉、凶、軍、賓、嘉之目，撰爲五禮通考二百六十二卷。……殫思二十餘年，稿易三四而後定，自言生平精力盡於是焉〔一〕。

秦蕙田爲官近三十年，官運亨通，政績突出，深得乾隆皇帝賞識。然從政之餘，謝絶賓客，專心著述，於五禮通考用力最多。

五禮通考之纂修，始於雍正二年（一七二四），至乾隆二十六年（一七六一）告成，歷時三十八年，歷經三期：

雍正二年至雍正十三年爲第一期，秦蕙田與鄉人爲讀經之會，積稿成帙，都百餘卷；乾隆元年至十八年爲第二期，秦氏登第入京、任職禮部、讀校禮書及丁憂回籍數事，於五禮通考之纂修，影響莫大焉，而成稿亦逾二百卷；乾隆十九年至本年止，爲第三期，秦氏得錢、戴衆新進才儁之助，續加葺補，終期大備。自雍正二年起，前後幾四十年，秦氏孜孜經營，今始垂成，此中甘苦，略可想見。而經始諸人如蔡德晋、吴鼐，均已徂謝，他若顧棟高輩，亦不及見此書之成〔二〕。

〔一〕陳文和主編嘉定錢大昕全集（增訂本）第九册潛研堂文集卷四二，鳳凰出版社二〇一六年，第六六六至六六七頁，又見本書附録二。

〔二〕張濤述五禮通考之成書，方光華、彭林主編中國經學論集，陝西人民出版社二〇〇九年，第二八七至三一〇頁。

先後參與纂修、校訂五禮通考之人有蔡德晉、吴鼐、吴鼎、龔繩中、顧我鈞、陸登選、褚寅亮、盛世佐、錢大昕、戴震、王鳴盛、沈廷芳、王昶、方觀承、盧見曾、宋宗元、尹嘉銓、吴玉搢、盧文弨等人〔一〕，蔣汾功、顧棟高、盧文弨、盧見曾、方觀承、王鳴盛曾爲五禮通考作序。參與纂修、校訂之人，皆是經學文獻研究的大家，或以禮名家，或精於校勘，錢大昕、戴震是清代乾嘉考據學的領軍人物。蔡德晉禮經本義、褚寅亮儀禮管見、盛世佐儀禮集編、戴震考工記圖注、王鳴盛周禮軍賦説、盧文弨儀禮注疏詳校等著作，都是清代禮學研究之代表作。他們的參與，保證了五禮通考的質量。

二

五禮通考二百六十二卷，加目録二卷、卷首禮經作述源流和禮制因革四卷，共計二百六十八卷。就文淵閣四庫全書本而言，書首是五禮通考目録，其次是蔣汾功、顧棟高、秦蕙田三人序，再次是凡例十四條，申述纂修緣由和原則，次接正文。全書按

〔一〕張濤述五禮通考之成書。

吉禮、嘉禮、賓禮、軍禮、凶禮分爲五大類，每大類下分小類，小類下分細目，徵引經史文獻資料及諸家之論説，後附案語，發表己見。凡例曰：

自古禮散軼，漢儒掇拾於煨燼之餘，其傳於今者，惟儀禮十七篇，周官五篇，考工記一篇，文多殘闕。禮記四十九篇，删自小戴，及所存大戴禮，間有制度可考，而純駁互見，附以注疏及魏、晉諸家，人自爲説，益用紛歧。唐、宋以來，惟杜氏佑通典、陳氏祥道禮書、朱子儀禮經傳通解、馬氏端臨文獻通考，言禮頗詳。今案通解所纂王朝、邦國諸禮，合三禮諸經傳記，薈萃補輯，規模精密，第專録注疏，亦未及史乘，且屬未成之書。禮書詳于名物，略于傳注。通典、通考雖網羅載籍，兼收令典，第五禮僅二書門類之一，未克窮端竟委，詳説反約。宋史禮志載朱子「嘗欲取儀禮、周官、二戴記爲本，編次朝廷、公卿、大夫、士民之禮，盡取漢、晉而下及唐諸儒之説，考訂辨正，以爲當代之典，未及成書」。至近代，崑山徐氏乾學著讀禮通考一百二十卷，古禮則仿經傳通解，兼採衆説，詳加折衷；歷代則一本正史，參以通典、通考，廣爲搜集。庶幾朱子遺意，所關經國善俗，厥功甚鉅，惜乎吉、嘉、賓、軍四禮，屬草未就。是書因其體例，依通典五禮次第，編輯吉禮如干卷，嘉禮如干卷，賓禮如干卷，軍禮及凶禮之未備者如干卷。而通解内之王朝禮，别爲條目，附于嘉禮。合徐書，而大宗伯之五禮古今沿革，本末源流，異同失得之故，咸有考焉〔一〕。

秦氏十分清晰地交待了五禮通考的撰作緣起。全書上自先秦，下訖明代，先經後史，各以類别，原原本本，條分縷析。正如錢大昕所言：「凡先儒所聚訟者，一一疏其脉絡，破其癥結，上探古人制作之原，下不違當代之法。」〔二〕堪稱禮學研究之寶藏。

綜合言之，五禮通考的價值，主要體現在以下三個方面：

一、會通經史，梳理禮制。古禮難考，蓋因禮書殘缺、禮制繁縟。兩漢以來，歷代因循，變化多端，故後人於禮日益疏略。秦蕙田對此深有體會，故於凡例曰：

考制必從其朔，法古貴知其意。而議禮之家，古稱聚訟，權衡審度，非可臆決。

徐本于經文缺略、傳注糾紛之處，必詳悉考訂，定厥指歸。兹特兼收異説，

〔一〕秦蕙田五禮通考，文淵閣四庫全書，上海古籍出版社一九八七年，第一三五册第六二頁。

〔二〕嘉定錢大昕全集（增訂本），第九册第六六七頁。

并先儒辨論，附于各條之後，以備參稽。或並存闕疑，於治經之學，不無補裨。

杜氏、馬氏所載歷代史事，大概專據志書，而本紀、列傳不加搜採。然史家記事，彼此互見，且二十二史體例各殊，有詳于志而不登紀傳者，亦有散見紀傳而不登于志者，舉一廢一，不無掛漏。又其採輯之法，有時全載議論，一事而辨析千言；有時專提綱領，千言而括成一語，詳略不均，指歸無據。茲特偏採紀傳，參校志書，分次時代，詳加考核。凡諸議禮之文，務使異同並載，曲直具存，庶幾後之考者，得以詳其本末〔一〕。

秦氏以「會通」的眼光看待古代禮制之演變，先撰禮經作述源流、禮制因革，置於書首，述禮書之撰作，考禮制之沿革。正文以經書爲主，以史書爲輔，兼及子部、集部之典籍，凡經、史、子、集中涉及禮儀、禮制的內容，幾乎搜羅殆盡，對禮制的發生和演變進行了詳細梳理和考證。

如吉禮第一類「圜丘祀天」禮，先輯録周易、尚書、周禮、禮記等經書中關於「郊

〔一〕秦蕙田五禮通考，文淵閣四庫全書，第一三五册第六二至六三頁。

祭」之資料，輔以漢書、葉時禮經會元、陳祥道禮書、羅泌路史、朱鶴齡之説，後加案語解釋「郊祭」，其文曰：

南郊、北郊，天地分、合祭，千古聚訟。考分祭，見于周禮之圜丘、方澤，禮記之泰壇、泰折，厥有明文，合祭則無之也。而後人以北郊不見經傳爲疑。案漢書志載匡衡、張譚議，有祭天于南郊，瘞地于北郊。及翟方進等引禮記「南郊定天位，北郊就陰位」之語，去古未遠，其言必有所本，固不特注疏爲然，是不得謂之無據也。合祭自王莽始，後之君臣圖宴安，憚勞費，于是曲爲附會，往往以召誥「用牲于郊，牛二」謂經文無北郊，及昊天有成命詩歌天不歌地爲辭。夫周禮稱圜丘方澤，亦未嘗有南郊之名。郊特牲之變圜丘爲南郊，亦猶祭法之言泰壇，同實而異名耳。且言南，正以别于北。而經之汎言郊者，皆統天地可知，何必以無北郊之文爲疑也？……考天地之祭，漢時或分或合，後唯魏文帝之太和、周武帝之建德、隋高祖之開皇、唐玄宗之開元、宋神宗之元豐、元文宗之至順、明世宗之嘉靖，特主分祭，餘皆主合祭。……我朝定南北郊之祭，天子歲必親行，破累代之陋規，遵古經之正禮，三代之盛，奚以加焉〔一〕。郊祭分南、北，分祭天、地，周禮、禮記有記載，乃古經之正禮。王莽始主張合祭天地，後世樂便，曲爲附會，安憚勞費，往往仍而不改。

自卷一至卷二〇，秦氏用二十卷之篇幅，徵引經、史等文獻之記載，梳理先秦至明代圜丘祭天禮的儀式及其演變，具體細目有：郊名義、四代郊正祭、四代告祭、郊壇、配帝、日月從祀、玉幣、親耕粢盛秬鬯、酒醴、犧牲、籩豆之實、器用、服冕、車旗、告廟卜、誓戒擇士、齊、戒具陳設、省眡、呼旦警戒、除道警蹕、祭日陳設省眡、祭時、聽祭報、王出郊、燔柴、作樂降神、迎尸、迎牲殺牲、盥、薦玉帛、薦豆籩、薦血腥、朝踐王一獻宗伯二獻、祝號、亨牲、薦熟、饋獻王三獻宗伯四獻、薦黍稷、饋食王五獻宗伯六獻諸臣七獻、祀神之樂、嘏、送尸、徹、告事畢、代祭、喪不廢祭、秦郊禮、西漢郊禮、後漢郊禮、蜀漢郊禮、魏郊禮、吴郊禮、晉郊禮、宋郊禮、齊郊禮、梁郊禮、陳郊禮、北魏郊禮、北齊郊禮、北周郊禮、隋郊禮、唐郊禮、五代郊禮、宋郊禮、遼祭山禮、金郊禮、元郊

〔一〕秦蕙田五禮通考，文淵閣四庫全書，第一三五册第一三六至一三七頁。

禮、明郊禮。「郊名義」至「喪不廢祭」，考察圜丘祭天禮儀的具體儀式；「秦郊禮」至「明郊禮」，分别叙述各代的圜丘祭天禮儀。從這些細目，大致可以看出中國古代圜丘祭天禮的歷史，清代以前圜丘祭天禮的祭祀儀式、所用器物、參與人員、禮儀演變，一清二楚，而關於圜丘祭天禮的原始資料、主要觀點、爭論焦點及其原因，全聚於此，爲我們研究圜丘祭天禮提供了極大便利。其他類目，無不如是。

二、分類詳明，徵引豐贍。三禮研究專家錢小雲先生在三禮辭典自序中説：

古之所謂禮，本指祭祀鬼神之事，隨社會發展，禮之範圍逐步擴大，由祭祀之禮而及於人倫之各種規範，再而至於有關政教之典章制度。今試以儀禮、周禮及大小戴禮記所涉及内容觀之，則天子侯國建制、疆域劃分、政法文教、禮樂兵刑、賦役財用、冠昏喪祭、服飾膳食、宫室車馬、農商醫卜、天文律曆、工藝製作，可謂應有盡有，無所不包。其範圍之廣，與今日「文化」之概念相比，或有過之而無不及。是以三禮之學，實即研究上古文化史之學〔一〕。

〔一〕錢玄、錢興奇三禮辭典，江蘇古籍出版社一九九三年，第一頁。

錢老之言，充分説明了三禮所涵蓋的内容是十分廣泛的。而以三禮爲源頭的中國古代禮儀制度，所涉及的範圍之廣，遠遠超過三禮之内容。所以，要考察先秦以來的禮制，分類就是第一大難事。鄭樵曰：「類例既分，學術自明。」〔一〕一語道破了學術分類的重要性。

周禮春官大宗伯將禮分爲吉、凶、賓、軍、嘉五類。清代以前，綜合考察禮儀制度且按照五禮分類的著作有唐代杜佑通典禮典、鄭樵通志禮略，均按吉、嘉、賓、軍、凶之次序分類。五禮通考在通典禮典、通志禮略的基礎上，仿照其吉、嘉、賓、軍、凶之次序，調整細小分類，彙編禮學資料。卷一至卷一二七是吉禮，分圜丘祀天、祈穀、大雩、明堂、五帝、祭四時、祭寒暑、日月、星辰（附太一、太歲月將、風師雨師雲神雷神）、方丘祭地、社稷（附城隍）、四望山川（附封禪）、五祀、六宗、四方、四類、高禖、蜡臘、儺、酺、盟詛、釁、宗廟制度（附律吕）、宗廟時享、禘祫、薦新、后妃廟、私親廟、太子廟、諸侯廟祭、大夫士廟祭、祀先代帝王、祭先聖先師、祀孔子、功臣配享、賢臣祀典、親耕

〔一〕鄭樵通志二十略，王樹民點校，中華書局一九九五年，下册第一八〇六頁。

享先農、親桑享先蠶、享先火、享先炊、享先卜、享先醫、祭厲等四十三小類。卷一二八至卷二一九是嘉禮，共九十二卷，分即位改元、上尊號、朝禮、尊親禮、飲食禮（附爲人後）、冠禮、昏禮、饗燕禮、射禮、鄉飲酒禮、學禮、巡狩、觀象授時、體國經野、設官分職等十五小類。卷二二〇至卷二三二是賓禮，共十三卷，分天子受諸侯朝、天子受諸侯覲、天子受諸侯蕃國朝覲、會同、三恪二王後、諸侯聘于天子（蕃使朝貢附）、天子遣使諸侯國（遣使詣蕃附）、諸侯相朝、諸侯會盟遇、諸侯遣使交聘、相見禮等十一小類。卷二三三至卷二四五是軍禮，共十三卷，分軍制、出師、校閲、車戰、舟師、田獵、馬政等七小類。卷二四六至卷二六二是凶禮，共十七卷，分荒禮、札禮、烖禮、禬禮、恤禮、唁禮、問疾禮、喪禮等八小類。如此分類，與通典禮典、通志禮略比較，均有很大不同。

通典禮典吉禮類細分郊天、大雩、大享明堂、朝日夕月、禋六宗、大禘、靈星、風師雨師及諸星等祠、方丘、社稷、山川、籍田、先蠶、天子宗廟、后妃廟、皇太子及皇子宗廟、諸侯大夫士宗廟、天子皇后及諸侯神主、卿大夫士神主及題板、諸藏神主及題板制、兄弟相繼藏主室、移廟主、師行奉主車、立尸義、時享、祫禘、功臣配享、天子七祀、宗室助祭議、庶子攝祭、庶子在他國不立廟議、兄弟不合繼位昭穆議、兄弟俱封各得立禰廟議、遭難未葬入廟議、亡失其親立廟議、喪廢祭議、旁親喪不廢祭議、緦不祭議、奪宗議、殤及無後廟祭議、祭殤、未立廟祭議、公除祭議、上陵、大學、諸侯立學、釋奠、祀先代帝王、老君祠、孔子祠、太公廟、巡狩、封禪、告禮、歷代所尚、享司寒、禜、禳祈、高禖、祓禊、諸雜祠、淫祀興廢六十二小類，計十四卷〔一〕。通志禮略吉禮類細分郊天、大雩、明堂、朝日夕月、大禘、靈星、風師雨師及諸星等祠、方丘、社稷、山川、籍田、先蠶、宗廟、時享、祫禘、功臣配享、天子七祀、上陵、釋奠、祀先代帝王、老君祠、孔子祠、太公廟、巡狩、封禪、歷代所尚、享司寒、禜、葦茭桃梗、高禖、祓禊、諸雜祠等三十二類，計二卷〔二〕。五禮通考吉禮類分爲四十三小類，共一百二十七卷，幾乎占全書的一半，内容丰富，分類更加符合禮制演變實際。

通典禮典軍禮類分天子諸侯將出征類宜造禡并祭所過山川、軷祭、天子諸侯四時田獵、出師儀制、命將出征、宣露布、天子諸侯大射鄉射、天子合朔伐鼓、冬夏至寢

〔一〕杜佑通典，王文錦等點校，中華書局一九八八年，第一册目録第十五至十八頁。
〔二〕鄭樵通志二十略，上册目録第十二至十三頁。

鼓兵、馬政、時儺等十一類，所引開元禮類纂分皇帝親征類於上帝、皇帝親征告於太廟、皇帝親征禡於所征之地、皇帝親征及巡狩郊祭有司軷於國門、皇帝親征及巡狩告所過山川、平蕩寇賊宣露布、遣使勞軍將、皇帝講武、皇帝田狩、皇帝射於射宫、皇帝觀射於射宫、制遣大將出征有司宜於太社、制遣大將出征有司告於太廟、仲春祀馬祖、仲夏享先牧、合朔伐鼓、大儺等十七類。通志禮略軍禮類分天子諸侯將出征類宜造禡并祭所過山川、軷祭、田獵、講武、命將出征、宣露布、大射鄉射、合朔伐鼓、祭馬祖、時儺等十類。五禮通考軍禮類分軍制、出師、校閱、車戰、舟師、田獵、馬政等七小類，顯然更加合理。

五禮通考於每小類下，又分細目，如「學禮」下分天子五學、門闈小學、鄉遂學、諸侯學、諸侯鄉學、教學之法、入學、考校、簡不率教、西漢國學、後漢國學、三國國學、晉國學、南北朝國學、隋國學、唐國學、後唐國學、宋國學、金國學、元國學、明國學、歷代郡縣學、天子諸侯視學、歷代視學、世子齒學、經筵日講、取士、兩漢取士、魏晉至隋取士、唐取士、五代取士、宋取士、遼金取士、元取士、明取士、養老之禮、優老之事、歷代視學養老之禮、歷代優老之事等三十九細目，先秦至明代學禮制度，若綱在綱，一目瞭然。

五禮通考之三級分類，與通典、通志相比，更加科學。清史稿稱讚五禮通考「博大閎遠，條貫賅備」者，實非虛語。

五禮通考討論各種禮制，均大量徵引原始文獻，資料十分豐富。兹舉「禘祫」類徵引資料爲例，卷九七至一〇〇共計四卷討論禘祫禮儀，徵引的文獻有周禮注疏、儀禮注疏、禮記正義、毛詩正義、國語、春秋左傳正義、春秋公羊傳注疏、春秋穀梁傳注疏、論語注疏、爾雅注疏、大戴禮記、史記、漢書、後漢書、三國志、晉書、宋書、漢舊儀、南齊書、魏書、隋書、舊唐書、新唐書、宋史、金史、遼史、元史、明史、通典、開元禮、册府元龜、禮書、四書集注、朱子語録、文獻通考、續文獻通考、山堂考索、明會典、明集禮、春明夢餘録等四十多種，徵引了孔安國、劉歆、賈逵、許慎、何休、王肅、高堂隆、徐邈、權德輿、韓愈、王安石、程子、張載、吴仁傑、林之奇、趙匡采、陸淳、方慤、朱熹、楊復、馬端臨等二十多位學者的論點。徵引資料之宏富，可見一斑。

三、時加案語，發表新見。五禮通考將經、史、子、集材料按類編排後，便加案語，發表意見。其中秦蕙田案語多達四千三百四十六條，方觀承案語一百七十二條，宋宗元案語二十六條，内容非常豐富，或交待分類緣由，或考辨注疏是非，或條理禮制流變，或辨證疑難爭議，兹舉數端如左：

五禮通考卷一首條蕙田案曰：

禮莫重於祭，祭莫大於天。天爲百神之君，天子爲百姓之主，故惟天子歲一祭天。周禮：「冬日至，祀昊天上帝於圜丘。」冬至，取陽生。南郊，取陽位。圜丘，取象天。燔柴，取達氣。其玉幣、牲牢、尊俎、樂舞、車旗之屬，各以象類，雖一名一物之微，莫不有精意存於其間。故曰：「郊，所以明天道。」又曰：「明乎其義，治國其如示諸掌乎！」自禮經不明，章句之儒，群言淆亂，朝堂之上，議論紛拏。六天始於康成，合祭起於新莽，排擊者不遺餘力，然行之數千百載而未已。大都沿注疏者失之愚，因前代者失之陋，樂簡便者失之怠，皆非所以交於旦明之義也。兹輯「祀天」門，以經爲斷，以史爲案，經傳爲之綱領，疏解爲之條貫，正其紕繆，一其異同。而歷代典禮之得失，廷臣建議之是非，洞若觀火，議禮家可考覽焉〔二〕。

此案語陳述「圜丘祀天」的立類緣由，並指出鄭玄「六天説」之非。

〔二〕秦蕙田五禮通考，文淵閣四庫全書，第一三五册第一三一至一三二頁。

卷三五「星辰」蕙田案語曰：

鄭氏改「宗」爲「禜」，似屬無據。方氏訓如字，自可通。但鄭以「禜」爲「營」，疏謂「爲營域而祭之」，方氏謂「祭星之所，謂之幽宗」，義固相同也，然不言營域在何方何所。今案祭祀之地，見於經而有據者，祀天於南郊，祭地於北郊，兆五帝於四郊，朝日於壇，在東門之外，夕月於坎，應在西門之外。而祭寒暑，先儒謂相近於日月之坎壇，祭四方又有四坎壇，雩宗則諸神自郊徂宫，亦各有常祭之處。唯祭時之泰昭、祭星之幽宗，則未嘗别見。今案此節所祭，皆承上燔柴泰壇、瘞埋泰折而言，意者昭爲陽明之意，幽爲陰闇之意，豈四時乃天地之氣，四方皆有之，或在四郊壇兆之南，南爲離明相見之地，故曰昭；星乃天象，隨月而見於夜，或在西郊月坎之北，坎爲隱伏，故曰幽與？言泰、言宗，皆尊之之意。注疏及方氏説，義似未足，今姑繹其字義，而略爲之説，以俟考〔一〕。

禮記祭法：「幽宗，祭星也。」鄭注：「宗，皆當爲『禜』，字之誤也。幽禜，亦謂星壇也。

〔一〕秦蕙田五禮通考，文淵閣四庫全書，第一三五册第八八一頁。

星以昏始見，禜之言營也。」孔疏：「祭星壇名也。幽，闇也。宗，當爲『禜』。禜，壇域也。星至夜而出，故曰幽也。爲營域而祭之，故曰幽禜也。」[一]方慤曰：「幽言其隱而小。揚雄曰：『視日月而知衆星之蔑。』故祭星之所，謂之幽宗焉。幽、雩皆謂之宗，宗，尊也。祭祀無所不用其尊。詩曰：『靡神不宗。』無所不用其尊之謂也。泰壇、泰折不謂之宗者，天地之大，不嫌於不尊也。」[二]鄭玄認爲，幽宗即幽禜，祭星之稱。秦氏覺得鄭注、孔疏及方慤意見，義似未足，故繹其字義，發表己見。

卷一四〇「聖節朝賀」蕙田案語曰：

古者有上壽之辭，無賀生辰之禮。詩稱「躋彼公堂，稱彼兕觥，萬壽無疆」，又云「虎拜稽首，天子萬壽」。人臣受恩於君，無以報稱，惟有祝君壽考而已。至生日之説，自古無之，惟隋高祖仁壽二年，詔：「六月十三日是朕生日，宜令海内爲武元皇帝、元明皇后斷屠。」唐太宗亦以生日幸慶善宫，賦詩賜宴。是帝皇稱

[一] 鄭玄注、孔穎達疏禮記正義，吕友仁整理，上海古籍出版社二〇〇八年，下册第一七八七至一七八八頁。

[二] 秦蕙田五禮通考，文淵閣四庫全書，第一三五册第八八一頁。

生日之始，然未置酒稱賀。至玄宗因源乾曜、張説之請，以生日爲千秋節，御花萼樓受賀。然御花萼樓，則尚非正衙也。且終唐之世，惟穆宗、文宗復行之，其餘諸帝，率集沙門道士，講論祈福，不稱賀也。五代晉、漢、周，亦舉上壽故事。宋世，聖節上壽，或在紫宸殿，或在垂拱殿，或在崇德殿，較之正冬御乾元殿，其禮猶殺也。金史以元日、聖誕上壽，并爲一儀，則與元正禮等。元、明以來，蓋承用之。唐、宋、遼、金，每一帝必别立節名，元則稱「天壽節」，或云「聖誕節」，明則惟稱「萬壽節」焉〔二〕。

此述上壽、生辰禮之演變。過生日之禮，始於隋高祖、唐太宗。

社祭、稷祭，鄭玄、王肅觀點不一，導致後人解説歧異。卷四一蕙田案語曰：

兩家互有得失。鄭得者，勾龍配社，后稷配稷，一也；地稱后土，勾龍稱后土，名同而實異，二也；駁社是上公，駁勾龍、棄先五嶽而食，三也。其失者，社即地示，一也；稷爲原隰之神，二也；稷是社之細别，三也。王得者，社非祭地，一

〔二〕秦蕙田五禮通考，文淵閣四庫全書，第一三八册第三〇一頁。

也；定地位一難，牲牢裘冕二難，二也；駁鄭自相違反，三也。其失者，社祭勾龍，稷祭后稷，皆人鬼，一也；無配食明文，不得稱配，二也；稷米祭稷，反自食，三也。朱子注孟子云：「社，土神。稷，穀神。」最爲明白簡當。云土神，則隨土之大小皆得祭之；若云地示，則惟天子乃得祭，而非社之謂矣〔一〕。

社是土神，又指祭社之祭名。土神與地示有别，自天子至庶民皆得封土立社，地示惟天子得祭祀。稷是穀神。秦氏對鄭玄、王肅之得失和社祭、稷祭之總結，十分明晰。正由於此，五禮通考受到學術界的高度評價。四庫館臣評價説：「蕙田之以類纂附，尚不爲無據。其他考證經史，原原本本，具有經緯。非剽竊餖飣、挂一漏萬者可比。較陳祥道等所作，有過之無不及矣。」〔二〕顧棟高則稱秦氏之書：「皇哉唐哉！此數千百年來所絶無而僅有之書也，顧實有先得余心者。」〔三〕王鳴盛曰：「秦公味經先生之治經也，研究義理而輔以考索之學，蓋守朱子之家法也。嘗歎徐氏讀禮通考頗爲整

〔一〕秦蕙田五禮通考，文淵閣四庫全書，第一三五册第一〇四一至一〇四二頁。
〔二〕欽定四庫全書總目，上册第二八二頁。
〔三〕顧棟高五禮通考原序，文淵閣四庫全書，第一三五册第五九頁。

贍，乃仿其體，以吉、嘉、賓、軍、凶分禮爲五，編次爲書。而徐氏之書，詳於史而略於經，公則爲之矯其弊。且凶禮之别有五，而荒禮、弔禮、禬禮、恤禮，徐氏俄空焉，公則爲之補其闕。」[一]曾國藩稱：「秦尚書蕙田遂纂五禮通考，舉天下古今幽明萬事，而一經之以禮，可謂體大而思精矣。」[二]方觀承評價此書「上自六經，下迄元、明，凡郊廟、禋祀、朝覲、會同、師田、行役、射鄉、食饗、冠昏、學校，各以類附，於是五禮條分縷析，皆可依類以求其義」[三]。

從上述諸人評價可見，秦氏之書確實是清代禮學集大成之傑作。五禮通考的徵引文字，根據具體内容，或頂格，或低一格，或低二格、四格不等，然有其寓意。正如卷二七秦蕙田案語曰：

武后以周篡唐，實爲元惡，而違天動衆，非禮興作，尤屬妖妄。著其矯誣，正以嚴其斧鉞也。馬氏通考幾于削而棄之，今取其有關事迹者載之，以彰世宙之

[一] 王鳴盛五禮通考序，見本書附録一。
[二] 曾國藩曾國藩全集，岳麓書社二〇一一年，第十四册第一五二頁。
[三] 方觀承五禮通考序，五禮通考清光緒六年（一八八〇）江蘇書局刻本，又見本書附録一。

變，而概降一格，以貶其文〔一〕。

武則天篡權，故將武則天享明堂禮之資料，統統低一格排列，以示貶意。

關於星辰祭祀，唐玄宗信術士之言，別立「九宮貴神」之祭，後人不知所指，意見分歧，支離膠擾，無法考究。故將星辰祭祀之資料，附録於後。卷三五秦蕙田案語曰：「統低一字，以小變其例云。」〔二〕此謂附録之資料，統低一格。

三

關於五禮通考的版本，三禮研究論著提要曾有著録，今就我們所知，再結合張濤先生之研究成果〔三〕，綜述如下：

一、稿本。殘，朱砂印格，版心刻「五禮通考卷」字樣。半頁十三行，行大字二十

〔一〕秦蕙田五禮通考，文淵閣四庫全書，第一三五册第七二三頁。
〔二〕秦蕙田五禮通考，文淵閣四庫全書，第一三五册第九〇三頁。
〔三〕張濤五禮通考「喪禮門」編纂評析，上海社會科學院編傳統中國研究集刊第三輯，上海人民出版社二〇〇七年，第四八九至五〇九頁；張濤述五禮通考之成書；張濤關於味經窩五禮通考的刊印年代，中國典籍與文化二〇一一年第二期第八〇至八八頁。

一字，雙行小字二十一字，首蔣汾功、顧棟高二序，次凡例，次目録二卷，次卷首四卷，次正文二百六十二卷。書内有「大隆審定」白文方印，七十三册。王欣夫蛾術軒篋存善本書録著録[一]，今藏復旦大學圖書館。

二、味經窩初印本，簡稱「味經窩本」。半頁十三行，行大字二十一字，雙行小字三十字。首蔣汾功、方觀承二序，次目録二卷、次卷首四卷、次正文二百六十二卷。有「莫友芝圖書印」朱文長方印、「莫印彝孫」朱文方印、「莫友芝」「郘亭長」「莫印繩孫」白文方印、「吴興劉氏嘉業堂藏書印」朱文方印、「柳蓉村經眼印」白文方印、「博古齋收藏善本書籍」朱文方印、「王欣夫藏書印」朱文長方印、「大隆審定」白文方印等藏書印，有張廷濟、王欣夫跋語，先後經張廷濟、莫友芝、劉承幹、王欣夫遞藏，今藏復旦大學圖書館。味經窩本多眉批、浮簽，王氏謂是秦蕙田、盧文弨、姚鼐手校。又云：「舊粘校簽，日久往往脱落，莫郘亭得此書後，用墨筆移識書眉，憑筆迹可驗。」[二]八十

[一] 王欣夫蛾術軒篋存善本書録，鮑正鵠、徐鵬整理，上海古籍出版社二〇〇二年，第一一三四至一一三五頁。
[二] 王欣夫蛾術軒篋存善本書録，第一一三六至一一三七頁。

册，清乾隆二十六年（一七六一）前後刊印。

味經窩本校勘不精，訛脱衍倒很多，以至於幾乎每頁天頭地脚皆有秦蕙田、盧文弨等人校語，甚者有遺漏數十頁者。清代學者賀緒蕃於光緒乙亥（一八七五）八月三日在卷一九七末尾批注曰：「此本較後定本，少附戴氏震勾股割圜記五十三葉。」以字數估算，約四萬字左右。卷二〇九脱「陶唐氏遷閼伯於商丘即此」、「按商丘漢爲睢陽縣劉宋爲壽春縣隋改曰宋城明置曰商丘縣」等三十六字，乾隆本、光緒本同。一九九四年，台灣聖環圖書有限公司以拍攝的膠片爲底本，將味經窩本套彩影印出版，精裝爲八册。此影印本亦有失誤，如將卷一二一之第二十四頁、第二十六頁至第二十八頁等四頁，錯拼爲卷二一之第二十四頁、第二十六頁至第二十八頁。且兩卷的第二十一頁前十行文字，也有差異，卷二一之第二十一頁，顯然是依據卷一二一之第二十一頁朱批修改重刻者。此種錯誤，導致卷二一缺四頁，約計一千餘字。

三、味經窩通行本，簡稱「乾隆本」。首蔣汾功、方觀承、顧棟高三人序和秦蕙田自序，次凡例、次目録二卷、次卷首四卷、次正文二百六十二卷。乾隆本即以味經窩本改訂，吸收浮簽、眉批，修版刊行。味經窩本之大量錯誤，得到修正，但訛錯衍倒，仍有不少。有沿襲味經窩本之誤者，如卷七九脱去「光王業之興起自皇祖綿綿瓜瓞時惟多祜敢以」十九字。亦有新增之訛誤，如卷一四六，脱去「唐書崔祐甫傳」至「出繼叔父昌武亭侯遺」凡四百二十四字；卷二〇六，脱去「西來注之」至「任土作貢」，凡六百十字，而四庫本、味經窩本、光緒本皆有。此本刊刻年代，當不早於乾隆二十九年（一七六四）。

四、文淵閣四庫全書本。乾隆三十七年（一七七二）開四庫館修書，五禮通考收入經部禮類五「通禮之屬」，乃依據江蘇巡撫采進本抄録，此采進本疑即乾隆本。四庫本與味經窩本、乾隆本、光緒本比較，區别有四：一是卷首署名不同，四庫本作「刑部尚書秦蕙田撰」，味經窩本、乾隆本、光緒本於五禮通考總目上下有「經筵講官刑部尚書兼理樂部大臣協理國子監算學前禮部右侍郎金匱秦蕙田編輯、太子太保總督直隸兼管河道提督軍務兼理糧餉都察院右都御史桐城方觀承同訂」等文字，於正文卷首有「内廷供奉禮部右侍郎金匱秦蕙田編輯，太子太保總督直隸右都御史桐城方觀承同訂，國子監司業金匱吴鼎、兩淮都轉鹽運使德水盧見曾、翰林院編修嘉定錢大昕」、「翰林院侍讀學士嘉定王鳴盛」、「休寧戴震」、「按察司副使元和宋宗元」、「貢士吴江顧我鈞參校」等文字。味經窩本、乾隆本每卷末有「博野尹嘉銓校字」「淮陰吴玉搢校字」等文字，即除署名秦蕙田編輯以外，同時附上同訂者、參校者的官銜姓名。二是四庫本徵引遼史、金史、元史中契丹、女真、蒙古族人名、地名、官名等，譯音字與味經窩本、乾隆本、光緒本及中華書局點校本遼史、金史、元史不同。三是四庫本對部分文字進行删改或抽换，如乾隆本卷一二三錢謙益雞鳴山功臣廟考上、下，計二千零三十一字被删去；卷二〇六徵引錢謙益徐霞客傳一節，四庫本抽换爲方中履古今釋疑；卷四七徵引文獻通考卷八三，將「比虜寇進逼江上」，改爲「敵逼江上」；「虜人入寇」，改爲「敵入侵」，雖意思未變，但其意昭然。四是四庫本對味經窩本、乾隆本之訛脱衍倒，進行改正〔一〕。如卷首第二「孝惠帝」，味經窩本、乾隆本訛作「孝武帝」；「燕義六」之「義」，味經窩本、乾隆本訛作「禮」；「朝事義十」之「事」，味經窩本、乾隆本訛作「士」。卷一二三徵引明史禮志，味經窩本、乾隆本、光緒本皆脱去「并功臣廟」至

〔一〕四庫本優於味經窩本，吕友仁先生已經指出。吕友仁五禮通考庫本勝於味經窩刻本考辨，方光華、彭林主編中國經學論集，陝西人民出版社二〇〇九年，第三一一至三三四頁。

「皆用少牢」一百五十九字；卷一四一「食命婦歸寧則服鵜衣臨婦學及法道門」十六字，味經窩本、乾隆本、光緒本皆脱；卷一九四「乾象新書天囷五星屬婁餘星屬胃」十四字，味經窩本、乾隆本、光緒本皆脱。此類情況，多關乎史實、禮制，幾乎每卷均有，多者十餘條，少者二三條，然四庫本或改正，或補缺，整體質量，遠勝於他本。

當然，四庫本亦有脱漏者，如卷二一六，四庫本脱自「哀公十四年左氏傳」至「杜預以爲市官也」，凡五百六十八字，味經窩本、乾隆本、光緒本皆有。

四庫本書前提要撰於乾隆四十三年（一七七八）十月。於卷前有「詳校官監察御史臣范衷、給事中臣温常綬覆勘、總校官進士臣繆琪、校對官中書臣李棨、謄録監生臣吉士琛」、「欽定四庫全書」等文字，記録謄録者、校對者姓名等。

台灣商務印書館將文淵閣四庫全書影印出版，上海古籍出版社於一九八七年縮小重印。上海人民出版社和香港迪志文化出版有限公司合作出版的文淵閣四庫全書電子版中收録其電子化文本。

五、江蘇書局本。清光緒六年（一八八〇）九月江蘇書局重刊，簡稱光緒本。此本據乾隆本翻刻，與前諸本之不同者，一是多出盧文弨、盧見曾、方觀承三人序，但删除顧楝高序；二是增加了大量的異體字；三是對味經窩本、乾隆本和四庫本之訛誤，加以訂正，如卷一二〇明會典「釋奠儀」一段，味經窩本、乾隆本、四庫本脱「典儀唱徹饌奏樂執事各詣神位前徹饌樂止典儀唱送神奏樂贊引贊四拜傳贊陪祀官同」三十六字，光緒本補入。沿襲乾隆本錯誤者，仍有不少，如卷一二三，味經窩本、乾隆本脱自「并功臣廟」至「皆用少牢」一百五十九字，光緒本亦脱，四庫本有。由此可知，光緒本蓋以乾隆本爲底本翻刻，校改了一些訛誤，但也增加了一些新的錯誤。

六、三味堂本。湖南新化三味堂本，清光緒二十二年（一八九六）刊印，一百二十册，南京圖書館收藏一部，藏書號一〇一一四，板式、行款與光緒本同。抽校部分卷目，内容文字與光緒本同，蓋據光緒本翻刻者。

比較諸本優缺點，我們以上海古籍出版社影印的四庫本作底本，以味經窩本、乾隆本、光緒本爲對校本進行整理，以便閲讀。

四

五禮通考的整理工作，難度巨大。從二〇〇五年開始，到整理稿完成，前後歷時十多載，數易其稿。具體整理工作及其分工如下：

卷首至卷五〇由王鍔標點，卷五一至卷一〇〇、卷一八一至卷二〇〇由方向東標點；其餘部分由南京師範大學二〇〇五、二〇〇六級古典文獻學專業碩士研究生標點。關曉芳標點卷一〇一至卷一一五，顧國標點卷一一六至卷一三〇，姚豔華標點卷一三一至卷一四二，王凌凌標點卷一四三至卷一六〇，楊傑標點卷一六一至卷一八〇，魏雪松標點卷二〇一至卷二一九，王娜標點卷二二〇至卷二四五，劉永傑標點卷二四六至卷二六二。王鍔審閱覈查姚豔華、王凌凌、楊傑、王娜標點之初稿，方向東審閱覈查關曉芳、顧國、魏雪松、劉永傑標點之初稿。卷五九、卷六九、卷七三之表格，由陝西師範大學瞿林江繪製；卷一九二至卷一九三之星象圖，由南京信息職業技術學院王寧玲剪貼。方向東通校味經窩本，分校光緒本卷一三一至卷二六二；王鍔通校乾隆本，分校光緒本卷首至卷一三〇。南京師範大學井超、侯婕與學禮堂研究生劉曉詠、趙燁、董政、王少帥、孫衔蘭、劉婧恩、蔣林佳、金子楊、葉靜燕、劉佳怡、韓松岐、劉運達等同學幫助校對校樣。五禮通考整理、統稿和清樣校對主要由方向東、王鍔共同完成。

中華書局徐真真、王娟女史、石玉先生及校對組在編校過程中，認真負責，細心編校，極大地提高了書稿質量，感謝他們的辛勤付出！

因整理水平有限，錯誤在所難免，懇請方家指正。

二〇一二年六月五日　初稿

二〇一二年六月三十日　二稿

二〇一三年九月十二日　三稿

二〇一四年七月五日　四稿

二〇二〇年九月廿八日　定稿

整理凡例

一、以文淵閣四庫全書本（四庫本）爲底本，以台灣聖環圖書有限公司影印的味經窩初印本（味經窩本）、清乾隆味經窩通行本（乾隆本）、清光緒六年刊印本（光緒本）作爲通校本，進行點校整理。味經窩本秦蕙田、盧文弨、姚鼐等人之眉批，簡稱「批校」。

二、四庫本有訛錯衍倒者，改正並出校勘記説明依據和理由。四庫本不誤而他本誤者，一般不出校勘記。四庫本與味經窩本、乾隆本、光緒本之間之異文，文意兩通且無法斷定是非者，出校勘記説明。

三、清前文獻避清諱者，如「玄」、「胤」、「胡」、「夷」、「虜」、「寇」等，皆回改，不出校。卷一八一至卷二〇〇「觀象授時」部分，「曆」字避諱情況較爲複雜，有改作「術」、

「書」、「算」、「朔」、「象」、「紀」、「步」、「法」等字者，有爲避諱而故意脱略「曆」字者，凡此之類，在有其他文獻可資依據時回改，反之，則保留底本原貌。

四、五禮通考大量徵引十三經注疏、二十二史、通典、文獻通考、册府元龜、唐開元禮等文獻資料，經過甄選剪裁，歸入相關類别之下。對於這些内容，我們逐一覈查原書，凡四庫本有訛錯衍倒者，改正並出校勘記説明。五禮通考在徵引文獻時，多有删節，與原文不相一致，然文從字順，於理解文意無礙，或多出或缺少「之」、「也」、「矣」之類不影響文意的虚字，此類情況，一般不改不出校勘記。對中華書局點校版二十四史、通典、文獻通考等書中已有校勘成果儘量吸收。

五、五禮通考徵引唐開元禮，主要來自於通典開元禮纂類，亦有抄自文獻通考者。因此，我們與通典進行對校，不通者參校唐開元禮和文獻通考。凡點校本通典據開元禮改動者，校勘記作「據通典卷某某、開元禮卷某某改」；通典正確而五禮通考徵引致誤者，校勘記作「據通典卷某某改」；通典有訛脱衍倒，點校本文獻通考已補正者，校勘記作「據文獻通考卷某某改」。

六、四庫本徵引遼史、金史、元史等文獻時，凡涉及契丹、女真和蒙古族之人名、地名、官名之譯音，與味經寫本、乾隆本、光緒本及點校本遼史、金史、元史不同，不一一出校。

七、標點主要使用頓號、逗號、分號、句號、冒號、問號、感歎號、引號、書名綫、專名綫等十種。引號之使用，以不超過三層爲標準；每段文字祇有一層者，概不加引號，以免繁冗。書名綫用以標明書名、篇名、樂舞名等。經、注、疏、傳、記、箋、集解等文字，無論確指某書或泛指，不加書名綫；五經、六經、九經、十三經、三禮、三傳等稱呼，均加書名綫。專名綫用以標明人名、地名、朝代名、民族名和國名等，凡字號、封號、謚號和尊稱意在專指者，亦標專名綫；集合名稱，如三代、兩漢之類，連標專名綫；神名和星宿名，不加專名綫。

八、四庫本文字有頂格者，如「欽定四庫全書」及徵引文獻；有低一格者，如「五禮通考卷一」等卷次及徵引文獻或他人之説；有低二、三格者，如「吉禮一」、「圜丘祀天」等標題；有低四格者，如秦蕙田、方觀承案語；有低十格者，如「右郊名義」等標題；有低十二格者，如每卷首之「刑部尚書秦蕙田撰」。文字起行高低，寓有深意，或寓褒貶。此次整理，删除每卷首之「欽定四庫全書」、「刑部尚書秦蕙田撰」，原低一格之「五禮通考卷一」等標題頂格。正文原頂格者，起行低兩格回行頂格；原低一格者，起行低三格，回行低一格；原低四格者，起行低四格，回行低兩格。

九、四庫本在徵引史書時，同一段文字之中，因事件不同和内容層次差異，往往用空一格加以區別，整理時予以保留。

十、分段基本依據四庫本。唯在徵引大段文字時，爲方便讀者閲讀，根據文意層次，酌情分段，在新分段段首標○加以區別。

十一、四庫本原每卷前謄録者、校對官姓名等文字，一概删除；其他校本編輯者、校訂者官銜和姓名，與四庫本不完全一致者，已在整理前言説明，概不出校。

十二、四庫本在卷二〇〇後，有附圖一至八，皆是卷一九二至卷一九四之星宿圖，與卷中重複，整理時删除。

十三、各本原無細目標題，只在文後加「右某某某」統括前文。整理時增加細目標題，以適應當下閲讀習慣及方便尋檢。

十四、五禮通考目録所列標題，有與正文不一致者，如卷首，目録爲「歷代禮制沿革」，正文標題作「禮制因革」；卷六，目録爲「秦」，正文標題作「秦郊祀」；卷二四四目録爲「辨馬之名物」、「經傳馬政」二目，正文合併爲「周馬政」。爲便尋檢，整理本目録全部依據正文標題，以確保一致。

十五、五禮通考序，各本不一，今將四庫本之三篇序仍然置於卷首，他本之序與味經窩本前之王欣夫等人跋合併爲附録一，錢大昕所撰秦蕙田墓志銘作爲附録二，並置於正文之後。

蔣汾功序

三代時，禮行於上，自王侯迄士庶，皆肄習焉，無庸稽之簡册也。淩夷至春秋，學士大夫猶相與講明指示，斯須不去。秦燔典籍，禮經蕩然。叔孫通補苴於漢，僅以綿蕞習之，而禮幾不可問矣。自時厥後，注疏家掇拾煨燼之餘，强以己意附會，分離乖隔，瑕釁百端，故孔文舉謂鄭康成時有臆説，郊天鼓殆不必麒麟之皮也。夫以康成之悉心搜討，不避拙，不辭難，而當時已不免詆呵，況其他乎！予嘗謂詩、書雖殘缺，而迹其遺文，尚皆有義理可據。惟禮則隨時代更，郊社所配，殷、周各異；南北之祀，分合多岐。一端如此，餘可例矣。又未經夫子手定，故群儒議論紛紛，比於聚訟。若唐之開元禮，宋之太常因革禮，雖命儒臣纂輯，垂爲一代章程，而因陋就簡，大略與綿蕞等，後人但藉以考其同異而已。非好學精思者，孰能訂其是非得失而正之？

往時崑山徐大司寇有讀禮通考一書，於諸禮猶闕而未備。少宗伯秦公奮然繼起，合五禮而編次之，薈萃該洽，受心所是而非以立異，於古有稽而不敢苟同，其不可强釋者，則闕疑焉，仍其名曰通考。今秋，兒子和寧給假歸里，爰以授之，而索予弁其首。予讀之，听然莫逆於心也。夫五禮之用，大以經世，小以物身，雖難言，又烏可以不論？世之噤不敢措一詞者，既病其言雜，復未覩禮家之大全，故安於放而習於簡耳，非篤古而宿其業，又烏能蔵之？予與秦氏世好，從父弱六出尊大父對巖先生之門，藥師又與予同年友也。日往來寄暢園中，與其群從子弟遊，素知其家多藏書，凡禮經疏義，外間絶少刊本，而庋貯緘題者數十笥。宗伯以絶人之姿，盡發而讀之，早歲即洞其條理，綜核纂注，彙爲一編。通籍後，簪筆承明，每稍暇，輒抒思釐定。至晉居秩宗，而帙始成，人以爲善於其職云，予謂是惟能宿其業耳。積數十年博觀閎覽之資，用以搜擇融洽，折諸儒之異同而求其是，將使後之考禮者，恍然如日再中，不至若扣槃捫燭也。故不敢以老辭，序而歸之。乾隆十有八年秋八月，陽湖八十二老人蔣汾功。

顧棟高序

少宗伯秦公味經，輯五禮通考一書，凡若干卷。書垂成，而余入京師，屬爲之叙。余卒讀，作而歎曰：皇哉唐哉！此數千百年來所絶無而僅有之書也，顧實有先得余心者。憶年二十餘，讀儀禮、周官、戴記，歎周公制禮，整理天下，陶成庶類。逮後政衰，諸侯惡其害己而皆去其籍。蓋典禮廢壞，實自春秋、戰國時始。漢高堂生僅傳士禮十七篇，而周官三百六十職，備陳祭祀、朝覲、會同、賓客、燕饗之事，實爲天子諸侯之禮。則周官列其職事，而儀禮詳其節次，二書相爲經緯。因欲以儀禮爲經，周禮爲傳，旁及詩、書、大小戴以及鄭、孔、賈、服之注疏，略仿朱子經傳通解之例，名曰周官聯，取聯事之義。屬稿半載，因攻制藝，遂爾輟業。中間倖成進士，復家居三十餘年，輯成春秋大事表及毛詩訂詁，而於禮經，不復措意。辛未秋，有詔慎簡經學，余蒙恩授國子司業銜，迴憶覃精三禮之時，已五十餘年。余髮種種，且老矣，欲復整理故業，而畏其繁重，力弗克勝。今讀秦公書，恍然如其意所欲出，綱舉而目張，州次而部居，折衷百氏，剖析同異。復舉兩漢以來至前明，凡郊祀、禮樂、輿服諸志及紀傳之關於五禮者，悉以類相附。詳歷代之因革，存古今之同然。蓋舉二十二史，悉貫以周官、儀禮之書，細大不遺，體要備舉。余謂是書如女媧之補天，視王通之續經，束晳之補亡，其大小純雜，殆不可以里道計。至是，而成周之禮，始燦然大明於世。余向日所欲爲而未竟者，似有先告焉，而毫髮無餘憾矣。余垂老得睹是書，因備陳向日區區之愚，得附名簡末，自幸竊自愧也。乾隆十七年壬申，顧棟高，時年七十有四。

自序

蕙田性拙鈍，少讀書，不敢爲詞章淹博之學。塾師授之經，循行數墨，恐恐然若失也。歲甲辰，年甫逾冠，偕同邑蔡學正宸錫、吴主事大年、學士尊彝兄弟爲讀經之會，相與謂三禮自秦、漢諸儒抱殘守闕，注疏雜入讖緯，轇輵紛紜。宋史載子朱子嘗日嘗欲取儀禮、周官、二戴記爲本，編次朝廷、公卿、大夫、士、民之禮，盡取漢、唐以下諸儒之説，考訂辨正，以爲當代之典。今觀所著經傳通解，繼以黄勉齋、楊信齋兩先生修述，究未足爲完書。是以三禮疑義，至今猶蔀。迺於禮經之文，如郊祀、明堂、宗廟、禘嘗、饗宴、朝會、冠昏、賓祭、宫室、衣服、器用等，先之以經文之互見錯出足相印證者，繼之以注疏諸儒之牴牾訾議者，又益以唐、宋以來專門名家之考論發明者，每一事一義，輒集百氏之説而諦審之。審之久，思之深，往往如入山得逕，榛蕪豁然；又如掘井逢源，溢然自出，然猶未敢自信也。半月一會，問者難者，辨者答者，迴旋反覆，務期愜諸己，信諸人，而後乃筆之箋釋，存之考辨。如是者十有餘年，而裒然漸有成帙矣。丙辰通籍，供奉内廷，見聞所及，時加釐正。乙丑，簡佐秩宗，奉命校閲禮書。時方纂修會典，天子以聖人之德，制作禮樂，百度聿新。蕙田職業攸司，源流沿革，不敢不益深考究。丁卯、戊辰，治喪在籍，杜門讀禮，見崑山徐健菴先生通考，規模義例，具得朱子本意，惟吉、嘉、賓、軍四禮，尚屬闕如。惜宸錫、大年相繼徂謝，乃與學士吴君尊彝陳舊篋，置抄胥，發凡起例，一依徐氏之本，並取向所考定者，分類排輯，補所未及。服闋後，再任容臺，徧覽典章，日以增廣。適同學桐山宜田領軍見而好之，且許同訂。宜田受其世父望溪先生家學，夙精三禮，郵籤往來，多所啓發，並促早爲卒業，施之剞氏，以諗同志。德水盧君抱孫、元和宋君慤庭，從而和之。戊寅，移長司寇，兼攝司空，事繁少暇，嘉定錢宫允曉徵實襄參校之役。辛巳冬，爰始竣事。凡爲門類七十有五，爲卷二百六十有二。自甲辰至是，閲寒暑三十有八，而年亦已六十矣。顧以蕙田之謭陋，遭遇聖明，復理舊業，以期無瘝厥職而已。至于朱子之規模遺意，未知果有合焉否也？是爲序。金匱秦蕙田。

凡　例

一、五禮之名，肇自虞書。五禮之目，著于周官大宗伯，曰吉、凶、軍、賓、嘉。小宗伯掌五禮之禁令與其用等。孔子曰：「周監于二代，郁郁乎文哉，吾從周！」所以經緯天地，宰制萬物，大矣至矣！自古禮散軼，漢儒掇拾於煨燼之餘，其傳於今者，惟儀禮十七篇，周官五篇，考工記一篇，文多殘闕。禮記四十九篇，删自小戴，及所存大戴禮，間有制度可考，而純駁互見，附以注疏及魏、晉諸家，人自爲説，益用紛歧。唐、宋以來，惟杜氏佑通典、陳氏祥道禮書、朱子儀禮經傳通解、馬氏端臨文獻通考，言禮頗詳。今案通解所纂王朝、邦國諸禮，合三禮諸經傳記，薈萃補輯，規模精密，第專録注疏，亦未及史乘，且屬未成之書。禮書詳于名物，略于傳注。通典、通考雖網羅載籍，兼收令典，第五禮僅一書門類之一，未克窮端竟委，詳説反約。宋史禮志載朱子「嘗欲取儀禮、周官、二戴記爲本，編次朝廷、公卿、大夫、士民之禮，盡取漢、晉而下及唐諸儒之説，考訂辨正，以爲當代之典，未及成書」。至近代，崑山徐氏乾學著讀禮通考一百二十卷，古禮則倣經傳通解，兼採衆説，詳加折衷；歷代則一本正史，參以通典、通考，廣爲搜集。庶幾朱子遺意，所關經國善俗，厥功甚鉅，惜乎吉、嘉、賓、軍四禮，屬草未就。是書因其體例，依通典五禮次第，編輯吉禮如干卷，嘉禮如干卷，賓禮如干卷，軍禮及凶禮之未備者如干卷。而通解内之王朝禮，别爲條目，附于嘉禮。合徐書，而大宗伯之五禮古今沿革，本末源流，異同失得之故，咸有考焉。

一、考制必從其朔，法古貴知其意。而議禮之家，古稱聚訟，權衡審度，非可臆决。徐本于經文缺略、傳注糾紛之處，必詳悉考訂，定厥指歸。兹特兼收異説，并先儒辨論，附于各條之後，以備參稽。或並存闕疑，於治經之學，不無補裨。

一、杜氏、馬氏所載歷代史事，大概專據志書，而本紀、列傳不加搜採。然史家記事，彼此互見，且二十二史體例各殊，有詳于志而不登紀傳者，亦有散見紀傳而不登于志者，舉一廢一，不無掛漏。又其採輯之法，有時全載議論，一事而辨析千言；有時專提綱領，千言而括成一語，詳略不均，指歸無據。兹特徧採紀傳，參校志書，分次時代，詳加考核。凡諸議禮之文，務使異同並載，曲直具存，庶幾後之考者，得以詳其本末。

一、作者謂聖，述者謂明，聖則經，而賢則傳。漢藝文志言禮者十三家，洎及魏、晉，師傳弟受，抱殘守闕，厥功偉焉。至宋、元，諸大儒出，粹義微言，元宗統會，而議禮始有歸宿。玆編考訂，專以經傳爲權衡，謹緝禮經源流，列于首簡。

一、歷代禮典，西京賈、董昌言，未遑制作。東都鋭意舉修，多雜讖緯。魏、晉則僅傳儀注，逮梁天監中，五禮始有成書。唐開元禮出，而五禮之文大備。杜氏因之，參輯舊聞，作爲通典。馬氏續加增廣，纂入通考。元、明各有集禮及典章、會典等書。班孟堅云：「王者必因前王之禮，順時施宜，有所損益。」夫子亦曰：「百世可知。」述禮制因革。

一、吉禮爲五禮之冠。記曰：「禮有五經，莫重于祭。」唐虞伯夷典三禮。周官大宗伯掌天神、地祇、人鬼之禮。第兩郊、七廟，遺文缺微。儀禮所傳，特牲、少牢，皆大夫、士之祭。故漢志有「推士禮而致于天子」之譏。矧讖緯繁興，康成雜入經注，辨難滋起。如天帝有六，地祇爲二，明堂之五室九室，祈穀之建子建寅，禘郊不分，地社莫別。宗廟六祭，淆于禘祫分年；昭穆祧遷，紊于兄弟繼序。他如服冕、牲牢、樂舞、器數，岐説益紛。幾千年間，廢興創革，往往莫之適從。兹編于經傳搜集無遺，冀以補綴萬一。至先儒論説及累朝奏議，亦廣爲採取，較之通典、通考，詳略懸殊，卷帙亦獨多於他禮。

一、大宗伯三禮，馬氏通考以「郊社」、「宗廟」統之，三者亦各自爲叙。然先農、先蠶，以人鬼而入「郊社」；六宗、四類，又不能確指爲何神。經傳通解增列「百神」一項，究不如宗伯三禮爲統括。今但以義類相從，未敢强分名目。

一、儀禮十七篇，依鄭注，嘉禮居其七。通典從開元禮，以大射、鄉射屬軍禮，宋史仍屬嘉禮。夫古者，射以觀德，貫革非所尚也。今從鄭氏。

一、大宗伯「以賓禮親邦國」。是時，天下封建，故諸侯于天子有朝、宗、覲、遇、會、同、問、視之禮，諸侯鄰國，亦相朝聘。自罷侯置守，無復古儀。杜氏通典採摭古今，分爲四條。通志但存三恪二王後一則；通考竟全删去，以藩國朝貢附見于朝儀。今輯經文天子、諸侯覲聘之禮，以存古儀；録史傳藩國朝貢及遣使、迎勞諸儀，以昭近制，而士庶人相見禮終焉。

一、儀禮闕軍禮。周官大宗伯「以軍禮同邦國」，曰大師、大均、大田、大役、大封。唐開元禮其儀二十有三，通典綜爲九條。今兼通考之例，爲類一十有九。

一、大宗伯「以凶禮哀邦國之憂」，其禮之别有五。論語曰：「所重民、食、喪、祭。」喪，固凶禮一大端也，已詳徐氏讀禮通考。兹特以賑、禬補其缺云。

一、經禮三百，周官六職所掌，大小戴記所載，廣大悉賅。通考將田賦、選舉、學校、職官、象緯、封建、輿地、王禮各爲一門，不入五禮；而朱子經傳通解俱編入王朝禮，最爲該洽。今祖述通解，稍變體例，附於嘉禮之内。易曰：「嘉會足以合禮。」蓋言盛也。

一、五禮各門經文之後，二十二史紀、志、列傳，搜擇頗廣。今附通解王朝禮各類，經則照五禮條目，詳加考證；史則第載沿革大端，以備參考，全文概從摘略。

一、徐書上自王朝，下逮民俗，古禮今制，靡弗該載。是編六籍而外，後世典章始于秦、漢，訖于前明。洪惟我朝，聖聖相承，制度修明，日新富有。至于科條所頒，敬切訓行，高深莫贊。蕙田叨佐秩宗，疏陋是懼，復理專門故業，略識源流，抑亦退食寢興，無忘匪懈云爾。

五禮通考卷首第一

禮經作述源流上

禮經作述大指

王氏通曰：吾視千載而上，聖人在上者，未有若周公焉。其道則一，而經制大備，後之爲政者，有所持循矣。

陸氏德明曰：周、儀二禮，並周公所制。三禮次第，周爲本，儀爲末。

孔氏穎達曰：洛誥云：「考朕昭子刑，乃單文祖德。」又禮記明堂位云：「周公攝政六年，制禮作樂，頒度量于天下。所制之禮，則周官、儀禮也。」

賈氏公彦曰：周禮、儀禮，發源是一，理有始終，分爲二部，並是周公攝政太平之書。周禮爲末，儀禮爲本。

觀承案：陸氏謂「周爲本，儀爲末」者，周禮乃禮之綱要，儀禮乃禮之節目也。賈氏又謂「周禮爲末，儀禮爲本」者，周禮乃經世宰物之宜，儀禮乃敦行實踐之事也。韓氏愈曰：予嘗苦儀禮難讀，又其行于今者蓋寡，沿襲不同，復之無由，考于今，誠無所用之。然文王、周公之法制，粗在于是。孔子曰「吾從周」，謂其文章之盛也。古書之存者希矣！百氏雜家，尚有可取，況聖人之制度耶？于是掇其大要、奇辭奥旨著于篇，學者可觀焉。惜乎吾不及其時，揖讓、進退于其間，嗚呼盛哉！

程子曰：有麟趾、關雎之意，然後能行周官之法度。問：周禮有訛缺否？程子曰：甚多，周公致治之大法，亦在其中。須知道者觀之，可決是非也。禮記中有聖人格言，亦有俗儒乖謬之説。乖謬之説本不能混格言，只爲學者不能辨别，如珠玉之在泥沙耳。聖人文章，自然與學爲文者不同，譬之化工生物，剪裁繪畫，雖似相類，終不若化工所生者，自有一般生意。禮記儒行、經解，極害義理。又曰：儒行之篇，如後世遊説之士所爲誇大之説。觀孔子平日語言，有如是者否？禮記除中庸、大學，唯樂記爲最近道，學者深思自得之。表記亦近道，其言正。

張子曰：周禮是的當之書，然其間必有末世增入者。如盟詛之類，必非周公之意。蓋盟詛起于王法不行，人無所取直，故要之于神，所謂「國將亡，聽于神」也。天官之職，須襟懷洪大看得。蓋其規模至大，若不得此心[二]，欲事事上致曲窮究，湊合此心，如是之大，必不能得也。周禮唯太宰之職難看，蓋無許大心胸包羅，記得此，復忘彼，其混混天下之事，當如捕龍蛇，搏虎豹，用心力看，方可。其他五官便易看，止一職也。

周氏諝曰：禮經之殘缺久矣。世之所傳，曰周禮，曰儀禮，曰禮記。其間獨周禮爲太平之成法。儀禮者，又次之。禮記者，雜記先王之法，而尚多漢儒附會之疵，此學者所宜精擇。

吕氏大臨曰：冠、昏、射、鄉、燕、聘，天下之達禮也。儀禮所載，謂之禮者，禮之經也。禮記所載，謂之義者，訓其經之義耳。周禮直欲使無一物不得其所，故其書無一言而非仁。

[二]「不得」，諸本脱，據張載集卷四補。

晁氏公武曰：西漢諸儒，得古文禮凡五十六篇。高堂生傳士禮十七篇，爲儀禮。喪服傳一卷，子夏所爲。

楊氏時曰：周官之書，先王經世之務也，不可不講。

朱子曰：周禮，周公遺典也。胡氏父子以爲王莽令劉歆撰，此恐不然。周禮，乃周家盛時，聖賢制作之書。周禮一書，周公所以立下許多條貫，皆是從廣大心中流出。周官徧布精密，乃周公運用天理熟爛之書。說制度之書，唯周禮、儀禮可信。禮記便不可深信。周禮畢竟出于一家，謂是周公親筆做成，固不可，然大綱却是周公意思。天官之職，是總五官者。若其心不大，如何包得許多事？且冢宰内自王之飲食衣服，外至五官庶事，自大至小，自本至末，千頭萬緒，若不是大其心者區處應副，事到面前，便且區處不下。況于先事措寘，思患預防，是著多少精神！所以記得此，復忘彼。佛氏只合下將那心頓在無用處〔一〕，纔動步，便疏脱，所以吾儒貴窮理致知，便須事事物物理會過。五峰以周禮爲非周公致太平之書，謂如天官冢宰，却管甚宫闈之事！其意只

〔一〕「在」，諸本作「下」，據朱子語類卷八六改。

是見後世宰相請託宮闈，交結近習，以爲不可。殊不知，此正人君治國平天下之本，豈可以後世之弊而併廢聖人之良法美意哉！又如王后不當交通外朝之説，他亦是懲後世弊。要知儀禮中，亦分明自載此理在。至若女祝掌凡内禱祠、祈禳之事，使後世有此官，則巫蠱之事安從有哉！比、閭、族、黨之法，正周公建太平之基本，他這箇一如棊盤相似〔一〕，枰布定後，棊子方有放處。舊嘗妄意，此書大綱是要人主正心、修身、齊家、治國、平天下，使天下之民無不被其澤，又推而至于鳥獸、草木無一不得其所而已。不如是，不足以謂之裁成輔相，參贊天地耳。周禮一書好，廣大精密，周家法度在裹許。儀禮，禮之根本；而禮記，乃其枝葉。儀禮，經也；禮記，傳也。且如儀禮有冠禮，禮記便有冠義；儀禮有昏禮，禮記便有昏義；以至燕、射之類，莫不皆然。儀禮載其事，禮記明其理。讀禮記，不讀儀禮，許多理皆無安著處。禮記只是解儀禮，如喪服小記，便是解喪服傳，推之諸篇皆然。問：儀禮傳、記是誰作？曰：傳是子夏作，記是子夏以後人作。漢河間獻王得古禮五十六篇，想必有可觀。

〔一〕「他」，諸本作「但」，據朱子語類卷八六改。

但當時君臣間有所不曉，遂至無傳。故先儒謂聖經不亡于秦火，而壞于漢儒，其説亦好。今儀禮多是士禮，天子、諸侯喪祭之禮皆不存，其中不過有些小朝聘、燕享之禮。自漢以來，凡天子之禮，皆是將士禮來增加爲之。漢河間獻王所得禮五十六篇，却有天子、諸侯之禮，故班固謂「愈于推士禮以爲天子、諸侯之禮」者。班固作漢書時，此禮猶在，不知何代何年失了，可惜！儀禮，不是古人預作一書如此，初間只以義起，漸漸相襲，行得好，至于情文極細密，極周緻處。聖人見此意思好，故録成書。只看古人君臣之際，如君臨臣喪，坐撫當心，要經而踊。今日之事，至于死生之際，恝然不相關，不啻如路人，恩義安在？儀禮舊與六經、三傳並行，至王介甫始罷去，其後雖復春秋，而儀禮卒廢。今士人讀禮記，而不讀儀禮，故不能見本末。世謂禮記爲漢儒作，非也。漢儒最純者，莫如董仲舒。仲舒之文最純者，莫如三策，曷嘗有禮記中語乎？如樂記所謂「天高地下，萬物散殊，而禮制行矣。流而不息，合同而化，而樂興焉」，仲舒安能到此？禮有經有變，經者，常也；變者，常之變也。先儒以曲禮爲變禮，蓋曲者，委曲之義，故以爲變禮。然「毋不敬，安定辭，安民哉」，此三語謂之變，可乎？先儒以儀禮爲經禮，然其中亦自有變，又不可一律觀也。問：孔子何以問禮于老聃？曰：始疑有兩老聃，後思之，老子曾爲柱下史，故知禮之節文，所以孔子問之。聃雖知禮，然其意以爲不必盡行，行之反以多事，故欲絶滅之。禮運所謂「謀用是作，而兵由此起」等語，亦有此意。漢志諸記，自一百三十一篇以下，與經文本不相雜，疑今亦多見于本篇後記及二戴之記、孔子家語等書，特不可考其所自耳。

陳君舉周禮説：周制，三公位冢宰，則冢宰與王坐而論道者也。今考其屬，小宰掌外治，凡與王左右親習之官隸焉；内宰掌内治，凡與后左右親習之官隸焉，而他無職業。凡若是，作格君心四篇，其一曰：凡饔飱、田罟、薪蒸之事，醫藥之事、酒漿之事、幄帟次舍之事，甚卑冗也，甚煩縟也。必用命士，必皆領于冢宰〔一〕。若王有師田之事，則大僕而下，凡僕馭之官；有祭祀之事，則大祝而下，凡巫祝之官；有燕樂之事，則大師而下，凡聲樂之官。其用命士，每官多至四十人，往往皆大夫長之，而屬于卿。若夫宿衛，非宫正之群吏〔二〕，則宫伯之士庶子，所謂執矛戈，立階戺，皆冕衣裳

〔一〕「領」，原作「命」，據味經窩本、乾隆本、光緒本改。
〔二〕「正」，原作「中」，據味經窩本、乾隆本、光緒本改。

者，非若後世，但以兵衛也。昔周公作立政，大抵汲汲于用賢，而以虎賁、綴衣、趣馬、攜僕，列諸左右常伯、三事之下。常伯、三事，皆大臣也，名位尊矣，視趣馬、綴衣至不等。而周公一概言之，何也？蓋以大臣進見有節，敷奏有常，而朝夕與王燕者，則斯人也，必以士爲之，則必公卿所自簡除，所自考課。苟非命士，則簡除、考課，不出于朝廷，其進雜而群枉至矣。是故分隸于六卿，而冢宰之治特詳。書曰：「昔在文、武，侍御僕從，罔非正人，以旦夕承弼厥辟。」由此其選也。方周公之教世子也，魯公之子伯禽、衛康叔之子牟、齊太公之子伋，俱事成王。伯禽、牟、伋，蓋宿衛國子也。他日能爲顯諸侯，而成王與之處，則相觀而善之益多。其後詩人刺皇父曰：「皇父卿士，家伯維宰，仲允膳夫，蹶維趣馬，艷妻煽方處。」以是數人者，皆相從于女謁者也。由此觀之，王之所與燕私，得其人，則太子見德而成王爲賢君；不得其人，則女謁行而褒姒之禍作，自后世子賢否繫焉。而周之興亡從之，如之何其不謹乎？其二曰：庖事、酒事、衣裘之事，惟王及后，有司不敢會。既不會矣，而必領于大臣何也？彼賤有司誠不宜以苛細推校至尊，唯大臣以道佐人主，獨得與人主可否相是非，是故領之。夫富有四海，而一人之奉，就使無節，歲費幾何？方且嘉與大臣以自防檢，庶幾過差不中九式之度。雖有司不敢議，而大臣盡規，所以資啓沃、成敬畏也。其三曰：嘗讀關雎，知三代而上，后妃極天下之選矣。后妃母儀天下，常若歉然有不足配至尊之意。當是時，夫人嬪若干人，世婦若干人，女御若干人，各以其職奉上，所以共賓祭、蕃子孫之官備矣。后方惻然遐想，幽深側陋之間，尚有遺賢宜配君子，求而不可得，則中夜不寐，展轉歎息，庶幾得之。吾嘗推琴瑟鐘鼓之奉，與之偕樂而後慊。后德如此，則宮掖之政，一以聽后之所爲，奚不可者乎？迺内小臣而下凡閹官，九嬪而下凡婦官，下至于女奴曉祝者、曉書者、曉裁縫者，必屬之大臣，則夫員數之增損，職掌之廢寘，禄秩之多寡，賜予之疏數，皆禀命于朝廷，而后不與。且使内宰得以稽其功緒，而賞罰其勤惰，苟違有司之禁，雖天子不得自以爲恩。是故私謁不行而内政舉，古之所謂正家者蓋如此，而非屑屑然也。令出房闥而方較是非于侵紊之後，爭予奪于縱弛之餘，抑末矣。漢太尉楊秉糾中常侍，而尚書詰以三公統外，安得越奏近官？蓋内治不聽于公卿久矣，無怪乎後世之多亂也歟？其四曰：周之學政，不别言王世子，而嫁子于諸侯，無王姬之法。蓋天子之元子、庶子、命士與公卿大夫之子，共齒于學。王姬之車服，雖不繫其夫，而其「肅雝之詩」曰：「齊侯之子，平王之孫。」則從夫之序也。夫惟王與后，自牧甚卑，則以能下人爲家法。夫唯能下人，而後能長有天下。自秦人尊君卑臣之令行，無惑乎後世之疑周禮也。

馬氏廷鸞曰：儀禮爲書，于奇辭奥旨中有精義妙道焉，于纖悉曲折中有明辨等級焉。不惟欲人之善其生，且欲人之善其死；不惟致嚴于冠、昏、朝、聘、鄉、射，而尤致嚴于喪祭。後世徒以其「推士禮而達之天子」，以爲殘闕不可考之書，徐而觀之，一士也，天子之士與諸侯之士不同，上大夫與下大夫不同，等而上之，固有可得而詳者矣。

熊氏朋來曰：儀禮是經，禮記是傳，儒者恒言之，以冠義、昏義、鄉飲酒義、射義、燕義、聘義與儀禮士冠、士昏、鄉飲酒、射、燕、聘之禮相爲經傳也。劉氏又補士相見、公食大夫二義，以爲二經之傳。及讀儀禮，則士冠禮自「記冠義」以後，即冠禮之記矣；士昏禮自「記士昏禮凡行事」以後，即昏禮之記矣；鄉飲酒自「記鄉朝服而謀賓介」以後，即鄉飲之記矣；鄉射禮自「記大夫與則公士爲賓」以後，即鄉射之記矣；燕禮自「記燕朝服于寢」以後，即燕禮之記矣；聘禮自「記久無事則聘焉」以後，即聘禮之記矣；公食大夫禮自「記不宿戒」以後，即公食大夫之記矣；覲禮自「記几俟于東厢」以後，即覲禮之記矣；士虞禮自「記虞沐浴不櫛」以後，即士虞禮之記矣；特牲饋食禮自「記特牲」以後，即特牲之記矣；士喪禮則「士處適寢」以後〔一〕，附在既夕者，即士喪禮之記矣；既夕禮則「啓之昕」以後，即既夕之記矣。漢儒稱既夕禮即士喪禮下篇，故二記合爲一也。喪服一篇，每章有子夏作傳，而「記公子爲其母」以後，又別爲喪服之記，其記文亦有傳，是子夏以前有此記矣。十七篇唯士相見、大射、少牢饋食、有司徹四篇不言記，其有記者十有三篇。然冠禮之記有「孔子曰」，其文與郊特牲所記「冠義」正同。其餘諸篇，唯既夕之説，略見于喪大記之首章。喪服之傳，與大傳中數與「與」，疑當作「語」。相似，餘記自與小戴冠、昏等六義不同，何二戴不以禮經所有之記文而傳之也？十三篇之後各有記，必出于孔子之後，子夏之前。蓋孔子定禮，而門人記之，故子夏爲作喪服傳，而并其記亦作傳焉。　聘禮篇末，「執圭如重，入門鞠躬，私覿愉愉」等語，未知鄉黨用聘禮語，抑聘禮用鄉黨語。大抵禮經多出于七十二子之徒所傳。　案朱子鄉黨集注用晁氏曰：「定公九年，孔子仕魯，至十三年，適齊，其間無朝聘之事。疑使擯執圭二條，但孔子嘗言其禮如此。」又引蘇氏曰：「孔氏遺書，雜記曲

〔一〕「適」，諸本作「通」，據儀禮注疏卷三八改。

禮，非必孔子事也。」見得古儀禮之書，聖門因記其語。

湛氏若水曰：儀禮有有經而無傳者矣，公食大夫也，士相見也；有有傳而無經者矣，郊特牲也，諸侯釁廟也，遷廟也，公符也，投壺也；有經中之傳者矣，凡儀禮之稱曰「記」者是也；有傳中之傳者矣，玉藻之有深衣也，明堂之有月令也。

童氏承叙曰：或曰：「高堂生所傳，特士禮耳，餘多散佚。」又曰：「古禮于今無所用之，雖昌黎亦云然。夫禮也者，理也。先王以承天之道，以治人之情。孔子曰：『殷因于夏禮，所損益可知也；周因于殷禮，所損益可知也。』因者，其本也；損益者，其末也。協諸義而協，則先王所未有者，可以義起矣。故后蒼有推而致于天子之說。然今觀之，冠、昏、相見，士禮也；鄉飲、鄉射，大夫禮也；燕、射、覲、聘、公食大夫，諸侯禮也；士喪、既夕、士虞、特牲饋食，諸侯士禮也；少牢饋食、有司徹，諸侯卿大夫禮也；喪服，則通于天下。顧獨曰士禮，何哉？夫禮，無本不立，無文不行，雖夏、商之際，不能無文焉，至周而備爾。孔子曰：『虞、夏之文，不勝其質；商、周之質，不勝其文。』蓋思本也。然文之蠹也久矣，其在于今，宜無所用。至其本，固未泯也。是故因其文而遡之可知也，因其本而拓之可行也，不猶愈于并其文而亡之乎？」

王氏志長曰：六官：治、教、禮、政、刑、事，上下四方，覆藏宥密，如天地四方之六合，缺一不可。大如六鄉、六遂、六軍，小如六牲，皆六官合而後具。如六出之花，六瓣具而後花成，缺一不可也。一職修，可以扶顛持危，撥亂世而反之正；六職修，則天下太和，萬物咸若矣。又曰：周官物各付物，如天地之化，大之日星垂教、河嶽效靈，小之草木之一花一實、鳥獸之一羽一毛，靡不相對成文，非物物刻而雕也。又曰：周禮有必不可復者，如后妃、夫人與尸、賓獻酬，天子與邦君送迎、揖讓是也。至宮府之爲一體，王后、世子之動有式法，寓兵于農，取士以賢，選用宦寺府史胥徒，制馭諸侯四夷，後世舍此，無以爲治。又曰：周官中有原兼官不别設官者，有其官相聯不得不兼者，有平日不設臨事設之事畢復罷者，皆使人以其所能，用人以其餘力。故事治而功不妨，官設而禄不費，所以善也。

徐氏乾學曰：文中子亟稱周官，以爲王道極是也，蓋夢寐欲行之。唐太宗讀周禮，亦歎爲真聖作也。而漢劉歆佐王莽，頗遵用，以更張而敗。宋王安石尤主之，奉詔上所撰三經義頒行，而自董周官，已用新法，欲一二追復，而又敗。于是人咸爲周官諱，以爲非經。程伊川則以爲有關雎、麟趾之意，可以行周官之法度，不易之言也。

張橫渠以爲天官之職，必心量宏大方能讀，若不大其心以體之，而欲于事上窮究湊合，知其難也。朱晦菴曰：「周禮乃周公建太平之書，皆從廣大心中流出。」又爲孝宗言：「周禮天官冢宰一篇，乃周公輔相成王，垂後世之大法，至爲深切。欲知三代人主正心誠意之實學，驗諸此。」蓋尊信如此。乃武帝嘗作十論七難以排之，不立學官；而何休詆爲戰國陰謀，謬矣。

宗元案：十論七難，乃林碩作，非武帝也，此誤。

萬氏斯大曰：儀禮一書，與禮記相爲表裏，考儀文則儀禮爲備，言義理則禮記爲精。在聖人，即吾心之義理而漸著之爲儀文；在後人，必通達其儀文而後得明其義理。故讀禮記而不知儀禮，是無根之木、無源之水也。

右禮經作述大指

經禮威儀之別

孔氏穎達曰：周禮見于經籍，其名異者，見有七處。案孝經說云「經禮三百」，一也；禮器云「經禮三百」，二也；中庸云「禮儀三百」，三也；春秋說云「禮經三百」，四也；禮説云「有正經三百」，五也；周官外題謂「周禮」，六也；漢書藝文志云「周官經六篇」，七也。七者皆云「三百」，故知俱是周官。周官三百六十，舉其數而云「三百」也。其儀禮之别，亦有七處，而有五名。一則孝經説、春秋及中庸並云「威儀三千」，二則禮器云「曲禮三千」，三則禮説云「動儀三千」[一]，四則謂爲儀禮，五則藝文志謂儀禮爲禮古經，凡此七處五名，稱謂並承「三百」之下，故知即儀禮也。所以三千者，其履行周官五禮之别，其事委曲，條數繁廣，故有三千也。非謂篇有三千，但事之殊别有三千條耳。或一篇一卷，則有數條之事。今行于世者，唯十七篇而已。

吕氏大臨曰：禮器云：「經禮三百，曲禮三千，其致一也。」中庸云：「禮儀三百，威儀三千。」然則曲禮者，威儀之謂，皆禮之細也。布帛之有經，一成而不可變者也，故經禮象之。經禮三百，蓋若祭祀、朝聘、燕饗、冠昏、鄉射、喪紀之禮，其節文之不可變者有三百也。布帛之有緯，其文曲折有變而不可常者也，故曲禮象之。曲禮三千，蓋大小、尊卑、親疏、長幼，並行兼舉，屈伸損益之不可常者有三千也。今之所傳儀禮

[一]「禮説」，諸本作「禮記」，據禮記正義卷一改。

者，經禮也。其篇末稱「記」者，記禮之變節，則曲禮也。禮記所載，皆孔子門人所傳授之書，雜取于遺編斷簡者，皆禮經之變節也。

葉氏夢得曰：「經禮三百，曲禮三千」，經禮一而曲禮十。經禮其常，猶言制之凡也；曲禮其變，猶言文之目也。故言「禮儀三百，威儀三千」。先王之時，皆有書與法藏有司，官掌之，士習之，有司守之，謂之執禮。周官太史掌邦之六典，禮居一焉。其曰：「大祭祀，與群執事讀禮書而協事。祭之日，執書以次位常。大會同朝覲，以書協禮事。將幣之日，執書以詔王〔一〕。」小史：「大祭祀，讀禮法。」或讀之以喻衆，或執之以行事。至周衰，而二者皆亡，唯孔子獨能知之，故亦謂之執禮。今禮記首載曲禮，此非其書與法之正，漢儒雜記其所聞而纂之耳，故言「曲禮曰」以表之。如「毋放飯，毋流歠」，孟子亦云，則孟子猶及見其略歟？所謂經禮者，無復聞矣〔二〕。

朱子曰：「經禮」、「威儀」，禮器作「經禮」、「曲禮」，而中庸以「經禮」爲「禮儀」，鄭

〔一〕「書」，諸本作「事」，據周禮注疏卷二六改。
〔二〕「矣」，原脱，據味經窩本、乾隆本、光緒本補。

玄等皆曰「經禮」即周禮三百六十官，「曲禮」即今儀禮也。冠、昏、吉、凶，其中事儀三千，以其有委曲威儀，故有二名。獨臣瓚曰：「周禮三百，特官名耳。經禮謂冠、昏、吉、凶。」蓋以儀禮爲經禮也。而近世葉夢得曰：「經禮，制之凡也；曲禮，文之目也。先王之世，二者蓋皆有藏書于有司。祭祀、朝覲、會同，則太史執之以莅事，小史讀之以喻衆，而卿大夫受之以教萬民。保氏掌之以教國子者，亦此書也。」愚意禮篇三名，禮器爲勝。諸儒之説，瓚、葉爲長。蓋周禮乃制治立法、設官分職之書，于天下無不該攝，禮典固在其中，而非專爲禮設也。故漢志立其經傳之目，但曰周官，而不曰周禮，自不應指其官目以當禮篇之目。又況其中或以一官兼掌衆禮，或以數官通行一事，亦難計其官數，以充禮篇之數。至于儀禮，則其中冠、昏、喪、祭、燕、射、朝、聘，自爲經禮大目，亦不容專以曲禮名之也。但曲禮之篇，未見于今，何書爲近，而三百三千之數，又將何以充之耳？又嘗考之經禮，固今之儀禮，其存者十七篇，而其逸見于它書者，猶有投壺、奔喪、遷廟、釁廟、中霤等篇；其不可見者，又有古經增多三十九篇，而明堂陰陽、王史氏記數十篇，及河間獻王所輯禮樂古事，多至五百餘篇。倘或猶有逸在其間，大率且以春官所領五禮之目約之，則其初固當有三百餘篇，無疑矣。

所謂「曲禮」，則皆禮之微文小節，如今曲禮、少儀、内則、玉藻、弟子職篇，所記事親、事長、起居、飲食、容貌、辭氣之法，制器、備物、宗廟、宫室、衣冠、車旗之等，凡所以行乎經禮之中者。其篇之全數雖不可知，然條而析之，亦應不下三千有餘矣。若或者專以「經禮」爲常禮，「曲禮」爲變禮，則如冠禮之「不醴而醮用酒」、「殺牲而有折俎」、「若孤子冠母不在」之類，皆禮之變，而未嘗不在「經禮」篇中。「坐如尸，立如齊」、「毋放飯，毋流歠」之類，雖在曲禮之中，而不得謂之變禮，其説誤也。

王氏應麟曰：三禮義宗云：「儀禮十七篇，吉禮三，凶禮四，賓禮三，嘉禮七，軍禮皆亡。」禮器注：「曲禮，謂今禮也。」即指儀禮。而儀禮疏云：「亦名曲禮。」晉荀崧亦云。朱文公從漢書臣瓚注，謂儀禮乃經禮也，曲禮皆微文小節，如今曲禮、少儀、内則、玉藻、弟子職，所謂威儀三千也。

敖氏繼公曰：記有之曰：「經禮三百，曲禮三千。」所謂「經禮」，即十七篇之類也。其數乃至三百者，豈其合王朝與侯國之禮而言之歟？若所謂「曲禮」，則又在「經禮」之外者，如内則、少儀所記之類是也。

郝氏敬曰：夫儀之不可爲經，猶經之不可爲儀也。經者，萬世常行；儀者，隨時損益。父子、君臣、夫婦、長幼、朋友，經也；禮儀三百，威儀三千，儀也。皆以節文斯五者，五者三代相因，而儀者所損益可知也。

姜氏兆錫曰：三千之數，若以篇數求之，恐其數或無以充。或者以爲經禮是禮之大條件，曲禮是其中之小條件。曲禮與經禮，非是劃然兩項，曲禮即在經禮之中。其分二名，只是一綱一目，猶大學所謂三綱領、八條目，但不得專以變禮當之耳。且如儀禮，今存十七篇是經禮，其中之威儀條件，却有許多便是曲禮。惟經禮是綱領，藏得這許多，故經禮每禮自爲一篇，而曲禮亦在其中也。

右經禮、威儀之别

五禮通考卷首第二

禮經作述源流下

禮經傳述源流

漢書藝文志：周官經六篇。王莽時劉歆置博士。師古曰：「即今之周官禮也，亡其冬官，以考工記充之。」周官傳四篇。

河間獻王傳：修學好古，所得書皆古文先秦舊書，周官、尚書、禮。

後漢書賈逵傳：作周官解詁。

儒林傳：中興，鄭衆傳周官經，後馬融作周官傳，授鄭玄，玄作周官注。玄本習小戴禮，後以古經校之〔一〕，取其義長者，故爲鄭氏學。

鄭玄序云：世祖以來，通人達士大中大夫鄭少贛名興，及子大司農仲師名衆、議郎衛次仲、侍中賈君景伯、南郡太守馬季長，皆作周禮解詁。又云：玄竊觀二三君子之文章，顧省竹帛之浮辭，其所變易，灼然如晦之見明；其所彌縫，奄然如合符復析，斯可謂雅達廣攬者也。二鄭者，同宗之大儒，今讚而辯之，庶成此家世所訓也。

馬融周官傳云：秦法與周官相反，故始皇特疾惡，欲絶滅之，搜求焚燒之獨悉。孝惠帝始除挾書之律，開獻書之路，既出於山巖屋壁，入于秘府，五家之儒，莫得見焉。至孝成皇帝，達才通人劉向、子歆，校理秘書，始得列序，著于録、略。然亡其冬官一篇，以考工記足之。時衆儒並出共排，以爲非是。唯歆獨識，其年尚幼，務在廣覽博觀。末年，乃知其周公致太平之迹，迹具在斯。奈遭天下倉卒，兵革並起，弟子死喪，僅有門人河南緱氏杜子春尚在，永平之初，年且九十，能通其讀，鄭衆、賈逵往受業焉。衆、逵洪雅博聞，又以經書記轉相證明爲解，逵

〔一〕「校」，諸本作「核」，據後漢書儒林傳改。

解行於世，衆解不行。吾年六十，爲武都守，郡小少事，乃述平生之志，著易、尚書、詩、禮傳，皆訖。惟念前業未畢者，唯周官。年六十有六，目瞑意倦，自力補之，謂之周官傳也。

賈公彦序周禮廢興：周禮起于成帝劉歆，而成于鄭玄，附離之者大半。故林孝存以爲武帝知周官末世瀆亂不驗之書，故作十論七難以排棄之，何休亦以爲六國陰謀之書。唯有鄭玄徧覽群經，知周禮者，周公致太平之迹，括囊大典，網羅衆家，是以周禮大行後王之法。易曰：「神而化之，存乎其人。」此之謂也。

蕙田案：元儒吴澄云：「周官六篇，缺冬官。漢藝文志序列于禮家，後人名曰周禮。文帝召老樂工，因得春官大司樂之章。景帝子河間獻王好古學，購之女子李氏，得周官五篇，武帝遂藏之秘府。哀帝命劉歆校理秘書，始著録、略，以考工記補之。隋志謂河間獻王所補，未詳孰是。」

隋書經籍志：漢時有李氏得周官。周官蓋周公所制官政之法，上于河間獻王，獨闕冬官一篇，獻王購以千金不得，遂取考工記以補其處，合成六篇奏之。至王莽時，劉歆始置博士，以行于世。河南緱氏、杜子春受業于歆，因以教授。自後馬融作周官傳，以授鄭玄，玄作周官注。今周官六篇，唯鄭注立于國學。周官禮十二卷，馬融注。周官禮十二卷，鄭玄注。周官禮十二卷，王肅注。周官禮十二卷，伊説注。周官禮十二卷，干寶注。梁人有周官寧朔新書八卷，晉燕王師王懋約撰，亡。集注周官禮二十卷，崔靈恩撰。禮音三卷，劉昌宗撰。周官禮異同評十二卷，晉司空長史陳邵撰。周官禮駁難四卷，孫略撰。周官禮義疏四十卷，沈重撰。周官分職四卷，周官禮圖十四卷。梁有郊祀圖二卷〔一〕，亡。

儒林傳：陳邵泰始中爲燕王師，撰周禮評，甚有條貫。

舊唐書經籍志：周官論評十二卷〔二〕，陳邵駁〔三〕，傅玄評。周官寧朔新書八卷，司馬伷序，王懋約注。周官音三卷。鄭玄撰。

唐書藝文志：賈公彦周禮疏五十卷，通考：晁氏曰：「公彦，洺州人。永徽中仕至太學博士。」今併爲十二卷。世稱其發揮鄭學，最爲詳明。王玄度周禮義決三卷。

宋史藝文志：王安石新經周禮義二十二卷，通考：晁氏曰：「熙寧中設經義局，介甫自爲

〔一〕「二卷」，諸本作「四卷」，據隋書經籍志一改。
〔二〕「周官論評」，諸本作「周官評論」，據舊唐書經籍志上改。
〔三〕「駁」，諸本作「撰」，據舊唐書經籍志上改。

周官義十餘萬言，不解考工記。」陳氏曰：「熙寧八年，詔頒之國子監，且置之義解之首。」**王昭禹周禮詳解四十卷**，通考：陳氏曰：「其學皆宗王氏新説。」**楊時周禮辯疑一卷**，通考：晁氏曰：「攻安石之書。」**夏休周禮井田譜二十卷**，陳止齋序曰：「其説畿内，廣成萬步謂之都，不能成都謂之鄙。雖不能成鄙，即成縣者與之爲縣，成甸者與之爲甸，至一丘一邑盡然。以其不能成都、成鄙，故謂之閒田。以其不可爲軍、爲師而無所專繫，故謂之閒民。鄉遂市官，皆小者兼大者，他亦上下相攝，備其數，不必具其員，皆通論也。餘至纖至悉，要與時務合，不爲空言。」**鄭諤周禮解義二十二卷**，中興藝文志：「詳制度，明經旨，學者宗其書。」**黄度周禮説五卷**，通考：陳氏曰：「字文叔，不解考工記。」葉適序曰：「周官晚出，而劉歆遽行之，大壞矣。蘇綽又壞矣，王安石又壞矣。以余考之，周之道莫聚于此書，周之籍莫切于此書，文、武、周、召之實政，在是也。永嘉陳君舉亦著周禮説十二篇，素善文叔，論議相出入。所以異者，君舉以後準前，由本朝至漢，溯而通之；文叔以前準後，由春秋至本朝，沿而別之。」**陳傅良周禮説一卷**，通考作十三卷。中興藝文志：「傅良之言曰，鄭氏之誤三：王制，漢儒之言，今以釋周禮；司馬法，兵制，今以證田制；漢官制皆襲秦，今以比周官。徐筠學于傅良，記所口授而爲書，曰微言。傅良爲説十二篇，專論綱領。」**劉彝周禮中義八卷**〔一〕，陳氏曰：「祠部員外郎長樂劉彝執中撰。」**林之奇**

〔一〕「八卷」，宋史藝文志一作「十卷」。

周禮講義四十九卷〔一〕，項安世周禮丘乘圖説一卷，史浩周禮講義十四卷〔二〕，中興藝文志：「孝宗爲建王，浩分講周禮，多啓發，孝宗稱之。然止于司關。」林椅周禮綱目八卷，易祓周禮總義三十六卷，胡銓周禮傳十二卷，俞廷椿周禮復古編三卷〔三〕，鄭景炎周禮開方圖説一卷，鄭伯謙周禮類例義斷二卷，魏了翁周禮折衷二卷、要義三十卷，王與之周禮訂義八十卷。

王圻續文獻通考：補正古周禮，胡一桂撰。周禮説，馬之純著。周禮通解，聞人充著。禮經纂要，周昌著。周禮解，陳戒叔余嚞。周禮辯學，王居正著。周禮解義，漳州黄穎。周官辯疑，德興董濬〔四〕。周禮集解，興化黄鐘。周禮辯一篇，金楊雲翼著。周官考正，吴澄序次，序曰：「周官六篇，其冬官一篇闕，漢藝文志序列于禮家，後人名曰周禮。文帝嘗召至魏文侯時老樂工，因得春官大司樂之章。景帝子河間獻王好古學，購得周官五篇，武帝求遺書，得之，藏于秘府，禮家諸儒，皆莫之見。哀帝時，劉歆校理秘書，始著于録、略。以考工記補冬官之闕。歆門人河南杜子春能通其讀，鄭

〔一〕「林之奇周禮講義四十九卷」，宋史藝文志一無。
〔二〕「十四卷」，諸本脱，據宋史藝文志一補。
〔三〕「俞廷椿」，宋史藝文志一作「俞庭椿」。
〔四〕「德興」，諸本脱「興」字，據續文獻通考卷一七四、經義考卷一二二補。

衆、賈逵受業于杜，漢末馬融傳之鄭玄，玄所注，今行于世。宋張子、程子甚尊信之。王文公又爲新義。朱子謂：此經周公所作，但當時行之，恐未能盡，後聖雖復損益可也。至若肆爲排詆訾毁之言，則愚陋無知之人耳。冬官雖闕，今仍存其目，而考工記别爲一卷，附之經後云。」周禮纂言，吴當著。當，澄之孫。周禮補亡，丘葵著。葵，同安人。取五官中錯簡成書，因名補亡。周官考三卷，臧夢解著。鄞人。周禮集説。宋濂著。

明史藝文志：方孝孺周禮考次目録一卷，何喬新周禮集注七卷、周禮明解十二卷，陳鳳梧周禮合訓六卷，魏校周禮沿革傳六卷、官職會通二卷，楊慎周官音詁一卷，舒芬周禮定本十三卷，季本讀禮疑圖六卷，陳深周禮訓雋十卷、周禮訓注十八卷、考工記句詁一卷，唐樞周禮因論一卷，羅洪先周禮疑一卷，王圻續定周禮全經集注十四卷，李如玉周禮會注十五卷，柯尚遷周禮全經釋原十四卷，金瑶周禮述注六卷，王應電周禮傳十卷、周禮圖説二卷、學周禮法一卷、非周禮辯一卷，馮時行周禮别説一卷，施天麟周禮通義二卷，徐即登周禮説十四卷[一]，焦竑考工記解二卷，陳與郊考工記輯

[一]「徐即登」，諸本作「周即登」，據明史藝文志一校勘記改。

注二卷，郝敬周禮完解十二卷，郭良翰周禮古本訂注六卷，孫攀古周禮釋評六卷，陳仁錫周禮句解六卷，張采周禮合解十八卷，林兆珂考工記述注二卷，徐昭慶考工記通二卷，王志長周禮注疏删翼三十卷，郎兆玉注釋古周禮六卷，沈羽明周禮彙編六卷。王氏志長曰：近世非周禮者，指瑕摘釁，不下十數家，自絶于經，無論矣。自俞壽翁、王次點、吴幼清而來，以爲周禮未嘗亡，散見于五官，取五官聯職者，而人各以其意回復更定，則此乃人之周禮，豈復爲周公之禮哉？以上周禮。

漢書儒林傳叙：言禮，則魯高堂生。

藝文志：漢興，魯高堂生傳士禮十七篇。訖孝宣世，后倉最明。戴德、戴聖、慶普皆其弟子，三家立于學官。禮古經者，出于魯淹中蘇林曰：「里名也。」及孔氏，學七十篇劉氏敞曰：「『學七十』當作『與十七』。」文相似，多三十九篇。禮古經五十六卷，后氏、戴氏。經七十篇。劉氏敞曰：「『七十』當作『十七』。」

儒林傳：漢興，魯高堂生傳士禮十七篇，而魯徐生善爲頌。蘇林曰：「漢舊儀有二郎爲此頌貌威儀事。有徐氏，徐氏後有張氏，不知經，但能盤辟爲禮容。天下郡國有容史，皆詣魯學之。」師古曰：「頌，讀與容同，下皆類此。」孝文時，徐生以頌爲禮官大夫，傳子至孫延、襄。師古曰：

「延及襄二人。」襄，其資性善爲頌，不能通經；延頗能，未善也。襄亦以頌爲大夫，至廣陵内史。延及徐氏弟子公户滿意、桓生、單次皆爲禮官大夫。師古曰：「姓公户，名滿意也。與桓生及單次，凡三人。單音善。」而瑕丘蕭奮以禮至淮陽太守。諸言禮爲頌者，由徐氏。孟卿，東海人也。事蕭奮，以授后倉、魯閭丘卿。倉説禮數萬言，號曰后氏曲臺記，服虔曰：「在曲臺校書著記，因以爲名。」師古曰：「曲臺殿，在未央宮。」授沛聞人通漢子方、如淳曰：「聞人，姓也，名通漢，字子方。」梁戴德延君、戴聖次君、沛慶普孝公。孝公爲東平太傅。德號大戴，爲信都太傅；聖號小戴，以博士論石渠，至九江太守。由是禮有大戴、小戴、慶氏之學。通漢以太子舍人論石渠，至中山中尉。普授魯夏侯敬，又傳族子咸，爲豫章太守。大戴授琅邪徐良斿卿，爲博士、州牧、郡守，家世傳業。小戴授梁人橋仁季卿、楊榮子孫。師古曰：「子孫，榮之字也。」仁爲大鴻臚，家世傳業，榮琅邪太守。由是大戴有徐氏〔一〕，小戴有橋、楊氏之學。

劉歆傳：歆欲立逸禮，列于學官。移書太常博士曰：魯恭王得古文于壞壁，逸禮

〔一〕「徐氏」，諸本脱「氏」字，據漢書儒林傳補。

有三十九。天漢之後，孔安國獻之，藏于秘府，伏而未發。孝成校理舊文，以考學官所傳，經或脱簡，傳或間編〔一〕。

隋書經籍志：漢初，有高堂生傳十七篇，又有古經出于魯淹中，而河間獻王好古愛學，收集餘燼，得而獻之，合五十六篇，並威儀之事。古經十七篇，與高堂生所傳不殊，而字多異。自高堂生至宣帝時，后倉最明其業，乃爲曲臺記。倉授梁人戴德，及德兄子聖、沛人慶普，于是有大戴、小戴、慶氏，三家並立。後漢惟曹充傳慶氏，以授其子褒。然三家雖存並微，相傳不絶。漢末，鄭玄傳小戴之學，後以古經校之，取其于義長者作注，爲鄭氏學。其喪服一篇，子夏先傳之，諸儒多爲注解，今又別行。今古經十七篇，唯鄭注立于國學，餘多散亡，並無師説。儀禮十七卷，鄭玄注。又十七卷，王肅注。梁有李軌、劉昌宗音各一卷，鄭玄音二卷，亡。儀禮義疏見二卷，儀禮義疏六卷。

史記正義：七録云：「古經出魯淹中，其書周宗伯所掌五禮威儀之事，有六十六篇，無敢傳者，後博士侍其生得十七篇，鄭玄注，今之儀禮是也。餘篇皆亡。」

〔一〕「傳」，原脱，據味經窩本、乾隆本、光緒本、漢書劉歆傳補。

唐書藝文志：袁準注儀禮一卷，孔倫注一卷，陳銓注一卷，蔡超宗注一卷，田僧紹注二卷，朱氏彝尊曰：「陸氏釋文序録載注解傳述人，于儀禮有鄭康成注，此外馬融、王肅、孔倫、陳銓、裴松之、雷次宗、蔡超宗、田儁之、劉道拔、周續之凡十家，云『自馬融以下，並注喪服』。考隋經籍志十家之中，惟載王肅儀禮注十七卷，其餘未嘗有全書注也。舊唐書經籍考于馬融喪服記下云：『又一卷，鄭玄注；又一卷，袁準注；又一卷，陳銓注；又二卷，蔡超宗注；又二卷，田僧紹注。』亦未載諸家有全書注。至新唐書藝文志，始載袁準儀禮注一卷，孔倫注一卷，陳銓注、蔡超宗注二卷，田僧紹注二卷，並不著其注喪服，則誤以喪服注爲儀禮全書注也。下至鄭氏通志略，既于儀禮全書注載袁準、孔倫、陳銓、蔡超宗、田僧紹姓名，而又于喪服傳注，五家複出，由是西亭王孫授經圖、焦氏經籍志，皆沿其誤，當以陸氏序録爲正也。」賈公彦儀禮疏五十卷。衛氏湜禮記集説曰：「同李玄植編儀禮疏。儀禮自鄭注之後，僅有黄慶、李孟悊二家疏義，公彦等裁定爲五十卷。」

宋史藝文志：陳祥道注解儀禮三十二卷，周燔儀禮詳解十七卷，李如圭儀禮集釋十七卷，朱熹儀禮經傳通解二十三卷。

宋中興藝文志：儀禮經傳通解凡二十三卷，熹晚歲所定，惟書數一篇缺而未補。其曰儀禮集傳集注者，即此書舊名。凡十四卷爲王朝禮，而卜筮一篇亦缺。熹所草定，未及删改。

朱子乞修三禮劄子略：周官一書，固爲禮之綱領。至其儀法度數，則儀禮乃其本經。而禮記郊特牲、冠義等篇，乃其義疏耳。前此猶有三禮、通禮、學究諸科，士猶得以誦習而知其說。熙寧以來，王安石變亂舊制，廢罷儀禮，而獨存禮記之科，棄經任傳，遺本宗末，其失已甚。而博士諸生，又不過誦其虚文，以供應舉。至于其間亦有因儀法度數之實而立文者，則咸幽冥而莫知其源，一有大議，率用耳學臆斷而已。故臣嘗與一二學者，考訂其說，欲以儀禮爲經，而取禮記及諸經史雜書所載有及于禮，皆以附于本經之下，具列注疏、諸儒之說。略有端緒，而私家無書檢閱，無人抄寫，久之未成。欲望聖明，特詔有司，許臣就秘書省關借禮、樂諸書，自行招致舊日學徒十餘人，踏逐空閒官屋數間，與之居處，令其編類。可以興起廢墜，垂之永久，使士知實學，異時可爲聖朝制作之助，則斯文幸甚。朱在儀禮經傳目録後記：「先君所著家禮五卷、鄉禮三卷、學禮十一卷、邦國禮四卷、王朝禮十四卷，今刊于南康道院。其曰經傳通解者二十三卷，蓋先君晚歲之所親定，次第具見于目録。唯書數一篇，闕而未補。而大射禮、聘禮、公食大夫禮、諸侯相朝禮八篇，則猶未脱稿也。其曰集傳集注者，此書之舊名也。凡十四卷爲王朝禮，而卜筮篇亦缺。餘則先君所草定，而未暇删改者也。至于喪、祭二禮，則嘗以規摹次第，屬之門人黄榦，俾之類次。他日書成，亦當相從于此，庶幾此書本末具備。」吴氏師道曰：「以三禮論，則周官爲綱，儀禮乃本經，而禮記諸篇則其疏義。三者固有本末之相須而不可闕，是以朱子慨然定爲儀禮經傳通解集注之書，未完者，門人又足成之。可謂禮書之大全，千古之盛典也。」虞氏集曰：「先王既遠，禮樂崩壞，秦、漢以來，諸儒相與綴輯所傳聞而誦説之，後世猶得稍見其緒餘者，則其功也。然其臆説，自爲牴牾，亦不無焉，自非真知聖人之道，不能有所決疑于其間。伊洛諸君子出，然後制作之本，蓋庶幾矣。至于朱子，將觀其會通，以行其典禮，故使門人輯爲儀禮經傳通解，其志固將有所爲也。事有弗逮，終身念之，而所謂家禮者，因司馬氏之説，而麤爲檃括，特未成書，而世已傳之。其門人楊氏，以其師之遺意，爲之記注者，蓋以補其闕也。」曾氏棨曰：「朱子挈儀禮正經，以提其綱；輯周禮之記、諸經有及于禮者，以備其闕。釐爲家、鄉、邦國、王朝之目，自天子以至于庶人之禮，謂之儀禮經傳通解，然亦未及精詳。」

黄榦儀禮經傳續通解二十九卷，陳氏曰：「外府丞長樂黄榦直卿撰。晦菴之婿，號勉齋。始晦菴著禮書，喪、祭二禮未及論次，以屬榦續成之。」楊復儀禮經傳續編序：「昔文公朱先生既修家、鄉、學、邦國、王朝禮，以喪、祭二禮屬勉齋黄先生編之。先生服膺遺訓，不敢少怠。嘉定乙卯，先取向來喪禮稿本，精專修改，至庚辰之夏而書成，凡十有五卷。竊嘗聞其略曰：禮，時爲大。要當以儀禮爲本。近世以來，儒生誦習，知有禮記，而不知有儀禮。昔之僅存者，皆廢矣。今因其篇目之僅存者，爲之分章句，附傳記，使條理明白而易考。後之言禮者，有所依據，不至棄經而任傳，遺本而宗末。王侯大夫之禮，關于綱常者爲尤重。儀禮既闕其書，後世以來，處此大變者，咸幽冥而莫知其源，取具臨時，沿襲鄙陋，不經特甚，可爲慨歎。今因小戴喪大記一篇，合周禮、禮記諸書，以補其缺。而王侯大夫之禮，粲然可考。于是喪禮之本末經緯，莫不悉備。既而又念喪禮條目散闊，欲撰儀禮喪服圖式一卷，以提其要，而附古今沿革于其後。草具甫就，而先生没矣。嗚呼！此千古之遺憾也！先生所修祭禮，本經則特牲、少牢、有司徹，大戴禮則釁廟，所補者則自天神、地祇、百神、宗廟，以至因事而祭者，如建國、遷都、巡狩、師田、行役、祈禳，及祭服、祭器，事序始終，其綱目尤爲詳備。先生嘗爲復言，祭禮用力甚久，規模已定，每取其書翻閱，而推明之，間一二條，方欲如意修定而未遂也。嗚呼！禮莫重于喪、祭。文公以二書屬之先生，其責任至不輕也。先生于二書也，推明文王、周公之典，辯正諸儒異同之論，掊擊後世蠹壞人心之邪説，以示天下後世，其正人心、扶世教之功至遠也。而喪服圖式、祭禮遺藁，尚有未及訂定之遺恨。後之君子，有能繼先生之志者出而成之，是先生之所望也。」楊復儀禮圖解十七卷。曾氏槃曰：「黄榦通解續，晚年祭禮尚未脱稿，又以授之楊復。復研精覃思，蒐經摭傳，積十餘年，以特牲饋食、少牢饋食爲經，冠之祭禮之首，輯周禮、禮記諸書，分爲經傳，以補其闕。綜之以通禮，首之以天神，次之以地祇，次之以宗廟，次之以百神，次之以因祭，次之以祭物，次之以祭統。有變禮，有殺禮，有失禮，並見之篇終。郊祀、明堂、廟制，皆折衷論定，以類相從，各歸條貫。使畔散不屬者，悉入于倫理；疵雜不經者，咸歸于至當。而始得爲全書。又因朱子之意，取儀禮十七篇，悉爲之圖，制度名物，粲然畢備。以圖考書，如指諸掌。西山真德秀稱爲千古不刊之典焉。」　張氏萱曰：「儀禮經傳通解續，宋淳祐間信齋楊復著。朱晦菴編集儀禮經傳通解，獨喪、祭二禮未完，以屬黄勉齋榦續成之。勉齋即世，祭禮猶未就。于是信齋據二公草本，參以舊聞，精加修定，凡十四卷，八十一門。」　徐氏乾學曰：「儀禮一書，冠、昏、喪、既夕、虞，皆士禮。惟大夫而上無冠禮。他諸侯大夫昏、喪、葬禮皆亡。唯饋食有少牢，有有司徹，則太牢亡也。特牲、少牢唯饋食，則享禮亡也。聘有公食大夫，則公再享大夫禮亡也。禮，大問曰聘，使大夫則問于事，相朝禮亡也。至王禮止覲，則春朝、夏宗、冬遇、殷見、衆頫禮亡也。推斯而言，禮缺廢甚矣。蓋孔子適周，學周禮于柱下史，而王朝禮業不展于邦國。諸侯憚行禮，又自去其籍。以孟子之好古，一則曰未之學，一則曰聞其略，他可知矣。惟士鄉禮以習行而存。今觀漢中世諸生，猶以時習禮于孔氏，而孔子廟堂、車服、禮器，猶存可見已。其存者，又文辭古奥，易行難誦。讀其所稱宫室、堂奥、冕弁、衣裳、飲食用器，非今世嘗及見；即進趨、拜跪、辟讓、揖遜、周旋之節，又異宜而莫之行。自唐韓愈已苦其難讀，而歎以爲文、武、周公之法制具在，恨不及其時，揖讓進退于其間。然自鄭注、賈疏而外，諸儒先舊説不復得見。至唐太宗，始表章十三經，以注疏列于學官。而王安石用三經新説，又罷儀禮，蓋廢已久矣。至是，文公實始尊信之，勉齋黄氏、信齋楊氏，相繼講求，以述先生之志，洵禮家之統宗也。後之學者，可以審所遵循矣。」

文獻通考：集釋古禮十七卷，釋宫一卷，綱目一卷。　陳氏曰：「廬陵李如圭寶之撰。釋宫者，經所載堂室門庭，今人所不曉者，一一釋之。」中興藝文志：「儀禮既廢，學者不復誦習，或不知有是書。乾道間，有張淳始訂其訛，爲儀禮識誤。淳熙中，李如圭爲集釋，出入經傳；又爲綱目，以別章句之指；爲釋宫，以論宫室之制。朱子嘗與之校定禮書。」

王圻續文獻通考：類注儀禮，黄士毅著。士毅，字子洪，莆田人，朱子門人〔一〕。儀禮解，葉味道著。味道，温州人。嘉定中進士。理宗訪問朱子門人，使者以味道對，授博士。儀禮合抄增損，高斯得著。儀禮集説十七卷，敖繼公著。自序曰：「儀禮，何代之書也？曰：周之書也。何人所作也？曰：先儒皆以爲周公所作，愚亦意其或然也。周自武王，始有天下。至周公相成王，乃始制禮作樂，以致太平。故以其時考之，則當是周公之書。又以其書考之，辭意簡嚴，品節詳備，非聖人莫能爲，益有以見其果爲周公之書也。然周公此書，乃爲侯國而作也，而王朝之禮不與焉，何以知其然也？書中十七篇，冠、昏、相見、鄉飲、鄉射、士喪、既夕、士虞、特牲饋食，凡九篇，皆言侯國之士禮；少牢饋食上下二篇，皆言侯國之大夫禮；聘、食、燕、大射四篇，皆言諸侯之禮；惟覲禮一篇，則言諸侯朝天子之禮，然主于諸侯而言也。喪服篇中，言諸侯及公子大夫士之服詳矣。其間雖有諸侯與諸侯之大夫爲天子之服，然亦皆主于諸侯與其大夫而言也。由是觀之，則此書決爲侯國之書無疑矣。然則聖人必爲侯國作此書者，何

〔一〕「人」，原脱，據味經窩本、乾隆本、光緒本補。

也？夫子有言曰：『夫禮，必本于天，殽于地，列于鬼神，達于喪、祭、冠、昏、射、御、朝、聘，聖人以禮示之，故天下國家可得而正。』以夫子此言證之，則是書也，聖人其以爲正天下之具也歟！故當是時，天下五等之國，莫不寶守是書而藏之有司，以爲典籍。無事則其君臣相與講明之，有事則皆據此以行禮。又且班之于其國，以教其人。此有周盛明，所以國無異禮，家無殊俗，兵寢刑措，以躋太平者，其以是乎！其後王室衰微，諸侯不道，樂于放縱，而憚于檢束也。于是惡典籍之不便于己而皆去之，則其向之受于王朝者，不復藏于有司矣；向之藏于有司者，或私傳于民間矣。此十七篇之所以不絶如綫而幸存以至于今日也。或曰：此十七篇爲侯國之書，固也，豈其本數但如是而已乎？抑或有亡逸而不具者乎？曰：是不可知也。但以經文與其禮之類考之，恐其篇數本不止此也。是經之言士禮特詳，其于大夫，則但見其祭禮耳，而其昏禮、喪禮則無聞焉，此必其亡逸者也。公食大夫禮云：『設洗如饗。』謂如其公饗大夫之禮，而今之經，乃無是禮焉，則是逸之也明矣。又諸侯之有覲禮，但用于王朝耳。若其邦交，亦當有相朝、相饗、相食之禮。又諸侯亦當有喪禮、祭禮，而今皆無聞焉，是亦其亡逸者也。然此但以經之所嘗言、禮之所可推者而知之也，而況其間又有不盡然者乎？由此言之，則是經之篇數，本不止于十七，亦可見矣。記有之曰：『經禮三百，曲禮三千。』所謂經禮，即十七篇之類也，其數乃至于三百者，豈其合王朝與侯國之禮而言之歟？若所謂曲禮，則又在經禮之外者，如内則、少儀所記之類是也。先王之世，人無貴賤，事無大小，皆有禮以行之，蓋以禮有所闕，則事有所遺，故其數不容不如是之多也。去古既遠，而其所存者，乃不能什一也，可勝歎哉！夫其已廢壞而亡逸者，固不可復見矣。其幸存而未泯者，吾曹安可不盡心而講明之乎？」

三禮叙録，吴澄序次，序曰：「儀禮十七篇。漢興，高堂生得之，以授瑕丘蕭奮，奮授東海孟卿，卿授后倉，倉授戴德、戴聖。大戴、小戴及劉氏别録所傳十七篇，次第各不同。尊卑吉凶，先後倫序，惟别録爲優，故鄭氏用之，今行于世。禮經殘缺之餘，獨此十七篇爲完書。以唐韓文公尚苦難讀，况其下者。自宋王文公行新經義，廢黜此經，學者益罕傳習。朱子考定易、書、詩、春秋四經，而謂三禮體大，未能緒正。晚年欲成其書，如此至倦倦也。經傳通解，乃其編類草稾，將俟喪、祭禮畢而筆削焉。無禄弗逮，遂爲萬世之闕典。澄每伏讀而爲之惋惜。竊謂樂經既亡，經僅存五。易之彖傳、象傳，本與繫辭、文言、説卦、序卦、雜卦諸傳，共爲十翼，居上下經二篇之後者也，而後人以入卦爻之中。詩、書之序，本自爲十篇，居國風、雅、頌、典謨、誓誥之後者也，而後人以冠各篇之首。春秋三經三傳，初皆别行，公、穀配經，其來已久。最後注左氏者，又分傳以附經之年，何居？使傳文、序文與經混淆，不唯非所以尊經，且于文義多所梗礙，歷千數百年，而莫之或非也，莫之或正也。至東萊吕氏于易，始因晁氏本定爲經二篇，傳十篇。朱子于詩、書，各除篇端小序，合而爲一，以寘經後。春秋一經，雖未暇詳校，而亦别出左氏經文，併以刊之臨漳。于是易、書、詩、春秋，悉復夫子之舊。五經之中，其未爲諸儒所亂者，惟二禮經，然三百三千不存，蓋十之九矣。朱子補其遺闕，則編類之初，不得不以儀禮爲綱，而各疏其下。脱稾之下，必將有所科别，决不但如今稾本而已。若執稾本爲定，則經之章也，而以後記、補記、補傳分隸分古于其左也，與彖、象傳之附易經者，有以異乎？否也。夫以易、書、詩、春秋之四經，既幸而正，而儀禮之一經，又不幸而亂，是豈朱子之所以相遺經者哉？徒知尊信草創之書，而不能探索未盡之意，亦豈朱子之所以望後學者哉？嗚呼！由朱子而來，至于今將百年，然而無有乎爾。澄之至愚，輒因朱子所分禮章，重加倫紀。其經後之記，依經章次，秩叙其文，不敢割裂，一仍其舊，附于篇終。其十七篇次第，並如鄭氏本，更不間以它篇，庶十七篇正經，不至雜糅。二戴之記中有經篇者，離之爲逸經。禮各有義，則經之傳也。以戴氏所存，兼劉氏所補，合之而爲傳。正經爲首，逸經次之，傳終焉，皆别爲卷而不相紊。此外悉以歸諸戴氏之記。朱子所輯及黄氏喪禮、楊氏祭禮，亦參伍以去其重複，名曰朱氏記，而與二戴爲三。凡周公之典，其未墜於地者，蓋略包舉而無遺。造化之運不息，則天之所秩，未必終古而廢壞。有議禮制度考文者出，所損所益，百世可知也。雖然，苟非其人，禮不虚行，存誠主敬，致知力行，下學而上達，多學而一貫，以得夫堯、舜、禹、湯、文、武、周公、孔子之心，俾吾朱子之學末流，不至于漢儒學者事也。澄也不敢自棄，同志其尚敦勗之哉！」

趙氏魏史曰：「儀禮者，周公監二代而制之以經世者也。漢興，河間獻王得孔壁禮經五十六篇，其十七篇與高堂生所傳同，餘外三十九篇，在于秘府，謂之逸禮。繼以新莽之亂，亡焉。故迄今所存，止此而已。其篇次，二戴與劉氏别録，參差不同，而鄭本一依劉氏。其注疏，朱子蓋嘗以浮蕪病焉，欲力爲釐正而不果。近代吴氏，亦嘗嗣爲考定焉而未盡。」

儀禮逸經八篇，吴澄纂次，序曰：「漢興，高堂生得儀禮十七篇。後魯共王壞孔子宅，得古文禮經于孔氏壁中，凡五十六篇。河間獻王得而上之，其十七篇與儀禮正同，餘三十九篇，藏在秘府，謂之逸禮。哀帝初，劉歆以列之學官，而諸博士不肯置對，竟不得立。孔、鄭所引逸經中霤禮、禘于太廟禮、王居明堂禮，皆其篇也。唐初猶存，諸儒曾不以爲意，遂至于亡。惜哉！今所纂八篇，其二取之小戴記，其三取之大戴記，其三取之鄭氏注。奔喪也、中霤也、禘于太廟也、王居明堂也，固得儀禮三十九篇之四，而投壺之類，未有考焉。疑古禮逸者甚多，不止于三十九篇也。投壺、奔喪篇首，與儀禮諸篇之體如一，公冠等三篇，雖已不存此例，蓋作記者删取其要以入記，非復正經全篇矣。投壺，大、小戴不同；奔喪與逸禮亦異，則知此二篇，亦經刊削，但未如公冠等篇之甚耳。五篇之經文，殆皆不完，然實爲禮經之正篇，則不可以其不完而擯之于記。故特纂爲逸經，以續十七篇之末。至若中霤以下三篇，其經亡矣，而篇題僅僅見于注家片言隻字之未泯者，猶必收拾而不敢遺，亦『我愛其禮』之意也。」**儀禮傳十篇。**吴澄纂次，序曰：「儀禮傳十篇，澄所纂次。案儀禮有士冠禮、士昏禮，戴記則有冠義、昏義；儀禮有鄉飲酒禮、鄉射禮、大射禮，戴記則有鄉飲酒義、射義；以至燕、聘皆然。蓋周末漢初之人作以釋儀禮，而戴氏抄以入記者也。今以此諸篇正爲儀禮之傳，故不以入記。依儀禮篇次，萃爲一編。文有不次者，頗爲更定。射義一篇，迭陳天子、諸侯、卿大夫、士之射，雜然無倫，釐之爲鄉射義、大射義二篇。士相見義、公食大夫義，則用清江劉氏原父所補，並因朱子而加考詳焉。于是儀禮之經，自一至九，經各有其傳矣。唯覲義缺。然大戴朝事一篇，實釋諸侯朝覲天子及相朝之禮，故以備覲禮之義。而共爲傳十篇云。」李氏俊民曰：「秦焰既熄，掇拾遺餘，兼收並蓄，得傳于後，漢儒之力也。依稀論著，以傳其舊，唐賢之學也。會通經傳，洞啓門庭，以祛千載之惑，朱子之特見也。若夫造詣室奥，疏剔户牖，各有歸趣，則至草廬吴先生始無遺憾焉。世有好禮之士，先觀注疏舊本，次考朱子通解，然後取先生所次所釋而深研之，乃知俊民之言爲不妄也。」朱氏彝尊曰：「吴氏儀禮逸經八篇，投壺一，奔喪二，公冠三，諸侯遷廟四，諸侯釁廟五，中霤六，禘于太廟七，王居明堂八。傳十篇，冠義一，昏義二，士相見義三，鄉飲酒義四，鄉射義五，燕義六，大射義七，聘義八，公食大夫義九，朝事義十。方朱子通解目録，文簡而倫叙秩然，以之頒學官可也。」

明史藝文志：汪克寬經禮補逸九卷，自序曰：「自樂亡而經行于世惟五，易、詩、書、春秋，雖中不無殘闕，而未若禮經甚焉。然三百三千不傳，蓋十之八九矣。朱子嘗考定四經，謂三禮體大，未易緒正。晚年惓惓是書，未就而没，遂爲萬世缺典。克寬伏讀而加惋惜焉。世之三禮，所傳曰周禮，曰儀禮，曰禮記。其實禮記乃儀禮之傳，儀禮乃周禮之節文。而三禮之要，則在乎吉、凶、軍、賓、嘉五禮之别也。何則？吉禮之别十有二：以禋祀祀昊天上帝，以實柴祀日月星辰，以槱燎祀司中、司命、風師、雨師，以血祭祭社稷、五祀、五嶽，以貍沈祭山林川澤，以疈辜祭四方百物，以肆獻裸享先王，以饋食享先王，以祠春饗先王，以禴夏饗先王，以嘗秋饗先王，以烝冬饗先王。凶禮之别有五：以喪禮哀死亡，以荒禮哀凶札，以弔禮哀禍裁，以禬禮哀圍敗，以恤禮哀寇亂。賓禮之别有八：春見曰朝，夏見曰宗，秋見曰覲，冬見曰遇，時見曰會，殷見曰同，時聘曰問，殷頫曰視。軍禮之别有五：以大師之禮用衆，以大均之禮恤衆，以大田之禮簡衆，以大役之禮任衆，以大封之禮合衆。嘉禮之别有六：以飲食之禮親宗族兄弟，以昏冠之禮親成男女，以賓射之禮親故舊朋友，以饗燕之禮親四方之賓客，以脤膰之禮親兄弟之國，以賀慶之禮親異姓之國。此其大較也。然儀禮十有七篇，吉禮之存，惟特牲饋食篇，乃諸侯國之士祭祖廟之禮；少牢饋食及有司徹篇，乃諸侯卿大夫祭祖禰廟之禮。凶禮之存，唯喪服篇，乃制尊卑親疏冠絰衣服之禮；士喪禮篇，乃士喪其親，自始死至既殯之禮；士虞禮篇，乃士既葬其親，迎精而反，日中而祭于殯宫之禮。賓禮之存，唯士相見禮篇，乃士以職位相親，始承贄相見之禮；聘禮篇，乃諸侯相交，久無事，使相問之禮；覲禮篇，乃諸侯秋朝天子之禮。嘉禮之存，惟冠禮篇，乃士之子始加冠之禮；士昏禮篇，乃士娶妻之禮；鄉飲酒禮，乃鄉大夫賓興賢能飲酒之禮；鄉射禮篇，乃士爲州長會民射于州序之禮；燕禮篇，乃諸侯燕饗其臣之禮；大射儀篇，乃諸侯將有祭祀之事與群臣燕飲之禮；公食大夫禮篇，乃諸侯以禮食鄰國小聘大夫之禮。自此之外，如朝覲、會同、郊祀、大饗帝、大喪之禮，蓋皆亡逸。況軍禮無存，非關細故。此豈散軼已在于夫子正禮之前哉？是以當時吉禮之失，如魯君之郊僭天子之禮，孟獻子之禘七月而爲之，夏父弗綦躋僖公而逆祀，三桓大夫立公廟于私家，管仲鏤簋朱紘，晏平仲豚肩不掩豆，至于太廟説笏與燔柴于奥，諸侯宫縣而祭以白牡之類是也。凶禮之失，如伯魚喪出母期而猶哭，子路姊喪過而弗除，子上母死而不喪，成人兄死不爲衰，有爲慈母練冠、爲妾齊衰者，有居喪沐浴、佩玉與浴于爨室者，有朝祥而暮歌與既祥而絲屨組纓者，以至小斂而奠于西方，既祖而反柩受弔，有以大夫而遣車一乘，有葬其夫人而醯醢百甕之類是也。賓禮之失，如天子下堂而見諸侯，朝覲而私覿主國，王臣以私好而朝諸侯者有焉；諸侯以强大而盟天子之三公者有焉；庭燎之百，侯國用之，繡黼、丹朱中衣，大夫用之者又有焉。嘉禮之失，如魯昭公娶于吴則不告天子，魯哀公爲重肆夏以饗賓，天子以喪賓燕者有之；夫人出境而饗諸侯者有之；大夫反坫與不識殽烝者又有之。軍禮之失，如齊桓公亟舉兵，作僞主以行；魯莊公及宋戰，以失御而敗；戰而復矢始于升陘，敗而髽弔始于臺鮐；以至蒐田不時，丘甲始作之類，可考也；又況出師專征，習視故常，爭地黷武，歲無虚日。使禮經舊典，具存于當時，則五禮之失，豈至如是之甚哉！由是知周之叔世，禮典已多散逸，蓋不特火于秦而亡于漢也。今考于儀禮、周官、大小戴記、易、詩、書、春秋傳、孝經、家語及漢儒紀録，凡有合于禮者，各著其目，列爲五禮之篇，名曰經禮補逸。是編也，于周公經世之典，雖未能極意象之微，然五禮之大體，蓋略包舉無遺。庶幾學者于此，俾由得失以觀其會通，而天之所秩與造化之運不容息者，卒歸于性命之正，則三代可復也。明時制作之盛，或有擇焉，亦區區愛禮之一得云。」曾氏魯曰：「六籍之闕也久矣。而禮爲甚。漢興，區區掇拾于秦火之餘，而淹中古經旋復散失，所存者十有七篇而已。周官雖後出，而司空之篇，竟莫得補。二戴所傳，又往往雜以秦、漢之紀，然則學者之欲覩夫成周三千三百之目之全，固亦難矣。至宋慶曆、元祐諸儒，先後慨然有志于復古。及朱子，乃始斷然謂周禮爲禮之綱，儀禮其本經，而禮記其義疏，于是創爲條目，科分臚列，出入經傳，補其遺闕，以爲王朝、邦國、家、鄉、學禮，而喪、祭二禮則以屬門人黄氏，其有功于學者甚大。然其書浩博，窮鄉晚進，有未易遽究者。祁門汪先生德輔父〔一〕，間嘗因其成法，别爲義例，以吉、凶、軍、賓、嘉五禮之目，會萃成書，名曰經禮補逸。辭

〔一〕「祁門」，原作「祈門」，據光緒本改。

約而事備，學者便焉。學禮之士，誠能因汪氏之所輯，以達于朱子之書，則三百三千之目，雖不可復覩其全，然郁郁乎文之盛，豈不若身歷而目擊之矣乎！」儀禮逸經十八篇，永樂中，劉有年上之。朱氏彝尊曰：「吾意有年所進，即草廬吴氏本耳。逸經八篇，傳十篇，適合其數。當時内閣諸老，知其爲草廬書，是以館閣書目止載草廬本，無有年姓名也。」黄潤玉儀禮戴記附注五卷，何喬新儀禮叙録十七卷，陳鳳梧射禮集要一卷，湛若水儀禮補逸經傳測一卷，王廷相昏禮圖一卷、鄉射禮圖注一卷，舒芬士相見禮儀一卷，聞人詮飲射圖解一卷，朱縉射禮集解一卷，胡纘宗儀禮鄭注附逸禮二十五卷，郝敬儀禮節解十七卷，王志長儀禮注疏删翼十七卷。以上儀禮。

漢書藝文志禮：記百三十一篇，七十子後學者所記也。明堂陰陽三十三篇，古明堂之遺事。王史氏二十一篇，七十子後學者。師古曰：「劉向别録云，六國時人也。」曲臺后倉九篇，如淳曰：「行射禮于曲臺，后倉爲記，故名曲臺記。」中庸説二篇，師古曰：「今禮記有中庸一篇，亦非本禮經，蓋此之流。」明堂陰陽説五篇。明堂陰陽、王史氏記所見，多天子諸侯卿大夫之制，雖不能備，猶瘉倉等推士禮而至于天子之説。師古曰：「瘉與愈同。愈，勝也。」孔氏穎達曰：「禮記之作，出自孔氏。但正禮殘缺，無復能明。故范武子不識殽烝，趙鞅及魯君謂儀爲禮。至孔子没後，七十二子之徒共撰所聞，以爲此記。或録舊禮之義，或録變禮所由。中庸，是子思伋所作。緇衣，公孫尼子所撰。鄭康成云：『月令，吕不韋所修。』盧植云：『王制，漢文時博士所録。』其餘衆篇，皆如此例，未能盡知所記之人。鄭君六藝論云：『案漢書藝文志、儒林傳云，傳禮者十三家，唯高堂生及五傳弟子戴德、戴聖名在也。』又云『戴德傳禮八十五篇』，則大戴禮是也；『戴聖傳禮四十九篇』，則此禮記是也。」 盧氏曰：「禮記乃儀禮之傳。儀禮有冠禮，禮記則有冠義以釋之；儀禮有昏禮、鄉飲酒禮、燕禮、聘禮，禮記則有昏義、鄉飲酒義、燕義、聘義以釋之。其他篇中，雖或雜引四代之訓，而其言多與儀禮相爲表裏。但周禮、儀禮皆周公所作，而禮記則漢儒所録。雖曰漢儒所録，然亦儀禮之流也。儀禮之書，漢初已行，故高堂生傳之蕭奮，蕭奮傳之孟卿，孟卿傳之后倉，后倉傳之戴德、戴聖，二戴用習儀禮而録禮記，故知禮記，儀禮之流也。」

孟卿傳：孟卿善爲禮，傳后倉。世所傳后氏禮，皆出孟卿。戴德號大戴，聖號小戴，以博士論石渠。

後漢書橋玄傳：七世祖仁，從戴德學，著禮記章句四十九篇，號曰「橋君學」。成帝時，爲大鴻臚。

儒林傳：鄭玄注小戴所傳禮記四十九篇。

隋書經籍志：漢初，河間獻王又得仲尼弟子及後學者所記一百三十一篇獻之，時亦無傳之者。至劉向考校經籍，檢得一百三十篇，向因第而敘之。而又得明堂陰陽記三十三篇、孔子三朝記七篇、王氏史氏記二十一篇〔一〕、樂記二十三篇，凡五種，合二百十四篇。戴德删其煩重，合而記之，爲八十五篇，謂之大戴記。而戴聖又删大戴之書，爲四十六篇，謂之小戴記。漢末，馬融遂傳小戴之學。融又足月令一篇〔二〕、明堂位一篇、樂記一篇，合四十九篇。而鄭玄受業于融，又爲之注。今小戴記四十九篇，唯鄭注立于國學。禮記十卷，漢北中郎將盧植注。禮記二十卷，漢九江太守戴聖撰，鄭玄注。禮記三十卷，王肅注。梁有禮記十二卷，業遵注，亡。禮記寧朔新書八卷，王懋約注。梁有二十卷。月令章句十二卷，漢左中郎將蔡邕撰。禮記音義隱一卷，謝氏撰。禮記音二卷，宋中散大夫徐爰撰。梁有鄭玄、王肅、射慈、射貞、孫毓、繆炳音各一卷，蔡謨、東晉安北諮議參軍曹耽、國子助教尹毅、李軌、員外郎范宣音各二卷，徐邈音三卷，劉昌宗音五卷，亡。禮記三十卷，魏秘書監孫炎注。禮略二卷，禮記要鈔十卷，緱氏撰。梁有禮義四卷，魏侍中鄭小同撰；摭遺別記一卷，樓幼瑜撰。亡。禮記新義疏二十卷，賀瑒撰。梁有義疏三卷，宋豫章郡丞雷肅之撰，亡。禮記義疏九十九

〔一〕「王氏史氏記」，隋書經籍志一改作「王史氏記」。
〔二〕「足」，隋書經籍志一改作「定」。

卷，皇侃撰。禮記講疏四十八卷，皇侃撰。禮記義疏四十卷，沈重撰。禮記義十卷，何氏撰。禮記大義十卷，梁武帝撰。禮記文外大義二卷，秘書學士褚暉撰。禮記義證十卷，劉芳撰。禮記略解十卷，庾氏撰。禮記評十一卷。劉雋撰。

舊唐書經籍志：小戴禮記二十卷，戴聖撰，鄭玄注。月令章句十二卷，戴顒撰。禮記義記四卷，鄭小同撰。禮記講疏一百卷、皇侃撰。義疏五十卷，皇侃撰。禮記義疏四十卷，熊安生撰。禮記義證十卷，劉芳撰。禮記類聚十卷，禮記正義七十卷，孔穎達撰。衛氏湜禮記集説：「孔氏字仲達，先與朱子奢、李善信、賈公彦、柳士宣、范義頵、張權等，取皇甫侃、熊安生二家義疏删定，續與前修疏人及周玄達、趙君贊、王士雄等，覆更詳審，爲正義七十卷。」又曰：「鄭氏注，雖間有拘泥，而簡嚴該貫，非後學可及。孔氏正義以一時崇尚讖緯，多所採録，然記載詳實，未易輕議。第自晉、宋而下，傳禮學者，南人有賀循、賀瑒、庾蔚之〔一〕、崔靈恩、沈重、范宣、皇甫侃等；北人有徐遵明〔二〕、李業興、李寶鼎、侯聰、熊安生等，何止十數家。正義實據皇甫侃以爲本，而以熊安生補其所不備。後世但知爲孔氏之書而已。」禮記疏八十卷。賈公彦撰。

〔一〕「庾蔚之」，諸本脱「之」字，據禮記正義序補。
〔二〕「徐遵明」，諸本作「徐道明」，據禮記正義序改。

唐書藝文志：御刊定禮記月令一卷〔一〕，集賢院學士李林甫、陳希烈、徐安貞、直學士劉光謙、齊光乂、陸善經、修撰官史玄晏、待制官梁令瓚等注解。自第六易爲第一。文獻通考：晁氏曰：「唐明皇刪定，李林甫等注。序謂呂氏定以孟春日在營室，不知氣逐閏移，節隨斗建，于是重有刪定。國朝景祐初，改從舊文，由是别行。」宋三朝國史藝文志：「初，禮記月令篇第六，即鄭注。唐明皇改黜舊文，附益時事，號御刪月令，升爲首篇，集賢院别爲之注，厥後，學者傳之。而釋文、義疏皆本鄭注〔二〕，遂有别注小疏者，詞頗卑鄙。淳化初，判國子監李至請復行鄭注，從之。」成伯璵禮記外傳四卷，晁氏曰：「義例兩卷，五十篇；名數兩卷，六十九篇。劉明素序，張幼倫注。」王元感禮記繩愆三十卷，禮記字例異同一卷。元和十二年詔定〔三〕。

宋史藝文志：楊逢殷禮記音訓指説二十卷，上官均曲禮講義二卷，呂大臨禮記傳十六卷，衛氏湜禮記集説：「中興館閣書目止一卷，有表記、冠義、昏義、鄉飲酒義、射義、燕義、聘義、喪服四制八篇而已，今書坊所刊十卷，又有曲禮上下、孔子閒居、中庸、緇衣、深衣、儒行、大學八篇。」李

〔一〕「御刊定禮記月令」，諸本脱「記」字，據新唐書藝文志一補。

〔二〕「鄭注」，諸本作「鄭志」，據文獻通考卷一八一改。

〔三〕「十二年」，新唐書藝文志一作「十三年」。

格非禮記精義十六卷，衛氏湜禮記集説：「字文叔，就曲禮、檀弓、王制、喪服小記、大傳、少儀、學記、樂記、雜記、喪大記、祭法十一篇中，隨所見爲之義。」陸佃禮記解四十卷〔一〕，述禮新説四卷，宋中興藝文志：「牽于字説，宣和末，其子宰上之。」方慤禮記解義二十卷，文獻通考：陳氏曰：「政和三年表進，自爲之序。以王氏父子獨無解義，乃取其所撰三經義及字説，申而明之，著爲此解。由是得上舍出身，其所解文義亦明白。」馬希孟禮記解七十卷，文獻通考：「陳氏曰：『希孟字彦醇，未詳何人。亦宗王氏。』朱子語録：『方、馬二解，合當參看，儘有説得好處。不可以其新學而黜之。』」衛氏湜禮記集説：「方氏、馬氏及山陰陸氏三家，方氏最爲詳悉，有補初學，然雜以字説，且多牽合，大爲一書之累。間有與長樂陳氏講義同者。方自序亦謂諸家之説于王氏有合者，悉取而用之，則其説不皆自己出也。馬氏、陸氏皆略，馬氏大學解，又與藍田吕氏同。陸氏説多可取，間有穿鑿，亦新學誤之也。」王普深衣制度一卷，夏休破禮記二十卷，中興藝文志：「夏休以禮記多漢儒雜記，于義有未安者，乃援禮經以破之。然中庸、大學，實孔氏遺書也。」衛氏湜曰：「夏休立意毁訾，斷章拆句，妄加譏詆。中庸、大學，猶且不免，其不知量，甚矣！」戴溪曲禮口義二卷，學記口義二卷〔二〕，胡銓禮記傳十八卷，衛氏

〔一〕「四十」，諸本誤倒，據宋史藝文志一乙正。
〔二〕「二卷」，諸本作「三卷」，據宋史藝文志一改。

湜禮記集説：「廬陵胡氏，字邦衡。」禮記小疏二十卷，不知作者。衛湜禮記集説一百六十卷〔一〕，文獻通考：陳氏曰：「直秘閣崑山衛湜正叔集諸家説，自注疏而下爲一書，各著其姓氏。寶慶二年表上之，由是寓直中秘，魏鶴山爲作序。」楊簡孔子閒居講義一篇，鄭樵鄉飲禮七卷，張虙月令解十二卷，吳仁傑禘祫綿蕞書三卷〔二〕，魏了翁禮記要義三十三卷。

衛氏湜禮記集説名氏：長樂劉氏彝，字執中，七經中義内禮記四十卷。臨川王氏安石，字介甫，禮記發明一卷。横渠張子記説三卷。延平周氏諝，字希聖，解王制等十七篇。不見于中興館閣書目。石林葉氏夢得，字少藴，解曲禮等十九篇。仲子模過庭録時有論説。慶源輔氏廣，字漢卿，取注疏〔三〕、方氏、馬氏、陸氏、胡氏諸説，倣吕氏讀書紀編集，間有己説。金華應氏鏞，字子和，纂義二十卷。金華邵氏淵，字萬宗，解曲禮等五篇。

王圻續文獻通考：禮記解二十卷，何述著。浦城人。禮記纂義，蘭溪應鏞。禮記解，龍

〔一〕「一百六十卷」，諸本作「二百六十卷」，據宋史藝文志一改。
〔二〕「禘祫綿蕞書」，諸本脱「書」字，據宋史藝文志一補。
〔三〕「取」，諸本作「所」，據衛湜禮記集説名氏改。

溪黄樵仲，晉江吕椿。**小戴記集解**，岳珂，飛之孫。**戴記心法**，徐畸。**禮記通考**，繆主一。**禮記正義一卷**，温州鄭樸翁。**禮記集説**，陳澔注。澔，都昌人，號雲莊，潛心禮學。自序曰：「先君子師事雙峰先生十有四年，以是經三領鄉書，爲開慶名進士。所得于師門講論甚多。中罹煨燼，隻字不遺。不肖僭不自量，會萃衍繹，而附以臆見之言，名曰禮記集説。」**校正小戴記三十六篇**，吴澄纂次。序曰：「小戴記三十六篇，澄所序次。漢興，得先儒所記禮書三百餘篇，大戴氏删合爲八十五，小戴氏又損益爲四十三，曲禮、檀弓、雜記分上下。馬氏增以月令、明堂位、樂記，鄭氏從而爲之注，總四十九篇。精粗雜記，靡所不有。秦火之餘，區區掇拾，所謂存十一于千百，雖不能以皆醇，然先王之遺制，聖賢之格言，往往賴之而存。第其諸篇，出于先儒著作之全書者無幾，多是記者旁搜博採，勦取殘編斷簡，會萃成篇，無復詮次，讀者每病其雜亂而無章。唐魏鄭公爲是作類禮二十篇，不知其書果何如也？而不可得見。朱子嘗與東萊先生吕氏，商訂三禮篇次，欲取戴記中有關于儀禮者附之經，其不係于儀禮者，仍别爲記。吕氏既不及答，而朱子亦不及爲，幸其大綱存于文集，猶可考也。晚年編校儀禮經傳，則其條例與前所商訂又不同矣。其間所附戴記數篇，或削本篇之文，補以他篇之文，今則不敢。故止就本篇之中，科分節剔，以類相從，俾其上下章文義聯屬，章之大指，標識于左，庶讀者開卷瞭然。若其篇第，則大學、中庸，程子、朱子既表章之，以與論語、孟子並而爲四書，固不容復厠之禮篇。而投壺、奔喪，實爲禮之正經，亦不可以雜之于記。其冠義、昏義、鄉飲酒義、射義、燕義、聘義六篇，正釋儀禮，别輯爲傳，以附經後矣。此外猶有三十六篇，曰通禮者九，曲禮、內則、少儀、玉藻，通記小大儀文，而深衣附焉；月令、王制，專記國家制度，而文王世子、明堂位附焉。曰喪禮者十有一，喪大記、雜記、喪服小記、服問、檀弓、曾子問六篇記喪，而大傳、間傳、問喪、三年問、喪服四制五篇，則喪之義也。曰祭禮者四，祭法一篇記祭，而郊特牲、祭義、祭統三篇，則祭之義也。曰通論者十有二，禮運、禮器、經解一類，哀公問、仲尼燕居、孔子閒居一類，坊記、表記、緇衣一類，儒行自爲一類，學記、樂記，其文雅馴，非諸篇比，則以爲是書之終。嗚呼！由漢以來，此書千有餘歲矣。而其顛倒糾紛，至朱子始欲爲之是正而未及竟，豈無望于後之人歟！用敢竊取其義，修而成之，篇章文句，秩然有倫，先後始終，頗爲精審，將來學禮之君子，于此考信，其有取乎？非但爲戴氏忠臣而已也。」禮記纂言，吴澄著。禮記集義，陳櫟著，休寧人。禮記說，韓性著。禮記集說四十九卷，彭絲著，絲，安福人。禮記節疏，張業著，安福人。禮記正訓。劉績著。

明史藝文志：連伯聰禮記集傳十六卷，朱右深衣考一卷，黄潤玉考定深衣古制一卷，永樂中敕修禮記大全三十卷，胡廣等纂。鄭節禮傳八十卷，岳正深衣注疏一卷，楊廉深衣纂要一卷，夏時正深衣考一卷，王廷相夏小正集解一卷、深衣圖論一卷，夏言深衣考一卷，王崇慶禮記約蒙一卷，楊慎檀弓叢訓二卷、一名附注。夏小正解一卷，張孚敬禮記章句八卷，戴冠禮記集説辯疑一卷，柯尚遷曲禮全經類釋十四卷，李孝先投壺譜一卷，黄乾行禮記日録四十九卷〔一〕，聞人德潤禮記要指補十六卷，丘橓禮記摘訓十卷，徐師曾禮記集注三十卷，戈九疇禮記要旨十六卷，陳與郊檀弓輯注二卷，姚舜牧禮記疑問十二卷，沈一中禮記述注十八卷，王萱禮記纂注四卷，郝敬禮記通解二十二卷，余心純禮經搜義二十八卷，劉宗周禮經考次正集十四卷、分集四卷，樊良樞禮測二卷，陳有元禮記約述八卷，朱泰禎禮記意評四卷，湯三才禮記新義三十卷，王翼明禮記補注三十卷，黄道周月令明義四卷、坊記集傳二卷、表記集傳二卷、緇衣集解二卷，陳際泰王制説一卷，張習孔檀弓問四卷，盧翰月令通考十六卷，楊鼎熙禮記敬業八卷，閻有章説禮三十一卷。以上禮記。

漢書藝文志：軍禮司馬法百五十五篇，古封禪群祀二十二篇，封禪議對十九篇，武帝時也。漢封禪群祀三十六篇，議奏三十八篇。石渠。

後漢書儒林傳：孔安國所獻禮古經五十六篇及周官經六篇，前世傳其書，未有名家。中興已後，亦有大、小戴博士，雖相傳不絶，然未有顯于儒林者。建武中，曹充習

〔一〕「禮記日録」，諸本作「禮記目録」，據明史藝文志一改。

慶氏學，傳其子褒，遂撰漢禮。

曹褒傳：父充，持慶氏禮，建武中爲博士，作章句辯難，于是遂有慶氏學。褒拜博士，作通義十二篇，演經雜論百二十篇，又傳禮記四十九篇，慶氏學遂行于世。

儒林傳：董鈞習慶氏禮，永平初，爲博士。

鄭玄傳：自秦焚六經，聖文埃滅。漢興，諸儒頗修藝文。及東京，學者亦各名家。而守文之徒，滯固所稟，異端紛紜，互相詭激，遂令經有數家，家有數説，章句多者，或乃百餘萬言〔一〕，學徒勞而少功，後世疑而莫正。鄭玄括囊大典，網羅衆家，删裁繁蕪，刊改漏失，自是學者略知所歸。仲尼之門，不能過也。及傳授生徒，並專以鄭氏家法云〔二〕。

徐防傳：永元十四年，司空徐防以五經久遠，聖意難明，以誤後學。上疏曰：「漢承秦亂，經典廢絶，本文略存，或無章句。收拾缺遺，建立明經，博召儒術，開寘太學。孔聖既遠，微旨將絶，故立博士十有四家，設甲乙之科，以勉勸學者。所以示人好惡，

〔一〕「言」，諸本脱，據後漢書鄭玄傳補。

〔二〕「鄭氏」，原脱「氏」字，據味經窩本、乾隆本、光緒本、後漢書鄭玄傳補。

改敝就善者也。」

會要：盧植少與鄭玄同事馬融，能通古今，好學研精，而不守章句，作三禮解詁。

盧植傳：熹平四年，拜九江太守。作尚書章句、三禮解詁。時始立太學石經，以正五經文字。植上書曰：「少從通儒馬融受古學，頗知今之禮記特多回冗。臣前以周禮諸經，發起粃繆，敢率愚淺，爲之解詁。願得將能書生二人，詣東觀，專心研精，合尚書章句，考禮記失得，庶裁定聖典，刊立碑文。古文科斗，近于爲實，而厭抑流俗，降在小學。中興，通儒班固、賈逵、鄭興父子，並悅之。今毛詩、左氏、周禮，各有傳記，與春秋相表裏，宜寘博士，爲立學官，以廣聖意。」歲餘，拜議郎，校五經。

魏志王肅傳：肅善賈、馬之學，而不好鄭氏。采會同異，爲尚書、詩、論語、三禮、左氏解。肅父朗，字景興，著易、春秋、孝經、周易傳。肅撰定，皆列學官。

儒林傳：董景道，字文博，三禮之義，專遵鄭氏，著禮通論。非駁諸儒，演廣鄭旨。

隋書經籍志：大戴禮記十三卷，漢信都王太傅戴德撰。梁有謚法三卷，後漢安南太守劉熙注，亡。文獻通考：「晁氏曰：『漢戴德纂。亦河間王所獻百三十一篇，劉向校定，又得明堂陰陽記三十三篇，德删爲八十五篇，今書止四十篇。其篇目自三十九篇始，無四十三、四十四、四十五、六十一四篇，有兩七十四，蓋因舊闕録之。每卷稱今卷第幾，題曰「九江太守戴德撰」。案九江太守，聖也。德爲信都王太傅，蓋後人誤題。』陳氏曰：『自隋、唐志所載卷數，皆與今同。而篇第乃自三十九而下，止于八十一。其前闕三十八篇，末闕四篇，所存當四十三，而于中又闕，第七十二複出一篇，實存四十篇。意其闕者，即聖所删耶？然哀公問、投壺二篇，與今禮記文不異，他亦間有同者。保傅傳，世言賈誼書所從出也。今考禮察篇湯武、秦定取舍一則，盡出誼疏中，反若取誼語剿入其中者。公符篇至録漢昭帝冠詞，則此書殆後人好事者采諸書爲之，故駁雜不經，決非戴德本書也。』朱子曰：『大戴禮冗雜，其好處已被小戴採摘來做禮記了。然尚有零碎好處在。』石渠禮論四卷，戴聖撰。梁有群儒疑義十二卷，戴聖撰。禮論三百卷，宋御史中丞何承天撰。禮論條牒十卷，宋太尉參軍任預撰。禮論帖三卷，任預撰。梁四卷。禮論鈔二十卷，庾蔚之撰。禮論要鈔十卷，王儉撰。梁三卷。禮論要鈔一百卷，賀瑒撰。禮論鈔六十九卷，禮論要鈔十卷，梁有齊御史中丞荀萬秋鈔略二卷，尚書儀曹郎丘季彬論五十八卷，議一百三十卷，統六卷，亡。禮論答問八卷，宋中散大夫徐廣撰。禮論答問十三卷，徐廣撰。禮答問二卷，徐廣撰，殘缺。梁十一卷。禮答問六卷，庾蔚之撰。禮答問三卷，王儉撰。梁有晉益壽令吳商禮難十二卷〔一〕，雜議十二卷，又禮議雜記故事十三卷，喪雜事二十卷；宋光禄大夫傅隆

〔一〕「益壽」，隋書經籍志一改作「益陽」。

議二卷，祭法五卷，亡。禮答問十二卷，禮雜問十卷，范甯撰。禮答問十卷，何佟之撰。梁二十卷。禮雜問十卷，禮雜答問八卷，禮雜答問六卷，禮雜問答鈔一卷，何佟之撰。問禮俗十卷，董勛撰。問禮俗九卷，董子弘撰。答問雜儀二卷，任預撰。禮儀答問八卷，王儉撰。禮疑義五十二卷〔一〕，梁護軍周捨撰。制旨革牲大義三卷，梁武帝撰。禮樂義十卷，禮秘義三卷，三禮目録一卷，鄭玄撰。梁有陶弘景注一卷，亡。三禮義宗三十卷，崔靈恩撰。三禮宗略二十卷，元延明撰。三禮大義十三卷，三禮大義四卷，三禮雜大義三卷，梁有司馬法三卷，李氏訓記三卷；又郊丘議三卷，魏太尉蔣濟撰；祭法五卷，又明堂議三卷，王肅撰；雜祭法六卷，晉司空中郎盧諶撰；祭典三卷，晉安北將軍范汪撰；七廟議一卷，又後養議五卷，干寶撰；雜鄉射等議三卷，晉太尉庾亮撰；逆降議三卷，宋特進顔延之撰；逆降議一卷，田僧紹撰；分明士制三卷，何承天撰；釋疑二卷，郭鴻撰；答問四卷，徐廣撰；答問五十卷，何胤撰；又答問十卷。亡。三禮圖九卷，鄭玄及後漢侍中阮諶等撰。周室王城明堂宗廟圖一卷。祁諶撰〔二〕。梁又有冠服圖一卷，五宗圖一卷，月令圖一卷，亡。

〔一〕「五十二卷」，諸本作「五十三卷」，據隋書經籍志一改。
〔二〕「祁諶」，諸本作「鄭諶」，據隋書經籍志一改。

舊唐書經籍志：雜禮義十一卷，吴商等撰。禮義雜記故事十一卷〔一〕，禮論答問九卷，范甯撰。雜禮儀問答四卷，戚壽撰。禮論降議三卷，顔延之撰。禮論抄六十六卷，任預撰。禮雜抄略二卷，荀萬秋撰。禮議一卷，傅伯祚撰。禮統郊祀六卷〔二〕，禮論要抄十三卷，禮論抄略十三卷，禮大義十卷，梁武帝撰。禮統十二卷，賀述撰。三禮圖十二卷。夏侯伏朗撰。

唐書藝文志：魏徵次禮記二十卷，亦曰類禮。舊唐書：「魏徵以戴聖禮記編次不倫，遂爲類禮二十卷，以類相從，削其重複，採先儒訓注，擇善從之，研精覃思，數年而畢。太宗覽而善之，賜物千段，録數本賜太子、諸王，仍藏秘府。」元行沖類禮義疏五十卷〔三〕，李敬玄禮論六十卷〔四〕，張鎰三禮圖九卷，陸質類禮二十卷〔五〕，韋彤五禮精義十卷，丁公著禮志十卷，丘伯敬五禮異

〔一〕「禮義雜記故事」，諸本作「禮議雜記故事」，據舊唐書經籍志上改。
〔二〕「禮統郊祀」，諸本作「禮統郊記」，據舊唐書經籍志上改。
〔三〕「類禮義疏」，諸本脱「義疏」二字，據新唐書藝文志一補。
〔四〕「禮論」，原誤倒，據味經窩本、乾隆本、光緒本、新唐書藝文志一乙正。
〔五〕「陸質」，諸本作「唐質」，據新唐書藝文志一改。

同十卷〔一〕，孫玉汝五禮名義十卷，杜肅禮略十卷，張頻禮粹二十卷。

宋史藝文志：五禮緯書二十卷，聶崇義三禮圖集注二十卷，文獻通考：晁氏曰：「聶崇義，周世宗時被旨纂集，以鄭康成、阮諶等六家圖刊定，建隆三年奏之。」歐陽丙三禮名義五卷，魯有開三禮通義五卷，殷介集五禮極義一卷，李洪澤直禮一卷，王愬中禮八卷，陸佃禮象十五卷，文獻通考：陳氏曰：「陸佃改舊圖之失，其尊爵彝鼎，皆取公卿家及秘府所藏古遺器，與聶圖大異。」何洵直禮論一卷，陸佃大裘議一卷，陳祥道禮例詳解十卷，禮書一百五十卷，文獻通考：「晁氏曰：『祥道，元祐初以左宣議郎仕太常博士，解禮之名物，且繪其象，甚精博。朝廷聞之，給札繕寫，奏御。』陳氏曰：『論辨詳博，間以繪畫，于唐代諸儒之論，近世聶崇義之圖，或正其失，或補其闕。元祐中表上之。』」李心傳丁丑三禮辨二十三卷，中興藝文志：「以儀禮之說與鄭氏辨者八十四，周禮之說與鄭氏辨者二百二十六，皆有據。大戴之書，疑者三十。小戴之書，疑者一百九十八。鄭氏之注，疑者三百七十五。亦各辨其所以而詳識之。」鄭伯謙太平經國書統集七卷〔二〕，鄭樵鄉飲禮七卷。

〔一〕「丘伯敬」，新唐書藝文志一作「丘敬伯」。
〔二〕「七卷」，諸本作「七十卷」，據宋史藝文志一改。

王圻續文獻通考：三禮發微，趙敦臨，奉化人。伊洛禮書補亡，陳傅良。禮講解，奉化舒璘。禮學舉要、禮學從宜，仙遊鄭鼎新著。三禮説，蕭𣂏著。校正大戴記三十四篇，吴澄序次，序曰：「大戴記三十四篇，澄所序次。案隋志，大戴記八十五篇，今其書缺前三十八篇，始三十九，終八十一，當爲四十三篇。中間第四十三、第四十四、第四十五、第六十一四篇復闕，第七十三有二〔一〕，總四十篇。據云八十五篇，則末又缺其四，或云止八十一，皆不可考。竊意大戴類萃此記，多爲小戴所取，後人合其餘篇，仍爲大戴記。已入小戴記者，不復録而闕其篇。是以其書冗泛，不及小戴書甚。蓋彼其膏華，而此其查滓爾。然尚或間存精語，不可棄遺。其與小戴重者，投壺、哀公問也。投壺、公冠、諸侯遷廟、諸侯釁廟四篇，既入儀禮逸經；朝事一篇，又一儀禮傳；哀公問，小戴已取之，則于彼宜存，于此宜去。此外猶三十四篇。夏小正猶月令也，明堂猶明堂位也。本命以下，雜録事辭，多與家語、荀子、賈傅等書相出入，非專爲記禮設。禮運以下，諸篇之比也，小戴文多綴補，而此皆成篇，故其篇中章句，罕所更定。唯其文字錯誤，參互考校，未能盡正，尚以俟好古博學之君子云。」三禮考注，康宗武著。三禮訂疑。湛若水著。

明史藝文志：夏時正三禮儀略舉要十卷，湛若水二禮經傳測六十八卷，大略以曲

〔一〕「七十三」，原作「七十四」，據味經窩本、大戴禮記改。

禮、儀禮爲經，禮記爲傳。吴嶽禮考一卷，劉績三禮圖二卷，貢汝成三禮纂注四十九卷，李黼二禮集解十二卷，合周禮、儀禮爲一，集諸家之説以解之。李經綸三禮類編三十卷，鄧元錫三禮編繹二十六卷，唐伯玉禮編二十八卷。以上通禮。

右禮經傳述源流

五禮通考卷首第三

禮制因革上

虞書舜典：修五禮。　帝曰：「咨！四岳，有能典朕三禮？」僉曰：「伯夷。」帝曰：「俞，咨！伯，汝作秩宗。夙夜惟寅，直哉惟清。」伯拜稽首，讓於夔、龍。帝曰：「俞，往，欽哉！」

皋陶謨：天秩有禮，自我五禮有庸哉！

通典：自伏羲以來，五禮始彰。堯、舜之時，五禮咸備。

禮記禮器：三代之禮一也，民共由之。或素或青，夏造殷因。

論語：子張問：「十世可知也？」子曰：「殷因於夏禮，所損益可知也；周因於殷禮，所損益可知也。其或繼周者，雖百世可知也。」子曰：「夏禮，吾能言之，杞不足徵也；殷禮，吾能言之，宋不足徵也。文獻不足故也，足則吾能徵之矣。」

中庸：非天子，不議禮，不制度，不考文。今天下車同軌，書同文，行同倫。雖有其位，苟無其德，不敢作禮樂焉；雖有其德，苟無其位，亦不敢作禮樂焉。子曰：「吾説夏禮，杞不足徵也；吾學殷禮，有宋存焉；吾學周禮，今用之，吾從周。」

書周官：宗伯掌邦禮，治神人，和上下。

周禮：惟王建國，辨方正位，體國經野，設官分職，以爲民極。乃立天官冢宰，使帥其屬而掌邦治，以佐王均邦國。立地官司徒，使帥其屬而掌邦教，以佐王安擾邦國。立春官宗伯，使帥其屬而掌邦禮，以佐王和邦國。立夏官司馬，使率其屬而掌邦政，以佐王平邦國。立秋官司寇，使率其屬而掌邦禁，以佐王刑邦國。立冬官司空，使率其屬而掌邦事，以佐王富邦國。吴澄補。

天官：大宰掌六典，以佐王治邦國。三曰禮典，以和邦國，以統百官，以諧萬民。以八則治都鄙，一曰祭祀，以馭其神；六曰禮俗，以馭其民。小宰以六屬舉邦治，三曰春官，其屬六十，掌邦禮。以六職辨邦治，三曰禮職，以和邦國，以諧萬民，以事鬼神。

地官：大司徒施十有二教：一曰以祀禮教敬，則民不苟；二曰以陽禮教讓，則民不爭；三曰以陰禮教親，則民不怨；四曰以樂禮教和，則民不乖；五曰以義辨等，則民不越；六曰以俗教安，則民不偷。以荒政十有二聚萬民，七曰眚禮。以鄉三物教萬民而賓興之，三曰六藝，禮、樂、射、御、書、數。以五禮防萬民之僞而教之中。保氏教六藝，一曰五禮。

春官：大宗伯之職，掌建邦之天神、人鬼、地示之禮，以佐王建保邦國。以吉禮事邦國之鬼神示，以凶禮哀邦國之憂，以賓禮親邦國，以軍禮同邦國，以嘉禮親萬民。小宗伯之職，掌五禮之禁令與其用等。凡國之大禮，佐大宗伯。凡小禮，掌事，如大宗伯之儀。吉禮之別十有二：禋祀、實柴、槱燎、血祭、貍沈、疈辜、肆獻祼、饋食、祠、禴、嘗、烝。凶禮之別五：喪、荒、弔、禬、恤。賓禮之別八：朝、宗、覲、遇、會、同、問、視。軍禮之別五：大師、大均、大田、大役、大封。嘉禮之別六：飲食、昏冠、賓射、享燕、脤膰、賀慶。

天官内宰：以陰禮教六宮、九嬪。

春官：都宗人正都禮，家宗人掌家禮。

秋官：小行人掌邦國賓客之禮籍，以待四方之使者。令諸侯春入貢，秋獻功，王親受之，各以其國之籍禮之。注：名位尊卑之書。疏：邦之禮籍，諸侯及臣皆在。掌訝掌邦國之等籍，以待賓客。注：等九儀之差等。

春秋左傳：隱公七年：春，同盟稱名，繼好息民，謂之禮經。注：此言凡例，乃周公所制禮經也。十一年「不告之例」，又曰「不書于策」，明禮經皆當書于策。疏：此爲禮之常法，丘明意，言周公謂之。閔公元年：仲孫曰：「魯猶秉周禮。周禮，所以本也。魯不棄周禮，未可動也。」僖公二十一年：成風曰：「崇明祀，保小寡，周禮也。」二十五年：卜偃曰：「周禮未改，今之王，古之帝也。」文公十八年：太史克曰：「周公制周禮曰：『則以觀德，德以處事，事以度公，公以食民。』」宣公十六年：王曰：「享有體薦，宴有折俎，公當享，卿當宴。王室之禮也。」成公二年：晉獻齊捷，王使委于三吏，禮之如侯伯克敵使大夫告慶之禮，降于卿禮一等。僖十一年，王以上卿之禮享管仲，管仲受下卿之禮而還。昭四年，左師獻公合諸侯之禮六；子產獻伯子男會公之禮六。昭公二年：韓宣子適魯，見易象與魯春秋，曰：「周禮盡在魯矣。吾今知周公之德與周之所以王也。」哀公七年：子服景伯曰：「周之王也，制禮，上物不過十二。今棄周禮，而曰必百牢。」子貢曰：「大伯端委以治周禮。」

國語：公子如楚，楚成王以周禮享之。晉侯使隨會聘于周，定王享之殽烝。王曰：「惟是先王之宴禮，欲以貽女。」武子歸，乃講聚三代之典禮，修執秩以爲晉法。

禮記王制：司徒修六禮以節民性。

明堂位：周公攝政六年制禮。疏：周官、儀禮也。

禮運：天子適諸侯，必舍其祖廟，而不以禮籍入，是謂壞法亂紀。注：謂太史典禮，執簡記，奉諱惡。

中庸：武王末受命，周公成文、武之德，追王太王、王季，上祀先公以天子之禮。斯禮也，達乎諸侯大夫及士庶人。父爲大夫，子爲士，葬以大夫，祭以士。父爲士，子爲大夫，葬以士，祭以大夫。期之喪，達乎大夫。三年之喪，達乎天子。父母之喪，無貴賤，一也。宗廟之禮，所以序昭穆也。序爵，所以辨貴賤也；序事，所以辨賢也；旅酬下爲上，所以逮賤也；燕毛，所以序齒也。踐其位，行其禮，奏其樂。郊社之禮，所以事上帝也。宗廟之禮，所以祀乎其先也。明乎郊社之禮、禘嘗之義，治國其如示諸掌乎！

論語：孔子曰：「周監於二代，郁郁乎文哉！吾從周。」

孟子：諸侯惡其害己也，而皆去其籍。

漢書禮樂志：周監於二代，禮文尤具，事爲之制，曲爲之防，故稱禮經三百，威儀三千。於是教化浹洽，民用和睦，災害不生，禍亂不作，囹圄空虚，四十餘年。孔子美之曰：「郁郁乎文哉！吾從周。」及其衰也，諸侯踰越法度，惡禮制之害己，去篇籍。遭秦滅學，遂以亂亡。

通典：夏、商二代，散亡多闕。洎周公攝政六年，述文、武之德，制周官及儀禮，以爲後王法。禮序云：「禮也者，體也，履也。統之于心曰體，踐而行之曰履。」然則周禮爲體，儀禮爲履矣。周衰，諸侯僭忒，自孔子時，已不能具。秦平天下，收其儀禮，歸之咸陽，但採其尊君抑臣，以爲時用。

徐氏乾學曰：周官、儀禮，皆漢儒所傳，後人疑其未必皆出周公手，當孔子未作春秋以前。魯史記韓宣子聘魯，見魯之易象、春秋，歎曰：「周禮盡在魯矣，吾今而知周公之德與周之所以王也。」齊仲孫湫曰：「魯秉周禮，未可動也。」及夫子既作春秋，其間朝聘、會盟、郊祭、廟祀、婚嫁、喪葬、賓軍諸禮，與僭竊之非，制行事之得失，無不犁然具備。故孟子曰：「春秋，天子之事也。」左氏傳春秋以禮爲釋經之例，某人某事曰禮也，某人某事曰非禮也，其他記禮特詳，則是春秋即周禮也。以魯之春秋而尚歎爲周禮，況經大聖人之制作也乎！謂春秋爲周禮，奚不可？

史記齊世家：景公二十六年，獵魯郊，因入魯，與晏嬰俱問魯禮。

孔子世家：孔子爲兒嬉戲，常陳俎豆，設禮容。孟釐子戒其嗣懿子曰：「孔丘年少好禮，其達者歟？吾即没，若必師之。」懿子與魯人南宫敬叔往學禮焉。南宫敬叔言魯君曰：「請與孔子適周。」俱適周問禮，蓋見老子云。孔子之時，周室微而禮樂廢，詩、書缺。追迹三代之禮，序書傳，上紀唐虞之際，下至秦穆，編次其事。曰：「夏禮吾能言之，殷禮吾能言之。」觀夏殷所損益，曰：「後雖百世可知也，以一文一質，周監二代，郁郁乎文哉！吾從周。」故書傳、禮記自孔氏。孔子以詩、書、禮、樂教，弟子蓋三千焉，身通六藝者七十有二人。魯世世相傳以歲時奉祀孔子冢，而諸儒亦講禮、鄉飲、大射於孔子家。適魯，觀仲尼廟堂、車服、禮器，諸生以時習禮其家，余低回留之不能去云。

蕙田案：春秋時，博物閎覽，好古洽聞之大夫，無如子産、叔向、晏嬰、韓起，諸人曾未一見周官、儀禮。蓋周公成文、武之德，其追王、郊禘、六官、五禮諸大經大法，皆藏于王朝，掌于柱下，史官固不得見也。而諸侯之籍，頒自王室者，則又惡其害己而皆去之。是以孔子志從先進，夢見周公，適周問禮于老聃，歎周文之盛，而後知所用者皆周禮也，故曰：「吾從周。」司馬氏曰：「適魯，登孔子廟堂，觀其車服禮器，諸生以時習禮其家。陳涉之王也，魯之儒持孔子禮器往歸之。」漢高祖誅項籍，引兵圍魯，諸儒猶稱習舊禮，絃歌之音不絶。此周禮之不絶如綫者，豈非由大聖人遺化僅存于好學之國者乎？周禮在魯，漢儒稱孔子定禮樂，信矣！

禮書：周衰，禮廢樂壞，大小相踰。至秦有天下，悉内六國禮儀，采擇其善，雖不合聖制，其尊君抑臣，朝廷濟濟，依古以來。至于高祖，光有四海。叔孫通頗有增益減損，大抵皆襲秦故。自天子稱號，下至佐僚及宫室官名，少所變改。

漢書禮樂志：命叔孫通制禮儀，以正君臣之位。以通爲奉常，遂定儀法，未盡備而通終。

叔孫通傳：漢王并天下，諸侯共尊爲皇帝，通就其儀號。高帝悉去秦儀法，爲簡易。群臣飲，爭功，醉或妄呼，拔劍擊柱，上患之。通説上曰：「願徵魯諸生，與臣弟子共起朝儀。」高帝曰：「得無難乎？」通曰：「五帝異樂，三王不同禮。禮者，因時世人情爲之節文者也。故夏、殷、周禮，所因損益可知者，謂不相復也。臣願頗采古禮與秦儀雜就之。」上曰：「度吾所能行爲之。」通使徵魯諸生三十餘人。魯有兩生不肯行，曰：「禮樂所由起，百年積德而後可興也。」通遂與所徵三十人西，及上左右爲學者，與其弟子百餘人，爲緜蕞野外。習之月餘，通曰：「上可試觀。」上使行禮，曰：「吾能爲此。」乃令群臣習肄，會十月。漢七年，長樂宫成，諸侯群臣朝十月。竟朝置酒，無敢讙譁失禮者。高帝曰：「吾乃今日知爲皇帝之貴也。」拜通爲奉常，賜金五百斤。孝惠定宗廟儀法，又稍定漢諸儀法，皆通所論著也。

文帝時，賈誼以爲「漢承秦之敗俗，廢禮義，捐廉恥，而大臣特以簿書不報期會爲大故。夫移風易俗，使天下回心而向道，類非俗吏之所能爲也。夫立君臣，等上下，使綱紀有序，六親和睦，此非天之所爲，人之所設也。人之所設，不爲不立，不修則壞。漢興至今二十餘年，宜定制度，興禮樂，然後諸侯軌道，百姓素樸，獄訟衰息」。乃草具其儀，天子説焉。而大臣絳、灌之屬害之，故其議遂寢。

郊祀志：文帝十六年四月，使博士諸生刺六經中作王制，謀議巡狩、封禪事。

史記禮書：孝文即位，有司議欲定儀禮。孝文好道家之學，以爲繁禮飾貌，無益于治。上武帝即位，招致儒術之士，令共定儀，十餘年不就。上制詔御史曰：「漢亦一家之事，典法不傳，謂子孫何？化隆者閎博，治淺者褊狹，可不勉歟！」乃以太初之元，改正朔，易服色，封泰山，定宗廟百官之儀，以爲典常，垂之于後云。

漢書禮樂志：武帝即位，議立明堂，制禮服，以興太平。會竇太后好黄老言，不説儒術，其事又廢。後董仲舒對策言：「漢得天下以來，常欲善治，而至今不能勝殘去殺者，失之當更化而不能更化也。」是時，上方征討四夷，鋭志武功，不暇留意禮文之事。宣帝時，琅邪王吉爲諫大夫，又上疏言：「欲治之主不世出，公卿幸得遭遇其時，未有建萬世之長策，舉明主于三代之隆者也。孔子曰：『安上治民，莫善于禮。』願與大臣延及儒生，述舊禮，明王制，驅一世之民，躋之仁壽之域。」上不納其言，吉以病去。至成帝時，犍爲郡于水濱得古磬十六枚，議者以爲善祥。劉向因是説上：「宜興辟雍，設庠序，陳禮樂，隆雅頌之聲，盛揖讓之容，以風化天下。或曰，不能具禮。禮以養人爲本，如有過差，是過而養人也。刑罰之過，或至死傷。今之刑，非皋陶之法也，而有司請定法，削則削，筆則筆，救時務也。至于禮樂，則曰不敢，是敢于殺人不敢于養人也。爲其俎豆筦弦之間小不備，因是絶而不爲，是去小不備而就大不備，大不備，或莫甚焉。夫承千載之衰周，繼暴秦之餘敝，民漸漬惡俗，貪饕險詖，不閑義理，不示以大化，而獨敺以刑罰，終已不改，故曰：『導之以禮樂，而民和睦。』初，叔孫通將制定禮儀〔一〕，見非于齊、魯之士，然卒爲漢儒宗，業垂後嗣，斯成法也。」成帝以向言下公卿議，會向病卒，丞相大司空奏請立辟雍。案行長安城南，營表未作，遭成帝崩，群臣引以定謚。孟康注：謚法：「安民立政曰成。」帝欲立辟雍，未就〔二〕，群臣議謚，引以爲美，謂之成。

班彪韋玄成傳贊：漢承亡秦絶學之後，祖宗之制，因時施宜。自元、成後，學者蕃滋，貢禹毁宗廟，匡衡改郊兆，何武定三公，後皆數復，故紛紛不定。何者？禮文缺微，古今異制，各爲一家，未易可偏定也。

禮樂志：叔孫通所撰禮儀，與律令同録，藏于理官，法家又復不傳。漢典寢而不著，臣民莫有言者〔三〕。又通没之後，河間獻王采禮樂古事，稍稍增輯，至五百餘篇。

〔一〕「儀」，諸本作「樂」，據漢書禮樂志改。
〔二〕「未就」下，漢書禮樂志有「而崩」二字。
〔三〕「言」，諸本作「見」，據漢書禮樂志改。

今學者不能昭見，但推士禮以及天子，説義又頗謬異，故君臣長幼交接之道，寖以不章。

蕙田案：禮莫盛於成周。漢興三百餘年，西京未遑制作，雖有賈誼、董仲舒、王吉、劉向諸人，班志所載，僅存議論，惜哉！孟子曰：「見其禮而知其政。」三代之治，所以不復見于後世也。

通鑑光武建武五年：上幸太學，稽式古典，修明禮樂。

後漢書伏湛傳：光武知湛名儒，拜尚書，使典定舊制。

張純傳：建武初，舊章多缺，張純在朝歷世，明習故事。每有疑議，輒以訪純，自郊廟、婚冠、喪紀禮儀，多所正定，帝甚重之。

後漢書祭祀志：建武三十二年二月，上至奉高刻石，文曰：「建明堂，立辟雍，起靈臺，設庠序，同律、度、量、衡。修五禮，五玉，三帛，二牲，一死，贄。吏各修職，復于舊典。」

曹褒傳：曹充持慶氏禮，建武中爲博士，從巡狩岱宗，定封禪禮。還，受詔議立七郊、三雍、大射、養老禮儀。顯宗即位，充上言：「三王不相襲禮，大漢宜自制禮，以示百世。」帝善之。

東平王傳：時中興三十餘年，東平王蒼以爲天下化平，宜興禮樂，乃與公卿共議，定南北郊、冠冕、車服制度。

漢會要：世祖受命中興，撥亂反正，改定京師于土中。即位三十年，四裔賓服，百姓家給，政教清明，乃營立明堂、辟廱。明帝即位，躬行其禮，天子始冠通天，衣日月，備法物之駕，盛清道儀，威儀甚美。

禮儀志：永平二年，上始帥群臣躬養三老、五更于辟廱，行大射之禮，郡、縣、道行鄉飲酒于學校，于是七郊、禮樂、三廱之義備矣。

曹褒傳：褒少篤志，有大度，結髮傳父業，尤好禮事。常感朝廷制度未備，慕叔孫通漢禮儀，晝夜研精，沈唫專思。召拜博士。會肅宗欲制定禮樂，元和二年，褒知帝旨欲有興作，乃上疏言：「宜定文制，著成漢禮，丕顯祖宗盛德之美。」章下太常，巢堪以爲，一世大典，非褒所定，不可許。帝知群僚拘攣，難與圖始，朝廷禮憲，宜時刊立。明年，復下詔曰：「漢遭秦餘，禮壞樂崩，因循故事，未可觀省，有知其説者，各盡所能。」褒省詔歎息，謂諸生曰：「昔奚斯頌魯，考甫咏殷。夫人臣依義顯君，竭忠彰主，行之美也。當仁不遜，吾何辭哉！」遂復上疏，具陳禮樂之本〔一〕，制改之意。拜褒侍中，從駕南巡。既還，以事下三公，未及奏，詔召玄武司馬班固，問改定禮制之宜。固曰：「京師諸儒，多能説禮，宜廣招集，共議得失。」帝曰：「諺言『作舍道邊，三年不成』。會禮之家，名爲聚訟，互相疑異，筆不得下。昔堯作大章，一夔足矣。」章和元年正月，乃召褒詣嘉德門，令小黄門持班固所上叔孫通漢儀十二篇，敕褒曰：「此制散略，多不合經。今宜依禮條正，使可施行。于南宫、東觀盡心集作。」褒乃次序禮事，依準舊典，雜以五經讖記之文，撰次天子至于庶人冠婚吉凶終始制度，以爲百五十篇，寫以二尺四寸簡奏上。帝以衆論難一，故但納之，不復令有司平奏。和帝即位，褒乃爲作章句，帝遂以新禮二篇冠，擢褒監羽林左騎。張奮傳：永元十三年，拜太常。上疏：「漢當改作禮樂，圖書著明。謹條禮樂異議三事，願下有司，以時考定。先帝已詔曹褒，今但奉而成之，猶周公斟酌文、武之道，非自爲制。」帝善之，未行。

〔一〕「陳」，諸本作「存」，據後漢書曹褒傳改。

蕙田案：班固志叔孫通所撰禮儀，大半襲秦法，則非先王舊矣。河間獻王采禮樂古事，增輯至五百餘篇，至固時，已不能見。肅宗鋭意制作，排止群議，委任曹褒，君臣相得，誠一時之嘉會也。惜乎所撰新禮，不能依古損益，多雜讖緯，有虛盛美，可勝慨哉！後太尉張酺、尚書張敏等，奏其破亂聖術，帝雖寢其奏，而漢禮遂不行。善乎劉歆之言曰：「綴學之士，因陋就寡，信口説而背傳記，是末師而非往古，至國家將有大事，若立辟廱、封禪、巡狩之儀，則莫知其原。」蓋禮學之不講，自古爲然矣。

張衡傳：安帝永初中，謁者僕射劉珍〔一〕、校書郎劉騊駼著作東觀，撰集漢記，因定漢家禮儀，上言請衡參論其事，會病卒，衡常歎息，欲終成之。

應劭傳：獻帝建安二年，時始遷都于許，舊章湮没，書記罕存。應劭慨然歎息，乃綴集所聞，著漢官禮儀故事。凡朝廷制度，百官典式，多劭所立。

續漢書：應劭著中漢輯叙、漢官儀及禮儀故事凡十一種百三十一卷。漢制所

〔一〕「劉珍」，諸本作「劉琛」，據後漢書張衡傳改。

以不亡者，由劭記之。

南齊志：魏侍中王粲、尚書衛覬集創朝儀，而魚豢、王沈、陳壽、孫盛雖綴時禮，不足相變。吴則丁孚拾遺漢事，蜀則孟光、許慈草創時制。

三國志許慈傳：慈治三禮。自交州入蜀。時又有魏郡胡潛卓犖强識，祖宗制度之儀，喪紀五服之數，皆指掌畫地，舉手可采。先主定蜀，乃鳩合典籍，慈、潛並爲博士〔一〕，與孟光、來敏等典掌舊文。

孟光傳：光長于漢家舊典。先主定益州，拜爲議郎，與許慈等並掌制度。

衛覬傳：受詔典著作，又爲魏官儀。

王肅傳：所論駁朝廷典制、郊祀、宗廟、喪紀輕重，凡百餘篇。

晉書禮志：魏氏光宅，憲章斯美。王肅、高堂隆之徒，博通前載，三千條之禮，十七篇之學，各以舊文，增損當世。及晉國建，文帝又命荀顗因魏代前事〔二〕，撰爲新禮，

〔一〕「博士」，三國志蜀書許慈傳作「學士」。

〔二〕「荀顗」，諸本作「荀覬」，據晉書禮志上改。

參考今古，更其節文。羊祜、任愷、庾峻、應貞並共刊定，成百六十五篇，奏之。太康初，朱整奏付尚書郎摯虞討論之，虞表所宜增損曰：「臣典校故太尉顗所撰五禮，臣以爲此禮當頒于天下，不宜繁多。顗爲百六十五篇，篇爲一卷，合十五餘萬言。臣又謂卷多文煩，類皆重出。案尚書堯典祀山川之禮，唯于東嶽備稱牲幣之數，陳所用之儀，其餘則但曰『如初』。周禮祀天地五帝，享先王，其事同者，皆曰『亦如之』，文約而義舉。今禮儀事同而名異者，輒別爲篇卷，煩而不典，皆宜省文通事，隨類合之。事有不同，乃列其異。如此，所減三分之一。」虞討論新禮訖，以元康元年上之。所陳唯明堂〔一〕、五帝、二社、六宗及吉凶王公制度，凡十五篇。有詔可其議。後虞與傅咸讚續其事，竟未成功。中原覆没，虞之決疑注，是其遺事也。江左刁協、荀崧補緝舊文，蔡謨又踵修其事云。

唐志：晉尚書儀曹新定儀注四十一卷，晉儀注三十九卷，傅瑗晉新定儀注四十卷，晉尚書儀曹吉禮儀注三卷，晉尚書儀曹事九卷，晉雜儀注二十一卷。

〔一〕「堂」，諸本脱，據晉書禮志上補。

晉書荀顗傳：咸熙中，顗遷司空。及蜀平，興復五等，命顗定禮儀。顗上請羊祜、任愷[一]、庾峻、應貞、孔顥共删改舊文，撰定晉禮。

應貞傳：貞以儒學，與太尉荀顗撰定新禮，未施行。

裴秀傳：魏咸熙初，荀顗定禮儀，賈充正法律，而秀改官制焉。

鄭沖傳：常道鄉公即位，拜太保。時文帝輔政，平蜀之後，命賈充、羊祜等分定禮儀，皆先諮于沖，然後施行。

張華傳：晉史及儀禮憲章，並屬于華，多所損益。

摯虞傳：荀顗撰新禮，使虞討論得失而後施行。

戴邈傳：元帝草創，學校未立，邈上疏曰：「帝王至務，莫重于禮學。宜以三時之隙，漸就修建。」于是始修禮學。

荀崧傳：元帝踐祚，拜尚書僕射，使崧與刁協共定中興禮儀。

刁協傳：晉中興建，拜尚書左僕射。于時朝廷草創，憲章未立，朝臣無習舊儀

[一]「任愷」，諸本作「任顗」，據晉書荀顗傳改。

者。協久在中朝，諳練舊事，凡所制度，皆禀于協焉。

宋書禮志：漢文以人情季薄，國喪革三年之紀；光武以中興崇儉，七廟有共堂之制；魏祖以侈惑宜矯，終斂去襲稱之數；晉武以丘郊不異，二至并南北之祀。互相即襲，以訖于今。自漢末剥亂，舊章乖弛，魏初則王粲、衛覬典定衆儀，蜀朝則孟光、許慈創理制度，晉始則荀顗、鄭沖詳定晉禮，江左則荀崧、刁協緝理乖紊。

傅隆傳：文帝元嘉十四年，帝以新撰禮論付太常傅隆。隆上表曰：「漢興，徵召故老，搜集殘文，其體例紕繆，首尾脱落，難可詳論。幸高堂生頗識舊義，諸儒各爲章句之説，既明不獨達，所見不同，或師資相傳，共枝别幹。故聞人、二戴，俱事后蒼，俄已分異；盧植、鄭玄，偕學馬融，人各名家。又後之學者，未逮曩昔，而問難星繁，充斥兼兩，擿文列錦〔一〕，焕爛可觀。然而五服之本或差，哀敬之制舛雜，國典未一于四海，家法參駁于搢紳，誠宜考詳遠慮，以定皇代之盛禮者也。謹率管穴所見五十二事上陳。」

〔一〕「擿」，諸本作「挾」，據宋書傅隆傳改。

南齊書禮志：永明二年，詔尚書令王儉制定新禮，立治禮樂學士及職局，置舊學四人，新學六人，正書令史各一人，幹一人，祕書省差能書弟子二人。因集前代，撰治五禮，吉、凶、軍、賓、嘉也。

梁書武帝本紀：天監初，何佟之等述制旨，并撰五禮一千餘卷，帝稱制斷疑。

徐勉傳：普通六年，尚書徐勉上修五禮表曰：「夫禮所以安上治民，弘風訓俗，經國家，利後嗣者也。在乎有周，憲章尤備，因殷革夏，損益可知。其大歸有五，即宗伯所掌典禮，吉爲上，凶次之，賓次之，軍次之，嘉爲下也。洎周室大壞，王道既衰，官守斯文，日失其序。是以韓宣適魯，知周公之德；叔侯在晉，辨郊勞之儀。戰國縱横，政教愈泯；暴秦滅學，掃地無餘。漢氏鬱興，日不暇給，猶命叔孫于外野，方知帝王之爲貴。末葉紛綸，遞有興毀。及東京曹褒，南宫制述，集其散略，百有餘篇，雖寫以尺簡，而終闕平奏。至乎晉初，爰定新禮，荀顗制之于前，摯虞刪之于末。既而中原喪亂，罕有所遺；江左草創，因循而已。伏惟陛下，睿明啓運，先天改物。作樂在乎功成，制禮弘于業定。是以命彼群才，修甘泉之法；延兹碩學，闡曲臺之儀。化穆三雍，人從五典，秩宗之教，勃焉以興。復尋所定五禮，起齊永明三年，太子步兵校尉伏曼容表求制一代禮樂，于時參議，置新舊學士十人，止修五禮，諮稟衛將軍丹陽尹王儉〔一〕，學士亦分住郡中，製作歷年，猶未克就。後又以事付國子祭酒何胤，經涉九載，猶復未畢。建武四年，胤還東山〔二〕，齊明帝敕委尚書令徐孝嗣。舊事本末，隨在南第。永元中，孝嗣于此遇禍，又多零落。鳩斂所餘，權付尚書左丞蔡仲熊、驍騎將軍何佟之共掌其事。時修禮局住在國子學中門外，東昏之代，頻有軍火，其所散失，又踰大半。天監元年，佟之啓審省置之宜。詔：『宜以時修定，以爲永准。此既經國所先，外可議其人，人定，便即撰次。』于是尚書僕射沈約等參議，請五禮各置舊學士一人，人各自舉學士二人，相助抄撰。其中有疑者，依前漢石渠、後漢白虎，隨源以聞，請旨斷決。乃以舊學士右軍記室參軍明山賓掌吉禮，中軍騎兵參軍嚴植之掌凶禮，中軍田曹行參軍兼太常丞賀瑒掌賓禮，記室參軍陸璉掌軍禮，右軍參軍司馬褧掌嘉禮，尚書左丞何佟之總參其事。佟之後，

〔一〕「諮」，原作「詔」，據光緒本、梁書徐勉傳改。
〔二〕「東山」，原誤倒，據光緒本、梁書徐勉傳乙正。

以鎮北諮議參軍伏暅代之。後又以暅代嚴植之掌凶禮。暅尋遷官，以五經博士繆昭掌凶禮。復以禮儀深廣，記載殘缺，宜須博論，共盡其致，更使鎮軍將軍丹陽尹沈約、太常卿張充及臣三人同參厥務。臣又奉别敕，總知其事。末又使中書侍郎周捨、庾於陵二人復豫參知。若有疑議，所掌學士當職先立議，通諮五禮舊學士及參知，各言同異，條牒啓聞，決之制旨。嘉禮儀注以天監六年五月七日上尚書，合十有二帙，百一十六卷，五百三十六條〔一〕；賓禮儀注以天監六年五月二十日上尚書，合十有七帙，一百三十三卷，五百四十五條；軍禮儀注以天監九年十月二十九日上尚書，合十有八帙，一百八十九卷，二百四十條；吉禮儀注以天監十一年十一月十日上尚書，合二十有六帙，二百二十四卷，一千五條；凶禮儀注以天監十一年十一月十七日上尚書，合四十有七帙，五百一十四卷，五千六百九十三條：大凡一百二十帙，一千一百七十六卷，八千一十九條。又列副秘閣及五經典書各一通，繕寫校定，以普通五年二月始獲寫畢。不任下情，輒具載撰修始末并職掌人、所成卷

〔一〕「五百三十六」，諸本作「五百四十六」，據梁書徐勉傳改。

帙、條目之數，謹拜表以聞。」

蕙田案：五禮之書，莫備于梁天監。時經二代，撰分數賢，彙古今而爲一本，宸斷以决疑，卷帙踰百，條目八千，洋洋乎禮志之盛也。世遠文湮，逸亡無考，惜哉！

隋書經籍志：梁吉禮儀注十卷，明山賓撰。賓禮儀注九卷，賀瑒撰。案：山賓撰吉儀注二百六卷，録六卷；嚴植之撰凶儀注四百七十九卷，録四十五卷；陸璉撰軍儀注一百九十卷，録二卷；司馬褧撰嘉儀注一百十二卷，録三卷。並亡。存者唯十九卷。

唐書藝文志：嚴植之南齊儀注二十八卷。沈約梁儀注十卷，又梁祭地祇陰陽儀注二卷。明山賓等梁吉禮十八卷，梁吉禮儀注四卷，又十卷。梁尚書儀曹儀注十八卷。賀瑒等梁賓禮一卷，儀注十三卷。陸璉梁軍禮四卷。司馬褧梁嘉禮三十五卷，又嘉禮儀注四十五卷。

隋書禮儀志：陳武帝克平建業，多準梁舊，仍詔尚書左丞江德藻、散騎常侍沈洙、博士沈文阿、中書舍人劉師知等，或因行事，隨時取舍。

陳書張崖傳：天嘉元年，爲儀曹郎，廣沈文阿儀注，撰五禮。

唐書藝文志：陳吉禮儀注五十卷。張彦陳賓禮儀注六卷。

北魏書太祖本紀〔一〕：天興元年，詔儀曹郎董謐撰朝覲、享宴、郊廟、社稷之儀。六年〔二〕，又詔有司制冠服，隨品秩各有差。時事未暇，多失古禮，世祖經營四方，未能留意，仍世以武力爲事，取于便習而已。至高祖，始考舊典，以制冠服，百僚六宫，各有差次。肅宗時，又詔崔光、王廷明及在朝名學更議之〔三〕，條章初備焉。

禮志：高祖稽古，率由舊則，斟酌前王，擇其令典，朝章國範，焕乎復振。世宗優游在上，致意玄門，儒業文風，顧有未洽，墜禮淪聲，因之而往。肅宗已降，魏道衰羸，太和之風，仍世凋落。

隋書經籍志：王逡之禮儀制度十三卷。

唐書藝文志：常景後魏儀注五十卷〔四〕。

〔一〕「北魏書太祖本紀」，下文引自魏書禮志四，非太祖本紀，秦氏誤。
〔二〕「六年」，諸本作「二年」，據魏書禮志四改。
〔三〕「王廷明」，魏書禮志四作「安豐王延明」。
〔四〕「常景」，諸本作「常褧」，據新唐書藝文志二改。

隋書禮儀志：後齊則左僕射陽休之、尚書元修伯、鴻臚卿王晞、國子博士熊安生，並習于儀禮者也。平章國典，以爲時用。

北齊書王晞傳：乾明元年八月，昭帝踐阼。九月，除晞散騎常侍，因奏事罷。帝從容曰：「比日何爲自同外客，但有所懷，隨宜作一牒，即徑進也。」因敕尚書陽休之、鴻臚卿崔劭等三人〔一〕，每日本職務罷，並入東廊，並舉録歷代廢禮墜樂、職司廢置、朝饗異同、輿服增損、婚葬儀軌、貴賤齊衰，有不便于時而古今行用不已者，或自古利用而當今毁棄者，悉令詳思，以漸條奏。

崔昂傳：齊受禪，昂與太子少師邢卲議定國初禮。

邢卲傳：卲爲太常卿、中書監，攝國子祭酒。卲博覽墳籍，無不通曉，吉凶禮儀，公私諮稟，質疑去惑，爲世指南。

魏收傳：收除儀同三司，帝召收及陽休之參議吉凶之禮，并掌詔誥。武定後，國家大事文詞，皆收所作。邢卲、温子昇所不逮，其參議典禮，與邢相埒。

〔一〕「崔劭」，北齊書王晞傳作「崔劼」。

李鉉傳：鉉年十六，從章武劉子猛受禮記，常山房虯受周官、儀禮，撰定三禮義疏及三傳異同。天保初，詔鉉與殿中尚書邢卲、中書令魏收等參議紀律。

隋書禮儀志：在周則蘇綽、盧辯、宇文弼，並習于儀禮。

周書熊安生傳：高祖入鄴，敕令于大乘佛寺參議五禮。

隋書宇文弼傳：仕周爲禮部上士，奉詔修五禮，書成，奏之。

隋書禮儀志：開皇初，高祖思定典禮。太常卿牛弘奏曰：「聖教陵替，國章殘缺，漢、晉爲法，隨俗因時，未足經國庇人，宏風施化。且制禮作樂，事歸元首，江南王儉，偏隅一臣，私撰儀注，多違古法。就廬非東階之位，凶門豈設重之禮？兩蕭累代，舉國遵行。後魏及齊，風牛本隔，殊不尋究，遥相師祖，故山東之人，浸以成俗。西魏以降，師旅弗遑，賓、嘉之禮，盡未詳定。今請據前經，革兹俗弊。」詔曰：「可。」弘因奏徵學者，撰禮儀百卷〔一〕。悉用東齊儀注以爲準，亦微採王儉禮。修畢，上之，詔遂班天下，咸使遵用焉。

〔一〕「禮儀」，隋書禮儀志三作「儀禮」。

高祖本紀：仁壽二年，詔楊素、蘇威、牛弘、薛道衡、許善心、虞世基、王劭〔一〕，並修定五禮。

隋書辛彦之傳：彦之博涉經史，周太祖見而器之，引爲中外府禮曹，修定儀注。及周閔帝受禪，彦之與少宗伯盧辯，專掌儀制。高祖受禪，拜禮部尚書，與祕書監牛弘撰新禮，有禮要一部，新禮一部，並行于世。

劉炫傳：炫初事蜀王，及蜀王廢，與諸儒修定五禮。

牛弘傳：弘與楊素、蘇威、薛道衡、許善心、虞世基、崔子發等并召諸儒，論新禮隆殺輕重，弘所立議，衆咸推服之。

經籍志：隋朝儀禮一百卷，牛弘撰。悉用東齊儀注以爲準，亦微采王儉禮，五年正月戊辰，行新禮。

唐書藝文志：牛弘、潘徽隋江都集禮一百二十卷。

唐書禮樂志：自梁以來，始以其當時所行傅于周官五禮之名，各立一家之學。唐

〔一〕「王劭」，諸本作「王邵」，據隋書高祖本紀改。

初，用隋之禮，至太宗時，詔中書令房玄齡、秘書監魏徵，與禮官、學士因隋之禮，增爲吉禮六十一篇，賓禮四篇，軍禮二十篇，嘉禮四十二篇，凶禮六篇，國恤五篇，爲百卷，是爲貞觀禮。

玉海：吉禮之別，有大祀、中祀、小祀，而天子親祠者二十有四。大祀，天地、宗廟、五帝。中祀，日星、社稷、嶽瀆。小祀，風雨、靈星、山川焉。賓禮則以待四夷之君長與其使者，蕃國來朝、遣使、迎勞、授館、將幣、擯享之節焉。軍禮之分，曰親征，曰遣將，曰宣露布，曰講武，曰狩田，曰大射，而其節則有旗鼓、刀矟、弓矢、跪起、偃伏之節焉。嘉禮之重者，曰加元服，曰皇太子冠，曰册后，曰太子納妃，曰元會，曰臨軒册太子，曰讀時令，曰養老更，曰鄉飲酒，正齒位焉。凶禮，天子禮缺。

藝文志：大唐儀禮一百卷，長孫無忌、房玄齡、魏徵、李百藥、顔師古、令狐德棻、孔穎達、于志寧等撰。

魏徵傳：始喪亂後，典章湮散。徵奏引諸儒，校集祕書，國家圖籍，燦然完整。

竇威傳：高祖入關，禮典湮缺，威多識朝廷故事，乃裁定制度。帝語裴寂曰：「威，今之叔孫通也。」

顔師古傳：太宗即位，封師古琅邪縣男。撰五禮成，進爵爲子。

唐會要：高宗初，以貞觀禮節文未盡，詔太尉無忌等重加修撰，勒成一百三十卷。至顯慶三年，奏上，高宗自爲之序，是爲顯慶禮。時許敬宗、李義府用事，其取舍多依違希旨。用博士蕭楚材言：「禮不豫凶事，國大喪，非臣子所忍言。」遂焚貞觀禮國恤篇，他諂諛類是。事既施行，議者以爲非。上元三年，下詔命依貞觀爲定。儀鳳二年，詔並依周禮行事。自是禮司益無憑準，每有大事，輒別制一儀，援古附今，臨時專定。貞觀、顯慶二禮，亦皆施行。

唐書藝文志：永徽五禮一百三十卷，長孫無忌等八人撰，二百九十九篇，顯慶三年上。

通典：武后時，以禮官不甚詳明，特詔國子司業韋叔夏、率更令祝欽明，每加刊定。叔夏卒後，給事中唐紹專知禮儀，紹博學，詳練舊事，議者以爲稱職。

韋叔夏傳：叔夏擢春官員外郎。武后拜洛，享明堂，凡所沿改，皆叔夏、祝欽明、郭山惲等所裁討。每立一議，衆咨服之。后又詔：「五禮儀物，司禮博士有所修革，須叔夏、欽明等評處，然後以聞。」

唐書禮樂志：開元十年，以國子司業韋縚爲禮儀使，掌五禮。十四年，通事舍人王嵒上疏，請删去禮記舊文而益以今事，詔集賢院議。學士張説奏曰：「禮記不刊之書，去聖久遠，不可改易，而貞觀、顯慶禮，儀注前後不同，宜加折衷，以爲唐禮。」于是令徐堅、李鋭、施敬本撰述，歷年未就，蕭嵩代鋭爲學士，奏起居舍人王仲丘撰定，爲百五十卷，是爲大唐開元禮。由是，唐世五禮之文大備，而後代用之，雖時小有損益，不能過也。

唐六典禮部：凡五禮之儀，一百五十有二。一曰吉禮，其儀五十有五。一曰冬至祀圜丘，二曰祈穀于圜丘，三曰雩祀于圜丘，四曰大享于明堂，五曰祀青帝于東郊，六曰祀赤帝于南郊，七曰祀黄帝于南郊，八曰祀白帝于西郊，九曰祀黑帝于北郊，十曰䄍祭百神于南郊，十一曰朝日于東郊，十二曰夕月于西郊，十三曰祀風伯、雨師、靈星、司中、司命、司人、司禄，十四曰夏至祭方丘，十五曰祭神州于北郊，十六曰祭大社，十七曰祭五岳四鎮，十八曰祭四海四瀆，十九曰時享于太廟，二十曰祫享于太廟，二十一曰禘享于太廟，二十二曰拜五陵，二十三曰巡五陵，二十四曰祭先農，二十五曰享先蠶，二十六曰享先代帝王，二十七曰薦新于太廟，二十八曰祭司寒，二十九曰祭五龍壇，三十曰視學，三十一曰皇太子釋奠，三十二曰國學釋奠，三十三曰釋奠于齊太公，三十四曰巡狩告圜丘，三十五曰巡狩告社稷，三十六曰巡狩告宗廟，三十七曰巡狩，三十八曰封禪，三十九曰祈于太廟，四十曰祈于太社，四十一曰祈于北郊，四十二曰祈于岳瀆，四十三曰諸州祭社稷，四十四曰諸州釋奠，四十五曰諸州祈禜，四十六曰諸縣祭社稷，四十七曰諸縣釋奠，四十八曰諸縣祈禜，四十九曰諸太子廟時享，五十曰王公已下時享其廟，五十一曰王公已下祫祭其廟，五十二曰王公已下神享其廟〔一〕，五十三曰四品已下時享其廟，五十四曰六品已下時祭，五十五曰王公已下拜掃。二曰賓禮，其儀有六。一曰蕃國王來見〔二〕，二曰戎蕃王見〔三〕，三曰蕃王奉見，四曰受蕃使表及幣，五曰燕蕃國王，六曰燕蕃國使。三曰軍禮，其儀二十有三。一曰親征類于上帝，二曰宜于太社，三曰造于太廟，四曰禡于所征之地，五曰軷于國門，六曰告所過山川，七曰露布，八曰勞軍將，九曰講武，十曰田狩，十一曰射于射宮，十二曰觀射于射宮〔四〕，十三曰遣將出征宜于太社，十四曰遣將告于太公廟，十五曰遣將告于太廟，十六曰祀馬祖，十七曰享先牧，十八曰祭馬社，十九曰祭馬步，二十曰合朔伐鼓，二十一曰合朔諸州伐鼓，二十二曰大儺，二十三曰諸州縣儺。四曰嘉禮，其儀有五十。一曰皇帝加元服，二曰納后，三曰正至受

〔一〕「神」，唐六典卷四改作「禘」。
〔二〕「見」，唐六典卷四作「朝」。
〔三〕「戎」，唐六典卷四改作「戒」。
〔四〕「觀射」，諸本作「觀社」，據唐六典卷四改。

皇太子朝賀，四曰皇后正至受皇太子朝賀〔一〕，五曰正至受皇太子妃朝賀，六曰皇后正至受太子妃朝賀，七曰正至受群臣朝賀，八曰皇后正至受群臣朝賀，九曰千秋節受群臣朝賀，十曰皇后受外命婦朝賀，十一曰皇帝于明堂讀春令，十二曰讀夏令，十三曰讀秋令，十四曰讀冬令，十五曰養老于太學，十六曰臨軒册皇后，十七曰臨朝册皇太子，十八曰内册皇太子，十九曰臨軒册王公，二十曰朝堂燕諸臣〔二〕，二十一曰册内命婦，二十二曰遣使册授官爵，二十三曰朔日受朝，二十四曰朝集使辭見，二十五曰皇太子加元服，二十六曰納妃，二十七曰正至受群臣賀，二十八曰受宫臣賀，二十九曰與師、傅、保相見，三十曰受朝集使參辭，三十一曰諸王冠，三十二曰納妃，三十三曰公主降嫁，三十四曰三品以上冠，三十五曰四品以下冠，三十六曰六品以下冠，三十七曰三品以上婚，三十八曰四品以下婚，三十九曰六品以下婚，四十曰朝集使禮見及辭，四十一曰任官初上，四十二曰鄉飲酒，四十三曰正齒位，四十四曰宣赦書，四十五曰群臣詣闕上表，四十六曰群臣起居，四十七曰遣使慰勞諸蕃，四十八曰遣使宣撫諸州，四十九曰遣使諸州宣制，五十曰遣使諸州宣赦書。五曰凶禮，其儀一十有八。一曰凶年振撫，二曰勞問疾患，三曰中宫勞問，四曰皇太子勞問，五曰五服制度，六曰皇帝爲小功以上舉哀，七曰敕賜弔祭，八曰會喪，九曰册贈，十曰會葬，十一曰致奠，十二曰皇后舉哀弔祭，十三曰皇太子舉哀弔祭，

〔一〕「四曰皇后正至受皇太子朝賀」十二字，原脱，據光緒本補。

〔二〕「燕」，唐六典卷四改作「册」。

十四曰皇太子妃舉哀弔祭，十五曰三品已上喪，十六曰四品已下喪，十七曰六品已下喪，十八曰王公已下喪。

唐會要：開元二十六年，渤海求寫唐禮，許之。貞元二年六月，敕通開元禮者，舉一人，同一經例。九年正月，敕問大義百條，試策三道。大中五年十一月，太常禮院奏，私廟並準開元禮及曲臺爲定制。

唐書藝文志：開元禮一百五十卷，張説請修貞觀、永徽五禮，命賈登、張烜、施敬本、李鋭、王仲丘、陸善經、洪孝昌撰輯，蕭嵩總之。人名與禮志詳略不同。蕭嵩開元禮儀鏡一百卷，書目止第一至第五卷，又有儀鏡略十卷。開元禮京兆義羅十卷，類釋二十卷，國史志：類釋二十卷。百問二卷，書目凡百篇，分上、下二卷。韋渠牟貞元新集開元後禮二十卷，貞元十七年七月上。通典：本百五十卷，纂例成三十五卷，冀尋閱易周。

集賢注記：開元禮序例三卷，吉禮七十五卷，賓禮二卷，嘉禮四十卷，軍禮十卷，凶禮二十卷。

禮樂志：貞元中，太常禮院修撰王涇考次歷代郊廟沿革之制及其工歌祝號，而圖其壇屋豆籩上下陟降之序〔一〕，爲郊祀録十卷。

元和十一年，秘書郎韋公肅録開元以後禮文，損益爲禮閣新儀三十卷。

曾鞏序略：禮閣新儀三十篇，韋公肅撰，記開元以後至元和之變禮，集賢院書二十篇，以目録考次序，則篇次亦亂，因定著從目録，而三十篇復完。此書所紀，雖其事已淺，然凡世之記禮者，皆有所本，而一時之得失具焉。

中興書目：公肅取開元以後至元和十年沿革，損益爲十五門，每門又别其條目爲三十卷，一卷爲目録，止二十九卷，今卷存而書不全。

元和十三年，太常博士王彦威集開元以後至元和十三年五禮，裁制敕格，爲曲臺新禮三十卷，上之。又採元和以來至長慶典禮不同者，王公士民昏祭喪葬之禮，爲續曲臺禮三十卷。

王彦威傳：彦威爲檢討官，采獲隋以來，下訖唐，凡禮沿革，皆條次彙分，號元和新禮，上之。詔拜博士。

〔一〕「豆籩上下」，新唐書禮樂志一無。

唐會要：王彦威疏曰：「自開元二十一年已後迄聖朝，垂九十餘年，法通沿革，禮有廢興，每有禮儀大事，命禮官博士，約舊損益，修撰儀注，以合時變。臣今所集録開元以後至元和十三年奏定儀制，不唯與古禮有異，與開元儀禮已自不同矣。禮科者，名教之總，與儀注相扶而行，闕一不可。今備禮科之單複，欲使開卷盡在，案文易徵。其他五禮儀式，或舊儀不載，而與新創不同者，次第編録。曲臺實禮之藏，故名曰元和曲臺新禮，并目録成三十卷。」

唐書禮樂志：方開元撰修時，大臣仍辟國恤章不録，而山陵之禮，遂世無所執。國大喪，皆摭拾殘缺，附比倫類，以苟幸襄事，事已輒斥去。崇、豐二陵，不問歲仍構，禮儀使杜黄裳，起太常爲相，于是命太常丞裴瑾、博士辛秘詳考以行。内之攢塗秘器，象物之宜；外之斥土復土，因山之制。上之顧命典册文物以示萬國，下之服制節文，皆羅絡旁午于百代之異同，于是瑾取所奏復于上，辨列于下，刊定者爲崇豐二陵集禮，藏之太常，君子以爲愛禮而近古焉。

鄭餘慶傳：憲宗患典制不倫，謂餘慶淹該前載，詔爲詳定使，俾參裁訂正。餘慶引韓愈、李程爲副，崔郾、陳佩、楊嗣復、庾敬休爲判官，增損儀矩，號稱詳衷。

唐書藝文志：餘慶書儀二卷。裴度書儀二卷。

杜佑傳：先是，劉秩摭百家，侔周六官法，爲政典三十五篇，房琯稱其才過劉向。佑以爲未盡，因廣其闕，參益新禮爲二百篇，自號通典，奏之，優詔嘉美，儒者服其書約而詳。

歸崇敬傳：崇敬字正禮，治禮家學，多識容典。肅宗時，召參掌儀典。

楊瑒傳：瑒常歎士大夫不能用古禮，因其家冠、昏、喪、祭，乃據舊典爲之節文，揖讓威儀，哭踊衰殺，無有違者。

五代史劉岳傳：劉岳爲太常卿。初，鄭餘慶常採唐士庶吉凶書儀之式，雜以當時家人之禮，爲書儀二卷。明宗見其有起復、冥婚之制，歎曰：「儒者所以隆孝弟而端風俗，且無金革之事，起復可乎？婚，吉禮也，用于死者，可乎？」乃詔岳選文學通知古今之士，共删定之。岳與博士段顒、田敏增損其書，而事出鄙俚，其婚禮有女坐婿鞍合髻之説，尤爲不經。公卿之家，頗遵用之。

周書世宗本紀：顯德五年，敕竇儼集通禮。儼上言：「禮者，太一之紀，品物之宗，自五帝之後，三代以來，損益因革，咸有憲章。越在唐室，程軌量，昭物采，則有開元禮在；紀先後，明得失，則有通典在；録一代之事，包五禮之儀，比類相從，討尋不紊，則有會要在。三者，經國之大典也。梁朝之後，戎祀朝會，多于市廛草定儀注，前代矛盾，率多粃粺。請依唐會要門類，上自五帝，迄于聖朝，悉命編次，開元禮、通典之書，包綜于内，名曰大周通禮，俾禮院掌之。」

五禮通考卷首第四

禮制因革下

宋史太祖本紀：開寶六年，行開寶通禮。

禮志：太祖受周禪，即位之明年，因太常博士聶崇義上重集三禮圖，詔太子詹事尹拙集儒學之士詳定之。開寶四年〔一〕，四方漸平，民稍休息，乃命御史中丞劉温叟、中書舍人李昉、兵部員外郎知制誥盧多遜、左司員外郎知制誥扈蒙、太子詹事楊昭儉、左補闕賈黄中、司勳員外郎和峴、太子中舍陳鄂撰開寶通禮二百卷，本唐開元禮而損益之。既又定通禮義纂一百卷。長編云：通禮二百卷，六年四月與義纂同上。太宗勤于

〔一〕「開寶四年」，宋史禮志一作「開寶中」。

政治，修明典章。真宗承重熙之後，天下無事，于是封泰山，祀汾陰，天書聖祖，崇奉迭興，專制詳定所，命執政、翰林、禮官參領之。尋改爲禮儀院，仍歲增修，纖微委曲，緣情稱宜，蓋一時彌文之制也。自通禮之後，其制度儀注傳于有司者，殆數百篇。先是，天禧中，陳寬編次禮院所承新舊詔敕，不就。天聖初，王皞始類成書，盡乾興，爲禮閣新編六十卷，大率吏文，無著述體，而本末完具，有司便之。

玉海：天聖五年，太常博士同知禮院王皞所撰禮閣新編六十卷。或作五十卷，書盡乾興。初，天禧中，同判太常禮院陳寬請編次本院所承詔敕，其後不能就。皞因取國初乾興所下詔敕，删去重複，凡千八百三十道。類以五禮之目，成書上之，賜五品服。

仁宗本紀：景祐三年二月壬戌，詔兩制、禮官詳定京師士民服用、居室之制。八月己酉，班民間冠服、居室、車馬、器用犯制之禁。

玉海：寶元二年六月丁卯，天章待制賈昌朝、直史館宋祁同修纂禮書。

宋史職官志：宋初舊制，判寺無常員，以兩制以上充；丞一人，以禮官久次官高者充。别置太常禮院，雖隸本寺，其實專達，有判院、同知院四人，寺與禮院，事不相兼。康定元年，置判寺、同判寺，始並兼禮院事。元豐正名，始專其職，分案五，置吏十一。

玉海：康定元年四月，修成閤門儀制十二卷，四方館條例一卷，客省條例七卷。十月癸巳，館閣校勘刁約、歐陽修同修禮書。

宋史禮志：景祐四年，賈昌朝撰太常新禮及祀儀，止于慶曆三年。皇祐中，文彦博撰大享明堂記二十卷。

○嘉祐六年七月乙丑，命姚闢、蘇洵同禮官編纂禮書。初，判太常寺歐陽修言：「太常，典禮所在，而文字散失，請命官纂集，庶備討論，而傳後世。」時朝廷重寘局，止命禮院官。是歲，秘閣校理張洞奏請擇文學該贍者三四人寘局〔一〕，命判寺一員總領。知制誥張瓌又奏：「欲謹擇有學術方正大臣，與禮官精議是非，釐正紬繹，然後成書。」時修爲參政，又命之提舉。治平二年九月辛酉，書成，凡百卷。有序一篇，目録一卷，以開寳通禮爲之主，而記其變，以類相從。其無所沿于通禮者，謂之新禮；通禮所有

〔一〕「三四人」，玉海卷六九作「三兩人」。

而建隆以來不復舉者，謂之廢禮；凡立廟，有議論，謂之廟議；餘即用通禮條目。修與判寺李柬之等上之〔一〕，詔賜名曰太常因革禮，自建隆迄嘉祐。藏之秘閣。異于舊者十三四焉〔二〕。

國史志：開寶以後，三輯禮書，推其要歸，嘉祐尤悉。然繁簡失中，訛缺不備，豈有所拘而不得騁乎？

李燾長編：寶元二年，詳定閤門、客省、四方館儀制，所上新編儀制十三卷。治平元年，詔閤門一月一次進班簿。

合璧事類：慶曆四年，上新修太常禮四十三卷，慶曆祀儀六十三卷。

神宗本紀：熙寧七年八月癸巳，集賢院學士宋敏求上編修閤門儀制。

禮志：熙寧十年，禮院取慶曆以後奉祀制度，别定祀儀〔三〕，其一留中，其二付有司。知諫院黄履言：「郊祀禮樂，未合古制，請命有司考正群祀。」詔履與禮官講求以

〔一〕「李柬之」，諸本作「李東之」，據玉海卷六九改。
〔二〕「嘉祐六年」至「十三四焉」，引自玉海卷六九，非宋史禮志文字。
〔三〕「祀儀」，諸本作「禮儀」，據宋史禮志一改。

聞。元豐元年，始命太常寺寘局，以樞密直學士陳襄等爲詳定官，太常博士楊完等爲檢討官。襄等言：「國朝大率皆循唐故，至于壇壝神位、法駕輿輦、仗衛儀物，亦兼用歷代之制。其間情文訛舛，多戾于古。蓋有規摹苟略，因仍既久，而重于改作者；有出于一時之儀，而不足以爲法者，請先條奏，候訓敕以爲禮式。」未幾，又命龍圖直學士宋敏求同御史臺、閤門、禮院詳定朝會儀注，總四十六卷：曰閤門儀，曰朝會禮文，曰儀注，曰徽號寶册儀；祭祀總百九十一卷：曰祀儀，曰南郊式，曰大禮式，曰郊廟奉祀禮文，曰明堂祫享令式，曰天興殿儀，曰四孟朝獻儀，曰景靈宮供奉敕令格式，曰儀禮敕令格式；祈禳總四十卷：曰祀賽式，曰齊醮式，曰金籙儀；蕃國總七十一卷：曰大遼令式，曰高麗入貢儀，曰女真排辦儀，曰諸蕃進貢令式；喪葬總百六十三卷：曰葬式，曰宗室外臣葬敕令格式，曰孝贈式。其損益之制，視前多矣。

○元豐七年，尚書禮部言：「歐陽修等修因革禮，始于建隆，迄于嘉祐〔一〕，爲百卷。嘉祐以後，缺而不録。熙寧以來，禮文制作足以垂萬世法，宜下太常，委博士接續修

〔一〕「嘉祐」，原作「元祐」，據味經窩本、乾隆本、光緒本、玉海卷六九改。

纂，以備討閲。」從之。九月，詔禮官續編，訖于元祐初〔一〕。

知太常禮院蘇頌請重修纂五禮疏曰：「六經在禮，有三種之別。周官著有司典領之事，儀禮載升降隆殺之節，戴記叙古今因革之文。雖聖賢作述之不同，而語其歸趣，實相爲表裏也。後世言禮者，皆不出此三體。漢晉洎隋，雖代有作者，而苟簡一時，法制無取。唐明皇命學士等因貞觀、顯慶所修五禮，討論删改，集成一百五十卷，是爲大唐開元禮，行于累朝，設于科舉。傳其學者，則有義鑑、義羅之類，比于近代之書，最爲詳悉。故今世漢晉洎隋皆無傳，而開元禮獨不廢者，以其法制存焉故也。太祖皇帝特詔儒臣劉温叟、盧多遜、扈蒙等，祖述其書，傅以今事，仍以增損，足成二百卷，是爲開寶通禮。又有義纂一百卷，以發明其旨要。仍依開元禮設科取士，逮今官司遵用，斯爲不刊，况之六經，儀禮之别也。然此特一經也，在于有司典領之事，古今沿革之文，猶缺而不立，故舉行之際，尚或未備。自開寶以後，百年之間，累聖躬行，聲明浸盛，非有繼述，後世何觀？嘉祐初，太常歐陽修奏請編

〔一〕「元豐七年」至「元祐初」，引自玉海卷六九。

撰，彼時臣任博士，職預纂修。常以恭謝一門，分爲三目，其一自降御札公卿百司奉行辦備之事，謂之有司；其二自前期陳設至裸獻禮畢，謂之儀注；其三采古今曲臺論議更創之制，謂之沿革。以此一門爲例，他悉倣之。修已議定具草，會臣罷官領他職，復奏姚闢、蘇洵繼掌其事。闢、洵離析舊文，更立新體，撰成一百卷，是爲太常因革禮。雖號簡要，幾同鈔節，姑可以備有司之檢閱，誠未足以發揚聖朝制作之盛也。陛下留意典章，修舉廢墜。前歲詔命近臣詳定禮文，自郊廟至于群臣朝會，與夫燕享、器服之名數，舞樂之音容，考古揆今，審求至當，皆三代之所放失，漢唐之所闕遺。斷自清衷，舉行殆徧，固當著于訓典，與六經並行，爲萬世矜式也。望再命諸儒討論國朝以來自開寶通禮至近歲詳定禮文，以及有司儀注沿革，依三禮隨類分門，著爲大宋元豐新禮。付之太常，頒于學宮，使博士弟子講習大義，或施于科舉，則數歲之後，必有詳練疏通之人，上副拔擢，可以爲朝廷講議之官。庶幾天下尚風，皆知禮教〔二〕，謙恭撙節，不學而能，於變時雍，可跂而待也。」

〔二〕「知」，原作「如」，據光緒本、蘇魏公文集卷一八改。

中興書目：皇朝儀物志三卷，記皇朝見行禮儀及名物制度，訖于神宗朝。紹聖後，累詔續編，起治平，訖政和，凡五十一年，爲書三百卷，今皆不傳。

歷代名臣奏議：哲宗元祐元年，右司諫朱光廷上奏曰：「爲治之道，無先于禮。蓋人情之檢柙，王政之綱維，莫不由此。夫禮廢而不講久矣。今天下之人，自丱角已衣成人之服，則是何嘗有冠禮也？鄙俗雜亂，不識親迎人倫之重，則是何嘗有婚禮也？火焚水溺，陰陽拘忌，歲月無限，死者不葬，葬者無法，五服之制，不明輕重，則是何嘗有喪禮也？春秋不知當祭之時，祭日不知早晚之節，器皿今古之或異，牲牢生熟之不同，則是何嘗有祭禮也？冠、婚、喪、祭，禮之大者，莫知所當行之法。朝廷之上，未嘗講修，但沿襲故事而已，曾未盡聖人之藴。公卿士大夫之間，亦未曾講修，但各守家法而已，何以爲天下之法？車輿、服食、器用、玩好，法禁不立，僭侈尤甚。富室擬于王公，皂隸等于卿士，風俗如此，一出于無禮而然也。臣今欲乞陛下，詔執政大臣各舉明禮官參議五禮，上自朝廷所行之制度，下至民庶所守之規矩，纖悉講明，究極先聖人之藴，以古參今，酌人情之所安、天下可通行以爲法者，著爲一代之大典，垂諸象魏，頒諸四海，以正人倫，以變禮俗。此則三王之舉也。」

給事中范祖禹乞看詳陳祥道禮書劄子：「臣竊以國家之用，典禮爲急，典禮之學，制度尤難。太祖皇帝時，命國子司業兼太常博士聶崇義考正禮圖，采唐張鎰等舊圖，凡六本，撰成三禮圖二十卷，奏之。太祖下詔嘉奬，令太子詹事尹拙等集儒學三五人，更同參議，又下工部尚書竇儀裁定，其三禮圖畫于國子監講堂。臣伏見太常博士陳祥道專意禮樂二十餘年，近世儒者，未見其比。著禮書一百五十卷，詳究先儒義説，比之聶崇義圖，尤爲精當該洽。昨臣僚上言，乞朝廷給紙札，差書吏畫工，付祥道録進。今聞已奏御降付三省。臣愚欲乞送學士院及兩制，或經筵看詳，如可施行，即乞付太常寺，與聶崇義三禮圖相參行用，必有補朝廷制作。」

宋史徽宗本紀：大觀元年，置議禮局於尚書省。二年，詔：「禮緣人情，以義而起，因時之宜，御今之俗。善法古者，不法其法，法其所以爲法之意也已。」

禮志：大觀初，置議禮局，命詳議、檢討官具禮制本末，議定請旨。三年書成，爲吉禮二百三十一卷，祭服制度十六卷，頒焉。議禮局請分秩五禮，詔依開寶通禮之序。政和元年，續修成四百七十七卷，且命倣是修定儀注。三年，五禮新儀成，凡二百二十卷，增置禮直官，許士庶就問新儀，而詔開封尹王革編類通行者，刊本給天下，使悉知禮意，其不奉行者論罪。宣和初，有言其煩擾者，遂罷之。初，議禮局之置也，詔求天下古器，更制尊、爵、鼎、彝之屬。其後，又置禮制局于編類御筆所。于是郊廟禋祀之器，多更其舊。既有詔討論冠服，遂廢韠用履，其他無所改議，而禮制局亦罷。大抵累朝典禮，講論最詳。祀禮修于元豐〔一〕，而成于元祐，至崇寧，復有所增損。其存于有司者，唯元豐郊廟禮文及政和五禮新儀而已。乃若圜丘之罷合祭天地；明堂專以英宗配帝，悉罷從祀群神〔二〕；大蜡分四郊；壽星改祀老人；禧祖已祧而復，遂爲始祖；即景靈宫建諸神御殿，以四孟薦享，虚禘祭，去牙槃食，卻尊號，罷入閤儀并常朝及正衙横行〔三〕。此熙寧、元豐變禮之最大者也。元祐册后，政和冠皇子，元符創景靈西宫，崇寧親祀方澤、作明堂、立九廟、鑄九鼎、祀熒惑，大觀受八寶、大祀皆前期十日而戒。凡此，蓋治平以前所未嘗行者。

〔一〕「祀」，諸本作「記」，據宋史禮志一改。
〔二〕「神」，諸本作「臣」，據宋史禮志一改。
〔三〕「閤儀」，諸本作「閣議」，據宋史禮志一改。

職官志：政和三年，五禮儀注成，罷議禮局〔一〕。

中興書目：政和五禮新儀二百四十卷，鄭居中等撰二百二十卷，御製序一卷，御筆指揮九卷，御製冠禮十卷，合二百四十卷。又目録六卷在外。

玉海：政和三年，頒行五禮新儀。先是，大觀元年，詔講求典禮，尚書省置議禮局。二年，御製冠禮沿革十一卷，付議禮局。餘五禮，令視此編次。四年，修成大觀新編禮書吉禮二百三十一卷，祭服制度十六卷，祭服圖一册，詔行之。政和元年，續編成賓、軍等四禮四百九十七卷，詔頒行。于是，鄭居中等奏編成政和五禮新儀并序例，總二百二十二卷，目録六卷。三年，御製序曰：「循古之意而勿泥于古，適今之宜而勿牽于今。」議禮局請刻石太常寺。七月，詔比裒集三代鼎彝、簠簋、盤匜、爵豆之類五百餘器，載于圖，詔有司改造祭器，置禮制局，討論古今沿革，以成一代之典。政和續因革禮：四年，葛勝仲爲太常少卿。自建隆至治平初所行典禮，嘗爲書百篇。勝仲續其書，自治平迄政和四年，部居條目，皆視歐陽修之

〔一〕「議禮局」，諸本作「儀禮局」，據光緒本、宋史職官志一校勘記改。

舊，總例凡五十三卷，吉禮九十四卷，賓禮十三卷，軍禮四卷，嘉禮三十三卷，凶禮七十七卷，廟議二十七卷，合三百卷，目録三卷，與前書并藏奉常。又編纂太常祠祀儀制格目，每歲大祠凡九十有六，中祠凡二十有九，小祠凡一十有四。每祀爲一卷。歲再祠，或四時祠，或月祠，若祭名異而祠儀相類，則合一卷，凡四十八卷，標録二卷。政和六年閏正月，太府丞王鼎言：「新儀藏在有司，民未通曉，望依新樂頒行，令州縣召禮生肄業，使之推行民間，并以新儀從事。」

朱子曰：祭器經政和改制，盡取古器物之存于今者以爲法，今郊廟所用，則其制也。而州縣專取聶氏三禮制度，非復古制。

葛勝仲傳：勝仲遷太常卿。宋自建隆、治平所行典禮，歐陽修嘗裒集爲書，凡百篇，號太常因革禮。詔勝仲續之，增爲三百卷。

退朝録：嘉祐初，兖國公主降李瑋，時少師歐陽公掌禮臺，與諸博士折衷昏禮，頗倣古制。治平中，邵不疑以知制誥權知諫院，請選官撰本朝冠昏喪祭之禮，乃詔禮院詳定，遂奏請置局于本院，不許，因循寢之。

職官志：宣和三年，令太常寺因革禮五年一檢舉，接續編修。

四朝志：天子鋭意稽古，禮文之事，招延群英，折衷同異。元豐有詳定禮文所，大觀有議禮局，政和有禮制局。

禮志：欽宗即位，嘗詔春秋釋奠改從元豐儀，罷新儀不用而未暇也。靖康之厄，蕩析無餘。

高宗本紀：紹興元年十一月，續編紹興太常因革禮。九年十二月，命續編紹興因革禮。

玉海：紹興元年，太常少卿趙子晝言：「政和、宣和續編因革禮，渡江皆散失，欲自渡江以後，修纂成書，目爲紹興續編太常因革禮。」詔可。其後，太常以總例及吉、凶、嘉、新四禮，凡八十六篇，二十七卷，或云三十卷。始于建炎，至紹興二年，編類粗成，未以進御。九年，太常丞梁仲敏言：「紹興三年以後，修纂尚缺，請委官編類。」詔本寺續修，不克成書。六年，成忠郎李沇，以高祖國子博士文易新編皇宋大典三卷來上，詔送秘府，沇遷秩。其書以皇朝所定班序、圖次、禮容、儀式、衮冕、車輅、旗章、册命之制，與夫民兵、吏禄、祠祭、户口之數，凡四十門，釐爲三卷。

宋史禮志：孝宗繼志，典章文物，有可稱述。治平日久，經學大明。諸儒如王普、董弅等，多以禮名家。當時嘗續編太常因革禮矣，淳熙復有編輯之旨。其後朱熹講明詳備，嘗欲取儀禮、周官、二戴記爲本，編次朝廷、公卿大夫、士民之禮，盡取漢、晉而下及唐諸儒之説，考訂辨正，以爲當代之典，未及成書而没。

朱子家禮序略：凡禮，有本有文，自其施於家者言之，則名分之守，愛敬之實，其本也；冠昏喪祭，儀章度數者，其末也。三代之禮，其宫廬、器服、出入、起居之制節，皆已不宜于世。世之君子，有志于禮，或違其本而務其末，緩其實而急于文，苦其難而不能舉其要也。其困于窶貧者，尤患其終不能及于禮。熹之愚，蓋兩病焉。是以嘗獨究觀古今之禮，少加損益，爲一家之書。誠得與同志之士熟講而施行之，古修身齊家之道，慎終追遠之心，庶猶可得復見，而國家崇化導民之意，或有小補云。

徐氏乾學曰：宋世，韓、杜、程、張、司馬諸大儒，皆有書儀等著。始各緣天性人情之不可易者，本三代遺意，依時世爲節文，往往行之家。至朱子居母憂，自始死以至祥禫，參酌盡變，因成喪、葬、祭禮，又推之冠、昏而成編，曰家禮。冠禮則多取司馬氏，昏禮則參司馬氏、程氏，喪禮本司馬氏，後又以禮部侍郎高閌抑崇之書爲最精，多采用焉。書成，一侍子竊之亡去，而未及修改。比疾革，門人請後事，曰：「用温公禮乎？」曰：「疏。」「書儀乎？」曰：「未。」問儀禮，亦揺首。「然則以儀禮、書儀參用之乎？」乃頷之。則知士喪禮古經，固萬世不能易也。蓋朱子没，而家禮書復出，而近世尊其學，多遵用之。惜其儀禮經傳在經筵時，欲請于朝，寘局編次而不果，使不克究其大全，可勝歎哉！今所傳儀禮經傳通解及通解續編，乃其門人黄榦所修，及榦門人楊復續編，幸存于世，學者其盡心焉。

玉海：太常少卿余端禮請編類書，久不上。淳熙七年，禮部郎范仲藝言：「太祖立經陳紀，爲萬世規，首命大臣，約唐禮書，著爲通禮。列聖相承，有禮閣新編、太常新禮、因革禮，五禮分門，各以類舉。自時厥後，繼纂續編。中興以來，久缺不録。望命太常編次，大臣兼領其事，以著一代彌文，考百世損益。」詔趣成書。初，紹興間，太常少卿趙子晝爲續因革禮三十卷，其後禮官踵爲之，書成，未得進御。淳熙十二年三月，權禮部侍郎史彌大言：「太上再造，講明典禮，陛下紹統，如内禪、慶壽之類，亘古所無，宜宣取以進，略經一覽，付之有司，俾常遵守。不必備儀衛，施爵賞。」詔禮部太常寺繳進。四月十七日上之，凡三百卷，賜名中興禮書，總六百八十門〔一〕。光宗紹熙二年八月，黄灝請掇取冠昏喪祭儀，摹刻頒郡縣，

〔一〕「六百八十門」，諸本作「三百八十門」，據玉海卷六九改。

奏可。

宋史寧宗本紀：嘉泰元年秋九月甲戌，令禮官纂集孝宗一朝典禮。

玉海：嘉泰二年八月，禮部尚書費士寅等言：「禮寺以孝宗一朝典禮，續纂中興禮書八十卷。」詔令繳進。

宋史寧宗本紀：嘉定五年九月己酉，有司上續修中興禮書。

玉海：嘉定六年，秘書少監李𡌴纂公侯守宰士庶爲通禮三十卷，取開寶、政和凡通行者，分别五禮，類爲一編。嘉定十一年三月，禮部員外郎李琪奏請，令太常將慶元元年以後典禮，編纂成書。

禮志：理宗四十年間，屢有意乎禮文之事。咸淳以降，無足言者。

遼史禮志：遼本朝鮮故壤，箕子八條之教，流風遺俗，猶有存者。自其上世，緣情制宜，隱然有尚質之風。耀尼和掄罕制祭山儀，蘇爾罕制色色儀，阻午可汗制柴册、再生儀。其情朴，其用儉。敬天恤災，施惠本孝，出于悃忱，殆有得于膠瑟聚訟之表者。太宗克晉，稍用漢禮。今國史院有金陳大任遼禮儀志，皆其國俗之故，又有遼朝雜禮，漢儀爲多。别得宣文閣所藏耶律儼志，視大任爲加詳。

金史禮志：金人之入汴也，金人既悉收其圖籍，載其車輅、法物、儀仗而北。既而即會寧建宗社，庶事草創。皇統間，熙宗巡幸析津，始乘金輅，導儀衛，陳鼓吹，而宗社朝會之禮亦次第舉行。繼以海陵，命官修汴故宫，繕宗廟社稷，悉載宋故禮器以還。世宗既興，復收嚮所遷宋故禮器，命官參校唐、宋故典沿革，開詳定所以議禮，設詳校所以審樂，統以宰相通學術者。于一事之宜適、一物之節文，既上聞而始彙次，至明昌初書成，凡四百餘卷，名曰金纂修雜録。凡事物名數，支分派引，珠貫棊布，井然有序，炳然如丹。又圖吉、凶二儀：鹵簿十三節以備大葬，小鹵簿九節以備郊廟。而命尚書左右司、春官、兵曹、太常寺各掌一本。宣宗南播，疆宇日蹙，圖籍散逸，既莫可尋，而其宰相韓企先等之所論列，禮官張暐與其子行簡所私著自公記〔一〕，亦亡其傳。故書之存，僅集禮若干卷，其藏史館，又殘缺弗完。姑掇其郊社宗廟諸神祀、朝覲會同等儀而爲書，若夫凶禮則略焉。

金史章宗本紀：章宗明昌五年春正月己巳，初用唐、宋典禮。

〔一〕「張暐」，諸本作「張瑋」，據金史禮志一改。

元史禮樂志：宋因唐禮，作太常因革禮，而所製大晟樂，號爲古雅。靖康之變，禮文樂器，掃蕩無遺。元之有國，肇興朔漠，朝會燕享之禮，多從本俗。太祖元年，大會諸侯王於阿難河，即皇帝位，始建九斿白旗。世祖至元八年，命劉秉忠、許衡始制朝儀。自是，皇帝即位、元正、天壽節，及諸王、外國來朝，册立皇后、皇太子，群臣上尊號，進太皇太后、皇太后册寶，暨郊廟禮成、群臣朝賀，皆如朝會之儀。而大饗宗親、錫宴大臣，猶用本俗之禮爲多。而其於祭祀，率用雅樂；朝會饗燕，則用燕樂。元之禮樂，揆之於古，固有可議。然自朝儀既起，規模嚴廣，而人知九重大君之尊，至其樂聲雄偉而宏大，又足以見一代興王之象，其在當時，亦云盛矣。

王圻續文獻通考：元作禮典上、中、下篇。一曰朝會，二曰燕享，三曰行幸，四曰符寶，五曰輿服，六曰樂，七曰曆，八曰進講，九曰御書，十曰學校，十有一曰藝文，十有二曰貢舉，十有三曰舉遺逸，十有四曰求言，十有五曰進書，十有六曰遣使，十有七曰朝貢，十有八曰瑞異，爲禮典上篇。一曰郊祀，二曰宗廟，三曰社稷，四曰嶽鎮海瀆，五曰三皇，六曰先農，七曰宣聖廟，八曰諸神祀典，九曰功臣祀廟，十曰謚，十有一曰賜碑，十有二曰旌表，爲禮典中篇。一曰釋，二曰道，爲禮典下篇。蓋朝會，以尊君治人之道也；郊廟，以禋祀事神之道也；佛氏爲教，超乎神人之表，所以輯福于國家民庶者也，故各爲一篇之首。

元典章：至元十六年，詔太常寺講究州郡社稷制度，禮官折衷前代，參酌儀禮，定祭祀儀式及壇壝祭器圖，寫成，書名曰至元州縣社稷通禮。

李好文傳：泰定四年，除太常博士。會盜竊太廟神主，好文言：「在禮，神主當以木爲之，金玉祭器，宜貯之別室。」又言：「祖宗建國以來七八十年，每遇大禮，皆臨時取具，博士不過循故事應答而已。往年有詔爲集禮，而乃令各省及各州郡縣置局纂修，宜其久不成也。禮樂自朝廷出，郡縣何有哉！」白長院者，選僚屬數人，仍請出架閣文牘，以資採録，三年書成，凡五十卷，名曰太常集禮。

李好文太常集禮稾序：太常集禮稾爲編秩者，郊祀九，社稷三，宗廟二十有一，輿服二，樂七，諸神祀三，諸臣請謚及官制因革典籍録六，合五十一卷。事覈文直，彙雜出而易見，蓋太常之實録。太宗皇帝，中原甫定，則已命孔子之孫元措，訪求前代禮樂。憲宗皇帝時，則有日月之祀。世祖皇帝中統之初，建宗廟，立太常。成宗皇帝肇立郊丘。武宗皇帝躬行祼享。英宗皇帝廣太室，定昭穆，御衮冕鹵簿，修四時之祀。列聖相承，歲增月輯，典章文物，焕然畢備矣。泰定丁卯秋，好文備員博士，既而僉太常禮儀院事，遂暨一二同志，蒐羅比校，書成，名之曰大元太常集禮稾。

明史禮志：明太祖初定天下，他務未遑，首開禮、樂二局，廣徵耆儒，分曹究討。洪武元年，命中書省暨翰林院、太常司，定擬祀典。乃歷叙沿革之由，酌定郊社宗廟議以進。禮官及諸儒臣，又編集郊廟山川等儀，及古帝王祭祀感格可垂鑒戒者，名曰存心録。二年詔諸儒臣修禮書，明年告成，賜名大明集禮。其書凖五禮而益以冠服、車輅、儀仗、鹵簿、字學、音樂，凡升降儀節，制度名數，纖悉畢具。又屢敕議禮臣李善長、傅瓛、宋濂、詹同、陶安、劉基、魏觀、崔亮、牛諒、陶凱、朱升、樂韶鳳、李原名等，編輯成集。且詔郡縣舉高潔博雅之士徐一夔、梁寅、周子諒、胡行簡、劉宗弼、董彝、蔡深、滕公琰至京，同修禮書。在位三十餘年，所著書可考見者，曰孝慈録，曰洪武禮制，曰禮儀定式，曰諸司職掌，曰稽古定制，曰國朝制作，曰大禮要議，曰皇朝禮制，曰大明禮制，曰洪武禮法，曰禮制集要，曰禮制節文，曰太常集禮，曰禮書。若夫釐正祀典，凡天皇、太乙、六天、五帝之類，皆爲革除，而諸神封號，悉改從本稱。一洗矯誣陋習，其度越漢、唐遠矣。又詔定國恤，父母並斬衰，長子降爲期年，正服旁服以遞而殺，斟酌古今，蓋得其中。永樂中，頒文公家禮于天下，又定巡狩、監國及經筵日講之制。後宫罷殉，始于英宗。陵廟嫡庶之分，正於孝宗。暨乎世宗，以制禮作樂自任。其更定之大者，如分祀天地，復朝日夕月于東西郊，罷二祖並配，以及祈穀大雩，享先蠶，祭聖師，易至聖先師號，皆能折衷于古。獨其排衆議，祔睿宗太廟躋武宗上，狥本生而違大統，以明察始而以豐昵終矣。當時將順之臣，各爲之説。今其存者，若明倫大典，則御製序文以行之；禮儀成典〔一〕，則李時等奉敕而修；郊祀考議，則張孚敬所進者也。至大明會典，自孝宗朝集纂，其于禮制尤詳。世宗、神宗時，數有增益，一代成憲，略具是焉。

名山藏〔二〕：洪武三年九月，大明集禮書成。

聖學格物通：明洪武五年三月，上命禮部重定官民相見禮。

名山藏：洪武十七年十二月，定官民居室、器用之制。二十四年六月，詔群臣

〔一〕「禮儀成典」，明史禮志一改爲「祀儀成典」。

〔二〕「名山藏」，以下三條引自名山藏之文字，原脱，據味經窩本、乾隆本、光緒本補。

參考歷代禮制，更定冠服、居室、器用制度。

大政紀：永樂三年十月，禮部進冕服、鹵簿、儀仗，并洪武禮制、禮儀定式、禮制集要、稽古定制等書。上以祖宗成憲，不可改更，即命頒之有司，永爲儀式。宣德四年二月，諭禮部尚書胡濙，揭榜申明内外官員服飾、儀從、序立及尊卑稱呼定制，使無僭越。憲宗成化三年九月，侍讀尹直請萃成聖朝儀文法制，集爲禮書，上是之。

名山藏：弘治十年，詔儒臣編纂大明集禮、孝慈録等書成，上命名曰大明會典，親製序。正德中，又續修之。嘉靖八年，命霍韜等重修會典。神宗十五年，又命大學士申時行等重修。

大學衍義補：丘氏濬曰：「成周盛時，以禮持世，凡其所以建國而辨方正位、體國經野、設官分職以爲民極者，皆謂之禮焉。不徒以祭祀、燕享、冠婚、賓射以爲禮也。太宰掌建邦之六典，以治典爲先，而禮典僅居其一。然其書不謂之治而謂之禮，其意可見矣。三代以前，以禮爲治天下之大綱；三代以後，以禮爲治天下之一事。古今治效，所以異者以此。」

五禮通考卷一

吉禮一

圜丘祀天

蕙田案：禮莫重於祭，祭莫大於天。天爲百神之君，天子爲百姓之主，故惟天子歲一祭天。周禮：「冬日至，祀昊天上帝於圜丘。」冬至，取陽生。南郊，取陽位。圜丘，取象天。燔柴，取達氣。其玉幣、牲牢、尊俎、樂舞、車旗之屬，各以象類，雖一名一物之微，莫不有精意存於其間。故曰：「郊，所以明天道。」又曰：「明乎其義，治國其如示諸掌乎！」自禮經不明，章句之儒，群言淆亂，朝堂之上，議論紛拏。六天始於康成，合祭起於新莽，排擊者不遺餘力，然行之數千百載而未已。大都沿注疏者失之愚，因前代者失之陋，樂簡便者失之怠，皆非所以交於旦明之義也。兹輯「祀天」門，以經爲斷，以史爲案，經傳爲之綱領，疏解爲之條貫，正其紕繆，一其異同。而歷代典禮之得失，廷臣建議之是非，洞若觀火，議禮家可考覽焉。

郊名義

易益卦六二：王用享于帝，吉。疏：帝，天也。此時以享祭于帝〔一〕，明靈降福。朱子本義：以其居下而受上之益，故爲卜郊之吉占。

涣卦象下傳：風行水上，涣。先王以享于帝立廟。疏：先王以涣然無難之時，享于上帝，以告太平，建立宗廟，以祭祖考。

鼎卦象下傳：聖人亨以享上帝。疏：享帝尚質，特牲而已，故直言亨。

書經召誥：用牲于郊，牛二。蔡傳：郊，祭天地也，故用二牛。

〔一〕「于」上，諸本衍「享」字，據周易正義卷四删。

周禮春官：大宗伯之職，掌建邦天神之禮。注：建，立也。

禮記曲禮：天子祭天地。疏：天地有覆載大功，天子主有四海，故得總祭天地，以報其功。

王制：天子祭天地。

集說：講義謂祭天神于南郊，祭地祇于北郊。

禮運：祭帝于郊，所以定天位也。疏：天子至尊，而猶祭于郊，以行臣禮而事天，是欲使嚴上之禮達于下。天高在上，故云「定天位」也。

禮行于郊，而百神受職焉。注：百神，列宿也。疏：百神，天之群神也。王者郊天備禮，則星辰不忒，故云「受職」。

禮器：有以下爲貴者，至敬不壇，掃地而祭。爲高必因丘陵，爲下必因川澤。因天事天，因地事地。因吉土以饗帝于郊，饗帝于郊，而風雨節，寒暑時。祀帝于郊，敬之至也。

郊特牲：兆于南郊，就陽位也。于郊，故謂之郊。

陸氏佃曰：言天無所不在，以我祭于郊也，故謂之郊而已。于國則已褻，于野則已疏，祭之郊，節矣。

郊，所以明天道也。注：明，謂則之以示人。

郊之祭也，大報本反始也。疏：謝其恩謂之報，歸其初謂之反。

祭義：惟聖人爲能享帝。注：謂祭之，能使之享也。帝，天也。

仲尼燕居：郊社之義，所以仁鬼神也。注：仁，猶存也。郊有后稷。疏：仁，謂仁恩相存念也。鬼神，謂人之鬼神。

中庸：郊、社之禮，所以事上帝也。

朱子章句：郊祀天，社祭地，不言后土者，省文也。

蕙田案：南郊、北郊，分祀天地，此汎言郊，似不專主乎天也。以其對社而言，故朱子以爲祭天耳。然社，亦非地之正祭也。詳見後説。

詩周頌昊天有成命序曰：郊祀天地也。疏：郊祀天地之樂歌也。祭之于南郊，祭之于北郊，雖南北有異，祭俱在郊，故總言郊祀也。經不言地，序知其因此二祭而作，故具言之。

漢書郊祀志云：丞相衡、御史大夫譚奏言：「帝王承天之序，莫重于郊祀，故聖王盡心極慮以建其制。祭天于南郊，就陽之義也；瘞地于北郊，即陰之象也。天之於天子也，因其所都而各饗焉。」○右將軍王商、博士師丹、議郎翟方進等五十人以爲，禮記曰：「燔柴于太壇，祭天也；瘞埋于泰折，祭地也。」兆于南郊，所以定天位也。祭地于泰折，在北郊，就陰位也。郊處各在聖王所都之南北。書曰：「越三日丁巳，用牲于郊，牛二。」周公加牲，告徙新邑，定郊禮于洛。明王聖主，事天明，事地察。天地明察，神明章矣。天地以王者爲主，故聖王制祭天地之禮，必於國郊。

朱子曰：古時，天地定不是合祭，日月、山川、百神，亦無共一時祭享之禮。豈有祭天，便將下許多百神一齊排作一堆都祭？周禮有圜丘、方澤之説，後來人却只説地便是后土，見於書傳，言郊社多矣。某看來不要如此，也還有方澤之祭。○又曰：古昔聖王，制爲祭祀之禮，必以象類，故祀天于南，祭地于北，而其壇壝樂器幣之屬，亦各不同。若曰合祭天地于圜丘，則古者未嘗有此瀆亂龐雜之禮。

禮經會元：大司樂，冬日至，地上圜丘之制，則曰禮天神；夏日至，澤中方丘之制，則曰禮地祇。圜丘禮天，方丘禮地，則天地分祭明矣。蓋冬至陽生，天屬陽，故冬至于圜丘陽位，以禮天神。夏至陰生，地屬陰，故夏至於方丘陰位，以祭地祇。此天神、地祇之祭，必求諸陰陽之義。亦如禮東方則以立春，禮青帝於東郊；禮南方則以立夏，禮赤帝于南郊；禮西方則以立秋，禮白帝于西郊；禮北方則以立冬，禮黑帝于北郊。此則有分祭之禮也。先儒以爲合祭者，徒見所言昊天有成命「郊祀天地也」，則曰郊祀無天地之分。不知詩人但見郊祀天地皆歌此詩，何嘗言其合祭也。況周禮掌次「王大旅上帝，則張氈案，設皇邸」，司裘「爲大裘，以共王祀天之服」，皆言天而不及地。宗伯六器，則以蒼璧禮天，黄琮禮地，是天地之禮玉有别也。典瑞則以四圭祀天，兩圭祀地，是天地之祀玉不同也。小宗伯言五帝，且兆於四郊，而不言與昊天上帝同郊祀，况可與后土、地祇合祭乎？愚故謂郊丘分合之説，當以周禮爲定。

陳氏禮書：祀天于南郊而地上之圜丘者，南郊之丘也，丘圜而高，所以象天，此所謂爲高必因丘陵也。祭地于北郊而澤中之方丘者，北郊之丘也，丘方而下，所以象地，此所謂爲下必因川澤也。泰壇，南郊之壇也，以之燔柴；泰折，北郊之坎也，以之瘞埋。言壇，則知泰折之爲坎；言折，則知泰壇之爲圜；言泰，則大之至也；言壇折，則人爲之也。祭祀必於自然之丘，所以致敬；燎瘞必於人爲之壇折，所以盡文。宗廟之禮，瘞埋于兩堦之間，則壇必設于圜丘之南，坎必設于方丘之北矣。燔柴以升煙，瘞埋以達氣，則燔必于樂六變之前，瘞必于樂八變之前矣。先王燔瘞于郊丘，其牲角繭栗，其牲體全脅，其羹太羹，其器犧尊，疏布冪、樿杓、豆登、鼎俎、簠簴、匏陶之類，其藉蒲越、槀秸，其歌樂黄鍾、太蔟，奏大吕、應鍾，其舞雲門、咸池，其鼓雷鼓、靁鼗，其車玉路、素車，其旆太常，其服大裘、衮冕，其搢執大圭、鎮圭，其位則神南面，王北面，亓北面，王南面，而日月從祀，則日居東，月居西，古者郊祀，大略如此而已。

羅泌路史：子曰：「事父孝，故事天明；事母孝，故事地察。」人君之事天地，正如人子之事父母。故知事父母，則知所以事天地矣。天明地察，厥類惟章，孰有南北郊祀之不明者乎？昊天有成命郊祀天地者，謂用是以郊天，亦以之而祀地。言郊祀天地，皆用此詩章耳。般之祀四嶽河海，豈謂其合祭哉？合祭天地，此王莽之妄，武后之失也，而顧用之，果爲得耶？夫聖人之爲祭，必求其類以爲之數，是必合其情，而後神可交也。燔柴于太壇，瘞埋于太折。太壇，南郊之壇；太折，北方之坎。壇于圜丘南，坎于方澤北，是故圜丘貴祀，方澤貴祭，因天事天，因地事地，輕重高下，陰陽清濁，圜方南北，判然其不同矣。父天圜丘，母地方澤，此則事不同也。南郊就陽，北郊就陰，此則地不同也。祭日南郊，祭月北郊，此則配不同也。圜丘以南至郊，方澤以北至祀，此則時不同也。郊遠而尊，故以郊言，祀近而親，故以時紀，此則名不同也。郊以騂犢，祀以黝牲，則牲不同矣。壇圜中規，折方中矩，燔柴于太壇，瘞埋于太折，則制不同矣。璧琮而禮，蓋軫而祀，則禮不同矣。圜鍾爲宫，冬日至，于地上圜丘奏之；函鍾爲宫，夏日至，于澤中方丘奏之，則樂不同矣。神南面，君北面，示北面，君南面，則位不同矣。夫不同者顧若此，而且謂其必合祭，豈盡敬之道哉！祭帝于郊，所以定天位也；祀社于國，所以列地利也。郊社者，所以尊天而親地也。故明乎郊社之禮、禘嘗之義者，治國其如示諸掌。中庸所言郊社之禮所以事上帝，若郊社可合，則禘嘗亦可合矣。圜鍾以禮天神，函鍾以禮地示，黄鍾以禮人鬼，若天地可合，則人鬼亦可合矣，其不達乃如此。

朱氏鶴齡曰：周禮冬至祀昊天于圜丘，夏至祀地祇于方澤。禮記：「燔柴于太壇，祭天也；瘞埋于泰折，祭地也。」天地分祭，禮有明文，後世人主，每不克兼行，蓋禮儀繁重則憚勞，賞賚優渥則憚費，故多主合祀南郊之説。宋元祐間，蘇子瞻引昊天有成命詩序，以爲合祀天地之證，是不然。夫昊天有成命，乃成王即政，郊見上帝之詩。序言天而并及地，猶言父者并及母，經典多然。禮記「兆于南郊，就陽位也；器用陶匏，象天地之性也」，亦兼地言之。若如子瞻説，則周人本無合祀之禮，安得有合祀之詩乎？祀天而詩不詳言天者，以天無聲臭，非形容之可既也。周郊配以后稷，而詩不及稷者，以獻稷自有思文，又受命配天始于文、武，則專稱二后，其宜也。昊天不可形容，故「成王不敢康」以下，推本文、武受命，對越上天之小心以形容之。頌文、武，即以頌昊天也。

蕙田案：南郊、北郊，天地分、合祭，千古聚訟。考分祭，見于周禮之圜丘、方澤，禮記之泰壇、泰折，厥有明文，合祭則無之也。而後人以北郊不見經傳爲疑。案漢書志載匡衡、張譚議，有祭天于南郊，瘞地于北郊。及翟方進等引禮記「南郊定天位，北郊就陰位」之語，去古未遠，其言必有所本，固不特注疏爲然，是不得謂之無據也。合祭自王莽始，後之君臣圖宴安，憚勞費，于是曲爲附會，往往以召誥「用牲于郊，牛二」謂經文無北郊，及昊天有成命詩歌天不歌地爲辭。夫周禮稱圜丘方澤，亦未嘗有南郊之名。郊特牲之變圜丘爲南郊，亦猶祭法之言泰壇，同實而異名耳。且言南，正以别于北。而經之汎言郊者，皆統天地可知，何必以無北郊之文爲疑也？至宋蘇軾以詩序「郊祀天地」，謂詩終篇言天而不及地，未有歌其所不祭，祭其所不歌者，今祭地于北郊，獨歌天而不歌地，豈有此理？是不知圓丘、方澤，正須兩用，故言天地。若合爲一祭，則但云郊祀足矣，不必標舉天地也。孔疏云：「經不言地，序知其因此二祭而作，故具言之。」其意甚明。若謂歌天而不歌地，考詩詞「昊天有成命，二后受之」，意謂我周受命而爲天子，當主天地之祭，此猶言「其命維新」、「天作高山」云爾，非專指天之功德而歌頌之也。是終篇雖未嘗歌地，并亦何嘗歌天。蘇氏迺指一天字，以爲歌天不歌地，過矣。夫此詩唯不稱所祭之功德，而「成王不敢康」以下，但言主祭之基命宥密，則用之祀天可，用之祭地亦可，固不得據爲合祭之證也。考天地之祭，漢時或分或合，後唯魏文帝之太和、周武帝之建德、隋高祖之開皇、唐玄宗之開元、宋神宗之元豐、元文宗之至順、明世宗之嘉靖，特主分祭，餘皆主合祭。其間廷臣建議，惟宋紹聖中黄履言〔一〕：「南郊合祭，自古無有，止因王莽諂事元后，遂躋地位，合席同牢。逮乎先帝，始釐正之。陛下初郊，大臣以宣仁同政，復用王莽私意，合而配之，瀆亂典禮。」此言深悉合祭病根。明嘉靖時，夏言疏駁霍韜「周禮，

〔一〕「黄履」，諸本作「黄復」，據宋史禮志三改。

莽賊僞書，不足據」，曰：「合祭以后配地，實自莽始。莽果僞爲是書，何不削去圜丘、方澤之制，天地神祇之祭而自爲一説耶？」此言足明分祭之確據。兩議可爲萬世定論矣。夫自漢以來，盈庭集議，主合祭者往往不能奪分祭之理，可見人心之不可泯；而主分祭者往往不能屈合祭之勢，可見人欲之不易克。觀明世宗南北郊之制甫定，神宗萬曆三年，閣臣張居正進郊禮圖册，仍以孟春合祭爲説，其言曰：「冬至極寒，而祼獻於星露之下；夏至盛暑，而駿奔於炎歊之中，時義爲戾。」夫身爲大臣，不以敬天勤民相儆勗，而以便安逸豫爲逢迎，隱微深痼，前後一轍，良可慨也。我朝定南北郊之祭〔一〕，天子歲必親行，破累代之陋規，遵古經之正禮，三代之盛，奚以加焉。

右郊名義

蕙田案：鄭氏注禮祭天之失：曰天有六；曰歲九祭；曰郊丘异，丘則天皇大

〔一〕「之」，原脱，據味經窩本、乾隆本、光緒本補。

帝，郊則感生帝；曰丘配嚳，郊配稷；曰郊丘即禘；曰禘郊祖宗皆配天。疏家發明，皆依鄭氏爲説。凡祭天禮物、樂舞，皆分圜丘、郊爲二處，分天皇大帝、感生帝爲二禮。諸儒痛辨極論，附載後方各條。

周禮春官大宗伯：以禋祀祀昊天上帝。

陳氏汲曰：祀昊天上帝，總言祭天耳。昊天，猶言蒼天也。

王氏昭禹曰：昊天之有上帝，猶國之有君。五精之君，則猶四方之諸侯。諸侯有君道，故皆謂之君。五精之君有帝之道，故皆謂之帝。天者，帝之體。帝者，天之用。體嫌于不能降，用嫌于不能辨，故言其降而與物接，則以昊言天；言其升而與物辨，則以上言帝。

鄭氏鍔曰：周禮有言天，有言昊天上帝，有言上帝，有言五帝。言天則百神皆預，大司樂所謂「天神皆降」之類是也。言五帝，則無預乎昊天上帝，司服所謂「祀昊天上帝、祀五帝亦如之」之類是也。言上帝，則無預乎五帝，掌次所謂「旅上帝，張氈案，五帝則張大次」之類是也。言天言帝，神各不同，至于昊天上帝，則兼舉其統天言之，以其氣之浩浩，故曰昊天；以主位乎上，故曰上帝。位爲最尊，物無以稱其德，唯致其精意可以享之，故以禋祀祀昊天上帝。國語所謂「精意以享謂之禋」是也。

方氏苞曰：冢宰、司徒所莅祀事皆首五帝者，舉五帝，則昊天上帝不必言矣。此不及五帝者，舉昊天上帝，則五帝可知也。司寇職「禋祀五帝則戒日」，舉昊天上帝而不言方澤，何也？天地之德，無物可以稱者。實柴槱燎，不過以氣求諸陽；血祭瘞埋，不過以魄歸之于陰。而聖人所以昭格于皇天、后土者，惟在于精意。故實柴槱燎，乃祀天所同，而以屬日月星辰以下；陳血瘞埋，乃祭地之所同，而以屬社稷、五祀以下，又不言方澤，以示與昊天上帝同也。周官之文，彼此互見，昊天上帝，別見于司服、司裘，以未見禋祀，故于大宗伯職揭之。五帝，周用禋祀，別見于大司寇，故宗伯職略焉。冬至圜丘，夏至方澤，別見于大司樂；四圭祀天，兩圭祀地，別見于典瑞。宗伯職不舉方澤，義別有在，而群儒乃謂古無方澤之祭，誤矣。

附諸儒辨鄭氏六天、天帝不同：

郊特牲孔疏：先儒説郊，其義有二，按聖證論以天體無二，郊即圜丘，圜丘即郊。鄭氏以爲天有六天，丘、郊各異。今具載鄭義，兼以王氏難鄭氏。爲天有六天，天爲至極之尊，其體祇應是一。而鄭氏以爲六者，指其尊極清虚之體，其實是一；論其五時生育之功，其別有五，以五配一。故説文云：「天，顛也。」因其生育之功謂之帝，帝爲德稱也。故毛詩傳云：「審諦如帝。」故周禮司服云：「王祀昊天上帝則大裘而冕，祀五帝亦如之。」五帝若非天，何爲同服大裘？又小宗伯云：「兆五帝于四郊。」禮器云：「享帝于郊，而風雨寒暑時。」帝若非天，焉能令風雨寒暑時？又春秋緯「紫微宮爲天帝」〔一〕，又

〔一〕「天帝」，禮記正義卷二五作「大帝」。

云「北極耀魄寶」，又云「太微宮有五帝坐星，青帝曰靈威仰，赤帝曰赤熛怒，白帝曰白招拒，黑帝曰汁光紀，黄帝曰含樞紐」。是五帝與天帝六也。又五帝亦稱上帝，故孝經曰：「嚴父莫大于配天，則周公其人也。」下即云：「宗祀文王于明堂，以配上帝。」帝若非天，何得云嚴父配天也？而賈逵、馬融、王肅之等，以五帝非天，惟用家語之文，謂太皡、炎帝、黄帝五人帝之屬，其義非也。又先儒以家語之文，王肅私定，非孔子正旨。禋祀祀昊天上帝。鄭注：「鄭司農云：『昊天，天也。上帝，玄天也。』玄謂昊天上帝，冬至於圜丘所祀天皇大帝。」賈疏案：春秋緯運斗樞云「太微宮有五帝座星」，即春秋緯文耀鉤云：「春起青受制，其名靈威仰。夏起赤受制，其名赤熛怒。秋起白受制，其名白招拒。冬起黑受制，其名汁光紀。季夏六月土受制，其名含樞紐。」又元命包云：「太微爲天庭五帝以合時。」此等是五帝之號也。又案：元命包云：「紫微宫爲大帝。」又云：「天生大列爲中宫大極星，星其一明者，大一帝居〔一〕，傍兩星巨辰子位，故謂北辰，以起節度。亦爲紫微宫，紫之言此，宫之言中。天神圖法，陰陽開閉，皆在此中。」又文耀鉤云：「中宫大帝，其北極星下一明者，爲大一之先，含元氣，以布斗，常是天皇大帝之號也。」又案：爾雅云：「北極謂之北辰。」鄭注云：「天皇北辰耀魄寶。」又云：「皇天上帝，又名大一帝君〔二〕，以其尊大，故有數名也。」其紫微宫中皇天上帝，亦名昊天上帝，得連「上帝」而言。至于

〔一〕「帝」，周禮注疏卷一八作「常」。
〔二〕「帝君」，周禮注疏卷一八作「常居」。

單名皇天，單名上帝亦得。故尚書君奭云：「公曰：君奭，我聞在昔，成湯既受命，時則有若伊尹，格于皇天。」鄭注云：「皇天，北極大帝。」又掌次云：「張氈案，設皇邸，以旅上帝。」上帝即大帝。堯典曰：「欽若昊天。」皆是上帝單名之事。月令更無祭五帝之文，故季夏云「以供皇天上帝」。鄭分之皇天、北辰、耀魄寶、上帝、大帝五帝〔二〕，亦是大帝單號之事。若然，大帝得單稱，與五帝同；五帝不得兼稱皇天、昊天也。　天官掌次：「王大旅上帝。」鄭注：「大旅上帝，祭天于圜丘。」賈疏：「知者，見下文別云祀五帝，則知此是昊天上帝。」　春官大宗伯：「國有大故，則旅上帝。」鄭注：「上帝，五帝也。」春官典瑞「旅上帝」、秋官職金「旅于上帝」注並同。　王制：「天子將出，類乎上帝。」鄭注：「帝謂五德之帝，所祭于南郊者。」　郊特牲：「天子適四方，先柴。」鄭注：「所到必先燔柴，有事于上帝也。」孔疏：「此祭上帝，謂當方帝。皇氏云『謂感生帝』，義非也。」　春官典瑞賈疏：「易緯云：『三王之郊，一用夏正，各郊所感帝。』若周之靈威仰，即是五帝，而殊言天，是尊異之，以其祖感之而生也。」　喪服小記鄭注：「始祖感天神靈而生。」　大傳鄭注：「王者之先祖，皆感太微五帝之精以生，蒼則靈威仰，赤則赤熛怒，黃則含樞紐，白則白招拒，黑則汁光紀。」孔疏：「案師說引河圖云：『慶都感赤龍而生堯。』又云：『堯赤精，舜黃，禹白，湯黑，文王蒼。』又元命包云：『夏，白帝之子。殷，黑帝之子。周，蒼帝之子。』是其王者，皆感太微五帝之精而生。」　禮器：「饗帝於郊。」孔疏：「王者各祭感生之帝于南郊。」「大旅具

〔二〕「大帝」，周禮注疏卷一八作「大微」。

矣，不足以饗帝。」鄭注：「大旅，祭五帝。饗帝，祭天。」孔疏：「祭天，謂郊祭天。鄭直云『祭天』，則感生之帝與圜丘俱包之也。」禮器：「魯人將有事于上帝。」鄭注：「上帝，周所郊祀之帝，謂蒼帝靈威仰也。」雜記「可以有事于上帝」注、魯頌「皇皇后帝」疏並同。月令：「孟春之月，祈穀于上帝。」鄭注：「上帝，大微之帝。」孔疏云：「『上帝，大微之帝』者，春秋緯文。紫微宮爲大帝，大微爲天庭，中有五帝座，是即靈威仰、赤熛怒、白招拒、汁光紀、含樞紐。祈穀郊天之時，各祭所感之帝，殷人則祭汁光紀，周人則祭靈威仰，以其不定，故總云『大微之帝』。若迎春之時，前帝後王，皆祭靈威仰。」「季夏之月，以共皇天上帝。」鄭注：「皇天，北辰耀魄寶，冬至所祭于圜丘也。上帝，大微五帝也。」孔疏：「『上帝，太微五帝』者，案周禮司服云『昊天上帝』，鄭以爲昊天上帝祇是一神，北極耀魄寶也。知此皇天上帝不是耀魄寶，上帝爲大微者，以周禮司服云『祀昊天上帝，大裘而冕，祀五帝亦如之』，既别云五帝，故知昊天上帝亦唯一神。此月令皇天上帝之下，更無五帝之文，故分爲二。」又曰：「皇天，天皇大帝也。上帝者，靈威仰五帝也。」詩商頌長發：「帝立子生商。」鄭箋：「帝，黑帝也。」孔疏：「商是水德，黑帝之精，故云黑帝，謂汁光紀也。」

蕙田案：鄭氏注經文天帝，名目錯出。一天帝也，曰北辰耀魄寶、天皇大帝、皇天上帝、昊天上帝，一天而數名。又謂皇天，北辰耀魄寶，上帝，太微五帝，一號而二神。一五帝也，曰五德帝、當方帝、感生帝。一感生帝也，曰靈威仰、赤熛怒、含樞紐、白招拒、汁光紀。隨時代而變，其病總在謂天有六，而天帝爲二。

王氏肅曰：天惟一而已，安得有六？五行分主四時，化育萬物，其神謂之五帝，是上帝之佐也。猶三公輔王，三公可得稱王輔，不得稱天王；五帝可得稱天佐，不得稱上天。鄭以五帝爲靈威仰之屬，非也。

又曰：易：「帝出乎震。」震，東方，生萬物之初。故王者定制之初，以木德王天下，非謂木精之所生。五帝皆黄帝之子孫，各改號代變，而以五行爲次焉，何太微之精所生乎？

程子曰：六天之説，起於讖書。鄭玄之徒，從而廣之，甚可笑也。帝者，氣之主也，豈有上帝而别有五帝之理？此因周禮言「祀昊天上帝」，而後又言「祀五帝亦如之」，故諸儒附會此説。正與今人説六子，乾、坤之外，甚底是六子，譬如人之四肢，只是一體耳，學者大惑也。

朱子語録：問：「而今郊祀也都祀許多帝？」曰：「周禮説上帝，是總説帝；説五帝，是五方帝；説昊天上帝，只是説天。鄭氏以昊天上帝爲北極，看得不是恁地。北極星只是言天之象，且如太微是帝之庭，紫微是帝之居，紫微便有太子、后妃許多星，帝庭便有宰相、執法許多星。又有天市，亦有帝座處，便有權衡、秤斗星。」又問：「今郊祀也祀太一？」曰：「而今都重了。漢時太一便是帝，而今添了帝，多都成十帝，如一國三公尚不可，況天而有十帝？」

楊氏復曰：天、帝，一也。以一字言，則祀天、享帝之類；以二字言，則格於皇天、殷薦上帝之類；以四字言，則惟皇上帝、昊天上帝、皇天上帝之類；以氣之所主言，則隨時隨方而立名，如青帝、赤帝、黄帝、白帝、黑帝之類，其實則一天也。前乎鄭康成，如鄭衆、如孔安國注書，並無六天之説。鄭康成後出，分爲六天，又皆以星象名之，謂昊天上帝者，北辰也；謂五帝者，太微宫五帝座星也。夫在天成象，在地成形，草木非地，則星象非天，天固不可以象求也。以象求天，是何異于知人之有形、色、貌、象，而不知有心君之尊也。況又附以緯書，如北辰曰耀魄寶之類，尤爲不經。且鄭注周禮「祀昊天上帝」，謂即皇天上帝，已知其爲一矣。及月令季夏、季冬兩處，有「皇天上帝」之文，鄭氏又析而爲二，以皇天爲北辰耀魄寶，以上帝爲太微五帝，隨意曲説，前後乖違，是以王肅群儒，引經傳以排之。然以五人帝爲五帝，則非也。夫有天地，則有五行四時，有五行四時，則有五帝。帝者，氣之主也。易所謂「帝出乎震」是也。果以五人帝爲五帝，則五人帝之前，其無司四時者乎？鄭則失矣，王亦未爲得也。夫祀天、祀五帝，皆聖人制禮之條目，非分而爲六也。天猶性也，帝猶心也，五帝猶仁、義、禮、智、信之心隨感而應者也，其實則一天也。

又曰：注疏正月郊，謂祭感生帝。孫奭正月郊，謂祈穀。二説不同，何也？祭感生帝，出於緯書。正月祈穀，經有明證，學者以聖經爲信可也。

陳氏禮書：周禮有言祀天，有言祀昊天上帝，有言上帝，有言五帝。言天則百神皆預，言昊天上帝則統乎天者，言五帝則無預乎昊天上帝，言上帝則五帝兼存焉。周官司裘「掌爲大裘，以共王祀天之服」，典瑞「四圭有邸以祀天」，大司樂「若樂六變，天神皆降」、「凡以神祀者，以冬日至，致天神」，此總天之百神言之也。大宗伯「以禋祀祀昊天上帝」，司服「大裘而冕，以祀昊天上帝」，此指統乎天者言之也。司服言「祀昊天上帝，祀五帝亦如之」，則五帝異乎昊天上帝也。大宰「祀五帝，掌百官之誓戒，祀大神示亦如之」，則五帝異乎大神也。肆師「類造上帝，封於大神」，則上帝又異乎大神也。掌次「大旅上帝，張氈案，設皇邸，祀五帝，張大次、小次」，則上帝異乎五帝也。典瑞「四圭有邸，以祀天，旅上帝」，則上帝異乎天也。上帝之文，既不主於天與昊天上帝，又不主於五帝。而典瑞「旅上帝」對「旅四望」言之，旅者，會而祭之之名，則上帝非一帝也。上帝非一帝，而周禮所稱帝者，昊天上帝與五帝而已，則上帝爲昊天上帝及五帝明矣。

又曰：五帝與昊天同稱帝，不與昊天同稱天，猶諸侯與天子同稱君，不與天子同稱王。周官祀五帝之禮，有與天同，以極其隆；有與天異，以致其辨。故皆禋祀，皆服大裘，此其所同也。祀帝于圜丘，兆五帝于四郊，此其所異也。

馬氏端臨曰：五帝爲五行之主而在天，猶五嶽爲五行之鎮而在地也。五帝不出於天之外，而謂五帝即昊天則不可；五嶽不出於地之外，而謂五嶽即后土亦不可。

李氏迂仲曰：上帝，即天也。以其體而言之則謂之天，以其主宰而言之則謂之帝，帝之與天，果其有異乎？孔氏以郊爲祭所感生之帝，雩爲總祭五帝，是皆惑於六天之説者也。

觀承案：天即帝也，帝即天也，天一而已，何得有六？然帝既有五，天亦何嘗不可有六？此如心君然，心一而已，本無兩心，然分而言之，有惻隱、羞惡、辭讓、是非之不同，豈可以惻隱、羞惡、辭讓、是非之心不爲心哉？康成天神之解所以不可據者，以其溺於緯書，既附會星垣，又强立耀魄寶及靈威仰、赤熛怒、含樞紐、白招拒、汁光紀等名目，其大病尤在混禘於郊，瀆祖宗於明堂，所以王肅諸儒力辨其非耳。若謂五帝不爲帝，六天不爲天，則分爲四時，何不可曰春天、夏天、秋天、冬天？列於五方，何不可曰東天、西天、南天、北天也哉？然是就一時一方言之，雖同曰帝，同曰天，而不得謂之統體之天也。即如程子謂「乾、坤外，甚的是六子」。誠哉！六子即統於乾、坤也，然須知八卦成列，乾、坤外原有六子，但既同體而異形，則不得仍謂之乾、坤矣。故統觀諸儒之説，自當以冬至、元日、孟夏、季秋四祭爲祀天之正，而五帝之祀，第爲四時迎氣，而不混於祭天之中，斯可廓清歷來之聚訟也已。

四代郊正祭

大司樂：冬日至，於地上之圜丘奏之。

鄭氏鍔曰：樂用圜鐘，鼓取天聲，管取陽聲，琴瑟取雲和，舞取雲門，而丘之體又象天之圜。祭之日，用冬至一陽始生之日，以類求類，所謂天神之屬乎陽者，安得不降！此所以可得而祀。

凡以神仕者，以冬日至致天神。疏：十一月，一陽生之月，當陽氣升而祭之也。言冬日至，此則大司樂云「冬日至，于地上之圜丘奏之，若樂六變，天神皆降」是也。

禮記郊特牲：郊之祭也，迎長日之至也。

王氏肅曰：郊之祭，迎長日之至，謂周之郊祭，於建子之月而迎此冬至長日之至也。

張子曰：自秦、漢而下，多因怪異，然後立郊，如鄜畤之類。大抵不明于禮，非正也。周之始郊，日以至，日至，陽氣之始也。四時迎氣之小者，日至而郊迎氣之大者。於此可以見郊之大意。郊之祭，迎長日之至，此之謂也。

方氏慤曰：日爲陽，夜爲陰，故陽生，則日浸長而夜短；陰生，則夜浸長而日短。郊之祭在建子之月，而陽生於子，故曰「迎長日之至也」。至，猶來也。與月令仲夏日長至異矣，故言迎焉。祭天必迎長日之至者，當是時，陽始事矣，天以始事爲功也。

陳氏澔曰：郊祭者，報天之大事，而主于迎長日之至。

郝氏敬曰：每歲祀天非一，如祈年、大雩、明堂之類皆是，唯冬至爲重。

附諸儒辨鄭氏長日至爲建卯月：

郊特牲：迎長日之至也。鄭注：「易説曰：『三王之郊，一用夏正。』夏正，建寅之月也。此言迎長日者，建卯而晝夜分，分而日長也。」孔疏：「郊祭用夏正建寅之月，意以二月建卯春分後日長。今正月建寅郊祭，通而迎此長日之將至。案書傳云：『迎日，謂春分迎日也。』即引寅賓出日，皆謂春分。知此迎長日非春分者，此云『兆於南郊，就陽位』，若是春分朝日，當在東郊，故知非也。」〇馬昭曰：「易緯云：『三王之郊，一用夏正。』則周天子不用日至郊也。夏正月，陽氣始升。日者，陽氣之主，日長而陽氣盛，故祭其始升而迎其盛月，今天子正月迎春是也。若冬至祭天，陰氣始盛，祭陰迎陽，豈爲理乎？」

馬氏晞孟曰：郊必於冬至之日，所以迎長日之將至，言其迎之有漸也。說者謂建卯晝夜分而日長，非矣。

蕙田案：郊正祭之日，見於周禮者二，皆不言用辛，用辛則魯之禮也。魯有祈穀郊，無圜丘正郊。凡春秋、戴記言魯郊處，皆入「祈穀」門，茲不載。

祭法：有虞氏禘黃帝而郊嚳，夏后氏亦禘黃帝而郊鯀，殷人禘嚳而郊冥，周人禘嚳而郊稷。

陳氏澔集說：配天必以始祖。

附論注疏諸家九祭、八祭、七祭、四祭、二祭：

曲禮：天子祭天地。孔疏：天神有六，祭之一歲有九。昊天上帝，冬至祭之，一也；蒼帝靈威仰，立春之日，祭之於東郊，二也；赤帝赤熛怒，立夏之日，祭之於南郊，三也；黃帝含樞紐，季夏六月土王之日，亦祭於南郊，四也；白帝白招拒，立秋之日，祭之於西郊，五也；黑帝汁光紀，立冬之日，祭之於北郊，六也；王者各稟五帝之精氣而王天下，於夏正之月祭於南郊，七也；四月龍星見而雩，總祭五帝於南郊，八也；季秋大享五帝於明堂，九也。○皇氏侃曰：天有六天，歲有八祭。冬至圜丘，一也；夏正郊天，二也；五時迎氣，五也，通前爲七也；九月大享，八也。雩與郊禖爲祈祭，不入數。○王氏肅曰：祭天歲二，冬至祭天，春祈農事而已。五經析疑：王者一歲七祭天，仲春后妃郊禖，禖亦祭天也。○程子曰：古者一年之間，祭天甚多，春則因民播種而祈穀，夏則恐旱暵而大雩，以至秋則明堂，冬則圜丘，皆人君爲民之心也。凡人子不可一日不見父母，人君不可一歲不祭天。○楊氏復曰：注疏言周禮一歲九祭天，孫奭亦言歲有九祭。但注疏正月郊謂祭感生帝，孫奭正月郊謂祈穀，二説不同，何也？注疏主祭感生帝，出於緯書。孫奭言正月祈穀，經有明證，學者以聖經爲信可也。又注疏言，季秋明堂及孟夏大雩，爲合祭五帝。以經考之，孝經曰：「郊祀后稷以配天，宗祀文王於明堂以配上帝。」上帝，即天也。未聞有合祭五帝之説也。故程子以秋明堂、冬圜丘、春祈穀、夏大雩四者皆祭天，斯言不可易矣。注疏以正月郊爲祭感生帝，以季秋明堂、孟夏大雩爲合祭五帝，九祭之中，已失其三矣。惟冬至圜丘祭昊天上帝，立春祭蒼帝，立夏祭赤帝，季夏祭黄帝，立秋祭白帝，立冬祭黑帝，而耀魄寶、靈威仰等名，又汩之以讖緯之説，則六者，又胥失之矣。○馬氏端臨曰：古者一歲郊祀凡再，正月郊爲祈穀，十一月郊爲報本。

蕙田案：古者天子一歲祭天有四，而冬至爲正祭。春官大司樂：「冬日至，于地上之圜丘奏之。」「凡以神仕者，以冬日至致天神。」郊特牲：「郊之祭，迎長日之至。」此冬至郊天，一也。月令：「孟春以元日祈穀于上帝。」左傳：「郊祀后稷，以祈農事，是故啓蟄而郊，郊而後耕。」此春祈穀，二也。二者皆以郊名，而配以后稷。月令：「仲夏大雩帝用盛樂，以祈穀實。」左傳：「龍見而雩。」此夏大雩，三也。春秋書「郊」，又書「雩」，則雩不得名郊。如有配，或亦以后稷。月令：「季秋大饗帝。」此秋享帝于明堂，四也。明堂以文王配，孝經所謂「宗祀文王于明堂以配上帝」，樂記所謂「祀乎明堂而民知孝」也。四祭皆專祀昊天上帝，而冬至陽生爲正祭，此不易之説也。乃疏謂天神有六，祭之一歲有九，夫祈穀、雩祀、大饗所祀者上帝，非五帝也。五時迎氣，祭五帝，非祭上帝也。既誤以祭上帝爲祭五帝，而五帝之祭有八，上帝之祭止一。又誤以祭五帝爲祭上帝，而上帝之祭一歲有九，況小宗伯明言「兆五帝于四郊」，何得以五帝之祭混于祭天。皇氏又謂天有六天，歲有八祭，其謬與注疏同。而又牽入郊禖，更屬支離。王氏肅曰：「祭天歲二，冬至祭天，春祈農事。」馬端臨從之，然除去大雩、大饗，亦似未安。惟程子謂歲之祭天有四，冬至、祈穀、大雩、明堂，較爲有據。然祈穀、大雩，祈祭也；季秋明堂，報祭也；禮皆殺于冬至，而郊天正祭，止冬至圜丘一祭而已。

右四代郊正祭

四代告祭

虞書：肆類于上帝。蔡傳：肆，遂也。類，祭名。周禮肆師「類造于上帝」，注云：「郊祀者，祭昊天之常祭。」非常祀而祭告于天，其禮依郊祀爲之，故曰類。如泰誓武王伐商、王制言天子將出，皆云「類于上帝」是也。

五經異義：尚書夏侯、歐陽説，類，祭天名也。以事類祭之，柰何？天位在南方，就南郊祭之是也。

朱子曰：類只是祭天之名，與所謂旅上帝同，皆不可曉，然決非是常祭。

朱氏祖義曰：以物之類天者祀上天而告以陟位之事，如天之色蒼則祀以蒼璧，天之體圜則祀以圜丘。

李氏格非曰：類其禮，有類于正祭也〔一〕。

〔一〕「李氏格非曰類其禮有類于正祭也」十四字，原脱，據味經窩本補。

蕙田案：此一條，陟位告也。後世新天子即位，告祭之禮，蓋本諸此。類之名義，五經異義之説頗新，餘諸解皆不若鄭注之確。故朱子書集傳取之，以授蔡氏也。

歲二月，東巡狩至于岱宗，柴。疏：燔柴，爲祭天告至也。

詩周頌時邁序曰：巡守告祭，柴望也。箋：巡守告祭者，天子巡行邦國，至于方嶽之下而封禪也。

禮記郊特牲：天子適四方，先柴。注：所到必先燔柴，有事乎上帝也。

禮器：因名山升中于天。注：名，猶大也。升，上也。中，猶成也。謂巡守至于方嶽，燔柴祭天，告以諸侯之成功也。

方氏慤曰：名山，與王制所言同義。告天謂之升中，與周官「登中于天府」同義。中，謂事實也。事之名在外，其實在中，故謂之中。天府謂之治中，亦此意。

蕙田案：以上四條，巡狩告祭。

商書湯誥：敢用玄牡，敢昭告于上天神后。蔡傳：神后，后土也。

論語堯曰：予小子履敢用玄牡，敢昭告于皇皇后帝：有罪不敢赦，帝臣不蔽，簡在帝心。朱子集注：簡，閱也。言桀有罪，己不敢赦。而天下賢人，皆上帝之臣，己不敢蔽。簡在帝心，惟帝所命。此述其初請命而伐桀之辭也。

詩大雅皇矣：是類是禡。傳：于内曰類，于野曰禡，祭也。疏：春官肆師注云：類禮，依郊祀而爲之。

朱子集傳：類，將出師祭上帝也。

孔氏穎達曰：王制言，類于上帝，則類祭，祭天也。祭天而謂之類者，尚書夏侯、歐陽説，以事類祭之，天位在南方，就南郊祭之也。

周書泰誓：受命文考，類于上帝。傳：以事類告天。

武成：告于皇天后土、所過名山大川，曰：「惟有道曾孫周王發，將有大正于商。」疏：欲將伐紂，告天乃發。周禮大祝注：「用祭事告行。」稱曾孫者，曲禮説諸侯自稱之辭云：「臨祭祀，内事曰孝子某侯某，外事曰曾孫某侯某。」

春官肆師：凡師，類造上帝。注：造，猶即也。爲兆以類禮，即祭上帝也。類禮，依郊祀而爲之者。疏：此以類造同云「于上帝」，則造與類同屬于上帝。若依國四郊，則是有尋常兆域，今戰訖而祭，故須新爲壇兆。此直是告祭非常，非是禱祈之所祭，故知依正禮郊祀而爲之。

鄭氏鍔曰：上帝至尊，不可以瀆，因其事類，然後告祭，故名曰類。類者，上帝之祭。造者，祖廟之祭。此曰類造上帝，何也？蓋王者出征，所至以事類告天，故兼言之。

天子將出征，類乎上帝。疏：釋天云：「是類是禡，師祭也。」爾雅多爲釋詩，然類不皆爲師祭，但以事類告天。若以攝位事類告天謂之類，以巡守事類告天亦謂之類。古尚書説，非時祭天，謂之類。

蕙田案：以上七條，出師告祭。

周書武成：越三日，庚戌，柴。傳：燔柴郊天，先祖後郊，自近始。疏：告天，説武功成之事也。庚戌，周四月二十二日也。召誥云，越三日者，皆從前至今爲三日。此從丁未數之，則爲四日，蓋史官立文不同。

陳氏祥道曰：大傳、武成或先柴祈，然後率諸侯以享廟；或先率諸侯以享廟，然後柴。蓋既事而退，柴帝祈社，商郊之祭也，故在享廟之前柴、望。大告武、成，豐邑之祭也，故在享廟之後。

禮記大傳：牧之野，武王之大事也，既事而退，柴于上帝。

陳氏祥道曰：武王之出師，受命文考，類于上帝，宜于冢土，所以告其伐也。既事而退，柴于上帝，所以告其成也。出師而告其伐，既事而告其成，以明所以伐者，天與神之命，其所以成者，天與神之功而已。

蕙田案：以上二條，武成告祭。

周書召誥：丁巳，用牲于郊。傳：用牲告，立郊位于天。

蕙田案：此一條，建都告祭。

禮記王制：天子將出，類于上帝。注：謂五帝之帝所祭于南郊者。疏：類乎上帝，祭告天也。陳氏祥道曰：天子豈特將出而有是哉？于其所至，未嘗不類帝。書曰「至于岱宗，類于上帝」是也。

蕙田案：此一條，將出告祭。

周禮春官大宗伯：國有大故，則旅上帝。注：故，謂凶烖也。旅，陳也。陳其祭事以祈焉，禮不如祀之備也。上帝，五帝也。疏：旅是祈禱之名。

鄭氏鍔曰：旅，非常祭也。如禹貢言，荆岐既旅、蔡蒙旅平、九山刊旅之類〔一〕，皆因水災之後而合祭。旅不如常時之祭，以事出于一時之變，故不能如禮也。

方氏苞曰：上帝而曰旅者，偏用事于四郊，所祭非一帝也。春秋傳：鄭子産禳火祈于四鄘，蓋其遺制。

蕙田案：注疏說旅義甚精，訓上帝爲五帝則非是，下同。

〔一〕「九山」，諸本作「九江」，據尚書正義卷六改。

天官掌次：王大旅上帝，則張氈案，設皇邸。注：大旅上帝，祭天于圜丘。國有大故而祭，亦曰旅。

春官司尊彝：大喪存奠彝，大旅亦如之。注：旅者，國有大故之祭也。亦存其奠彝，則陳之，不即徹。

典瑞：四圭有邸，以祀天、旅上帝。

蕙田案：祀天，正祭也。旅上帝，有故而祭也。天與上帝，則一而已。

大祭祀，大旅，共其玉器而奉之。

眡瞭：大喪，廞樂器，大旅亦如之。注：旅，非常祭，乃興造其樂器。

笙師：大喪，廞其樂器，大旅則陳之。

秋官職金：旅于上帝，則供其金版。

禮記禮器：一獻之禮，不足以大旅，大旅具矣，不足以享帝。

爾雅：旅，陳也。

陳氏禮書：旅，非常祭也。國有大故，然後旅其群神而祭之，則荆岐既旅、蔡蒙旅平、九山刊旅者，以水災耳。推此，則所遭大故，皆凶災之類也。考之于禮，天子所次之位，則張氈案，設皇邸；所奠之圭，則四圭有邸；所用之版，則金版。至于司尊彝之存奠彝，笙師之陳樂器，眡瞭之廞樂器，皆如大喪之禮。言奠，則非純乎祭也；言存，則非即徹之也。陳樂而不懸，廞樂而不鼓，則旅非以其凶災耶？周官或言大旅，或言旅，蓋故有大小，而旅亦隨異也。然大旅之禮，不若祀天之爲至也。故記曰：「大旅具矣，不足以饗帝。」若夫旅四望山川，則所次不以氈案、皇邸，所用不以金版，而所奠之圭，則兩圭有邸而已。先儒以旅之廞樂器爲明器，以皇邸爲後版，恐不然也。其言旅上帝于圜丘，其義或然。

蕙田案：以上十條，凶裁告祭。

陳氏禮書：書曰：「類于上帝。」詩曰：「是類是禡。」周禮小宗伯：「兆五帝于四郊，四望、四類亦如之。」「凡天地之大裁，類社稷、宗廟則爲位。」肆師：類造上帝，則爲位。大祝六祈：一曰類，二曰造。類上帝，大會同，造于廟。詛祝掌類、造之祝號。禮記曰：天子將出，類于上帝，造于廟。則類者，類其神而祭之也。造者，即而祭之也。類之所施，或於上帝，或於日月星辰，或於社稷，或於宗廟；類之所因，或以巡守，或以大師，或以大裁。造則或于上帝，或於祖廟。凡此皆有所祈也，不若大旅之有所告而已。故大祝六祈有類、造而無旅焉。鄭康成以宗伯之四類爲日月星辰，蓋以四類在四郊、四望之下而知之也。爾雅以詩之「是類是禡」爲師祭，蓋以大祝大師類上帝而知之也。社稷、宗廟，非大裁則無類祭。上帝，非巡守之所至則無造祭。書云「至於岱宗柴」，詩言「巡守告祭柴望」，此蓋造上帝之禮也。巡守，于其將出，則類上帝；于其所至，則造上帝。大師于其將出，亦類上帝；于其所至，特禡于所征之地而已。昔武王伐紂，既事而退，柴于上帝。成王營洛，位成之後，用牲于郊，牛二，此蓋類禮也。何則？書于舜之既受命，則類于上帝；于湯之既受命，則告于上天。是既事則必祭，祭必以類禮也。于舜之既受命言類，則湯之既受命而類可知。既受命而類，則師之既事，邑之既成，又可知也。類造之禮，其詳不可得而知，要之，劣于正祭與旅也。覲祀天、旅上帝，大宗伯掌之；類、造上帝，小宗伯、肆師掌之。則禮之隆殺著矣。四類日月星辰于四郊，則類上帝，蓋南郊乎？

楊氏復曰：古者祭天地，有正祭，有告祭，禮雖不同，義各有當。冬至一陽生，此天道之始也。陽一噓而萬物生，此又天道生物之始也。故周官大司樂以圜鍾爲宮，冬日至，于地上之圜丘奏之，六變以祀天神，所以順天道之始而報天也。祭天必於南郊，順陽位也。夏至一陰生，此地道之始也。陰一噏而萬物成，又地道成物之始也。故大司樂以函鍾爲宫，夏日至，于澤中之方丘奏之，八變以祀地示，所以順地道之始而報地也。祭地必於北郊，順陰位也。此所謂正祭也。舜之嗣堯位也，類于上帝，望于山川。歲二月，東巡守，則柴于岱宗，望秩于山川。武王之伐商也，底商之罪，告于皇天后土，又柴望並舉，大告武成。成王之營洛也，丁巳用牲于郊，翌日戊午，乃社于新邑。凡因事，並告天地，有同日而舉，有繼日而舉者，此所謂告祭也。然祀上帝則曰類，類者，謂倣郊祀之禮而爲之，則非正祭天也。告地而舉望祭之禮，或社祭之禮，則非正祭地矣。蓋特祭天地，乃報本之正祭也，故其禮一而專。並祭天地，因事而告祭也，不必拘其時，不必擇其位，雖舉望祀社，可以該地示，故其禮要而簡，所謂禮雖不同，義各有當者，此也。或曰正祭，告祭之禮不同，而人主父事天，母事地，其心則一也。告祭不拘其時，不擇其位，而可以對越天地，則正祭不拘其時，不擇其位，奚爲不可以對越天地乎？曰因天道之始而祀天，因地道之始而祀地，以類求類，此報本之祭也。當天道之始而祀地，於義何居？周公制禮，冬至祀天，夏至祀地，其義不可易矣。周公豈欺我哉？

蕙田案：詩、書、周禮、禮記言類祭者不一，然不外陟位、行師、巡守諸大事。蓋王者事天如事父，子之于父也，出必告，反必面。王者無一息不與天合漠，則無一舉動不與天昭鑒，故聖人制禮，俾王者有事將出，必正其義，類而告之于天。陟位，承天子民之始也；出師，恭行天伐也；巡守，大明黜陟也，皆義類之正大而不可以已者。然則類之爲名，或亦正其義類而告之之謂乎？造祭之禮，見于肆師、大祝、詛祝，皆以類、造並言。竊以造者，至也。傳言公行告廟，反行飲至。曾子問亦云諸侯出門，反必親告祖廟。以是推之，則天子將出而類，即出必告之義，既反必造上帝，兼造于廟，猶反面之義。肆師等職所云，兼行與反而言。然則造之爲名，即以爲述其既至而告之，似與類更有別也。大宗伯：「國有大故，則旅上帝。」陳氏禮書謂：「大故，皆凶災之類。」爾雅曰：「旅，陳也。」或即陳其情事而告以祈之之義乎？如此，則三者皆爲告祭而命名取義，稍爲親切。若注、疏以類爲依倣郊祀，則旅亦未嘗非依倣爲之也。以旅爲陳其禮物，豈正祭、類祭、大饗不陳禮物乎？又訓造爲即，而以新爲壇兆解之。又曰造猶即也，爲造以類禮，即祭上帝也。造與類，更無分別。今臚載諸家之説，而略推廣其義，以俟後之論禮者。

右四代告祭

羅氏路史：太昊伏羲氏，爰興神鼎，制郊禪。炎帝神農氏，爰崇郊祀。帝顓頊高陽氏作五基、六誙之樂，以調陰陽，享上帝，命曰承雲。帝嚳高辛氏，以日至設丘兆于南郊，以祀上帝，絜其祭服，備其帷帳，陳之圭幣，薦之黑繒，命咸黑典樂爲聲歌，作九招，制六列、五罃，享上帝以中罃。帝堯陶唐氏制咸池之舞，而爲經首之詩，以享上帝，命之曰大咸。

蕙田案：删書斷自唐虞，今所載，皆據六經爲首。唐虞以上事蹟見于諸子百家者，附録于條末。不敢信，亦不敢棄也。後同。

五禮通考卷二

吉禮二

圜丘祀天

郊壇

周禮春官大司樂：冬日至，于地上之圜丘奏之。疏：言圜丘者，按爾雅，土之高者曰丘，取自然之丘。圜者，象天。圜既取丘之自然，則未必要在郊，無問東西與南北方皆可。

蕙田案：賈分丘與郊爲二，故云：「未必要在郊，無問東西南北方皆可。」斯謬甚矣。

禮記祭法：燔柴于泰壇，祭天也。注：壇，封土爲祭處。壇之言坦也，坦明貌也。疏：此祭感生之帝于南郊。按禮器云「至敬不壇」，此云「燔柴于泰壇」者，謂燔柴在壇，設饌在地。

郊特牲：兆於南郊，就陽位也。

方氏慤曰：兆則爲之分域，如龜兆之可別也。既曰「兆于南郊」矣，又曰「掃地而祭」者，蓋築壇謂之兆，若兆五帝于四郊是矣；掃地亦謂之兆，若此所言是矣。

禮器：因吉土以饗帝于郊。

馬氏晞孟曰：天者，高之極者也，故爲高必因丘陵。因高而事之，所謂因天事天也。因吉土以享帝于郊，因天之事也。

陸氏佃曰：因天事天，因地事地，燔柴、瘞埋，于此蓋有奥旨存焉，而昧者不知也。

至敬不壇，掃地而祭。疏〔一〕：燔柴訖於壇，下地而設正祭，此周法也。

郊特牲：祭天，掃地而祭焉，于其質而已矣。

逸周書作雒：乃設兆於南郊，祀以上帝。

爾雅：非人爲謂之丘。

〔一〕「疏」，諸本作「注」，據禮記正義卷二三改。

廣雅：圜丘、太壇，祭天也。

禮記外傳：王者冬至之日祭昊天上帝于圜丘，諸侯不祭天。

通典：壇名泰壇，在國南五十里。司馬法：百里爲遠郊，近郊五十里。

陳氏禮書：祀天于南郊地上之圜丘，祭地于北郊澤中之方丘。泰壇，自然之丘。泰折，人爲之坎。壇設于圜丘之南，坎設于方丘之北，古者郊祀如此。更秦則興鄜、密上下之四畤，以祀五帝。至漢則增之以北畤，以祠五帝。秦之祀天不於圜丘，謂天好陰而兆於高山之下；其祠地不於方丘，謂地貴陽而兆於澤中之圜丘。漢之祠天，不於南郊而於甘泉；其祀地，不於北郊而於汾陰河東，以至壇有八觚，席有六采，樂有玉女，車有鸞路，騂駒龍馬，一切侈靡。而匡衡、劉向之徒邪正異同之論，蠭起一時。元始之間，謬戾尤甚。春秋則天地同牢于南郊，冬夏則天地分祭于南郊。先王之禮隳廢殆盡，良可悼也。

附諸儒辨鄭氏郊丘不同：

周禮春官大宗伯：以禋祀祀昊天上帝。鄭注：冬至於圜丘所祀天皇大帝。禮記大傳：不王不禘。鄭注：大祭其先祖所由生，謂郊祀天也。王者之先祖，皆感大微五帝之精以生，皆用正歲之正月郊祭之。祭法：有虞氏禘黄帝。鄭注：此禘，謂祭昊天於圜丘也。祭上帝於南郊曰郊。燔柴於泰壇。孔疏：此祭感生之帝於南郊。大司樂賈疏：禮天神必於冬至者，以天是陽，冬至一陽生，還於陽生之日祭之也。至於郊天必於建寅者，以其郊所感帝以祈穀實，取三陽爻生之日，萬物出地之時。郊特牲孔疏：其祭天之處，冬至則祭于圜丘，圜丘所在，雖無正文，應從陽位，當在國南，故魏氏之有天下，營委粟山爲圜丘，在洛陽南二十里。然則周家亦在國南，但不知遠近者，其五時迎氣則在四郊，故小宗伯云「兆五帝于四郊」，鄭云「春迎青帝于東郊，夏迎赤帝于南郊，季夏迎黄帝亦于南郊，秋迎白帝于西郊，冬迎黑帝于北郊」。司馬法：「百里遠郊。」鄭注書序云：「近郊半遠郊，去國五十里。」謂今河南洛陽相去則然。是天之郊，去國皆五十里也。其夏正祭感生之帝亦于南郊，知者，孝經緯云「祭帝于南郊，就陽位」是也。其雩祭五天帝亦于國城南，故鄭注論語云「沂水在魯城南，雩壇在其上」是也。其九月，大享五帝則在明堂。鄭駁異義云：「明堂在國之南丙巳之地，三里之外，七里之内。」其圜丘之祭，崔氏云：其初先燔柴及牲玉于丘，訖，次乃埽丘下而設正祭。若夏正及五郊，初則燔柴及牲玉于壇，故祭法云「燔柴于泰壇，祭天也」。次則于壇下埽地而設正祭，故禮器云「至敬不壇，掃地而祭」是也。王肅以郊丘是一，而鄭氏以爲二者，案大宗伯云「蒼璧禮天」，典瑞又云「四圭有邸，以祀天」。是玉不同。宗伯又云「牲幣各放其器之色」，則牲用蒼也。祭法又云「燔柴于大壇，用騂犢」，是牲不同也。又大司樂云：「凡樂圜鍾爲宫，黄鍾爲角，太蔟爲徵，姑洗爲羽。冬日至，于地上之圜丘奏之，若樂六變，則天神皆降。」上文云：「乃奏黄鍾，歌大吕，舞雲門，以祀天神。」是樂不同也。故鄭以云蒼璧、蒼犢、圜鍾之等爲祭圜丘所用，以四圭有邸、騂犢及奏黃鍾之等，以爲祭五帝及郊天所用。

王氏肅曰：郊即圜丘，圜丘即郊，所在言之，則謂之郊；所祭言之，則謂之圜丘。於郊築泰壇，象圜丘之形，以丘言之，本諸天地之性，故祭法云「燔柴於泰壇」，則圜丘也。郊特牲云：「周之始郊，日以至。」周禮云：「冬至祭天於圜丘。」知圜丘與郊是一也。又曰：郊與圜丘是一，郊即圜丘也，猶王城與京師，異名而同處。

馬氏晞孟曰：郊者，圜丘之地。而圜丘者，郊之壇。康成以圜丘祭天，而郊祭感生帝，非也。

陳氏禮書：鄭氏之徒，謂四圭之玉，黃鍾、大吕之樂，夏至以祀感帝於南郊；蒼璧之玉，六變之樂，冬至日禮天皇大帝在北極者于圜丘。天皇大帝，耀魄寶也；五帝，大微之帝也。分郊與丘以異祀，别四帝與感帝以異其禮。王肅嘗攻之矣。

蕙田案：郊丘非二，地無二祭。王肅謂郊即圜丘，圜丘即郊。馬氏謂郊者，圜丘之地；圜丘者，郊之壇。蓋王者于國之南郊，因吉土以築壇。郭璞曰：地有吉氣，土隨而起。禮器云「因吉土以享帝于郊」是也。爾雅「非人爲謂之丘」。吉土必高，故曰丘；築壇象天之圜，故曰圜丘，亦曰泰壇。泰壇即圜丘，圜丘即吉土，故曰「至敬不壇」。蓋以自然之丘爲壇，爲高必因丘陵，而非謂祭天無壇也。

記曰「于郊，故謂之郊」，則舉一郊，而圜丘泰壇統之，是無二地矣。周禮：「冬日至，祭天于圜丘。」郊特牲：「周之始郊，日以至。」則非二祭矣。乃注疏于大宗伯、大傳、祭法、郊特牲、大司樂誤以郊丘爲二地二祭，于是所祀之帝，則有天皇大帝及感生帝之異，豈知天一而已，無二天，安有二帝？至感生帝之説，尤屬不經，王肅已非之。所配之帝，遂有帝嚳、后稷分配之異。夫大傳所云「禘也，宗廟之大祭」，非祭天也。乃鄭氏誤以禘爲郊天，于是遂有帝嚳配天之説。不知郊是祭天，配者稷也，非嚳也。然鄭氏所以分郊丘爲二地二祭者，孔疏大宗伯云「蒼璧禮天」，典瑞云「四圭有邸以祀天」，是玉不同。考蒼璧四圭，非兩玉也。蒼言其色，璧言其質，四圭言其製。四圭，四面各一圭。蒼以象天之色，璧以象天之圓，四圭以象天之四時，尺有二寸以象天之十有二月，圭之本著于一璧，亦以象乾元統天也，本不必分爲二玉，又何緣爲兩祭之證耶？又徐邈曰：璧以禮神，圭以自執，故曰植璧秉圭。非圜丘與郊各有所執。楊信齋曰：於蒼璧言禮，於四圭有邸言祀，説者謂禮神在求神之初，祀神在薦獻之初，蓋一祭而兩用。即如是説，則亦足以破鄭氏兩祀之謬矣。孔疏又云：「大宗伯牲幣各放其器之色，則牲用蒼。祭法云：『用騂犢。』是牲不同。」楊信齋曰：天道渾全，陰陽五行具備，不比五方，偏主一色。遠望則其色蒼，純陽則其色赤，故説卦曰「乾爲大赤」。周爲赤色，用騂犢，又何以蒼璧爲疑？夫玉以禮天，至敬也，故取象天之色；牲則各從所尚，如玄牡、白牡之類。若玉必用赤，則且混于赤璋之色矣，何玉與牲必同色耶？孔疏又云：「冬日至，圜鍾爲宫，祀天神，乃奏黄鍾，歌大吕。」是樂不同。陸佃曰：「圜鍾，降神之樂也。故曰：凡樂，圜鍾爲宫。冬日至于圜丘奏之，天神皆降。黄鍾，祀神之樂也。故曰：乃奏黄鍾，以祀天神。所用之樂雖不同，不害其爲同祭，斯亦理之可信者。」據此，則鄭注之所拘泥者，可以盡破，而帝天之殊號，配祭之異帝，尤爲惑于讖緯而不足辨者矣。

右郊壇

配帝

易豫卦象上傳：雷出地奮，豫。先王以作樂崇德，殷薦之上帝，以配祖考。

禮記祭法：有虞氏禘黄帝而郊嚳，祖顓頊而宗堯。夏后亦禘黄帝而郊鯀，祖顓頊而宗禹。殷人禘嚳而郊冥，祖契而宗湯。周人禘嚳而郊稷，祖文王而宗武王。

陳氏禮書：禘非祀天，而文在郊上者，以其祖之尤遠故也。祖宗非皆祀明堂，而文在郊下者，以其祖有功，宗有德，而廟不遷故也。虞、夏、商以質而親親，故郊其近而祖其遠，周以文而尊尊，故郊其遠而祖其近。鄭康成謂虞、夏宜郊顓頊，商宜郊契，其説非也。

國語魯語：展禽曰：有虞氏禘黄帝而祖顓頊，郊堯而宗舜。夏后氏禘黄帝而祖顓頊，郊鯀而宗禹。商人禘舜而祖契，郊冥而宗湯。周人禘嚳而郊稷，祖文王而宗武王。

陳氏禮書：言虞氏郊宗異于祭法者，賈氏曰「虞氏之後在夏、商爲二王，後有郊禘祖宗之禮」是也。由是推之，國語言商人禘舜，亦異于祭法者，蓋宋禮與？

附辨注疏諸家禘、郊、祖、宗皆配天，嚳、稷分配圜丘、郊，圜丘、郊名禘祭：

禮記祭法：有虞氏禘黄帝。鄭注：禘、郊、祖、宗，謂祭祀以配食也。此禘，謂祭昊天於圜丘也。祭上帝於南郊曰郊，祭五帝、五神於明堂曰祖、宗。祖、宗通言爾，下有禘、郊、祖、宗。孝經曰：宗祀文王於明堂以配上帝。明堂月令：春曰其帝太昊，其神勾芒；夏曰其帝炎帝，其神祝融；中央曰其帝黃帝，其神后土；秋曰其帝少昊，其神蓐收；冬曰其帝顓頊，其神玄冥。有虞氏以上尚德，禘、郊、祖、宗配用有德者而已。自夏以下，稍用其姓氏代之〔一〕。先後之次，有虞氏、夏后氏宜郊顓頊，殷宜郊契。

孔疏：此一經論有虞氏以下四代禘、郊、宗、祖所配之人。經傳之文，稱禘非一，其義各殊。論語云「禘自既灌」，及春秋「禘於太廟」，謂宗廟之祭也。喪服小記云：「王者禘其祖之所自出。」大傳云：「禮，不王不禘。」謂祭感生帝於南郊也。此禘，鄭謂祭昊天於圜丘者，以文在於郊祭之上，郊前之祭，惟圜丘爾。爾雅釋天云：「禘，大祭。」比餘處爲大祭，故總得稱禘也。按聖證論以此禘黃帝，是宗廟五年祭之名。虞氏之祖出自黃帝，顓頊是虞帝七世祖，以顓頊配黃帝而祭，是禘其祖之所自出，以其祖配之，非鄭義也。鄭云「祭五帝五神於明堂曰祖、宗」者，以明堂月令五時皆有帝及神，又月令「季秋大享帝」，故知明堂之祭有五人帝及五天帝也。孝經云：「宗祀文王於明堂，以配上帝。」故知於明堂也。孝經云「宗祀文王」，此云「祖文王宗武王」，故知祖、宗通言也。此祖、宗祭五帝，郊特牲祭一帝，而在祖、宗上者，以其感生之帝，特尊之。虞氏禘、郊、祖、宗之人，皆非虞氏之親，是尚德也。夏之郊用鯀，是稍用其姓代之，但不盡用己姓，故云稍也。云「先後之次，虞、夏宜郊顓頊，殷人宜郊契」者，今虞先云郊嚳，後云祖顓頊；夏先云郊鯀，後云祖顓頊；殷先云郊冥，後云祖契，是在前者居後，在後者居前，故云「宜」

〔一〕「代」，原脱，據味經窩本、乾隆本、光緒本、禮記正義卷四六補。

也。周禮大司樂鄭注：祭法曰：「周人禘嚳而郊稷。」謂此祭天圜丘，以嚳配之。禮記大傳鄭注：大祭其先祖所由生，謂郊祀天也。孝經曰：郊祀后稷以配天，配靈威仰也。郊特牲孔疏：王肅以郊特牲周之始郊日以至，與圜丘同配以后稷。鄭必以爲異，圜丘又以帝嚳配者，鄭以周郊日以至，自是魯禮。故注郊特牲云：「周衰禮廢，儒者見周禮盡在魯，因推魯禮以言周事。」鄭必知是魯禮，非周郊者，以宣三年正月，郊牛之口傷，是魯郊用日至之月。案周郊祭天，大裘而冕。郊特牲云：「王被衮，戴冕，璪十有二旒。」故知是魯禮，非周郊也。又知圜丘配以帝嚳者，案祭法云：「周人禘嚳而郊稷。」禘嚳在郊稷之上，稷卑於嚳，以明禘大于郊。又爾雅云：「禘，大祭也。」大祭莫過於圜丘，故以圜丘爲禘也。圜丘比郊，則圜丘爲大，祭法云「禘嚳」是也。若以郊對五時之迎氣，則郊爲大。故大傳云「王者禘其祖之所自出」，故郊亦稱禘。其宗廟五年一祭，比每歲常祭爲大，故亦稱禘也。以爾雅惟云禘爲大祭，是文各有所對也。后稷配天，見于周頌，故思文云：「思文后稷，克配彼天。」周若以嚳配圜丘，詩頌不載者，后稷，周之近祖，王業所基，故配感生之帝，有勤功用，故詩人頌之。嚳是周之遠祖，爲周無功，徒以遠祖之尊，以配遠尊天帝，故詩無歌頌。或曰詩本亦有也，但後來遺落，故正考甫得商之遺頌十二篇，至孔子之時，唯五篇而已。以此言之，明詩有遺落也。其所配之人，虞、夏、商、周，用人各異，文具祭法。圜丘之祭，周人則以嚳配之，祭法「禘嚳」是也。其感生之帝，則以后稷配之。五時迎氣及雩祭，則以五方人帝配之。九月大享五帝，則以五人帝及文、武配之。以文王配五天帝，則謂之祖。以武王配五人帝，則謂之宗。崔氏云：皆在明堂之上。祖、宗通言。故祭法云祖文王，文王稱祖；孝經云「宗祀文王于明堂」，是文王稱宗。文王既爾，則武王亦有祖、宗之號，故云祖、宗通言。

趙氏匡采曰：虞氏禘黄帝，蓋舜祖顓頊，出於黄帝，則所謂禘其祖之所自出也。郊嚳者，帝王郊天，當以始祖配天，則舜合以顓頊配天也。爲身繼堯緒，不可捨唐之祖，故推嚳以配天，而舜之世系出自顓頊，故以爲始祖，情禮之至也。舜宗堯，當禹身亦宗舜，凡祖者創業傳世之所出也，宗者，德高而可尊，其廟不遷也。夏后氏禘黄帝，義同舜也。郊鯀者，禹尊父，且以有水土之功，故以配天。祖顓頊者，禹世系亦出于顓頊也。宗禹者，當禹身亦宗舜，子孫乃宗禹也。殷祖契出自嚳，故禘嚳。冥有水功，故郊冥以配天。湯出契後，故祖契。宗湯者，當湯身未有宗也。周禘嚳，義與殷同。稷有播植之功，且爲始祖，故郊稷。當武王身亦未有宗。

楊氏復曰：嘗以大戴禮帝繫及司馬史記考之，乃知趙伯循之言，確乎不可易也。祭法有虞氏禘黄帝，夏后氏亦禘黄帝，殷人禘嚳，周人禘嚳者，黄帝生昌意，昌意生帝顓頊，顓頊生窮蟬，窮蟬至瞽瞍，皆微爲庶人。舜嗣帝位，以帝顓頊爲祖廟，黄帝者，帝顓頊之所自出也，故禘黄帝於帝顓頊之廟，而以帝顓頊配之也。昌意生帝顓頊，顓頊生鯀，鯀生禹。禹者，黄帝之玄孫，而帝顓頊之孫也，故夏后氏亦禘黄帝於帝顓頊之廟，而以帝顓頊配之也。殷祖於契，契母曰簡狄，有娀氏之女，爲帝嚳次妃，吞玄鳥而生契。帝嚳者，契之所自出，故殷人禘嚳于契之廟，而以契配之也。周祖於稷，稷之母姜嫄，爲帝嚳元妃，姜嫄出郊，見巨人迹，踐之而生稷。帝嚳者，稷之所自出，故周亦禘嚳于后稷之廟，而以稷配之也。祭法有虞氏郊嚳，夏后氏郊鯀，殷人郊冥，周人郊稷者，黄帝生玄囂，玄囂生蟜極，蟜極生高辛，是爲帝嚳。帝嚳生堯，帝嚳即堯之父也，帝顓頊則舜之祖也。有虞氏當以帝顓頊配天，爲身嗣堯位，故推帝嚳以配天，而以帝顓頊爲祖，仁之至，義之盡也。祭法曰禹能修鯀之功。夫鯀治水九載，非無功也，但以蔽於自用，而績用弗成。禹能修鯀之功，則前日未成之功，至是成矣，故夏后以鯀配天也。冥者，契六世孫也，冥勤其官而水死。祭法推其功烈，至與先聖並稱，故殷人以冥配天也。禮以祖配天，后稷，周之太祖，克配彼天，此則無可疑也。有虞氏祖顓頊而宗堯，夏后氏祖顓頊而宗禹，殷人祖契而宗湯，周人祖文王而宗武王者，帝顓頊者，有虞氏異代之祖，以功德而祖之也。有虞氏宗堯，亦以功德而宗之也。國語注曰「虞以上尚德」是也。夏后氏之祖顓頊，猶有虞氏也。禹啓夏祚，既以顓頊爲祖，故夏后氏祖顓頊而宗禹，至其後世子孫乃以禹爲受命之祖。書曰「明明我祖」是也。湯革夏命，爲殷之祖，然殷之功始於契，故殷人祖契而宗湯，後世子孫乃以湯爲受命之祖，詩曰「衎我烈祖」是也。又其後，殷有三宗，祖甲曰太宗，太戊曰中宗，武丁曰高宗，亦有德而可宗。周公作無逸，舉殷三宗，以戒成王，然則三宗亦爲不毁之廟也。武王革殷命，爲周之祖，然武王之功起于后稷，故周以后稷爲太祖，不言周人祖稷者，周人郊稷，以祖配天，則祖稷不言可知矣。文王受命作周，故以文王爲受命之祖，所謂文世室是也。文王爲祖，故武王爲宗，當武王之身，亦未有宗，後世始立武王之廟爲宗，所謂武世室是也。凡此，皆趙伯循已開其端，特從而推明之爾。

馬氏晞孟曰：禘者，三年一祫、五年一禘之禘；郊者，祭天於圜丘之郊；祖者，所以祖有功；宗者，所以宗有德。先王四時之祭，則有常禮，以常禮爲未足，以極其追遠之意，而又爲禘以祭，則及其所出之祖。先王宗廟之制，則有常數，以常數爲未足，盡祭享之意，而又立廟以尊之，則及於所祖宗之廟。禮，不王不禘，王者禘其祖之所自出，以傳考之，虞、夏者，黄帝之所自出也，故虞、夏禘黄帝；商、周者，嚳之所自出也，故商、周禘帝嚳。

王氏肅曰：鄭玄以祭法禘黄帝及嚳，爲配圜丘之祀。祭法説禘無圜丘之名，周官圜丘不名爲禘，是禘非圜丘之祭也。玄既以祭法禘嚳爲圜丘，又大傳王者禘其祖之所自出，而玄又施之於郊祭后稷，是亂禮之名實也。案爾雅云：「禘，大祭也。繹，又祭也。」皆祭宗廟之名。則禘是五年大祭先祖，非圜丘及郊也。周立后稷廟，而嚳無廟，故知周人尊嚳不若后稷之廟重。而玄説圜丘祭天祀大者，仲尼當稱昔者周公禘祀嚳圜丘以配天，今無此言，知禘配圜丘非也。又詩思文「后稷配天」之頌，無帝嚳配圜丘之文，知郊即圜丘，圜丘即郊。

趙氏匡采曰：禘之所及者最遠，故先言之耳，豈關圜丘哉？祖之所自出，鄭云謂感生帝靈威仰也，此何妖妄之甚！

楊氏復曰：案天子七廟，左昭右穆，世滿而迭毁，惟禘、郊、祖、宗四條，乃宗廟之大祭，世世不絶，不可以宗廟之常禮論也。禘者，禘其祖之所自出，而以其祖配之也。郊者，郊天以祖配食也。祖者，祖有功；宗者，宗有德。祖宗之廟，世世不毁也。禘禮見於大傳、小記、子夏傳，郊禮見於孝經、大雅、周頌，祖有功、宗有德見於王肅、賈誼、劉歆、韋玄成。蓋禘與祖、宗三條，皆宗廟之祭，無與乎祀天，唯郊一條，爲配天之祭，經傳昭然，不可誣也。祭法禘在郊上者，謂郊以祖配天，禘上及其祖之所自出，禘遠而祖近，故禘在郊上也。鄭氏見禘在郊上，便謂禘大於郊，遂强分圜丘與郊爲二，以禘爲冬至日祀昊天上帝於圜丘，而以嚳配之；以郊爲祭感生帝於南郊，而以稷配之。既謂禘、郊皆爲配天矣，遂併以祖、宗爲祀五帝於明堂，而以祖宗配之，輕肆臆説，附經而行，居之不疑。王肅諸儒，力詆其非，不能勝也，此無他，王肅諸儒之説正矣。又以禘爲五年殷祭之名，其擇猶未精，其義猶未彰也。唐趙伯循生於二千歲之後，獨得其説於祭法、大傳、小記、子夏傳之中，於是禘、郊、祖、宗之義，焕然而大明，言雖簡約，而義已該備，故朱子深有取焉。

又曰：大司樂「冬至圜丘」一章，與禘祭絶不相關，而注妄稱圜丘爲禘。祭法禘、祖、宗三條，分明説宗廟之祭，惟郊一條，謂郊祀以祖配天爾，而注皆指爲祀天。大傳「禮不王不禘」一章，言王者禘其祖之所自出，諸侯只及其太祖，大夫惟有功，始祫其高祖，所論宗廟之祭，降殺遠近爾，於祀天乎何與？而注妄指爲祀感生帝。竊嘗疑鄭康成博洽大儒，解釋他經，最爲有功，及注此三章，則同歸於誤，其病果安在乎？蓋讀祭法不熟而失之也。夫祭法歷叙四代禘、郊、祖、宗之禮，禘文皆在郊上，蓋謂郊止於稷，而禘上及乎嚳，禘之所及者最遠，故先言之耳。鄭氏不察，謂禘又郊之大者，於是以祭法之禘爲祀天圜丘，以嚳配之；以大傳之禘，爲正月祀感生帝於南郊，以稷配之。且祭法之禘，與大傳之禘，其義則一，皆禘其祖之所自出也。鄭氏强析之，而爲祀天兩義，遂分圜丘與郊爲兩處，昊天上帝與感生帝爲兩祀，嚳配天與稷配天爲兩事，隨意穿鑿，展轉枝蔓，何其謬耶？

文獻通考：馬氏曰：祀天莫大于郊，祀祖莫大于配天。四代之郊，見於祭法，經文簡略，後之學者，莫不求之鄭注，而注之叢雜牴牾如此。先儒謂其讀祭法不熟，見序禘于郊之上，於是意禘之所祀者，亦天也，故盡以爲祀天。然康成，漢人也。西漢之所謂郊祀，蓋襲秦之制而雜以方士之説，曰太一，曰五帝，叢雜而祀之，皆謂之郊天。太史公作封禪書，所序者，秦、漢間不經之祠，而必以舜類上帝，三代郊祀之禮先之。至班孟堅，則直名其書曰郊祀志，蓋漢世以三代之所謂郊祀者，祀太一、五帝，於是以天爲有六，以祀六帝爲郊。自遷、固以來，議論相襲而然矣。康成注二禮，凡祀天處，必指以爲所祀者某帝，其所謂天者非一帝，故其所謂配天者，亦非一祖，于是釋禘、郊、祖、宗，以爲或祀一帝，或祀五帝，各配以一祖，其病蓋在于取讖緯之書解經，以秦、漢之事爲三代之事。然六天之祀，漢人崇之；六天之説，遷、固志之，則其謬，亦非始于康成也。

蔡氏德晉曰：禘與祖、宗，非祭天之名。帝嚳及武王，于周未嘗有配天之事，不得謂冬至圜丘爲禘，以嚳配；季秋明堂爲祖、宗，以文、武並配也。祭法之禘，與大傳、小記之禘，其義則一，不得以祭法之禘，爲祀天圜丘；以大傳、小記之禘，爲正月祀感生帝于郊也。大雩、大享並非祀五帝，不得配以五人帝，徧及五人臣，又不得于大享時，抗五神于五帝之列，而以文、武並配也。

蕙田案：祭有郊，有宗廟。周禮大宗伯禋祀昊天上帝于圜丘。月令天子元日祈穀于上帝。左傳郊祀后稷，以祈農事。月令大雩帝。左傳龍見而雩。圜丘以冬至，祈穀以孟春，雩以仲夏，三者皆郊祭天也。禘以祭始祖所自出之帝，祫以合祭毁廟、未毁廟之主，祠、禴、嘗、烝，謂之時享，皆宗廟之祭也，二者固截然矣。乃鄭康成注大司樂，冬日至，圜丘奏之，曰此禘大祭也，是以圜丘爲禘也。注祭法有虞氏禘黄帝，曰此禘謂祭昊天于圜丘，是以禘爲圜丘也。注大傳禘其祖之所自出，曰謂郊祀天也。孝經曰郊祀后稷以配天，配靈威仰也，是又以郊爲禘也。既分郊丘爲二祭，又合郊丘爲禘祭，惑誤滋甚。王肅發其端，趙氏、楊氏詳其辨，諸家從而引伸之，可謂廓如矣。

孝經：昔者，周公郊祀后稷以配天，宗祀文王于明堂以配上帝。

呂氏大臨曰：郊者，推其祖之功德可以配天者，祀天於郊，以所配者配之，故曰郊。宗者，以功德可宗，祀帝於明堂，則以其宗配之。

周氏諝曰：孔子曰：「郊祀后稷以配天，宗祀文王於明堂以配上帝。」今以周人禘、郊、祖、宗之法推之，則有虞氏郊嚳，夏后氏郊鯀，殷人郊冥，皆爲配天於圜丘。而祖顓頊與契之類，疑爲配帝於明堂。然昊天尊於五帝，而后稷先於文王，則后稷配天，文王配帝可也。而顓頊則先於帝嚳與鯀，而契又先於冥，今帝嚳與冥反配天於圜丘，而顓頊與契反配帝於明堂，何也？記曰：「禮雖先王未之有，而可以義起。」蓋明堂之禮，唯見於序周頌者之與孝經，是明堂之禮，虞舜、夏、殷之世未之有，而唯起於周公，則由殷而上，所謂祖者，固未嘗配祭於帝也。又虞、夏、殷之世，其禮猶質，而不若周之文，故所謂祖者，即大祖也。而爲大祖者，其廟不毀於萬世，而其祭嘗行於四時，則尊而且親。所謂郊者，其廟不免於毀，而又止配祭於圜丘而已，則尊而不親，此虞舜、夏、殷之世所以用其先而尊者爲祖，後而卑者爲郊。至周則有祖有宗，而後有大祖，故后稷爲大祖而配天於圜丘，文王復爲祖而配帝於明堂，蓋文之極於周也如此。

陳氏祥道曰：天之精氣則一，而吾之祖考不可以同配，故或郊之，以配於圜丘，或祖宗之，以配於明堂。所謂祖宗者，蓋離而貳之，則有祖有宗，合而一之，則皆謂之宗。故此以文王爲祖，而孝經又以文王爲宗也。然則孝經以明堂始於周公，則虞、夏、殷之祀祖宗，其亦有明堂乎？蓋明堂之名，雖始於周公，而夏、虞之祀祖宗，未必非明堂之類也。

程子曰：天與帝一也。天言其體也，帝言其主也。在郊則言天，以其冬至物生之始，故祭於圜丘而配以祖，陶匏藁鞂，埽地而祭。宗祀言上帝，以季秋物成之時，故祭以明堂而配以父，以宗廟之禮享之。

楊氏復曰：鄭以祀五帝、五神於明堂，而以文王、武王配之，謂之祖、宗。夫孝經所云「宗祀文王於明堂以配上帝」，此嚴父之義也。抗五神於五帝之列，而以文、武並配，於理自不通矣。況祖、宗乃二廟不毁之名，於配食明堂何關焉？

家語郊問：定公問曰：「古之帝王必郊祀，其祖以配天何也？」孔子對曰：「萬物本乎天，人本乎祖。郊之祭也，大報本返始也，故以配上帝。」

大戴禮朝事篇：祀天於南郊，配以先祖，所以教民報德，不忘本也。

春秋定三年公羊傳：郊則曷爲必祭稷？王者必以其祖配。注：祖謂后稷。王者則曷爲必以其祖配？自内出者，無匹不行；自外至者，無主不止。注：匹，合也。無所與會合，則不能行。

詩周頌思文序曰：思文，后稷配天也。疏：后稷配南郊。

右配帝

日月從祀

禮記郊特牲：郊之祭也，大報天而主日也。注：大，猶徧也。天之神，日爲尊。疏：徧報天之一切神，而天之諸神，唯日爲尊，故此祭者，日爲諸神之主，故云主日也。不用所出之帝爲主，而主日者，所出尊，不與諸神爲賓主也，猶如君燕群臣，使膳宰爲主人，不以君爲主也。

陸氏佃曰：禮務質略，是之謂大報。若社不美，不足爲報也。故曰内之爲尊，外之爲樂，少之爲貴，多之爲美。

馬氏晞孟曰：郊者，所以祀天。昊天上帝者，天之貴神也。神不得見，故大報天而以日爲主，祭于壇而列於衆星之上。蓋日者，陽之精也。祭義言「大報天而主日，配以月」，而於此不言配以月者，文略也。

祭義：郊之祭，大報天而主日，配以月。注：主日者，以其光明，天之神可見者，莫著焉。疏：郊之祭者，謂夏正郊天。大報天者，謂於此郊時，大報天之衆星。雖是春祈，天生養之功大，故稱大報天。而主日配以月者，謂天無形體，縣象著明，不過日月，故以日爲百神之主，配之以月。自日以下皆祭，特言月者，但月爲重，以對日耳。蓋天帝獨爲壇，其日月及天神等共爲一壇，故日得爲衆神之主也。

周氏諝曰：大報天，當以昊天爲主，此言主日，誤矣。

楊氏復曰：禮家或謂郊祀上帝，則百神從祀，然乎？曰郊之祭也，大報天而主日，配以月，傳、記屢言之。竊意，垂象著明，莫大乎日月，日月之明，即天之明也。故祭天而主日，配以月，非必百神悉從祀也。月令仲夏大雩帝，大雩之後，乃命百縣雩祀百辟卿士；季秋大饗帝，大饗之後，乃使有司嘗群神，告備於天子。先後輕重，固有節文矣。以此類推之，祀天之後，乃祭百神，蓋可知也。莫尊於天，莫重於郊祀，精一以饗，唯恐誠意之不至，豈容溷以百神之祀乎？舜之嗣位也，肆類於上帝，而後禋於六宗，望於山川，偏於群神。非類於上帝之時，合祀六宗百神也。告祭之禮簡矣，猶有先後之序，況郊祀大禮乎？大司樂言樂六變，則天神皆降者，至和感召，融液貫通，上帝降鑒，而百神皆降，猶鑾輿順動而千官景從者，理也。禋祀則專主乎昊天上帝，不容溷也。案三正記曰：「郊後必有望。」又：「凡以神仕者，以冬至日祭天神、人鬼。」注云：「致人鬼於祖廟，蓋用祭天之明日。」恐百神亦然也。後之言禮者，失於講明。後漢建武元年，采用前漢元始中合祭天地、六宗，群神從祀。二年正月，制郊兆於雒陽城南七里，泰壇之上，至一千五百一十四神，不亦褻乎？晉賀循已疑其非古人埽地而祭之意，此固君子之所不取也。

蔡氏德晉曰：魯無朝日夕月之壇，故即於郊之日，附祭日月於壇上。

蕙田案：周禮大宗伯「以實柴祀日月」，掌次「朝日則張大次、小次」，典瑞「圭璧以祀日月」，祭法「王宫祭日，夜明祭月。祭日於壇，祭月於坎，祭日於東，祭月於西」，則日月固有正祭矣。而禮又云「大報天而主日，配以月」，何也？孔疏：「偏報天之一切神，而天之諸神，唯日爲尊，故日爲諸神之主，猶如君燕群臣，以膳宰爲主人也。配之以月，自日以下皆祭[一]。蓋天帝獨爲壇，日月及天神等，共爲一壇。」楊信齋謂祭天而主日配月，非必百神從祀也。莫尊于天，莫重于郊祀，

[一]「日」，諸本作「月」，據禮記正義卷四七改。

豈容溷以百神之祀乎？三正記曰：「郊後必有望。」蓋用祭天之明日，恐百神亦然。蔡德晉從之，又曰：「魯無朝日夕月之壇，故即于郊之日，附祭于壇上。」數說不同。今案：上帝爲祭主，日月爲從祀，于義無傷，乃曰偏報天之一切神。夫冬至郊天，本屬正祭，亦可稱報祭，然所報者天也，天至尊，故曰大，非以報一切神爲大也。今乃云自日以下皆祭，至另爲一壇。夫圜丘、泰壇，止一壇耳，安得別有一壇耶？楊信齋謂非必百神從祀，似爲近之。但據三正記云「郊後必有望」，而謂郊之明日祭之，恐亦未必然，何也？望祭專主山川，不得兼日月也。春官宗伯「兆五帝于四郊，四望、四類亦如之」，乃概言諸祭，而非指郊後之祭言。即書稱「禋六宗，望山川，偏群神」，亦是各爲一祭，而非專指類上帝之明日，則其說亦未的。蔡氏云：「魯無朝日夕月之壇，故即于郊之日，附祭日月于壇上。」則此條專就魯郊而言，似爲有理，然尚須考。

右日月從祀

五禮通考卷三

吉禮三

圜丘祀天

玉幣

周禮春官大宗伯：以蒼璧禮天。注：禮，謂始告神時，薦于神坐。書曰「周公植璧秉圭」是也。禮神者，必象其類，璧圓象天。疏：案爾雅云：「肉倍好謂之璧，好倍肉謂之瑗，肉好若一，謂之環。」是璧圓也。

鄭氏鍔曰：天圓而運乎上，故璧圓以象其體。天之蒼蒼，其正色也，故璧蒼以象其色。

聶氏三禮圖：案玉人云：「璧好三寸。」賈釋云：古人造璧應圓，圓徑九寸。其注又引爾雅云：

「肉倍好謂之璧。」郭璞云：「肉，邊也。好，孔也。」然則兩邊肉各三寸，與此三寸之好，共九寸也。阮、鄭二圖，皆云蒼璧九寸，厚寸，是據此而言也。又玉人「璧好三寸」之下云：「璧九寸，諸侯以享天子。」以此而言，是有九寸之璧也。案崔靈恩三禮義宗云：「昊天及五精之帝，圭璧皆長尺二寸。」今檢周禮、爾雅皆九寸，長尺二寸之璧，未知崔氏據何文以爲説。

方氏苞曰：典瑞職「四圭有邸」，疑即蒼璧也。

典瑞：四圭有邸以祀天。注：鄭司農云：「于中央爲璧，圭著其四面，一玉俱成。爾雅曰：『邸，本也。』圭本著于璧，故四圭有邸，圭末四出故也。或説四圭有邸，有四角也。邸讀爲抵欺之抵。」疏：司農云「于中央爲璧，圭著其四面，一玉俱成」者，云于中央爲璧，謂用一大玉，琢出中央爲璧形，亦肉倍好，爲之四面各琢出一圭。璧之大小、圭之長短無文，天子以十二爲節，蓋四面圭各尺二寸，與鎮圭同。其璧爲邸，蓋徑六寸。總三尺，與大圭長三尺又等，故云「一玉俱成」也。云「或説四圭有邸，有四角也」者，此説四角，角即邸矣，以無正文，故兩釋之也。云「邸讀爲抵欺之抵」，音讀之也。

鄭氏鍔曰：邸，本也，朝宿之邑謂之邸。旅者所宿，亦謂之邸，邸有托宿之義。「四圭有邸」者，以璧爲邸，四面各琢出一圭，托于是也。璧以爲邸，以象天之體，四圭托于璧，以象天由體以致用，必用四圭者，象天道運行，周偏四方，神無不在之意。

考工記玉人：四圭尺有二寸以祀天。注：郊天，所以禮其神也。典瑞職曰：「四圭有邸以祀天、旅上帝。」　疏：此圭，典瑞直言所用禮神，不言尺寸，故此言之，此直言尺二寸。案典瑞注：先鄭云中央爲璧，圭著其四面，一玉俱成。又云：圭末四出。若然，此尺二寸者，未知璧在中央，通兩畔，總計爲尺二寸，未知除璧之外，兩畔之圭，各有一尺二寸，據下「裸圭尺有二寸」而言，則此四圭，圭別尺有二寸，仍未審以璧爲邸，邸徑幾許。今既無文，不可强説也。

王氏與之曰：鄭氏以大宗伯有蒼璧、黄琮之文，典瑞無之，而云四圭有邸以祀天，兩圭有邸以祀地，遂以蒼璧所禮者，冬至圜丘之祭，四圭所禮者，夏至郊天之祭，黄琮所禮者，崑崙之神，兩圭所禮者，神州之神。其説甚誕。

江都集禮：徐乾議曰：周禮典瑞「四圭有邸以祀天」。又云「蒼璧禮天」。兩玉不同，而並云祀天，是有二天可知也。徐邈曰：「璧以禮神，圭以自執，故曰植璧秉圭，非圓丘與郊各有所施。」

鄭氏鍔曰：説者謂天地之玉，用蒼與黄。典瑞又有四圭、兩圭之異，何也？余以爲大宗伯之用蒼、黄者，禮神之玉，所謂植璧也。典瑞所云祀神之玉，所謂秉圭也。

趙氏溥曰：案典瑞注疏，則四圭是就璧平出，不是植立起者，邸則於璧中瑑成寓穴然。邸言宿邸，歸著處也。此圭乃植在神前，欲天神降而依憑託宿於其中，如人有旅邸相似，此是禮神之玉，非事神所執之玉，書云「植璧秉圭」是也。夫鋭首曰圭，凡物鋭則利用，故鋭圭以象其用之利。必四圭者，象天德之覆無乎不周。必尺二寸者，又以象天之成數。

王應電周禮傳：典瑞言四圭、兩圭，爲祀天地之玉，而大宗伯復有蒼璧、玄璜等玉，以禮天地四方，何也？書金縢曰：「植璧秉圭。」蓋周之禮，有所以祀神者，植于所祀之處，若其主然。書所謂植璧，即典瑞之四圭、兩圭也；有所以禮神者，執之以致禮，若其所享然，書所謂秉圭，即此之六器也。

楊氏復曰：徐邈「植璧秉圭」之言，若足以破注疏「二天」之説，或者又謂璧圓色蒼，所以象天，天有四時，四圭有邸，亦所以象天，非王所執之圭也。伏睹國朝會要，禮制局言以蒼璧禮天，四圭有邸以祀天，蓋蒼璧以象體，四圭有邸以象用，故於蒼璧言禮，于四圭有邸言祀，説者謂禮神在求神之初，祀神在薦獻之時，蓋一祭而兩用也。此義與徐邈不同，姑兩存之。

陳氏禮書：或曰大司樂言樂六變八變，然後神示可得而禮。又言歌黄鐘、太蔟之類以祀天神地示，則禮之固在降神之後，祀之又在禮之之後。璧琮禮天地，四圭兩圭祀天地，蓋皆一祭兼用之也。是不然，何則？青圭禮東方，赤璋禮南方，白琥禮西方，玄璜禮北方，則四方有禮玉，無祀玉；圭璧以祀日月星辰，璋邸射以祀山川，則日月星辰山川有祀玉，無禮玉；周官之書，雖或簡略，不應如是之缺也。

陳氏汲曰：宗伯所謂蒼璧黄琮，典瑞所謂四圭兩圭也。蒼璧、黄琮言其色，四圭、兩圭言其形。以此推之，凡夏正祈穀、孟夏大雩、季秋大享，若祀天則冬至圜丘，用四圭之蒼璧，祭地則夏至方澤，用兩圭之黄琮。祭天地之處，則止於圜丘方澤，安有郊丘之别，崑崙神州之異哉？蓋自後漢光武好讖，當時士大夫相承傳之，康成最爲精於緯書，其曰「三王之郊，一用夏正」，是月令「孟春，天子以元日祈穀於上帝」者，非郊天也。

蕙田案：郊天圭、璧，分見于大宗伯、典瑞之文，于是諸儒異説紛起，今合而考之，康成指爲二天，緯書妄説，固不足信。楊説蓋猶主之，然玉無烟臭，本無燔燎降神之理，則顯慶禮所言，亦未可據也。禮書引或説而駁之，其言當矣。惜其所自爲説者，乃云四圭有邸，非必冬至之祭，則又騎牆而入于鄭氏之誤也。徐邈、鄭鍔以爲植璧秉圭一祭兼用，其説似爲最密，然亦有不可信者。六瑞六器，並掌宗伯，何獨無四圭兩圭？典瑞、玉人所職尤詳，何獨無蒼璧黄琮？且典瑞下文言「圭璧以祀日月星辰，璋邸射以祀山川」，若以爲所奠之玉，不應一節之中，頓爾異義。如盡以爲執玉，則日月星辰山川俱無奠玉，況朝日既云執鎮圭矣，何又重言祀日乎？求之經文，反覆背戾，以此知陳及之之説，爲至確而不可易也。至于趙氏、王氏，推衍徐邈之説，而泥于邸字，反成植圭秉璧，其爲紕繆，抑又甚矣。

又案：依陳及之説，則祀天執玉，竟無明文。然王氏詳説、王氏周禮傳，並于「朝日」之下注云：「言朝日則郊天可知。」大宗伯「王執鎮圭」，疏云此王祭祀時所執，則同執鎮圭，理自無害，不必强分四圭、兩圭以當之也。

詩大雅雲漢：圭璧既卒。箋：禮神之玉，又已盡矣。疏：春官大宗伯典瑞禮神之圭器，自有多名，言圭璧，爲其總稱。以三牲用不可盡，故言無愛，圭璧少而易竭，故言其盡。

葛氏象烈曰：某神合用某璧，某璧合祀某神，盡如典禮用之，無有餘者，如是謂之既卒也。

春官大宗伯：皆有牲幣，各放其器之色。注：幣以從爵，若人飲酒有酬幣。

通典：幣用繒，長丈八尺。鄭玄注曾子問云：制幣，長丈八。鄭約逸巡狩禮文也。王用幣，長短皆准此。

右玉幣

親耕粢盛秬鬯

祭統：天子親耕于南郊，以供粢盛。

祭義：天子爲藉千畝，冕而朱紘，躬秉耒以事天地，以爲醴酪齊盛。注：藉，藉田也。

周禮天官甸師：掌帥其屬而耕耨王藉，以時入之，以供粢盛。

蔡氏德晉曰：藉，藉田也。王以孟春躬耕藉田，天子三推，三公五推，卿、諸侯九推，甸師帥其胥徒耕耨以終之，傳所謂「王耕一墢，班三之，庶人終于千畝」。庶人，即此甸師之胥徒也。時入，若來麥夏熟，禾黍秋熟，既熟，即領之送入地官神倉也。

禮記月令：季秋，乃命冢宰，農事備收，舉五穀之要，藏帝藉之收于神倉，祗敬必飭。注：帝藉，所耕千畝也。藏祭祀之穀爲神倉，重粢盛之委也。疏：帝藉者，供上帝之藉田也。藉，借也。借民力所治之田也。祭義云：「天子爲藉千畝，以其供神之物，故曰神倉。」

國語周語：廩於藉之東南，鍾而藏之。

陳氏禮書：天子藉于南方，正陽之位也。廩于藉東南，長生之地也。

周禮地官舂人：祭祀，共其齍盛之米。注：齍盛，謂黍稷稻粱之屬，可盛以爲簠簋實。

國語楚語：天子親舂禘郊之盛。　天子禘郊之事，王后必自舂其粢。

魯語〔一〕：日入監九御，使潔奉郊禘之粢盛。

〔一〕「魯語」，原作「晉語」，據味經窩本、乾隆本、光緒本、國語魯語下改。

春秋桓二年左傳：粢食不鑿，昭其儉也。

陳氏禮書：祭祀之禮，貴于出力以致養，故王耕藉，后獻種，夫人親桑，夫婦相成，以盡志力，而後可以交於鬼神，則粢盛固所以自盡也。然王耕藉，不過三推，夫人繅絲，不過三盆，則春盛之禮，蓋亦如此，然後舂人卒其事，以供之也。黍稷曰粢，在器曰盛。周禮或言齍，或言盛，或言粢盛，大宗伯奉玉粢，小宗伯辨六齍，逆齍，大祝齍號之類，此言齍而不及盛也；閭師不耕者無盛，廩人共接盛，饎人共盛之類，此言盛而不及齍也；甸師共齍盛，舂人共粢盛之米，小宗伯表粢盛，此兼言粢盛也。其言各有所當，非苟異耳。齍盛共之以甸師，舂之以舂人，饎之以饎人，實之以舍人，奉之以大宗伯，逆之以宗伯，然後立之以表。鄭氏曰：表爲徽識，蓋各書其號，以辨異之也。九嬪贊玉齍者，玉敦也。大宗伯奉玉齍者，玉與齍也。廩人之接盛，施於大祭祀而已。接，猶曾子問「接祭」之「接」也。鄭氏改以爲「扱」，非是。

又曰：黍稷別而言之，則稷曰粢。曲禮「稷曰明粢」是也。合而言之，皆曰粢。禮凡言「粢盛」是也。

禮記表記：天子親耕，粢盛、秬鬯，以事上帝。疏：按小宰注云：「天地大神至尊，不裸。」此祭上帝有秬鬯者，凡鬯有二，若和之以鬱，謂之鬱鬯，鬱人所掌是也，祭宗廟而灌也。若不和鬱，謂之秬鬯，鬯人所掌是也。謂五齊之酒，以秬黍爲之，芬芳調暢，故言秬鬯，故得以事上帝。

王氏應電曰：舊説祭天無鬯，觀大宗伯祀神鬼示之下，總云莅玉鬯。司尊彝職云：「大旅，存奠彝。」表記云：「天子親耕，粢盛、秬鬯，以事上帝。」則事天有鬯明矣。但鬯人鬯器，不及祭天，何也？蓋祭天用陶匏，貴其自然，若因此而遂謂祭天無鬯，則司尊彝但言宗廟，而不及地祇，豈祭地無酒乎？

陳氏禮書：生民詩「維秬維秠」。毛曰：「秬，黑黍。秠，一稃二米。」正義曰：「皆爾雅文。惟彼穈作蘴，音同耳。李巡曰：黑黍，一名秬。郭璞曰：秠，亦黑黍，但中米異耳。漢和帝時，任城生黑黍，或三四實，實二米，得黍三斛八斗，則秬是黑黍之大名，秠是黑黍中之有二米者，則別名之爲秠，故此經異其文。而爾雅釋之，若言秬秠，皆黑黍矣。而春官鬯人注云：釀秬爲酒，秬如黑黍，一秠二米。言如者，以黑黍一米者多，秬爲正稱，二米則秬中之異，故言如，以明秬有二等也。秬有二等，則一米亦可爲酒。鬯人之注，必言二米者，二米，嘉異之物，鬯酒宜當用之，故以二米解鬯，其實秬是大名，故云釀秬爲酒耳。爾雅云：秠，一稃二米。鬯人注云：一秠二米。文不同者，鄭志答張逸云，秠即皮，其稃，亦即皮也。爾雅重言以曉人，然則秠、稃古今語之異，故鄭引爾雅，得以稃爲秠。」詩江漢：「秬鬯一卣。」

注：「秬，黑黍也。鬯，香草也。築煮合而鬱之曰鬯。」箋云：「秬鬯，黑黍酒也。謂之鬯者，芬香條鬯也。」正義曰：「禮有鬱鬯者〔一〕，築鬱金之草而煮之，以和秬黍之酒，使之芬香條暢，故謂之鬱鬯。鬯非草名，而此傳言『鬯，草』者，以其可和秬鬯，謂之鬯草。毛言鬯草，蓋亦然也。言築煮合而鬱之，謂築此鬱草，久煮之，乃與秬鬯之酒合和而鬱積之，使氣味相入，乃名爲鬯。言合而鬱積之，非草名。如毛此意，言鬯者，必和鬱乃名鬯，未和不爲鬯，與鄭異也。箋以毛解鬯其言不明，似必和鬱乃名爲鬯，故辨之，明黑黍之酒，自明爲鬯，不待和鬱也。春官鬯人注云：『秬鬯，不和鬱者。』是黑黍之酒即名鬯也。和者，以鬯人掌秬鬯，鬱人掌和鬱鬯，明鬯人所掌，未和鬱也。故孫毓云：鬱是草名，今之鬱金，煮以和酒者也。鬯是酒名，以黑黍秬一秠二米作之，芬香條鬯，故名之曰鬯。鬯非草名，古今書傳香草無稱鬯者〔二〕，用箋說爲長。」又周禮鬱人「和鬱鬯」注：「築鬱金，煮之以和鬯酒。鄭司農云：『鬱，草名，十葉爲貫，百二十貫爲築，以煮之鐫中，停于祭前，鬱爲草若蘭。』」正義曰：「司農云『十葉爲貫，百二十貫爲築』者，未知出何文。云『以煮之鐫中，停于祭前』者，此似直煮鬱停之，無鬯酒者，文略，其實和鬯酒也。云『鬱爲草若蘭』，則蘭芝，以其俱是香草，故比類言之。案王度記云：『天子以鬯，諸侯以薰，大夫以蘭芝，士以蕭，庶人以艾。』此等皆以和酒。諸侯以薰，謂未得圭瓚之賜，得賜則以鬱耳。王度云『天子以

〔一〕「鬯」，諸本脱，據毛詩正義卷一七補。
〔二〕「鬯」，諸本作「鬱」，據禮書卷八四改。

鬯』及禮緯云『鬯草生庭』，皆是鬱金之草，以其和鬯酒〔一〕，因號爲鬯草也。」又魏略曰：「大秦多蘇合、薰陸、鬱金、芸膠十二種香。」許慎說文曰：「鬯以秬釀鬱草，芬芳攸服，以降神也。中象米，匕所以扱之。易曰：『不喪匕鬯。』凡鬯之屬皆從鬯。鬱，芳草也。十葉爲貫，百二十貫爲築，以煮之，一曰鬱鬯，百草之華，遠人鬱人所貢芳草，合釀之以降神。鬱，今鬱林郡也。」開寶本草木部中品：「鬱香，味苦，温無毒。」陳藏器云：「其香十二葉，爲百草之英。」案魏略云：「生大秦國，二月六月有花，狀如紅蘭，四月五月採花，即香也。」嘉祐本草圖經云：「鬱金，本經不載所出州土，蘇恭云生蜀地及西戎，胡人謂之馬茱，今廣南、江西州郡亦有之，然不及蜀中者佳。四月初生，苗似薑黄，花白質紅，末秋出莖，心無實，根黄赤。」木部中品有鬱金香，云生大秦國，二月、三月、十月有花，狀如紅藍，其花即香也。陳氏云爲百草之英，乃是草類，又與此同名，而在木部，非也。今人不復用，亦無辨之者，故但附于此耳。

李氏時珍曰：酒和鬱鬯，昔人言是大秦國所産鬱金花香，惟鄭樵通志言即是此鬱金。其大秦，三代時未通中國，安得有此草？羅願爾雅翼亦云是此根，和酒令黄如金，故謂之黄流，其說並通。○又曰：鬱金有二，鬱金香是用花，此是用根者，其苗如薑，其根大小如指頭，長者寸許，體圓有横紋，如蟬腹狀，外黄内赤。

〔一〕「和」，諸本脱，據周禮注疏卷一九補。

陳氏禮書：禮或言秬鬯，或言鬱鬯，蓋秬一稃二米，土地至和之氣所生，謂之鬯，以言和氣之條鬯也。謂之鬱鬯，以其鬻鬱草和之也。鄭司農曰：「鬱，十葉爲貫，百二十貫爲築，以煮之。」其言蓋有所受也。

蕙田案：秬鬯即鬱鬯。秬，黑黍。親耕以供鬱鬯之用，鬯人釀之，鬱人築煮和之。先儒因周禮分鬯人、鬱人二職，遂以鬱鬯爲和鬱者，秬鬯爲不和鬱者。考鬱人和鬱鬯，實彝而陳之，是鬱合鬯也。宗廟重祼，鬱人專掌祼事，故實之陳之皆鬱人。大宗伯祭大神，莅玉鬯。玉鬯即盛鬱鬯之器。天地大神至尊，不祼，故不用鬱人，即令鬯人供之也。蓋秬黍所以爲酒，必和鬱而後爲鬯，不得謂鬱人和鬯，而鬯人之秬鬯不和鬱也。有鬱無鬯，固不成酒，有鬯無鬱，則與五齊同，何以謂之秬鬯乎？先王謹于祭祀，又以釀黍、築鬻，事各不同，故分二職以掌之耳。正義于鬯人注云：「無鬯酒者，文略。其實和鬯酒也。」詩「秬鬯一卣」，正義云：「禮有鬱鬯者〔一〕，築鬱金之草而煮之，以和秬黍之酒，使之芬芳條鬯，故謂之鬱

〔一〕「鬯」，諸本脱，據毛詩正義卷一八補。

鬯。」今考鬱字從鬯，則鬱以秬鬯得名，而秬酒謂之鬯，又以鬱之香得名。何玄子曰「主秬言則謂之秬鬯，主鬱言則謂之鬱鬯」是也。蔡德晉曰：「肆師職大祭祀，及祼，築鬻。大賓客築鬻。大喪，大渳以鬯，則築鬻。」則凡祭祀、賓客、喪浴，無不和鬱，明矣。注疏謂鬱鬯唯用之于宗廟之祼，其餘天地社稷等祀，止用秬鬯者，非。又有以鬱爲鬯草，及合和而鬱積之等説，亦非。

右親耕粢盛秬鬯

酒醴

周禮天官酒正：辨五齊之名，一曰泛齊，二曰醴齊，三曰盎齊，四曰緹齊，五曰沈齊。注：泛者，成而滓浮泛泛然，如今宜成醪矣。醴猶體也，成而汁滓相將，如今恬酒矣。盎猶翁也，成而翁翁然，葱白色，如今酇白矣。緹者，成而紅赤，如今下酒矣。沈者，成而滓沈，如今造清矣。自醴以上尤濁，縮酌者，盎以下差清。其象類則然，古之法式，未可盡聞。杜子春讀齊皆爲粢。又禮器曰：「緹酒之用，玄酒之尚。」玄謂齊者，每有祭祀，以度量節作之。疏：言「辨五齊之名」者，酒正不自造，使酒人爲之，酒正直辨五齊之名，知其清濁而已。云「一曰泛齊」者，泛讀如「泛泛楊舟」之「泛」，言泛者，謂此齊熟時，滓浮在上，泛泛然。「二曰醴齊」者，醴，體也。此齊熟時，上下一體，汁滓相將，故名醴酒。又此醴齊作時，恬于餘齊，與酒味稍殊，故亦入于六飲。「三曰盎齊」已下，其類可知。

鄭氏鍔曰：大古有明水以爲醴，其後乃有玄酒，玄酒之後，又有五齊，五齊之後，乃有三酒。至于酒，則其味厚矣。味之厚者生于薄〔一〕，味之薄者生于玄，去古益遠，則禮文益變。然五齊雖生于玄酒，而五者之中，亦自有厚薄之齊，自泛之醴，自醴之盎，自盎之緹，自緹之沈，非惟色不同也，味亦不同，非唯厚薄不同，清濁又不同，其齊不同則其名不同，其名不同則不可以不辨，故使酒正辨之。蓋玄一變，始有泛齊，成而泛泛然，而滓則浮而上；泛齊一變，始有醴齊，成而汁滓相將，其體則厚而甜；醴齊一變，始有盎齊，成而滃滃然，其味得中；過此以往，然後有緹齊，其色紅赤，味已是酒，故名曰緹，緹言其是酒也。禮之近人情者，非其至也。此泛所以處五齊之先，而沈所以處五齊之下，凡此皆用以事神。記曰：「玄酒在室，醴醆在户，粢醍在堂，澄酒在下，是謂承天之祜。」又曰：「醴齊在室，醍酒在堂，澄酒在下，示民不淫也。」醆則盎爾，澄則沈爾。酒正辨其三酒、四漿之物，因名然後有實也。

辨三酒之物，一曰事酒，二曰昔酒，三曰清酒。注：鄭司農云：「事酒，有事而飲也。昔酒，無事而飲也。清酒，祭祀之酒。」玄謂事酒，酌有事者之酒，其酒則今之醳酒也。昔酒，今之酋久白酒，

〔一〕「生」，諸本作「先」，據周禮訂義卷八改。

所謂舊醳者也。清酒，今中山冬釀，接夏而成。　疏：「一曰事酒」者，酌有事人飲之，故以「事」上名酒也。「二曰昔酒」者，久釀乃熟，故以昔酒爲名。「三曰清酒」者，此酒更久于昔，故以清爲號，祭祀用之。此昔酒、清酒，皆以酒上爲名也。事酒，冬釀春成，以漢之醳酒況之，昔亦遠久之義，故以漢之酋久白酒況之。但昔酒對事酒爲清者，若對清酒則爲白，故曰酋久白酒也。故晉語云「味厚實昔毒」，酒久則毒也。云「所謂舊醳」者，按禮記郊特牲云「猶明清與醆酒于舊醳之酒也」，彼上注云：「明酌者，事酒之上也。」醆酒盎齊，泲于舊醳之酒。三酒除事酒、清酒，則云舊醳，是昔酒可知也。對事酒爲新醳，昔酒爲舊醳，清酒不得醳名。中山，郡名，故魏都賦云：「醇酎中山，沈湎千日。」

鄭氏鍔曰：昔之爲言宿昔之意，謂日久而漸清之酒也。記禮曰昔，猶明清與醆酒于舊醳之酒。所謂舊醳之酒者，昔酒也。唯其涗而久，故謂之舊醳。逮其後也，遂有清酒，其色益清，明記禮所謂「醆酒涗于清」是也。醆酒，盎齊也。盎齊差清，又以清酒涗之，則知清酒之爲大清矣。

史氏浩曰：事者，方有事于糟漉。昔者，熟之而可久。清者，澄之而可飲。

郝氏敬曰：辨者，酒正不自造，掌其法以辨之而已。齊、劑同，水米麯相劑和也。米將化浮漲曰泛，既變成糟曰醴，糟發上溢曰盎，糟久凝結如緹帛曰緹，糟粃盡化，其下清汁曰沈。此五齊，皆糟米泲者，泲其糟成酒。事酒，有事新造者，如少牢禮卜吉，宰乃命爲酒是也。昔酒，昔所久造者。清酒，造久澄清者。

王氏應電曰：事酒，因事而釀，釀畢即漉，所謂濁醪也。昔酒，久釀乃熟，其味最厚，所謂舊醳也。

清酒者，熟而停久，其色清，其味醇，即詩所謂「祭以清酒」也。

陳氏禮書：濁莫如五齊，清莫如三酒。祭祀有五齊，以神事之也。三酒以人養之也。酒正言，凡祭祀，則天地、宗廟、社稷諸神之祭，皆有五齊、三酒。

禮記郊特牲：酒醴之美，玄酒、明水之尚，貴五味之本也。注：明水，司烜以陰鑑所取于月之水也。

祭齊加明水，報陰也。注：齊，五齊也。五齊加明水，則三酒加玄酒也。

明水涚齊，貴新也。注：涚，猶清也。五齊濁，泲之使清，謂之涚齊，及取明水，皆貴新也。

其謂之明水也，由主人之絜著此水也。注：著，猶成也。言主人齊絜，此水乃成。

右酒醴

犧牲

商書湯誥：敢用玄牡。集注：夏尚黑，未變其禮也。

周書召誥：用牲于郊，牛二。

蕙田案：牛二，説各不同。詳見後特牲及享牛、求牛條下。

禮記郊特牲疏：郊所以用特牲者，天帝至尊，無物可稱，故用特牲。郊與配坐皆特牲，故下文云：「養牲必養二，帝牛不吉，以爲稷牛。」又召誥云「用牲于郊，牛二」是也。

蕙田案：召誥用牲于郊，牛二。社于新邑，牛一，羊一，豕一。特牲疏云：「天神尊貴，故止一特。」愚謂天神對地祇、人鬼，特牲當對羊、豕，蓋不兼羊、豕，謂之特，非必不可有二謂之特也。注疏諸家，拘泥止用一牛，而圜丘祀天燔柴實牲體，郊事有全脅，用之燔則無以祀，用之祀則無以燔，于是有分牲體供二處所用之説，祭畢燔牲體之説，帝牛、稷牛之説，皆牽鑿也。不知雖有二牛，一燔一祀，不害其爲正祭之特也。南北郊，各用特，不害其爲更有燔牛、瘞牛、稷牛也。如此，則郊祀用牲之説可通矣。

禮器：祭天特牲。疏：特，一也。天神尊貴，故止一特也。

周禮地官牧人：凡陽祀，用騂牲，毛之。注：陽祀，祭天于南郊也。毛之，取純毛也。

疏：昊天牲用蒼，唯郊天不見牲色，在此陽祀之中可知。郊特牲曰：郊之祭也，牲用騂。是南郊用騂也。

鄭氏鍔曰：祭祀用物，必有其由，其一以禮神，其一以祀神。祀神之物從其類，故陽騂而陰黝；禮神之物象其功，故天蒼而地黄。大宗伯言其禮神者，故以禮言；牧人言其祀神者，故以祀言。禮經之文，本無牴牾也。

禮記祭法：燔柴于泰壇，用騂犢。注：陰祀用黝牲，與天俱用犢，連言爾。疏：按牧人云：「陰祀用黝牲，毛之。」鄭注云：陰祀，祭地北郊及社稷也。又郊特牲云：「郊之用犢，貴誠也。」彼文雖主南郊，其北郊與天相對，故知俱用犢也。

陳氏澔曰：周禮陽祀用騂牲，陰祀用黝牲，此并言騂犢者，以周人尚赤，而所謂陰祀者，或是他祀與？

郊特牲：牲用騂，尚赤也。用犢，貴誠也。注：尚赤者，周也。犢者，誠慤，未有牝牡之情，是以小爲貴也。

楊氏復曰：鄭氏謂以蒼璧禮天，牲幣各放其方之色，則當用蒼犢。祭法乃云「用騂犢」，其色不同，故以蒼璧、蒼犢爲祀昊天圜丘所用，以騂犢爲祀感生帝南郊所用，鄭玄、王肅兩家問難，備見郊特牲疏。愚竊以理推之，天道渾全，陰陽五行俱備，不比五方，各偏主一色，遠望則其色蒼，純陽則其色赤，故說卦曰：「乾爲大赤。」故周爲赤色，用騂犢。又如夏用玄牡，殷用白牡，亦是天道渾全，不偏主一色，又何以蒼璧爲疑？

陳氏禮書：大宗伯牲幣各放其器之色，則天牲以蒼而不以騂，地牲以黄而不以黝者。蓋騂者，陽之盛色，陽祀以騂爲主，而不必皆騂；黝者，陰之盛色，陰祀以黝爲主，而不必皆黝。則牧人所言，亦其大率而已。郊特牲之騂犢，閟宮之騂犧，此祀天之用騂者也。旱麓、信南山之騂牡，閟宮之騂剛，洛誥之騂牛，此宗廟之用騂者也。爾雅曰「黃牛黑脣曰犉」，詩曰「殺時犉牡」，此社稷之用黝者也。詩曰：「來方禋祀，以其騂黑。」則四方有用騂黑者矣。孔子曰：「犁牛之子騂且角，山川其舍諸？」則山川亦有用騂者矣。

牲孕弗食也，祭帝弗用也。注：孕，任子也。

陸氏佃曰：據此「牲孕弗食也，祭帝弗用也」，祭天容或乏少用牝犢也。蓋今用犢甚少，尚患難得，其殺時不令母見，始能割愛，不爾不復食草，鳴喚至死乃已。傳所謂「猶懷老牛舐犢之愛」，豈虛言哉！經曰「天地之牛角繭栗」，其所謂繭栗與牡，正也。公羊傳曰：「魯祭周公，何以爲牲？周公用白牡，魯公用騂剛，群公不毛。」群公不毛，雖曰少貶，亦用其騂，有不能給。由是觀之，雖周宗廟，亦有通法存焉。蓋聖人有以見天下之動而觀其會通，以行其典禮宜如此。

羅氏泌路史：或曰孟春之月，山川林澤，犧牲無用牝，則非孟春、非山澤，牲用牝矣。郊特牲云：天子，牲孕弗食也，祭帝弗用也。鄭謂任子曰孕。祭帝之牲，必孕然後弗用，則不孕之牝，若可以祭帝矣？曰，否。天地、宗廟、社稷牲，唯牡也。敢用玄牡，此天地之牲也。從以騂牡，則宗廟之牲；而奉時犉牡者，社稷之牲也。孕者，牝牡之爲通，非特爲任子也。奔騰之時，牲雖牡通，孕則非犢矣，故弗食于天子，弗用于帝，蓋取所謂貴誠者，非用牝。

王制：祭天地之牛角繭栗。

陸氏佃曰：言繭，又言栗者，言雖如栗亦可。

徐氏師曾曰：如繭如栗也。

國語楚語：郊禘不過繭栗。

周禮地官牛人：凡祭祀，共其享牛、求牛，以授職人而芻之。注：鄭司農云：「享牛，前祭一日之牛也。求牛，禱于鬼神，所求福之牛也。」共，謂享獻也。獻神之牛，謂所以祭者。求，終也。終事之牛，謂所以繹者也。

劉氏小傳：凡求，讀如逑，逑，配也。配神者之牛，以郊禮言之。享牛，所謂帝牛。求牛，所謂稷牛。周書召誥：用牲于郊，牛二。

羅氏泌路史：享牛者，祀神之牛。求牛者，降神之牛也。

陳氏禮書：牛有卜而後用者，有用而不必卜者。享牛，卜而後用。求牛，用而不必卜。職人、充人、司門之類是也。然則稷牛惟具，而先王之牛必卜，何也？稷祀于郊，則屈而不伸，故用求牛，而與帝牛異；先王享于廟，則伸而無屈，故用享牛，而與帝牛同。

高氏愈曰：享牛，饗先王之牛，所謂宗廟之牛角握者。求、捄通，角小貌，即所謂祭天地之牛角繭栗者。

蕙田案：享牛、求牛，鄭注專指宗廟之祭，疏及劉氏以求牛爲郊祀配神之牛，即傳所云稷牛。路史以爲燔柴求神之牛，高氏又以享牛爲宗廟之牛，求牛謂祭天之牛，今考經文云「凡祭祀」，夫祭祀言凡，則天地宗廟皆有，如鄭氏説，則專主宗廟，劉氏又專指郊祀，似俱未妥。唯陳氏禮書謂享牛卜而後用，求牛用而不卜，全不拘泥何祭所用，似爲得之。蓋祭祀惟享帝、享先王，正祭之牛，卜而後用，餘皆臨時求取。公羊傳云「唯具是視」是也。況享牛雖既卜吉，亦有時而更換，注所云「遭災」是也。他如禮天之燔牛，配帝之稷牛，祭地之瘞牛，終事之繹牛，牛人不得不多爲儲畜，以備求取，則均謂之求牛可也。至羅氏專以爲燔牛，亦太泥。而高氏則求牛仍是享牛，更爲臆説。

又按召誥「用牲于郊，牛二」。疏及劉氏謂帝牛、稷牛，路史謂求神、祀神二牛，蔡傳謂郊祭天地，故用二牛。按二牛，即特牲也。陳用之謂祀天祭地謂之郊同，其用特牲亦同，説是。餘恐附會。

牧人：凡祭祀，共其犧牲，以授充人繫之。疏：牧人養牲，臨祭前三月，授與充人繫養之。

春官肆師：大祭祀，展犧牲，繫于牢，頒于職人。注：職人，謂充人。

王氏昭禹曰：牛人、牧人，共牲者也。共牲，然後肆師從而展，則職人非牛人。充人〔一〕：「凡散祭祀，繫于國門。」則職人非門人矣。職人，其充人之謂。充人而曰職人，以職其事故也。

地官充人：掌繫祭祀之牲牷〔二〕，繫于牢，芻之三月。注：牢，閑也。必有閑者，防禽獸觸齧。養牛羊曰芻，三月，一時節氣成。疏：總養天地宗廟之牲。

王氏昭禹曰：記曰「三月繫」，又曰「帝牲必在滌三月」。傳曰芻豢遠不過三月，近不過浹旬，在滌三月，繫于牢之時也。

禮記郊特牲：帝牛不吉，以爲稷牛。帝牛必在滌三月，稷牛惟具，所以別事天神與人鬼也。注：養牲必養二也。滌，牢中所搜除處也。惟具，遭時又選可用也。疏：遭時，謂帝牲遭災之時，既用稷牲，其祀稷牲，臨時選其可用者。凡帝牲、稷牲，初時皆卜，取其牲繫于牢，芻之三月，若

〔一〕「充人」，諸本作「牧人」，據周禮注疏卷一三改。
〔二〕「牲牷」，諸本誤倒，據周禮注疏卷一三乙正。

臨時有故，乃變之也。

春秋宣三年公羊傳：養牲養二，卜帝牲不吉，則扳稷牲而卜之，帝牲在于滌三月。于稷者唯具是視。注：滌，宫名，養帝牲三牢之處也，謂之滌者，取其蕩滌潔清。三牢者，各主一月，取三月一時，足以充其天牲。于稷者，視其身體具無災害而已，不特養于滌宫，所以降稷尊帝。

國語楚語：楚昭王問于觀射父，曰：「芻豢幾何？」對曰：「遠不過三月，近不過浹日。」

禮記月令：季夏之月，命四監大合百縣之秩芻，以養犧牲。令民無不咸出其力，以共皇天上帝之神。注：四監，主山林川澤之官。百縣，鄉遂之屬。

馬氏晞孟曰：令民無不咸出其力，則所謂祭祀者非獨恭也，謂民力之普存也。以供皇天上帝之神，以爲民祈福，則爲民神之主也〔一〕。故帝王先成民，而後致力于神。

仲秋之月，乃命宰祝循行犧牲，視全具，案芻豢，瞻肥瘠，察物色，必比類，量大小，視長短，皆中度。五者備當，上帝其饗。注：于鳥獸充肥之時，宜省群牲也。五者，謂所視、所案、所瞻、所察、所量也，此皆得其正，則上帝饗之。疏：視全具，亦宰祝所視也。純色曰犧，體完曰全，食草曰芻，食穀曰豢。物色，騂黝之別也。已行故事曰比，品物相隨曰類。大謂牛羊豕成牲者，小謂

〔一〕「爲民祈福則」，原脱，據味經窩本、乾隆本、光緒本補。

羔豚之屬。長短者，謂角繭栗、角握之屬。上帝，天也。

季冬之月，乃命太史次諸侯之列，賦之犧牲，以供皇天上帝之饗。注：此所與諸侯共者也。列國有大小，賦之犧牲，大者出多，小者出少。饗，獻也。疏：列，次也。來歲祭祀，所須犧牲，出諸侯之國。諸侯同王南面，專王之土，故命之出牲，以與王共事天地也。

祭義：古者，天子諸侯必有養獸之官，及歲時，齊戒沐浴而躬朝之。犧牷祭牲必于是取之，敬之至也。君召牛，納而視之，擇其毛而卜之，吉，然後養之。君皮弁素積，朔月、月半君巡牲，所以致力，孝之至也。注：歲時，齊戒沐浴而躬朝之，謂將祭祀，卜牲。君朔月、月半巡視之，君召牛，納而視之，更本擇牲意。

方氏慤曰：自「養獸之官」而下所云，即牧人阜蕃其物之時也。自「君召牛」而下所云，即充人繫于牢之時也。君召牛納而視之，所謂展牲是也。擇其毛，所謂騂牲、黝牲是也。卜之吉，然後養之，所謂「帝牛不吉，以爲稷牛」是也。未卜，止謂之牛；既卜，乃謂之牲；召之則未卜，故曰牛；巡之則卜之矣，故曰牲。上言祭牲者，蓋取之將以爲祭牲故也。

陳氏禮書：純謂之牷，完謂之犧。故禮記言毛以告全，左傳言雄雞自斷其尾，憚其爲犧，則牷之純在色，犧之完在體也。然牷者亦必完，犧者亦必純。禮凡言牷物，其爲犧可知也。凡言犧牲，其爲純可知也。湯之告天地以玄牡，用夏禮也。揚子雲曰：「玄牛騂白，其升于廟乎？」兼三代之禮言之也。先王之于牲，以牡爲貴而賤其牝，以小爲貴而賤其大，以純爲貴而賤其尨，以充美爲貴而去其疾。故書曰「敢用玄牡」，詩曰「白牡騂剛」「從以騂牡」，又曰「殺時犉牡」。此以牡爲貴也。楚語曰：「郊禘不過繭栗。」記曰：「祭天地之牛角繭栗。」此以小爲貴者也。

右犧牲

籩豆之實

周禮天官籩人：掌四籩之實。其實麷、蕡、白、黑、形鹽、膴、鮑魚、鱐。棗、栗、桃、乾橑、榛實。蔆、芡、栗、脯。糗餌、粉餈。注：籩，其容實皆四升。蕡，枲實也。鄭司農云：「麥曰麷，麻曰蕡，稻曰白，黍曰黑。築鹽以爲虎形，故春秋傳曰：鹽虎形。」玄謂形鹽，鹽之似虎者。膴，牒生魚爲大臠。鮑者，于楅室中糗乾之。鱐者，析乾之。王者備物，近者腥之，遠者乾之，因其宜也。乾橑，乾梅也。有桃諸、梅諸，是其乾者。榛，似栗而小。蔆，芰也。芡，雞頭也。故書「餈」作「茨」。鄭司農云：「糗，熬大豆與米也。粉，豆屑也。『茨』字，或作『餈』，謂乾餌餅之也。」玄謂此二物皆粉稻米黍米所爲也。合蒸曰餌，餅之曰餈。糗者，搗粉熬大豆爲餌，餈之黏著，以粉之耳。餌言糗，餈言粉，互相足。

蔡氏德晉曰：天子日四飯，有四籩四豆，祭祀一切陳之。麷，熬麥也。蕡，熬麻子也。白，熬稻也。黑，熬黍也。鮑魚，魚之火焙而乾者。魚鱐，魚之自暴而乾者。餌，餅也，熬之故曰糗。餈，糕也，磨米成粉而合蒸之，因以粉言也。

醢人：掌四豆之實。其實韭菹、醓醢，昌本、麋臡，菁菹、鹿臡，茆菹、麋臡。葵菹、蠃醢，脾析、蠯醢，蜃、蚳醢，豚拍、魚醢。芹菹、兔醢，深蒲、醓醢，箈菹、雁醢，筍菹、魚醢。酏食、糝食。注：醢，肉汁也。昌本，昌蒲根，切之四寸爲菹。三臡，亦醢也。作醢及臡者，必先膊乾其肉，乃後莝之，雜以粱麴及鹽，漬以美酒，塗置瓶中，百日則成矣。鄭司農云：「麋臡，麋肝髓醢。或曰醬也。有骨爲臡，無骨爲醢。菁菹，韭菹。」鄭大夫讀茆爲茅。茅菹，茅初生。或曰茆，水草。杜子春讀茆爲卯，玄謂菁，蔓菁也。茆，鳧葵也。凡菹醢，皆以氣味相成，其狀未聞。蠃，螔蝓。蜃，大蛤。蚳，蛾子。鄭司農云「脾析，牛百葉也。蠯，蛤也」。鄭大夫、杜子春皆以拍爲膊，謂脅也。或曰豚拍，肩也。芹，楚葵也。鄭司農云：「深蒲，蒲蒻入水深，故曰深蒲。或曰深蒲，桑耳。醓醢，肉醬也。箈，水中魚衣。」故書「雁」或爲「鶉」。杜子春云：「當爲雁。」玄謂深蒲，蒲始生水中子。箈，箭萌。筍，竹萌。酏，餰也。內則曰：「取稻米舉糔溲之，小切狼臅膏，以與稻米爲餰。」又曰：「糝，取牛羊豕之肉三如一，小切之，稻米二肉一，合以爲餌，煎之。」

蔡氏德晉曰：菹有菜有肉，全物若䐑爲菹，其細切者爲齏，此節不言菹者，皆齏也。醓醢，醢之多汁者。茆，鳬葵，即蓴菜也。麋，獐也。凡菹醢，皆以水草獸物氣味相成者爲之，如韭菹，則宜醓醢，昌本，則宜麋臡也。醓醢、魚醢，獨重見者，以醓魚之屬非一故也。酏，餈也，以狼膏合稻米煎之爲酏，牛羊豕肉合稻米煎之爲糝，二者，内羞也。

禮記郊特牲：籩豆之實，水土之品也。不敢用褻味而貴多品，所以交于旦明之義也。注：水土之品，言非人常所食。旦當爲神。

醯醢之美，而煎鹽之尚，貴天産也。疏：「貴天産也」者，餘物皆人功和合爲之，鹽則天産自然，故云貴天産也。言「煎」者，煎此自然之鹽練治之也。言煎鹽之尚者，皇氏云：「設之於醯醢之上，故云尚。」熊云：「煎鹽，祭天所用，故云尚。」義俱通。

蕙田案：籩豆之實，郊祭無明證。而周禮籩人、醢人有供「凡祭祀」之文，則郊祭未必不統之。鄭注專謂四時禘祫，拘矣。地官舍人職：「凡祭祀，共簠簋。」賈疏：「祭祀言凡，則天地宗廟皆有，故云凡以廣之。」則賈已異于鄭矣。郊特牲「醯醢煎鹽之尚」，貫于祭天條下，明確可證。夫祭必備物，記云：「一獻之禮，不足以大饗；大饗之禮，不足以大旅；大旅具矣，不足以饗帝。」詎云饗帝之物，反不如常祭乎？

右籩豆之實

器用

禮記禮器：越席。疏：越席，蒲席也。

郊特牲：蒲越、稾鞂之尚，明之也。注：蒲越、稾鞂，藉神席也。明之者，神明之也。疏：凡常居，下莞上簟。祭天，則蒲越、稾鞂之尚也。「明之也」者，釋所以祭天用蒲越、稾鞂之意。今禮及隋禮，稾鞂爲祭天席，蒲越爲配帝席，俱藉神也。

陳氏禮書：德産之致精微，盡天下之物，無以稱其德，故特報以内心之誠而已。則藉用稾鞂、越席，稾鞂本于天然，越席出于人爲，人爲者不若自然之尤質，故大路用焉，則越不施于天神可知。

蕙田案：埽地而祭，故以稾鞂藉神也。

器用陶匏，以象天地之性也。疏：陶謂瓦器，謂酒尊及豆簋之屬，故周禮旊人爲簋。匏，酒爵。○「郊特牲而社稷太牢」，疏曰：祭天之器，則用陶匏。陶，瓦器，以薦菹醢之屬。故詩生民述后稷郊天云「于豆于登」，注云：「木曰豆，瓦曰登。」是用薦物也。匏酌獻酒，故詩大雅美公劉云「酌之用匏」，注云：「儉以質。」祭天尚質，故酌亦用匏爲罇。

方氏慤曰：此主祭天，而器之所象，乃並言地者，蓋地道無成而代有終，象地之性，亦所以歸功于天也。

通典：罇及薦葅醢器，並以瓦，爵以匏片爲之。

禮器：犧尊，疏布鼏，樿杓。注：鼏，或作「冪」。樿，木白理也。疏：祭天既用陶匏，蓋以瓦爲尊，畫犧羽于其上，或謂用犧爲尊，是夏、殷禮也。疏，粗也。鼏，覆也。謂郊天時，以麤布爲巾以覆尊。天地之神，尚質也。樿，白理木也。鄭注周禮亦云：「祭天爵不用玉也。」

陸氏佃曰：冪人：祭祀，以疏布巾冪八尊，以畫布巾冪六彝。不尊于郊也。所謂越席，蓋亦以此。凡木不飾爲樿，樿櫛，樿勺是也。蓋若龍勺、疏勺、蒲勺，則于杓加飾矣。

陳氏禮書：冪人疏布巾冪八尊，畫布巾冪六彝。禮曰：犧尊疏布冪，樿勺以素爲貴。又曰：「器用陶匏。」孔穎達謂祭天以瓦爲尊，畫犧于上，或曰夏、商禮。然明堂位曰：「犧象，周尊也。」非夏、商尊，其以瓦爲之，畫犧其上，理或然也。

又曰：八尊以獻，及于天地，故巾疏而不畫。六彝以裸，施于宗廟，故巾畫而不疏。冪人言「疏布巾」，則畫用精者可知，言畫布巾，則疏之不畫可知。巾以覆爲用，象天之體。

又曰：尊巾以疏布，而勺無飾，以素爲貴也。樿，白理木，與喪士素勺異矣。勺以挹齊酒、明水，故其飾如此。考工記梓人爲飲器，勺一升，爵一升。儀禮加勺于尊，皆南枋，則勺者，北面也，每尊皆加勺，則尊不共勺也。

郊特牲：疏布之尚，反女功之始也。疏：禮器云：「犧尊，疏布冪。」是疏布之尚也。

方氏慤曰：布之精者升多而密，粗者升少而疏。女功之作，始于粗，而後至于精。以疏布之尚，故曰「反女功之始也」。

鼎俎奇而籩豆偶，陰陽之義也。注：牲，陽也。庶物，陰也。疏：按宗伯云：「以天産作陰德。」注云：「天産者動物，謂六牲之屬。」動物故爲陽也。庶物雖出于牲體，雜以植物相和，非復牲之全體，故爲陰也。

附辨鄭氏「獻讀犧，犧讀沙」：

春官司尊彝：「其朝踐用兩獻尊。」鄭司農云：「獻讀爲犧。犧尊，飾以翡翠。」疏：翡赤翠青爲飾。

魯頌：「犧尊將將。」毛傳：「犧尊有沙飾。」疏：沙，羽飾，與司農飾以翡翠意同。

蕙田案：此以獻尊爲犧尊，而飾以翡翠。

明堂位：「尊用犧象。」鄭注：犧尊以沙爲畫飾。疏：犧讀如沙，沙，鳳凰也。刻畫鳳凰之象於尊，其形婆娑然。或作「獻」字，齊人之聲誤耳。陸元朗曰：刻鳳凰於尊，其形婆娑然。

蕙田案：此以犧尊爲沙尊，而畫以鳳凰。

魯頌疏：阮諶禮圖云：犧尊飾以牛，象尊飾以象，於尊腹之上，畫爲牛、象之形。

蕙田案：此以犧尊爲義尊，而畫爲牛形。

王氏肅曰：太和中，魯郡於地中得齊大夫子尾送女器，有犧尊，以犧牛爲尊。然則象尊，尊爲象形也。○孔穎達曰：王肅此言，以二尊形如牛、象，而背上負尊，皆讀犧爲羲，與毛、鄭異義。

蕙田案：此以犧尊爲義尊，形如牛，而背上負尊。

鄭氏鍔曰：「獻」字，本「戲」字，誤轉爲「獻」。毛詩傳謂之犧尊，犧與戲字同音。奈何康成讀犧爲素何切，鑿爲之説，曰畫爲牛形，婆娑然，甚無理。春而耕，耕必資牛，故春之尊爲犧牛之形。

楊氏簡曰：犧尊有沙牛之象。嘗官楚東，知彼俗以牛之大者爲沙，牛之爲物，重遲而順者也，人之所以去道遠者，以其輕肆放逸，故多違也。睹犧之象，必不萌輕肆之心，心不輕肆，則道未嘗不在我。而陸德明輒更之曰沙尊，蓋曰毛詩傳犧尊有沙飾，孔疏不知牛之爲沙，謂爲羽飾，故讀沙爲娑，陸承其誤，又并改犧爲沙，差之又差，妄謂本之毛、鄭，受毛、鄭誤甚矣。太和中，魯郡於地中得齊大夫子尾送女器，有犧尊爲牛形，厥驗明著。禮經之曰犧尊者，不勝其多，何得每更曰娑？殊滋後人之惑。周禮司尊彝「朝踐用兩獻尊」，鄭司農又讀獻爲犧。明堂位曰：「犧尊，周尊也。」爲一代之所尚，獻必首用之，故亦曰獻尊，何以改讀爲？何氏楷曰：犧尊之制未詳。明堂位云：「犧象，周尊也。」阮諶禮圖、王肅二説，未知孰是。乃周禮既以犧爲獻，而漢儒又讀犧爲娑，故毛傳解犧尊云「有沙飾也」。陸元朗亦云：「刻鳳凰於尊，其羽形婆娑然。」而鄭司農則謂犧尊飾以翡翠，象尊以象鳳凰，或曰以象骨飾尊。愚按：如此解犧，去之更遠。顧起元云：古者犧通爲戲，以其字音之相同；戲或爲獻，以其字文之相近。婆娑同音，犧之爲娑，亦如皮之爲婆，儀之爲莪，「犧尊將將」之上文「享以騂犧」，叶「降福孔多」，一詩之中，具有顯證，騂犧尚且音娑，則犧尊之犧，非緣酒尊而異其音也。知犧尊所以音娑，則尊當爲牛，而鳳羽、婆娑之説非也。又可知象尊爲象，而象骨飾尊之説非也。蔡條云：徽宗崇尚古器，遂盡見三代典禮文章，而讀先儒解説，殆有可哂者。其犧、象二尊，正如王肅所言，全作牛、象形，康成、阮諶之説，盡臆度耳。

蕙田案：注疏獻讀爲犧，以爲聲誤，犧讀爲沙，以爲羽飾。阮諶以爲畫爲牛形，王肅以爲直作牛形，後儒鄭鍔、楊簡、何楷皆從王肅，據此，則犧當如字，固不必讀爲沙也。明堂位以犧爲周尊，是周之獻，以犧爲首，故直曰獻尊。獻亦當如字，不必讀爲犧也。鄭、何雖正婆娑之非，而猶從誤轉之說，唯慈湖精核不可易。

右器用

五禮通考卷四

吉禮四

圜丘祀天

服冕

禮記王制：有虞氏皇而祭，陸德明釋文作「翌」，音皇，本又作「皇」。夏后氏收而祭，殷人冔而祭，周人冕而祭。注：皇，冕屬也，畫羽飾也。凡冕屬，其服皆玄上纁下。疏：皇與下冕相對，故爲冕屬。案周禮有「設皇邸」，又云「有皇舞」，皆爲鳳凰之字，鳳羽五采，故云畫羽飾之。

周禮天官内宰：中春，詔后帥外内命婦始蠶於北郊，以爲祭服。注：蠶於北郊，婦人以純陰爲尊。郊必有公桑蠶室焉。　疏：仲春二月，告后帥領外命婦、諸臣之妻、内命婦、三夫人已下，始蠶北郊。蠶事既畢，遂朱緑之、玄黄之，以爲祭服也。　案月令三月后妃親東鄉躬桑，此二月始蠶者，亦謂浴種，至三月臨生蠶之時，又浴種，乃生之，故設文有異也。

禮記祭統：王后蠶於北郊，以供純服。　注：純服，亦冕服也。互言之爾。純以見繒色，冕以著祭服。　疏：天子云純，諸侯云冕。冕，祭服，故知純亦是祭服。天子有衣色，諸侯亦有衣色，是其互也。　鄭氏之意，凡言純者，其義有二：一絲傍才，是古之緇字；一絲傍屯，是純字。但書文相亂，雖是「緇」字，並皆作「純」。

月令：季春之月，后妃齊戒，親東鄉躬桑，禁婦女毋觀，省婦使，以勸蠶事。蠶事既登，分繭稱絲效功，以共郊廟之服，無有敢惰。　注：后妃親採桑，示率先天下也。東鄉者，鄉時氣也。

孟夏之月，蠶事畢，后妃獻繭，乃收繭税，以桑爲均，貴賤長幼如一，以給郊廟之服。　注：后妃獻繭者，内命婦獻繭于后妃。收繭税者，收于外命婦。

季夏之月，令婦官染采，黼黻文章，必以法故，無或差貸，以給郊廟祭祀之服。　注：婦官，染人也。　疏：染，五色之采，白與黑謂之黼，黑與青謂之黻，青與赤謂之文，赤與白謂之章，然必有舊法故事，無得有參差貸變。

周禮天官典絲：凡祭祀，共黼畫組就之物。注：以給衣服冕旒及依盥巾之屬。白與黑謂之黼，采色一成曰就。疏：言凡祭祀天地、宗廟、社稷、山川之等，故言「凡」以廣之。云「共黼畫」者，凡祭服皆畫衣繡裳，但裳繡須絲，衣畫不須絲，而言共絲者，大夫以上裳皆先染絲，則玄衣亦須絲爲之乃畫，故兼衣畫而言之也。「組就」者，謂以組爲冕旒之就，故組就連言之。云「之物」者，謂絲之物色共之。

夏官弁師：掌王之五冕，皆玄冕，朱裏，延，紐，五采繅十有二，就皆五采玉十有二，玉笄，朱紘。注：冕服有六，而言五冕者，大裘之冕蓋無旒，不聯數也。

蕙田案：郊特牲「王被衮以象天，戴冕，璪十有二旒」，是大裘之冕，即五冕之衮冕，非别有一冕也。鄭氏誤謂大裘不被衮，又泥于「大裘而冕」之文，不得已爲「有冕無旒」之説，不知有冕無旒，玄冕也。玄冕，祭群小祀之服，今乃服以祀天，不亦悖乎？

禮記玉藻：天子玉藻，十有二旒，前後邃延，龍卷以祭。注：祭先王之服也。

馬氏晞孟曰：冕之爲物，後方而前圓，後仰而前俛，有延在上，有旒在下，視之則延長，察之則深邃。冕止于五，則大裘而冕，與衮冕一矣。蓋祀昊天則大裘而加冕，享先王則服衮而已。周官于祀昊天不言衮，則用衮可知也。記于龍衮言以祭，不言所祭，則昊天、先王可知也。

蕙田案：馬氏謂龍卷以祭，兼昊天、先王，極是。可正鄭氏之謬。

周禮天官司裘：掌爲大裘，以共王祀天之服。注：鄭司農云：「大裘，黑羔裘，服以祀天，示質。」疏：言大者，以其祭天地之服，故以大言之，非謂裘體侈大，則義同于大射也。先鄭知「大裘黑羔裘」者，祭服皆玄上纁下，明此裘亦羔裘之黑者，故知大裘黑羔裘。又云「服以祀天，示質」者，以其衮已下，皆有采章，爲此大裘更無采章，故云質。案鄭志「大裘之上，又有玄衣，與裘同色」，亦是無文采。

鄭氏鍔曰：掌爲大裘以祀天，與特牲之文不協。然記禮之言衣裘，皆爲有衣以爲裼，裼，覆也，爲其褻，故必覆之。其説以爲表裘不入公門，入公門尚不敢，況敢表裘以祀天乎？冬至之祀以寒故服裘，于裘之上則被衮衣，裘被衮，則同一冕，故司服掌王之服六而冕有五。然則特牲言被衮，周禮言大裘，雖若不協，其實一也。記禮者，有不敢服裘而被冕之義，則大裘不裼之文，又有大裘冕無旒之論，皆不足據也。

方氏苞曰：他職曰祀五帝、旅上帝，獨此云祀天者，明此服本共圜丘之祭，非四郊所通用也。夏秋迎氣，無服裘之理，況方澤乎？自公彦引孝經緯鈎命訣，謂祭地亦服大裘，歷代難之，議禮者莫能辨，不知此公彦之臆説耳，孝經緯鈎命訣亦無是也。彼稱祭地之禮與天同，謂其尊同，牲玉之數、拜獻之節不異耳，玉幣以陰陽異色，則裘服亦以寒暑異施可知矣。且舍大裘，其餘冕服皆同，亦不害其爲衣服之同也。屨人職「凡四時之祭祀，以宜服之」，況裘冕乎？

蕙田案：中庸「齊明盛服，以承祭祀」。盛服，謂冕服也。春官司服掌五冕，自衮以下，公侯至卿大夫以次服之，寧有助祭者服衮冕，而主祭之天子服玄冕乎？大裘而冕者，祭莫大于昊天、先王，而宗廟時享在四仲之月，禘以孟夏，祫以孟冬，大饗在季秋，祈在春夏，祭地在夏至，祀五帝以迎氣，時皆非嚴寒，不必用裘。惟圜丘祀昊天上帝在冬至之日，詩所稱「一之日觱發」者也。周之都在西北，圜丘之壇在南郊，祭之時在平旦，其霜風凜冽，較之祭于屋下爲更甚，故司裘特制大裘，以爲祀天之服，蓋專爲冬至南郊設，而他祭不用也。云大裘而冕，見雖服大裘，而必戴冕，冕與衮相稱，王之冕以衮爲盛，戴冕則被衮可知，禮意甚明。若冕而不衮，成何體制？豈所謂盛服者耶？康成拘泥裘冕、衮冕句法，遂創爲「有冕無旒，裘上有玄衣」之説，後世難以信從，異説紛起，踵訛襲繆，至有盛暑服裘必不可行而廢親祀者。惟宋陸農師謂禮不盛服不充，故大裘襲，可知王被衮以象天，則大裘襲衮可知。大裘襲衮則戴冕，繅十有二旒可知，説最直截。而鄭剛中、陳用之闡發詳盡，可以正注疏之謬，而爲千萬世之準繩也。

又案：鄭氏謂大裘之上有玄衣。夫玄衣，乃無旒玄冕之衣。康成誤看大裘而冕，似裘之外更無衣而但有冕，遂用無旒之玄冕以附會于尚質之説，今有因無旒之冕，即是玄冕，遂併玄衣而附會之，以加于大裘之上，不知其已同于卿大夫助祭之服也。夫裘之外有衣，則郊特牲之説信矣。既知裘之外必有衣，則奚爲不被衮戴冕，而憑臆穿鑿至是耶？

春官司服：祀昊天上帝則服大裘而冕。注：鄭司農云：「大裘，羔裘也。」六服同冕者，首飾尊也。疏：冕名雖同，其旒數則亦有異。

蕙田案：疏「冕名雖同，旒數有異」，其説甚詳，見後。

鄭氏鍔曰：羔裘無經緯之文而有純一之質，無繡繪之巧而有自然之體，謂之大者，惟天體爲甚大，故以名。祀天之裘，惟大裘之上，襲之以衮，故記衮謂之被，言被之于其上。祀天宜尚質，反被以衮者，蓋陶匏、稾秸、圜丘、埽地，雖主乎質，鎮圭之繅以藉，龍旗之日月，四圭之邸，六變之樂，又主乎文，内盡質，外盡文，以盡事天之道。凡冕之制，版廣八寸，長倍之，前圓後方，後仰前俛，飾之布，上玄下朱，圓其前而俛之，向明與物交之義，方其後而仰之，向晦與物藏之義。上玄以象天道之升，下纁以象地道之降，名之曰冕，言當俛以致敬之義。

蔡氏德晉曰：冕，冠也。古者衣冠相配，故衣與冕同稱也。大裘而冕者，服大裘衮衣，襲而不裼，而首則戴冕，繅十有二旒也。十二章者，虞書日一，月二，星辰三，山四，龍五，華蟲六，皆繪于衣；宗彝七，藻八，火九，粉米十，黼十一，黻十二，皆繡于裳。祀天于冬至，服大裘；其祀五帝，惟立春爲然。餘則但服大裘，外之衮衣而已。至夏秋，則其衣亦當以紗爲之，但仍備十二章之制也。

禮記郊特牲：王被衮以象天。注：謂有日月星辰之章，此魯禮也。周禮，昊天上帝則大裘而冕。戴冕，璪十有二旒，則天數也〔一〕。天之大數，不過十二。

家語郊問：天子大裘以黼之，被裘象天，服衮戴冕，璪十有二旒，則天數也。注：大裘爲黼文也，言被之大裘，有象天之文，故被之道路，至太壇而脱之。

陳氏禮書：周官司裘掌爲大裘，以共王祀天之服。司服祀昊天上帝，則服大裘而冕。禮記曰：「郊之祭，王被衮以象天。」然則合周官、禮記而言之，王之祀天，内服大裘，外被龍衮。龍衮，所以襲大裘也。記曰：「裘之裼也，見美也；服之襲也，充美也。」禮不盛，服不充，故大裘不裼，則襲衮可知也。議者以司裘言大裘祀天而不及衮；司服言大裘而冕祀昊天上帝，在衮冕之上；又節服氏衮冕六人，維王之大常，裘冕二人執戈，送逆尸。是衮冕與裘冕不同。謂之大裘而冕則不加衮，是不知先王祀天以冬至之日爲正，而裘又服之本也，故取大裘以名之，猶之朝服，緇衣羔

〔一〕「天」，原脱，據味經窩本、乾隆本、光緒本、禮記正義卷二六補。

裘。而詩獨稱「羔裘如濡」、「羔裘豹袪」、「羔裘逍遥」，燕服玄端、蜡服黄衣，皆狐裘。而詩獨稱「狐裘以朝」、「狐裘蒙茸」、「狐裘黄黄」，則裘之上未嘗無衣也。裘之上未嘗無衣，而衣之下有不用裘，故屨人曰：「凡四時之祭祀，以宜服之。」則凡春夏秋之祀，不必服裘，所以適時之宜而已。由是觀之，衮冕以維太常者，不必有裘；裘冕以送逆尸者，必有衣也。記曰：尸襲而不裼。送逆尸者象之，則裘冕加衮又可知也。古者，犬羊之裘不裼，必襲之也；表裘不入公門，必裼之也。是裘有裼之而不襲，有襲之而不裼，未有表之而不裼、襲者。則徒服大裘而無襲，非禮意也。鄭志謂「大裘之上，又有玄衣」，此尤無據也。夫先王祀天，有文以示外心之勤，有質以示内心之敬〔一〕，故因丘埽地、陶匏稾秸、疏鼏樿杓、素杓素車之類，此因其自然，以示内心之敬者也。執鎮圭，繅藉五采五就，旂龍章而設日月，四圭有邸，八變之音，黄鐘大吕之鈞，此致其文飾，以示外心之勤者也。然則内服大裘，以因其自然，外被龍衮，戴冕璪，以致其文飾，不以内心廢外心，不以自然廢文飾，然後事天之禮盡矣。

〔一〕「内」，原作「外」，據味經窩本、乾隆本、光緒本、禮書卷一改。

楊氏復曰：司服王祀昊天上帝，則大裘而冕。先鄭、後鄭注皆云，大裘之上，又有玄衣，何也？玉藻曰：「君衣狐白裘，錦衣以裼之。君子羔裘豹褎，緇衣以裼之；狐裘，黄衣以裼之。」論語曰：「緇衣羔裘，素衣麑裘，黄衣狐裘。」裘之上未嘗無衣，裘而無衣，則近于褻矣。凡衣必象裘色，凡冕服皆玄上纁下。大裘者，黑羊裘也。玄衣之下用黑羊裘，取其同色也。凡冕服皆玄上纁下，何也？易曰：「黄帝、堯、舜垂衣裳而天下治，蓋取諸乾坤。」乾爲天，其色玄；坤爲地，其色黄。但土旺于季夏，南方屬火，其色赤，黄而兼赤爲纁，故裳用纁也。玉藻曰：「衣正色，裳間色。」鄭注云：「謂冕服，玄上纁下是也。」自黄帝始備衣裳之制，舜觀古人之象，繪日、月、星辰、山、龍、華蟲于衣，繡宗彝、藻、火、粉米、黼、黻于裳，凡十二章，歷代皆然。至周而又備繅、旒之數。郊特牲曰：「祭之日，王被衮以象天，戴冕，繅十有二旒，則天數也。」自衮冕而下，享先公則鷩冕者，不敢以天子之服臨先公也。祀四望山川則毳冕，祭社稷五祀則絺冕，不敢以至尊之服施于所卑也。

周禮春官司服：公之服，自衮冕而下，如王之服；侯伯之服，自鷩冕而下，如公之服；子男之服，自毳冕而下，如侯伯之服；孤之服，自絺冕而下，如子男之服；卿大夫之服，自玄冕而下，如孤之服。凡大祭祀，共其衣服而奉之。注：自公之衮冕至卿大夫之玄冕，皆其朝聘天子及助祭之服。雜記云：大夫冕而祭于公。

鄭氏鍔曰：上公九命，服衮，其章九。王亦被衮，何爲公與王同？余謂學經者，當因經文求先王之制，不當信傳注，以害先王之制。日月星辰登於旌旗，王與公同服九章之衮者，其說出於鄭康成，六經無見也。自後諸儒莫能辨正，今以此經文質之，其理自明。且子男之服，自三章之毳冕而下如侯伯，則上不服鷩冕可知。侯伯之服自五章之鷩冕而下如公，則上不服衮服可知。公之服自衮冕而下如王，則其上不服日月星辰可知。經文謂自衮冕而下，如王之服，則衮服而上之章，非日月星辰而何？有日月星辰，則王服十二章明矣。若夫同服九章，非唯君臣無別，又且與經文之言不合。

聶氏三禮圖：大裘冕無旒，冕廣八寸，長一尺六寸，上玄下纁，以綖覆飾之，其板側，則不用金飾，有紐，玉簪導，以組爲纓，色如綬。衣服令云：大裘以黑羔皮爲之，玄領、褾緣、朱裳、白紗中單，皂領、青褾、襈裾、革帶，玉鉤䚢，大帶，韍，鹿盧玉具劍，火珠鏢首，白玉雙珮，玄組雙大綬，六采，玄、黄、赤、白、縹、緑，純玄質，長二丈四尺五寸，首廣一尺，朱襪，赤舄，祀天神地祇則服之。

陳氏禮書：梁五經博士陸瑋等〔一〕：大裘之制，宜以黑繒爲之，其制或如裘，其裳以纁，皆無文繡，冕則無旒。隋始詔虞世基等憲章古制，定輿乘服，合八等。案周禮大裘之冕無旒，其服羔裘也。準禮

〔一〕「陸瑋」，諸本作「陸緯」，據禮書卷一改。

圖以羔正黑者爲之，取同色繒以爲領袖，其裳用纁而無章飾，絳襪赤舄，祀圜丘、感帝、封禪、五郊、明堂、雩祀，皆服之。今文大裘冕無旒，冕廣八寸，長一尺六寸，深青表纁裏，金飾，玉簪導，以組爲纓，色如其綬，裘以黑羔皮爲之，黑領，褾緣，朱裳。

蕙田案：自梁及隋唐後，皆服黑羔裘，無衣，玄冕，無旒，仍注疏之謬也。至宋神宗，從陸佃之議，服裘被衮，而後先王之制度復明。甚矣，議禮之難。而儒者考訂之功，不可忽也。

附辨鄭氏王服九章：

周禮春官司服鄭注：古天子冕服十二章，至周而以日、月、星辰畫於旌旗，所謂三辰旂旗，昭其明也。而冕服九章，衮五章，裳四章，凡九。鷩衣三章，裳四章，凡七。毳衣三章，裳二章，凡五。希衣一章，裳二章，凡三。玄衣無文，裳刺黼而已。禮記王制「有虞氏皇而祭」注：有虞氏十二章，周九章，夏、殷未聞。「三公一命卷」注：虞夏之制，天子服有日、月、星辰。周禮曰：「諸公之服，自衮冕而下，如王之服。」

楊氏復曰：先儒謂大裘之上有玄衣，玄衣之上有十二章，周止九章，其説皆非是。愚即司服經文孰讀而詳玩之，則知有虞氏十二章，周亦十二章，昭然甚明。公之服自衮冕而下，侯伯之服自鷩冕而下，夫衮冕九章，鷩冕七章，公之服自衮冕而下，推而上之，則天子之服有日、月、星辰之章可知，公之服九章，則天子之服十二章可知，此不待旁引別證，而知鄭説之非矣。舜曰：余欲觀古人之象。蓋十二章，自日、月、星辰而下，從古而然矣。孰謂禮樂大備於周而獨不然乎？郊，所以明天道，取象非一端也。冬至圜丘，大裘而冕，則天之時也；席用藁秸，器用陶匏，則天之質也；服有日、月、星辰之章，則天之明也；璪有十二旒，則天之數也。鄭氏乃謂有虞十二章，至周而以日、月、星辰畫於旌旗，冕服唯有九章，然公自衮冕而下，王又自衮冕而下，君臣同冕，略無區別，必無是理。賈公彦疏云，鄭氏九章，此無正文，並鄭以意解之。則疏家已知其非而不信之矣，唯其並以意解，故後世遵用其説，始有悟其上下之亡等，尊卑之失次者。魏明帝以公卿衮衣黼黻之制，疑於至尊，遂制天子服繡衣，公卿服織文矣。唐長孫無忌以帝祭社稷服絺冕四旒，三章，祭日月服玄冕三旒，衣無章，而三公亞獻服衮，孤卿服毳鷩，貴賤無分，而天子遂止於服衮，他冕盡廢者矣。先王制禮，必本天理人情之公。自上古至於周，天子仰則天數，路十二就，常十二斿，馬十二閑，圭尺二寸，繅十二旒，而冕服之章，莫不皆然。鄭氏謂周以日、月、星辰畫於旌旗，故冕止九章，不知龍登於旂，山登於俎，黼登於扆，九章亦可損乎？前乎康成，如漢明帝用歐陽説義，天子備十二章，三公諸侯用山龍九章，九卿以下用華蟲七章，其説猶用周制也。自鄭氏以意解經，九章之説於是乎始，故行之後世，卒有不厭於人心，并與古制而去之者，可勝歎哉！

林氏之奇曰：夫子於四代禮樂，特曰服周之冕，取其文之備，尊卑之有辨也。何得至周，反去三辰之飾，蓋不過據左氏三辰旂旗之文。左氏謂旗有三辰，何嘗謂衣無三辰耶？又謂上公九章，而王亦九章，將何所别周公制禮，防亂萬世，乃至於無别。與郊特牲云：「祭之日，王被衮以象天。」則十二章備，鄭氏謂有日、月、星辰之章，此魯禮也。夫被衮以象天，周制固然也，何魯之足云？豈有周制止九章，魯乃加以十二之理乎？

劉氏執中曰：書稱舜曰：「予欲觀古人之象，日、月、星辰、山、龍、華蟲作繪，宗彝、藻、火、粉米、黼、黻、絺繡，以五采彰施于五色，作服，汝明。」舜而欲觀乎古，則衣裳之章十有二，其來遠矣，周之禮樂因于虞、夏者衆矣。鄭康成見司常之職云「日月爲常」，則謂周人以日、月、星辰畫于旌旗，而冕服九章，登龍于山，登火于宗彝，非也。且交龍爲旂，周之衣不去其龍矣；熊虎爲旗，周之裳不去其虎蜼矣。何獨日月爲常，而去衣章日、月、星辰乎？案周禮典命之職：「上公九命爲伯，其國家、宫室、車旗、衣服、禮儀，皆以九爲節。」則其衣裳九章，推而上之，天子衮冕十有二章明矣。

蕙田案：諸家破鄭氏周衮九章之説，當矣。衮既十二章，差次以降，則鷩當九章，毳當七章，絺當五章，玄當三章。其諸侯于天子降殺以兩，上公雖與天子同衮冕，而服止九章，冕止九旒。以此推之，則侯伯鷩冕者服七章，冕七旒；子男毳冕者服五章，冕五旒；孤絺冕者服三章，冕三旒；卿大夫玄冕者服一章，冕無旒。即弁師所謂「諸侯及孤卿大夫之冕，各以其等爲之」是也。

附辨注疏諸家冕旒玉數：

夏官弁師鄭注：冕服有六，而言五冕者，大裘之冕蓋無旒，不聯數也。

鄭氏鍔曰：王之吉服六，服每一冕則宜六冕，今止五冕者，禮圖以大裘之冕無旒。陸佃云：「大裘襲衮，則戴冕，繅十有二旒。」大裘與衮同一冕，故服六而冕五，此説得之。

馬氏晞孟曰：記言龍衮以祭，不言所祭，則昊天、先王可知也。先儒有云，大裘無衮，而其冕無旒，不知何據。

陸氏佃曰：諸侯九斿，則上公十二斿可知。

弁師賈疏：經云九就，當上公以九爲節，故知是公。

蕙田案：弁師「諸侯之繅斿九就」注云：侯當爲公。緣下文别見諸侯，故此當爲公。山陰乃因諸侯九斿之文，謂上公應十二斿，誤矣。上公亦人臣，何得與天子無區别耶？

鄭氏鍔曰：凡冕，天子皆十二旒，諸侯皆九旒。故記曰：天子十有二旒，諸侯九。而弁師云諸侯九就，諸侯蓋通稱。

蕙田案：如鄭剛中説，則五冕同旒，毫無分别，實止一冕耳。周禮何以稱五冕耶？此不足信。

弁師鄭注：孤繅四就，用玉三十二。三命之卿繅三就，用玉十八。再命之大夫繅再就，用玉八。王昭明冕斿命數圖曰：王五冕，並十二旒；二王後、王朝三公加爲二伯九命，衮冕九旒；侯伯加爲九州牧、王朝三公八命，山八旒；侯伯七命，鷩冕七旒；王朝之卿六命，火六旒；子男五命，毳冕五旒；附庸、王朝大夫及大國之孤四命，藻四旒；王朝上士、大國次國之卿三命，希冕三旒；王朝中士、大國次國大夫再命，玄冕二旒。〇又曰：舊説鷩冕九旒，毳冕七旒，絺冕五旒，玄冕三旒，非也。

蔡氏德晉曰：案諸侯之服，其章數皆依命數。而侯國諸臣之服，不隨命數爲章數。故孤四命而希冕三章；卿大夫有三命、再命之異，而玄冕無服，則同服也。再命乃受服，子男之大夫一命，其士不命；公侯伯之士皆一命，俱未受冕服而服皮弁，其色如爵，所謂爵弁也。然則王朝諸臣之服，經雖不見，以義推之，其出封皆加一等。以四命之服而服三章之希冕例推之，則王之三公八命必服七章之鷩冕，卿六命服五章之毳冕，大夫四命服三章之希冕，士之三命、再命同服無章之玄冕可知也。一命之士未受服，則但服爵弁矣。而鄭康成、王昭明乃爲八旒、六旒、四旒、二旒諸服之說，不亦鑿乎？

蕙田案：禮數降殺皆以兩，則章數、旒數，依先儒陽數之説爲是。王昭明非之，誤矣。且如圖說，有所謂山八旒、火六旒、藻四旒者，則通大裘之冕，共爲九冕，而周禮五冕之說，亦不行矣。敬齋駁之甚當，其說不可易。

王氏應電曰：經文「五采繅十有二就」，是五冕之繅，其數無不同也。又云「皆五采玉十有二」，是五冕之玉，皆一百四十四枚矣。「諸公之繅斿九就，瑉玉三采」，所異者此耳。繼之云「其餘如王之事」，則每旒玉十二，並無九玉之說。蓋冠之長尺，玉之間十有二，玉爲尺有二寸，故能垂之以蔽目，少短則不足以蔽目矣。此正如樂舞之數，以其每佾八人，故佾之字從八，乃謂每佾人數，如其佾數。士之四人，豈足以成樂舞乎？故侯伯之繅斿七就，其餘如公之事，亦每旒玉十有二，子男繅斿五就，其餘如侯之事，孤繅斿四就，卿三就，大夫再就，小國之卿再就，其每旒亦皆十有二，旒爲目而設，止有前旒，惟延則有前後，玉藻之文可見。

蕙田案：天子五冕，旒數減而玉數不減。諸侯五冕，旒數減而玉數亦減。天子雖有九旒、七旒、五旒、三旒之别，而每旒之玉皆十二。諸侯以下之冕，則九旒者九玉，七旒者七玉，五旒者五玉，而玉又用瑁也。王昭明旒必十二玉之説，非是。又據玉藻之文，而謂旒有前無後，亦拘而鑿。陳用之曰：漢制，天子繅旒，前長後短，諸臣繅旒，有前無後，非古也。

右服冕

車旗

周禮春官巾車：一曰玉路，鍚，樊纓十有再就，建大常，十有二斿，以祀。注：王在焉曰路，以玉飾諸末。鍚，馬面當盧，刻金爲之，所謂鏤鍚。樊，讀如鞶帶之鞶，謂今馬大帶也。鄭司農云：「纓謂當胸，士喪禮下篇曰『馬纓三就』。禮家説曰：纓，當胸，以削革爲之。三就，三重三匝也。」玄謂纓，今馬鞅。玉路之樊及纓，皆以五采罽飾之十二就。就，成也。太常，九旗之畫日月者，正幅爲縿，斿則屬焉。疏云：「以祀」者以下諸路，皆非祭祀之事，外内大小祭祀，皆用此一路而已。

鄭氏鍔曰：玉者，陽精之純，可以交三靈，故以玉飾路。所駕之馬，錫以昭其聲，樊纓十有再就，以昭其文。所建者太常，象天之明，斿十二，合天之大數〔一〕，祀天則乘，所以極其尊也。

陳氏禮書：司常「日月爲常」。覲禮：「天子乘龍，載大旗，象日月、升龍、降龍。」郊特牲：「旂十有二旒，龍章而設日月。」左傳曰：「三辰旂旗，昭其明也。」然則常有三辰、升龍、降龍，設崇牙，備弧矢，飾之以旄，垂之以鈴，人臣有功，則書于其上。左傳曰「錫鸞和鈴」，爾雅曰「有鈴曰旂」，書曰「厥有成績，紀于太常」。觀此，則太常之制可知矣。

方氏苞曰：此職及司常、大司馬皆曰：王建太常。則諸侯以下，不得建明矣。而大行人九斿、七斿、五斿，皆曰建常，何也？旗、常者，徽幟之通稱也。故司常掌九旗之物，名而統之曰常。春秋傳「三辰旂旗，昭其明也」。太常而外，無畫三辰者。而統之曰旗，則知旗、常可互稱，而太常則唯天子建之矣。

蕙田案：五路所建旂，亦以大概差等言之。其實天子五路，皆得建太常也。

〔一〕「之」，原重，據光緒本删。

觀治兵大閱，王乘戎路，而建太常可見。

又案：禮記載魯君祀帝于郊，有日月之章，蓋僭禮也。三辰惟畫于太常，又唯天子得用之耳。天子五路，雖俱得建太常，而以祀事爲重，故秦以下，掌祭祀者曰太常卿，亦以見掌天子祀事之意。

禮記禮器：大路繁纓一就。注：殷祭天之車也。疏：殷猶質，以木爲車，無别雕飾，乘以祭天，謂之大路也。繁，謂馬腹帶也。纓，鞅也。染絲而織之曰罽，五色一匝曰就。就，成也。言五色帀一成，車既樸素，故馬亦少飾，止一就也。

大路素。注：明堂位曰：「大路，殷路也。」

郊特牲：乘素車，貴其質也。旂十有二旒，龍章而設日月，以象天也。注：設日月，畫于旂上。素車，殷路也。疏：旂十有二旒，象天數十二也，龍爲陽氣變化，日月以光照下，皆是象天也。

卷冕、路車，可陳也，而不可好也。疏〔一〕：衮冕、路車尊嚴，不可尋常乘服，以爲榮好也。

丹漆雕幾之美，素車之乘，尊其樸也。疏〔二〕：雕爲刻鏤，幾謂沂鄂，言尋常車以丹漆雕飾之

〔一〕「疏」，諸本作「注」，據禮記正義卷二六改。

〔二〕「疏」，諸本作「注」，據禮記正義卷二六改。

以爲沂鄂，而祭天以素車之乘者，尊其樸素。

周氏諝曰：乘素車者，言殷之郊禮也。先儒以爲魯公之郊用殷禮，則非也。

方氏愨曰：此與周禮不同者，容泛記前代之禮耳。

楊氏復曰：案巾車一曰玉輅以祀，郊特牲曰乘素車，禮器曰大路素而越席，二説不同。夫子答顔淵曰：乘殷之輅，蓋素車者，殷輅也。飾以金玉者，周制。郊特牲、禮器疏以素車爲殷輅，其言蓋有所據，使周亦乘素車，則孔子不曰「乘殷之輅」矣。

陸氏佃曰：周禮祭天王乘玉輅，建太常；郊特牲祭天王乘素車，建大旂；則祭天之禮，有兩旂兩車也。蓋乘玉輅，建太常者，即道之車也，祭之日，馭以適郊；乘素車，建大旂者，即事之車也，祭之時，馭以赴壇。何以知其然也？曰巾車「王之玉輅，錫，樊纓十有再就，建太常，十有二斿，以祀」。則凡王之祭祀，無所不乘矣。祭天者，禮之至也，而乘汎祭之玉輅以祭之，以物則非文，以志則非敬，非禮意，故知乘素車，建大旂以祀之。而玉輅者，乘之以適郊，固有兩車也。雖然，車旂之有兩，非特祭天也。四時之田，王乘戎路，建太常，而巾車之職曰：「木路，前樊鵠纓，建大麾，以田。」則田之車旂，亦以兩，蓋乘木路，建大麾者，即道之車也，與王乘玉路建太常同意；乘戎路，建太常者，即事之車也，與王乘素車建大旂同意。郊特牲言乘素車在被衮之後，則所謂乘素車，建大旂，以即壇明矣。凡此皆周制也。陳氏禮書：禮言玉路以祀，又言素車之乘，蓋王之祀天，自國至大次，則乘玉路；自大次以升壇，則乘素車，猶之聽祭報以皮弁；及祭，則服大裘冕也。

蕙田案：諸家論祭天車旂不同，當以陸氏、陳氏之説爲是。周氏、楊氏以爲殷禮，則郊特牲上文，明以周貫下，何緣此處忽入殷禮云？使周亦乘素車，則孔子不曰「乘殷之輅」。夫三正通於民間，則周亦有夏時，子在齊聞韶，則周亦有韶舞，特未廣於天下耳。周有殷輅，似不足疑。況祭天尚質，素車安知非陶匏、稾秸之意乎？至鄭氏以爲魯禮，則魯無稱王之事，孔氏乃謂魯用王禮，亦得稱王，斯益悖矣。

右車旗

告廟卜

禮記郊特牲：卜郊，受命于祖廟，作龜于禰宫，尊祖親考之義也。注：受命，謂告之，退而卜。

疏：郊祀既尊，不敢專輒，故先告祖，後乃卜郊，如受命也。故禮器云「魯人將有事于上帝，必先有事于頖宮」是也。作，灼也。禰宮，禰廟也。先告祖受命，又至禰廟卜之也。

方氏慤曰：卜郊，蓋指用辛之郊耳，以其有上辛、中辛、下辛，故周郊以日至，而大宰于祀大神示。言卜日者，崔氏謂卜日以至爲主，不吉，乃用他日，理或然也。

蕙田案：郊用冬至，無庸卜日。此所言，亦魯禮耳。然告廟擇士，天子亦當有之，姑存其説。至周禮所云卜日，皆兼他祭爲文，原不專指郊天言。

周禮春官肆師：凡祭祀之卜日，宿爲期，詔相其禮。注：宿，先卜祭之夕。疏：言「凡祭祀之卜日」，謂天地宗廟之等，將祭前，有散齊七日、致齊三日，十日矣。若然，卜日吉，則齊。今云「祭祀之卜日，宿爲期」，則是卜前之夕，與卜者及諸執事者以明旦爲期也。云「詔相其禮」者，謂肆師詔告相助其卜之威儀及齊戒之禮。

天官大宰：前期十日，帥執事而卜日。注：執事，宗伯、大卜之屬。疏：大宰率宗伯、大卜之屬執事之人而卜日，四時迎氣，冬至、夏至郊天等，雖有常時常日，猶須審慎，仍卜日。故表記云「不犯日月，不違卜筮」。注：「日月謂冬夏至、正月及四時也。所不違者，日與牲尸也。」假令不吉，改卜後日。故箴膏肓云：「天子郊，以夏正上旬之日。魯之卜，三正下旬之日。」是雖有常時常日，猶卜日也。

春官大宗伯：凡祀大神，率執事而卜日。疏：祭前十日，大宗伯先帥執事有事于祭者共卜，取吉日，乃齊。

大史：大祭祀，與執事卜日。注：執事，大卜之屬。與之者，當視墨。

大卜：大祭祀，則眂高命龜。注：命龜，告龜以所卜之事〔一〕。

龜人：祭祀先卜。注：祭祀先卜者，卜其日與其牲。玄謂先卜，始用卜筮者，言祭言祀，尊焉天地之也。疏：天稱禋祀，地稱血祭，是天地稱祭祀。

禮記表記：昔三代明王，皆事天地之神明，無非卜筮之用，不敢以其私褻事上帝，是故不犯日月，不違卜筮。注：日月謂冬夏至、正月及四時也。所不違者，日與牲尸也。

右告廟卜

誓戒擇士

周禮天官冢宰：祀五帝，則掌百官之誓戒與其具修。前期十日，帥執事而卜日，遂戒。祀大神示亦如之。注：既卜，又戒百官以始齊。大神示，謂天地。疏：遂戒者，謂祭前十

〔一〕「所」，原作「下」，據味經窩本、乾隆本、光緒本、周禮注疏卷二四改。

日遂戒百官使散齊、致齊。祀大神，謂冬至祭天于圜丘，此天謂大天，對五帝爲小天也。

劉氏迎曰：誓戒者，誓其所當戒者也。具修者，特具之所當修，使無闕事也，如所謂視滌濯、贊牲事、贊玉幣爵之事，皆百官所當修具。

方氏苞曰：冢宰、司徒所涖祀事，皆首五帝者，四時迎氣之祀且涖，則昊天上帝不必言矣。知然者，宗伯「以吉禮祀邦國之鬼神示」，首曰「以禋祀祀昊天上帝」，小宗伯「兆五帝於四郊」，司服職「祀昊天上帝，則服大裘而冕，祀五帝亦如之」。參互其文，則其義顯然矣。

蕙田案：經文明言大神示亦如之，大神示即圜丘方澤也。

秋官大司寇：若禋祀，則戒之日，涖誓百官，戒于百族。疏：云「戒之日」者，謂前期十日卜吉，即戒之使散齊。云「涖誓百官」者，謂餘官誓百官之時，大司寇則臨之。云「戒于百族」者，大司寇親自戒之。其百官所戒者，當太宰爲之，是以太宰云：「祀五帝，前期十日，帥執事而卜日，遂戒。」故知太宰戒百官也。若然，太宰云：「祀五帝，則掌百官之誓戒。」太宰雖云「掌百官誓戒」，戒則親爲之，誓則掌之而不親誓，何者？此司寇卑於太宰，此云涖誓百官，豈司寇得臨太宰乎？故知太宰掌之，餘小官誓之，司寇臨之也。

地官遂師：凡國祭祀，審其戒誓。

春官太史：戒及宿之日，與群執事讀禮書而協事。

秋官條狼氏：凡誓，執鞭以趨于前，且命之。

禮記明堂位：各揚其職，百官廢職，服大刑。

周禮夏官司士[一]：凡祭祀，掌士之戒令，詔相其法事。

禮記射義：天子將祭，必先習射于澤。澤者，所以擇士也。已射于澤，而後射于射宮。射中者得與于祭，不中者不得與于祭。不得與于祭者有讓，削以地。得與于祭者有慶，益以地。進爵、絀地是也。古者天子之制[二]，諸侯歲獻，貢士于天子，天子試之于射宮。其容體比于禮，其節比于樂，而中多者，得與于祭。其容體不比于禮，其節不比于樂，而中少者，不得與于祭。

通典：祭前期十日，王親戒百官及族人。太宰又總戒群官，乃習射于澤宮，選可與祭者。

禮器：舉賢而置之，聚衆而誓之。

〔一〕「夏官」，諸本作「秋官」，據周禮注疏卷三一改。
〔二〕「之制」，諸本脱，據禮記正義卷六二補。

郊特牲：卜之日，王立于澤，親聽誓命，受教諫之義也。注：澤，澤宮也，所以擇賢之宮也。既卜必到澤宮，擇可與祭祀者，因誓敕之以禮也[一]。禮器曰「舉賢而置之，聚衆而誓之」是也。疏：澤，澤宮也。王在于澤宮中，于其宮以射擇士，故因呼爲澤宮也。王卜已吉，又至澤宮射，以擇賢者爲助祭之人，故云「王立于澤」也，禮器云「舉賢而置之」是也。然王者獵在囿，而主皮射亦在澤，故鄭注鄉射記引尚書傳：「主皮射，陳于澤，然後卿大夫相與射也。」又云：「嚮之取也于囿中，勇力之取也。今之取也于澤宮，揖讓之取也。」澤，習禮之處。「親聽誓命」者，因于澤宮中，又使有司誓敕舊章齊戒之禮，王又親聽受命，故禮器云「聚衆而誓之」是也。

蕙田案：澤宮，陸農師以爲學宮是也。此王立於澤宮，親聽誓命，正禮器「魯人將有事於上帝，必先有事於頖宮」之謂也。

獻命庫門之內，戒百官也。太廟之命，戒百姓也。注：王自澤宮而還，以誓命重相申敕也。庫門在雉門之外，入庫門則至廟門外矣。太廟，祖廟也。百官，公卿以下也。百姓，王之親也。入廟，戒親親也，王自此還齊路寢之室。庫，或爲廄。疏：王自澤宮而還，至欲致齊之時，有司獻王所以命百官之事，王乃于庫門之內戒百官，太廟之內戒百姓。百官疏，故在公朝重戒之。百姓，王之親屬，故

[一]「因」，諸本作「同」，據禮記正義卷二六改。

在太廟而重戒之。又曰：以上有百官之文，故以百姓爲王之親也。王親謂之百姓也者，皇氏云：「姓者，生也，並是王之先祖所生。」云「王自此還齊路寢之室」者，卜法必在祭前十日。祭義云：「散齊七日，致齊三日。」又云：「七日戒，三日齊。」鄭既云「王自此還齊路寢之室」〔一〕，則此經戒百官百姓，則祭前三日，欲致齊之時，以誓命重相申敕也。

陳氏禮書：戒者，敕以事。誓者，告以言。士師五戒，而誓居其一，則戒之中有誓，而誓則明其戒而已。周禮「百族」、郊特牲「百姓」，儀禮所謂「子姓兄弟」之類是也。澤，郊學也。誓于澤，即其所擇而誓也。庫門，象法之所在，戒百官于此，所以謹之也。太廟，先祖之所在，戒百姓于此，所以親之也。掌之以太宰，重其事也。誓協之以太史，正其禮也。莅之以司寇，肅其職也。然古者用刑之法，常恕以寬，誓人之詞，常嚴以峻，故軍旅之誓曰「孥戮汝」、「無餘刑」，祭祀之誓曰「服大刑」。明堂位之所言者，誓百官之詞也。條狼氏所謂「殺轘鞭墨」者，誓其屬之辭也。凡欲齊莊謹肅而已，孰謂其法太苛哉？考之月令，教習田獵，整設于屏外，司徒搢扑，北

〔一〕「室」，原作「堂」，據味經窩本、乾隆本、光緒本、禮記正義卷二六改。

面誓之。聘禮「誓于其境，賓南面，上介西面，衆介北面，史讀書，司馬執策立于其後」。鄭氏曰：「史于衆介之前，北面讀誓，以敕告士衆。」然則祭祀之誓，亦應如此，古之讀誓者，史官耳。太史戒及宿之日，讀禮書而協事是也。唐制，太尉讀誓，非古也，今猶襲之。

右誓戒擇士

齊

周禮天官膳夫：王齊日三舉。疏：齊，謂散齊、致齊，齊必變食，故加牲體至三太牢。

史氏浩曰：當不飲酒、不茹葷之時，懼其日力之不足，則不能勝祭事，故三舉以助之，非謂盛殺而供也。

王氏應電曰：齊之日，宜沖淡以養其精誠，故不飲酒，不茹葷，不聽樂。舉則酒侑食，故齊則不舉，與下文類相從。

姜氏兆錫曰：王齊則不舉，但不殺牲盛饌用樂耳，非必斷膳素食，如後世之爲也。

蕙田案：疏謂日用三太牢，侈靡，非齊所宜。王昭明、姜上均移改經文，終覺未安。史氏之說近是。

玉府：王齊，則供食玉。注：玉是陽精之純者，食之以禦水氣。鄭司農云：「王齊，當食玉屑。」

春官鬯人：凡王齊，共其秬鬯。注：給洗浴。疏：鄭知王齊以鬯爲洗浴，以其鬯酒非如三酒可飲之物，明此亦給王洗浴，使之香美也。

禮記祭統：及時將祭，君子乃齊。齊之爲言齊也，齊不齊以致齊者也。是故君子非有大事也，非有恭敬也，則不齊。不齊則于物無防也，耆欲無止也。及其將齊也，防其邪物，訖其耆欲，耳不聽樂。故記曰：「齊者不樂。」言不敢散其志也。心不苟慮，必依於道。手足不苟動，必依於禮。是故君子之齊也，專致其精明之德也。故散齊七日以定之，致齊三日以齊之。定之之謂齊，齊者，精明之至也，然後可以交於神明也。

春秋成十七年穀梁傳：宮室不設，不可以祭。疏：宮室，謂郊之齊宮。

荀子：端衣玄裳，絻而乘路，志不在于食葷。

陳氏禮書：周官司服「其齊服有玄端」。記曰：「齊之玄也，以陰幽思也。」又曰：「玄冕齊戒，鬼神陰陽也。」又曰：「太古冠布，齊則緇之。」蓋太古之齊冠以緇，後世齊冠以玄，天子齊則玄冕、玄端，所謂「端衣玄裳，絻而乘路」是也。

右齊

戒具陳設

周禮春官太史：大祭祀，戒及宿之日，與群執事讀禮書而協事。注：協，合也。合謂習録所當共之事也。疏：戒，謂散齊七日。宿，謂致齊三日。當此二日之時，與群執事預祭之官讀禮書而協事，恐事有失錯、物有不供故也。

天官小宰：以法掌祭祀之戒具。注：法，謂其禮法也。戒具，戒官有事者所當供。

宰夫：以式法掌祭祀之戒具。疏：言「式法」者，祭祀大小，皆有舊法式，依而戒飭，使共具之。

掌次：掌王次之法，以待張事。王大旅上帝，則張氈案，設皇邸。注：法，大小丈尺。大旅上帝，祭天于圜丘。國有故而祭亦曰旅。此以旅見祀也。張氈案，以氈爲牀于幄中。鄭司農云：「皇，羽覆上。邸，後版也。」玄謂後版，屏風與？染羽象鳳皇羽色以爲之。

陳氏禮書：案，所據之案。邸，所宿之邸次。氈與皇羽者，皇德之象，德不稱此，不足以格上帝也。

魏氏校曰：經文百職多互舉，言有故祭，則常祭可知也。

通典：掌次于丘東門外道北設大次、小次。次，謂帷幄，初往所止居。小幄，接祭退俟之處。祭義曰：「周人祭日，以朝及闇。」雖有强力，孰能支之？是以有退俟，與諸臣代有事焉。

幕人：凡祭事，共其帷幕幄帟綬。注：皆以布爲之，四合象宫室曰幄，王所居之帳，皆以繒爲之。凡四物者以綬連繫焉。共之者，掌次當以張。疏：帷在傍施之，象土壁也。幕則帷上張之〔一〕，象舍屋也〔二〕。幄則帷幕之内設之。帟者，在幄之内，承塵。綬，條也。

掌次：凡祭祀，張其旅幕，張尸次。注：旅，衆也。公卿以下即位所祭祀之門外以待事，爲之張大幕。尸則有幄。鄭司農云：「尸次，祭祀之尸所居更衣帳。」疏：祭祀言「凡」者，天地宗廟外内祭祀皆有群臣助祭，其臣既多，不可人人獨設，故張旅幕。旅，衆也，謂衆人共幕。諸祭皆有尸，尸尊，故别張尸次。鄭云「即位所祭祀之門外以待事」者，若宗廟自有廟門之外，若外神于郊，則亦有壝宫之門，門外並有立位。司農云「更衣帳」者，未祭則常服，至祭所，乃更去常服，服祭服也。故言更衣。

〔一〕「帷」，諸本作「帳」，據周禮注疏卷六改。
〔二〕「舍屋」，諸本誤倒，據周禮注疏卷六乙正。

春官大司樂：大祭祀，宿縣，疏：舉大祭祀而言，其實中祭祀亦宿縣也。宿縣者，皆于前宿預縣之。遂以聲展之。注：叩聽其聲，以知完不。

大胥：凡祭祀之用樂者，以鼓徵學士。疏：祭祀言「凡」者，則天地宗廟之祀用樂舞之處，以鼓召學士，選之，當舞者往舞焉。

地官封人：凡祭祀，飾其牛牲，設其楅衡，置其絼，共其水稾。注：飾謂刷治潔清之也。鄭司農云：「楅衡，所以楅持牛也。絼，著牛鼻繩，所以牽牛者，今時謂之雉，與古者名同〔一〕，皆謂夕牲時也。」杜子春云：「楅衡所以持牛，令不得抵觸人。」玄謂楅設于角，衡設于鼻，如椵狀也。水稾，給殺時洗薦牲也。疏：言「凡祭祀」，謂王之天地宗廟先大次小之祭祀非一，故云「凡」以廣之。云「飾其牛牲」者，祭祀尚潔淨，故飾治使淨也。「設其楅衡」者，恐抵觸人，故須設楅于角，牽時須易制，故設衡于鼻。置絼當牽行，故亦置之于鼻也。須洗薦牲體，故共其水稾也。

陳氏禮書：封人「飾牛牲」，小子「凡沈辜、侯禳，飾其牲」，羊人「凡祭祀，飾羔」，校人「飾幣馬，凡將事于四海、山川，飾黄駒」。曲禮曰：「飾羔雁者以繢。」莊周曰：「犧牛衣以文繡。」漢儀：「夕牲被以絳。」然則羊人「飾羔」，曲禮所謂「飾以繢」也。校

〔一〕「古」，原脱，據光緒本、周禮注疏卷一二補。

人「飾黃駒」，猶傳所謂「文馬」也。則凡牲無不飾矣。鄭氏以飾爲刷治、潔清之，然則刷治、潔清之，非所謂飾。封人非掌牛而飾牛者。牛，土畜也，使飾土畜，因其類也。

又曰：詩曰：「秋而載嘗，夏而楅衡。」毛氏曰：「楅，持牛也。」絭，著牛鼻以牽者。」鄭康成曰：「楅設于角，衡設于鼻。」又曰：「楅衡其牛角，爲其觸牴人也。」蓋楅衡以木爲之，横設於角，則楅幅其角，猶射以楅幅其矢也。絭，則少儀、祭統所謂紖也。康成于詩合楅衡以爲一，于禮離楅衡以爲二，是自惑也。

牛人：凡祭祀，共其牛牲之互，與其盆簝，以待事。注：盆簝，皆器名。盆所以盛血。簝，受肉籠也。互，若今屠家懸肉格。疏：始殺解體，未薦之時，且懸于互；待解訖，乃薦之，故得有互以懸肉也。

陳氏禮書：鄭司農謂互，楅衡之屬。鄭康成謂互，若今懸肉格。楚茨詩曰：「或剝或亨，或肆或將。」毛氏曰：「或陳于㸦，或齊于肉。」蓋互、㸦，古字通用。掌舍設梐枑，脩閭氏掌比國中宿互者〔一〕。互，行馬也。肉格謂之互，蓋其制類此。鄭司

〔一〕「脩」，諸本作「條」，據周禮注疏卷三七改。

農以爲楅衡之屬，非是。

右戒具陳設

省眡

周禮天官太宰：及執事眡滌濯。注：執事，初爲祭事前祭日之夕。滌濯，謂溉祭器及甑甗之屬。疏：及，猶至也。謂致祭前日，太宰眡滌濯。案小宗伯「大祭祀眡滌濯」，大宗伯亦云「宿，眡滌濯」，彼二官親眡滌濯，大宰尊，親往莅之。

蕙田案：及，猶與也。謂祭前一夕，與執事之人視滌濯耳。執事，指宗伯、宰夫等言。

宰夫：從大宰而眡滌濯。

春官大宗伯：凡祀大神，宿，眡滌濯，莅玉鬯，詔大號，治其大禮，詔相王之大禮。注：滌濯，溉祭器也。玉，禮神之玉也。大號，六號之大者，以詔大祝，以爲祝辭。治，猶簡習也。預簡習大禮，至祭，當以詔相王。疏：云「宿，眡滌濯」者，謂祭前一宿，視所滌濯祭器，看潔清與否。「詔大號」者，謂大宗伯告大祝出祝辭也。云「治其大禮」者，謂天地人之鬼神祭禮，王親行之爲大禮，對下小宗伯治小禮爲小也。「詔相王之大禮」者，謂未至之時詔告之，及其行事則又相之。云「滌濯，溉祭器也」者，此滌濯是蕩滌，以少牢有概祭器，故據而言之，概即拭也。云「玉，禮神之玉也」者，即蒼璧、黄琮、青圭、赤璋之等，及四圭、兩圭之類皆是，禮神置于神坐也。案九嬪職云「贊玉齍」，注云：「玉齍，玉敦，盛黍稷。」與此注玉爲禮神之玉齍，即非玉敦所飾。注不同者，彼九嬪所贊，贊后設之，據宗廟。宗廟無禮神玉，則玉齍不得别解，故爲玉敦。此據天地爲主，有禮神玉，故與齍别釋也。莅，臨視也，直視看而已。下云奉，據手執授王，故云祭又奉之。云「大號，六號之大者」，謂若大祝云「辨六號，一曰神號，二曰示號，三曰鬼號，四曰牲號，五曰齍號，六曰幣號」之等，是六號之大者也。云「以詔大祝，以爲祝辭」者，經云「詔大號」，大祝是事神之人，又辨六號，故知所詔是詔大祝爲祝辭。祝辭，則祝版之辭是也。

小宗伯：大祭祀，省牲，眡滌濯。疏：與大宗伯文同，謂佐大宗伯省牲者，察其不如法。

地官充人：展牲則告牷。注：鄭司農云：「展，具也。具牲，若今時選牲也。」玄謂展牲，若今夕牲也。疏：宗人視牲，告充，亦謂祭前之夕。

春官肆師：凡祭祀之卜日，宿爲期，詔相其禮，眡滌濯亦如之。疏：「眡滌濯亦如之」者，謂祭前之夕，視滌濯祭器，亦詔相其禮，故云「亦如之」。

右省眡

五禮通考卷五

吉禮五

圜丘祀天

呼旦警戒

周禮春官雞人：大祭祀，夜呼旦以嘂百官。注：呼旦，以警起百官，使夙興。

巾車：大祭祀，鳴鈴以應雞人。注：雞人主呼旦，鳴鈴以和之，聲且警衆。

秋官銜枚氏：大祭祀，令禁無囂。疏：國之大祭祀，謂天地宗廟。令主祭祀之官，使禁止無得讙囂，讙囂則不敬鬼神故也。

右呼旦警戒

除道警蹕

蜡氏：凡國之大祭祀，令州里除不蠲，禁刑者、任人及凶服者，以及郊野。注：蠲，讀如「吉圭唯饎」之圭。圭，潔也。刑者，黥劓之屬。任人，司圜所收教罷民也。凶服，服衰絰也。此所禁除者，皆爲不欲見，人所薉惡也。疏：大祭祀，謂郊祭天地。

禮記郊特牲：喪者不哭，不敢凶服，氾埽反道，鄉爲田燭，弗命而民聽上。注：謂郊道之民爲之也。反道，剗令新土在上也。田燭，田首爲燭也。疏：郊祭之日，人之喪者不哭，又不敢凶服而出，以干王之吉祭也。「氾埽反道」者，氾埽，廣埽也；反道，剗路之土反之，令新土在上也。郊道之民，家家各當界，廣埽新道也。「鄉爲田燭」者，鄉，謂郊内六鄉也。六鄉之民各于田首設燭照路，恐王祭郊之早〔一〕。「弗命而民聽上」者，合結「喪者不哭」以下至此，並非王命而民化，王嚴上故也。然周禮蜡氏云：「凡國之大祭祀，令州里除不蠲，禁刑者、任人及凶服者，以及郊野。」而此云「不命」者，蜡氏所云有司常事，至郊祭之時，王不施命，故云「不命」，且作記之人，盛美民之聽上之義，未必實然也。蜡氏云「除不蠲及刑者、任人」等，此不言者，文不備也。

祭義：郊之祭也，喪者不敢哭，凶服者不敢入國門，敬之至也。疏：此一節論郊祀之

〔一〕「祭」，諸本作「嚮」，據禮記正義卷二六改。

禮。以是吉禮大事，故喪與凶服皆辟去。

右除道警蹕

祭日陳設省眡

春官太史：祭之日，執事以次位常。疏：執行祭祀之禮，若今儀注。

地官饎人：掌凡祭祀共盛。注：炊而共之。

舍人：凡祭祀，共簠簋，實之，陳之。注：方曰簠，圓曰簋，盛黍稷稻粱器。疏：祭祀言「凡」，則天地、宗廟大祭小祭，皆有黍稷于簠簋，實之陳之，故云「凡」以廣之也。

春官鬯人：掌供秬鬯而飾之。注：秬鬯，不和鬱者。飾之，謂設巾。鬯，釀秬爲酒，芬香條暢於上下，秬如黑黍，一稃二米。疏：此直供秬黍之酒，無鬱也。

天官酒人：掌爲五齊三酒，祭祀則供奉之。

凡祭祀〔一〕，以法供五齊三酒，以實八尊。大祭三貳。注：大祭者，王服裘冕所祭也。三

〔一〕「凡祭祀」及下文引自周禮天官酒正，非天官酒人文。

貳者，謂就三酒之尊而益之也。祭祀必用五齊者，至敬不尚味而貴多品。疏：五齊五尊，三酒三尊，故云「以實八尊」。此除明水、玄酒，若五齊加明水，三酒加玄酒，八尊爲十六尊。不言之者，舉其正尊而言也。

陳氏禮書：酒正「共五齊三酒，以實八尊」，皆陳而弗酌，所以致事養之義也。非此八尊所實而皆有貳者，大祭所酌，度用一尊，則以三尊貳之，皆酌而獻，所以致事養之用也。

秋官司烜氏：掌以夫遂取明火於日，以鑒取明水於月，以共祭祀之明齍、明燭，共明水。注：夫遂，陽遂也。鑒，鏡屬，取水者，世謂之方諸。取日之火，月之水，欲得陰陽之潔氣也。明燭以照饌陳，明水以爲玄酒。鄭司農云：「明齍，謂以明水修滌粢盛黍稷。」

天官幂人：祭祀，以疏布巾幂八尊。疏〔一〕：祭天無灌，唯有五齊三酒，實于八尊。疏布者，大功布爲幂，覆此八尊。此據正尊而言。若五齊加明水，三酒加玄酒，則十六尊皆以疏布幂之也。

春官典瑞：大祭祀，共其玉器而奉之。

天官亨人：掌共鼎鑊。注：鑊所以煮肉及魚腊之器，既熟，乃脀于鼎。

〔一〕「疏」，諸本作「注」，據周禮注疏卷六改。

籩人：凡祭祀，共其籩薦羞之實〔一〕。

醢人：凡祭祀，共薦羞之豆實〔二〕。

春官大宗伯：凡祀大神，莅玉鬯，省牲鑊，奉玉齍。注：玉，禮神之玉也。始莅之，祭又奉之。鑊，烹牲器也。疏：「莅玉鬯」者，天地有禮神之玉。曲禮「玉曰嘉玉」，郊特牲云「用玉氣」是也。「奉玉齍」者，此玉還是上文所莅者。齍謂黍稷，天地當盛以瓦簋。齍與上鬯，互見爲義，皆始時臨之，祭又奉之。

蕙田案：禮神之玉，灌地之鬯，雖典瑞、鬯人之事，而必親臨之。牲之肥瘠，鑊水之多寡，雖充人、烹人之事，而必親省之。奉玉齍，六宫所供，宗伯親奉之也。

小宗伯：省鑊。

肆師：表齍盛，告絜；展器陳，告備。疏：當祭之日，具其黍稷等，盛于簠簋，又以徽識表其名，又告潔淨。云「展器陳，告備」者，謂祭日陳祭器，實之既訖，則又展省視之而告備具，故云「展器陳，告

〔一〕「羞」，諸本作「修」，據周禮注疏卷五改。後同改。
〔二〕「羞」，諸本作「修」，據周禮注疏卷六改。後同改。

備」也。

方氏苞曰：眡滌濯、莅玉鬯、省牲鑊，皆大宗伯親之，莫重于齍盛，而第使肆師表告，何也？滌濯、實鬯、納烹，皆有司之事也，故親臨眡。若齍盛，則帥宫女而爲之者，天官世婦也；帥而共之者，春官之世婦也，外臣安得而眡之莅之省之？故待其既共，然後使肆師以潔告，加徽識，而宗伯親奉，以揭虔焉。

右祭日陳設省眡

祭時

禮記祭義：郊之祭，夏后氏祭其闇，殷人祭其陽。周人祭日，以朝及闇。注：闇，昏時也。陽，讀爲「曰雨曰暘」之暘，謂日中時也。朝，日出時也。夏后氏大事以昏，殷人大事以日中，周人大事以日出，亦謂此郊祭也。以朝及闇，謂終日有事。疏：此經止明郊祭之禮。

方氏慤曰：闇者，日既没而黑，夏后尚黑，故祭其闇。陽者，日方中而白，殷人尚白，故祭其陽。朝者，日初出而赤，周人尚赤，故以朝及闇焉。言闇，則知陽之爲明；言陽，則知闇之爲陰；言朝，則知闇之爲夕，以朝及闇，則有陰有陽，陰陽雜而成文，又以見其尚文歟！祭日，謂祭之日也。必于周言日者，以一日之間，以朝及闇也。

劉清江曰：周人祭日，以朝及闇。此言周人尚赤，大事用日出，先日欲出之初，猶逮及闇，則可行祭事矣。稍後則晝，晝則與殷人日中相亂，故季氏祭，仲由爲宰，晏朝而退，仲尼謂之知禮也。若曰周人之祭，自朝及暮，則孔子無爲多仲由，仲由爲不知禮。

馬氏晞孟曰：周官掌次注云：大次，始往所止居。小次，既接祭退俟之所。是與諸臣代有事也。唯其與諸臣代有事，故雖以朝及闇，而不繼之以倦也。

周氏諝曰：以朝及闇者，猶言以朝與闇，蓋或以朝，或以闇。

蕙田案：以朝及闇，三説不同。細案之，周氏之説，固無定見。劉氏云：「日出之初，猶逮及闇，不及晝。」恐儀節不能如是之促也。當以注疏及方氏之説爲正，馬氏亦足相發。

右祭時

聽祭報

禮記郊特牲：祭之日，王皮弁以聽祭報。注：報，猶白也。夙興，朝服以待白祭事者，乃後服祭服而行事也。周禮「祭之日，小宗伯逆粢省鑊，告時于王，告備于王」也。疏：「祭之日，王皮弁以聽祭報」者，報，白也。郊日之朝，天子早起，皮弁以聽之，小宗伯告日時早晚及牲事之備具也。未郊，故未服大裘，而且服日視朝之服也。引周禮者，證小宗伯既有告事，王皮弁聽之是也。

周禮小宗伯：祭之日，告時于王，告備于王。注：時，薦陳之晚早。備，謂饌具。疏：陳備即告，告王祭時已至，當行事也。

右聽祭報

王出郊

禮記郊特牲：祭之日，王被衮以象天，戴冕，璪十有二旒。注：衮象天，謂有日月星辰之章，此魯禮也。周禮王祀昊天上帝，則服大裘而冕，祀五帝亦如之。疏：魯侯之服，自衮冕而下。用王禮，作記之人既以魯禮而爲周郊，遂以魯侯稱王也。

蕙田案：服裘被衮，周天子祀天之服，非魯禮也。注誤，詳見上「服衮」條下。

家語郊問：天子大裘以黼之，被裘象天。王注：大裘爲黼文也，言被之大裘，其有象天之文，故被之道路，至泰壇而脱之。

陳氏禮書：禮記惟君黼裘以誓、省，大裘，非古也。則戒誓、省眡用黼裘，而後世大裘焉，故記者譏之。家語謂大裘黼文以象天，王至泰壇，脱裘服衮。張融又易之以爲王至泰壇，脱衮服裘。蓋王肅託孔子以信其説，張融疑王肅，以變其論。然記曰「郊之日，王皮弁以聽祭報」，則前祭未嘗服大裘也。又大裘無文，與黼不同，二者之説誤矣。

蕙田案：黼裘服以誓、省，不聞服以祀天，祀天服大裘，取其質也，安用黼爲？此蓋王肅僞造之詞，陳氏非之，是矣。

周禮春官典路：大祭祀，則出路，贊駕説。注：出路，王當乘之。贊駕説，贊僕與趣馬也〔一〕。

通典：王將出，大司樂令奏王夏。王所過處之人，各於田首設燭，以照于路。

夏官大馭：掌馭玉路以祀。及犯軷，王自左馭，馭下祝，登，受轡，犯軷，遂驅之。

注：行山曰軷。犯之者，封土爲山象，以菩芻棘柏爲神主，既祭之，以車轢之而去，喻無險難也。春秋傳曰「跋履山川」。自，由也。王由左馭，禁制馬〔二〕，使不得行也。軷，讀爲「別異」之別，謂祖道、轢軷、磔犬也。詩云：「載謀載惟，取蕭祭脂，取羝以軷。」詩家説曰：「將出祖道，犯軷之祭也。」聘禮曰：「乃舍軷，飲酒于其側。」禮家説，亦謂道祭。

疏：此據祭天之時，故有犯軷之事。祭天在近郊，雖無險難，審慎故也。及祭，

〔一〕「趣」，諸本作「促」，據周禮注疏卷二七改。
〔二〕「制」，諸本作「止」，據周禮注疏卷三二改。

酌僕，僕左執轡，右祭兩軹，祭軓，乃飲。注：軹，謂兩轊也。軓當作軋，車前軾也。疏：此云「及祭，酌僕」者，即上文將犯軷之時，當祭左右轂末及軾前，乃犯軷而去。酌僕者，使人酌酒與僕，僕，即大馭也。大馭則左執轡，右手祭兩軹，并祭軓與軾前三處訖，乃飲，飲者，若祭末飲福酒，乃始轢軷而去。

大僕：王出入，則自左馭而前驅。

齊右：掌祭祀前齊車。

虎賁氏：掌先後王而趨以卒伍。

秋官條狼氏：掌執鞭以趨辟。王出入，則八人夾道。

夏官節服氏：六人維王之太常。注：維，維之以縷。王旌十二旒，兩兩以縷綴連，旁三人持之。禮，天子旌曳地。鄭司農云：「維，持之。」疏：巾車云：「王路建大常十有二旒。」經云六人維之，明一畔有三人，三人維六旒，故知兩兩以縷連，旁三人持之。

右王出郊

燔柴

家語郊問：既至泰壇，王脱裘矣，服衮以臨燔柴，戴冕，璪十有二旒。

蕙田案：云「脱裘服衮」者，蓋見郊特牲之文，與周禮司服不符，故造此説以牽合之，不知服裘而被衮，固不害其爲同也。後世祀天之服，皆因是而淆焉。特其于祭日之次節有合，故辨而存之。

周禮大宗伯：以禋祀祀昊天上帝。注：禋之言煙，周人尚臭，煙，氣之臭聞者。積柴實牲體焉，或有玉帛，燔燎而升煙，所以報陽也。疏：案郊特牲云「升首于室以報陽」。彼論宗廟之祭以首報陽。今天神是陽，煙氣上聞，亦是以陽報陽。

張子曰：鄭注禋祀，則變禋爲煙，取其尚臭。據洛誥曰「明禋」，又國語曰「精意以享曰禋」。徧觀書傳，皆言禋，是精潔致祭之名。凡祀天、日月星辰、風師、雨師，皆取煙燎，不言可知。今祀天言禋，祀日月言實柴，祭天禮重，故取禋敬之，名以别之。鄭不明此意，改禋爲煙，謬哉！書曰：「禋于文王、武王。」又曰：「禋于六宗。」

鄭氏鍔曰：謂之禋祀，明在乎致其心齊，精明誠一爲主而已。

蕙田案：禋祀，注疏與張子、鄭氏不同，然升煙達氣，正所以達其精意也。當兩存之。

儀禮覲禮：祭天燔柴。

敖氏繼公曰：燔柴者，謂置牲幣之屬，於積柴之上而燔之。

禮記祭法：燔柴于泰壇。疏：謂積薪于壇上，而取玉及牲置柴上，燔之，使氣達于天也。

爾雅：祭天曰燔柴。郭注：既祭，積薪燒之。邢疏：祭天之禮，積柴以實牲體而燔之。

韓詩外傳：天子奉玉，升柴加于牲上而燔之。

郊特牲孔疏：祭天初有燔柴，後有正祭，皆須有牲，故大宗伯云「實柴祀日月星辰」，鄭司農云「實牛柴上」也，鄭康成云「實牲體焉」。郊唯特牲，得供燔燎、正祭二處所用者，熊氏、皇氏等以爲分牲體供二處，所用其實一特牲也。

羅泌路史：祭天燔燎，祀地瘞埋，蓋牲幣爾。先儒以爲俱有玉者，謂以降神出示，學者承襲，遂以爲燔瘞皆有玉，莫之察者。夫古郊祀，蒼璧禮天，黄琮禮地，四圭有邸以祀天，而兩圭有邸以祀地，未聞燔瘞之玉也。天之常祭歲九，則玉之燔者爲九，地之常祀歲二，則玉之瘞者爲二，其所以用之常祀之外者，又不勝計矣。燔瘞之玉，何其多耶。以皆燔耶，則玉不受火；以皆瘞耶，而泰壇之下，泰折之側，耕斸旦旦，未見獲一玉者。案六經緣祭祀而言玉者多矣，無所謂燔瘞之玉也。唯韓嬰詩傳始有「天子奉玉，升柴加之於牲」之説，而崔靈恩遂引詩之「圭璧既卒」，以實之爲燔玉，且謂肆師「立大祀，用玉帛、牲牷」爲論燎玉之差降。而鄭注大宗伯職，亦遂以爲或有玉帛，燔燎而升煙。夫以祀而言，燔瘞之玉，於百氏書，曾不之見。大祀玉帛，若「圭璧既卒」兩説，此世以爲見之經者，尤不近情。韓詩、鄭注，端未足據。詳考肆師所用玉帛，特禮神之用，而非論燎玉之差降。雲漢所言，亦禮神之玉爾，其説以謂宣王承厲之後，遇災知懼，禱祠供給，靡所不至，而遂至於圭玉罄盡，蓋所以美之也。鄭氏以爲，禮神之玉，又已盡者，斯得之矣，何自而指爲燔且瘞哉？禮運云「祭祀瘞繒」，是祭地不瘞玉而瘞繒。然則燔於泰壇，瘞於泰折，無玉明矣。若古輯瑞，三帛二生一死贄則受，而五玉之器則卒而復，知此，則祀大神無燔玉，祭大示瘞繒而不瘞玉又可知矣，曷至膠膠曲臺儀省之間哉？又曰：天地之祭牲各二，降神之牲，祀神之牲也。燔柴於泰壇，瘞埋于泰折，或曰實牲體焉，所以降之也。埽地而祭，羞牲體焉，所以祀之也。故牛人「凡祭祀，共其享牛、求牛」。享牛者，祀神之牛；求牛者，降神之牛也。降神之牛，於天騂犢，於地黝牲，從其類也。牧人「凡陽祀，用騂牲，毛之；陰祀，用黝牲，毛之」。鄭以陽祀祭天，陰祀祭地，祀神之牲，於天用蒼，於地用黃，象其功也。大宗伯「以蒼璧禮天，黃琮禮地」，而牲幣各從其器之色，本其類也。天地之祭，俱有兩牲，其來久矣。召誥云：「用牲于郊，牛二。」而禮器乃云：「祭天特牲，有以少爲貴者。」此特謂享牛爾，享牛主於祭，若求牛，則主在降神，非所言者，是故禮器言祭，召誥言郊，皆有所不及。彼熊氏等乃以爲郊唯一牲，而祭有兩處，分牲體以供之，失所依矣。切稽楚語，禘郊之祭，則有全烝，若分牲體，豈得謂全烝哉？方唐顯慶，長孫無忌等議，始以蒼璧、黄牲燔於泰壇，加以騂犢，而實之以俎，四圭有邸，則奠之於坐，其後張説又以祭後方燔，考之經，乃不合。蓋不知郊祀天地，有禮神之玉，又有祀神之玉，有求神之牛，而又有享神之牛也。

陳氏禮書：燔柴以升煙，瘞埋以達氣，則燔必於樂六變之前，瘞必於樂八變之前。又曰：「祭天曰燔柴，祭地曰瘞埋。」又周人尚臭，而升煙瘞埋，乃臭氣也。則天地之燔瘞，在行事之前矣。周、魏之間，燔柴皆於祭末。郭璞云：「祭天，既祭，積柴燒之；祭地，既祭，瘞埋藏之。」恐先王之時，祭祀既畢，亦有燔瘞之禮。其詳不可考也。

蕙田案：祭必先求神，祀天之禮，燔柴爲重，然其制不詳。鄭氏、韓詩外傳謂瘞有玉。熊氏謂分牲體，供二處所用。陳氏禮書亦謂燔用牲首。路史非之，蓋玉無煙臭，固無燔燎之理，而特牲即是全脅，烏得分爲二耶？先儒拘泥特牲之文，故爲此説，不知雖有燔牲，何害全脅之一特也。詳見前「犧牲」條下。

又案：陳氏禮書謂燎必於樂六變之先，其義與求神合。郭璞爾雅注曰：「既祭，積薪燒之。」二説不同，豈先燔柴降神，既祭，復以牲幣燔之耶？禮書亦謂不可考，存疑可也。

右燔柴

作樂降神

易豫卦大象傳：雷出地奮，豫。先王以作樂崇德，殷薦之上帝，以配祖考。本義：雷出地奮，和之至也。先王作樂，既象其聲，又取其義。

春官大司樂：凡樂，圜鍾爲宫，黄鍾爲角，大蔟爲徵，姑洗爲羽，靁鼓靁鼗，孤竹之管，雲和之琴瑟，雲門之舞，冬日至，於地上之圜丘奏之，若樂六變，則天神皆降，可得而禮矣。注：先奏是樂以致其神，禮之以玉而祼焉，乃後合樂而祭之。圜鍾，夾鍾也。夾鍾生於房、心之氣，房、心爲大辰，天帝之明堂。天宫夾鍾，陰聲，其相生從陽數，其陽無射。無射上生中吕，中吕與地宫同位，不用也。中吕上生黄鍾，黄鍾下生林鍾，林鍾地宫，又不用。林鍾上生太蔟，太蔟下生南吕，南吕與無射同位，又不用。南吕上生姑洗。鄭司農云：「雷鼓、雷鼗，皆謂六面有革可擊者也。雲和，地名也。」玄謂雷鼓、雷鼗八面。孤竹，竹特生者。雲和，山名。　疏：云「先奏是樂以致其神」者，致神則下神也。周之禮，凡祭祀，皆先作樂下神，乃薦獻。薦獻訖，乃合樂也。云「禮之以玉而祼焉，乃後合樂而祭之」者，云禮之以玉，據天地，而祼焉，據宗廟。以小宰注「天地大神，至尊不祼」，又玉人、典瑞、宗伯等不見有宗廟禮神之玉，是以知禮之以玉據天地，則「蒼璧禮天，黄琮禮地」是也。而祼焉據宗廟，肆獻祼是也。云「圜鍾，夾鍾也」者，即上文夾鍾也。云「夾鍾生於房、心之氣」至「明堂」者，案春秋緯文耀鉤及石氏星經天官之注云：「房、心爲天帝之明堂，布政之所出。」又昭十七年，「冬，有星孛于大辰」。公羊傳云：「大辰者何？大火也。大火爲大辰，北辰亦大辰。」夾鍾房、心之氣爲大辰，天之出日之處爲明堂，故以圜鍾爲天之宫。云「天宫夾鍾，陰聲，其相生從陽數」者，其夾鍾與無射配合之物。夾鍾是吕，陰也。無射是律，陽也。天是陽，故宫後歷八相生，還從陽數也。云「無射上生中吕，中吕與地宫同位，不用也」者，地宫是林鍾，林鍾自與蕤賓合，但中吕與林鍾同在南方位，故云同位。以天尊地卑，故嫌其同位而不用之也。「中吕上生黄鍾」，黄鍾爲角也。「黄鍾下生林鍾，林鍾地宫，又不用」，亦嫌不用也。「林鍾上生太蔟」，太蔟爲徵也。「太蔟下生南吕，與無射同位，又不用」，「南吕上生姑洗」，姑洗爲羽，祭天四聲足矣。

陸氏佃曰：黄鍾，降神之樂也。故曰天神皆降。

王氏安石曰：此祀天下神之樂。

薛氏衡曰：周制，大祭有三，一曰祭天圜丘，二曰祭地方澤，三曰禘祫宗廟。三祭既殊，其樂亦異，然此是致神之樂。

陳氏禮書：古者祀天之禮衆矣，而莫盛於冬至，莫大於圜丘，以其祀及於昊天上帝，而百神舉矣。故其降神之樂，宜主以帝所出之方及其格也。大合六代之樂，文之以五聲，播之以八音，而配以祖焉。在易豫所謂「先王作樂崇德，殷薦之上帝，以配祖考」是也。

王氏安石曰：圜鍾，正東方之律，帝與萬物相見，于是出焉。天無不覆，求天神而禮之，則其樂之宮，宜以帝所出之方，故致圜鍾〔一〕。

薛氏衡曰：天道著乎東，而本統起于北。易曰：「帝出乎震，東方也。」故祭天神，用寅卯辰之律，曰太蔟、圜鍾、姑洗是也，然不可違其本統也。黄鍾爲天統，故兼取北方之律，而以黄鍾爲角。

王氏詳説：宮角徵羽，以清濁爲先後之序，且如圜鍾爲宮，宮數八十一；黄鍾爲羽，羽數六十四；太蔟爲徵，徵數五十四；姑洗爲羽，羽數四十八。函鍾爲宮，太蔟爲角，姑洗爲徵，南吕爲羽；黄鍾爲宮，大吕爲角，太蔟爲徵，應鍾爲羽：亦如其數。此所謂宮角徵羽者，以清濁爲先後之序也。律曆志所謂宮生徵，徵生商，商生羽，羽生角，以相生爲先後之序也。

鄭氏鍔曰：不曰夾鍾曰圜鍾者，以天體言也。十二律旋相爲宮，先王用樂，各以其類取聲而用

〔一〕「鍾」，原脱，據味經窩本、乾隆本、光緒本補。

之。天功始于子，故用黄鍾爲角，角言功之始。天功成于寅，故用太蔟爲徵，徵言功之成。天功終于辰，故用姑洗爲羽，羽言功之終也。○管用特生之竹，取陽數之奇。雲和，先儒以爲山名，于此取材爲琴瑟，將以召乎至和，故有取也。六代之樂，雲門爲首，天神最尊，故用之。○樂用圜鍾，鼓取天聲，管取陽聲，琴瑟取雲和，舞取雲門，而丘之體，又象天之圓，祭之日用冬至，一陽始生之日，以類求類，所謂天神之屬乎陽者，安得而不降？此所以可得而禮。

朱子語類：問：宫、角、徵、羽與七聲不合，如何？朱子曰：此是降神之樂，如黄鍾爲宫，大吕爲角，太蔟爲徵，應鍾爲羽，自是四樂，各舉其一而言之。大吕爲角，則南吕爲宫，太蔟爲徵，則林鍾爲宫，應鍾爲羽，則太蔟爲宫，以七聲推之合如此。又曰：所謂黄鍾宫、大吕角便是調，如頭一聲是宫聲，尾後一聲亦是宫聲，便是宫調。但其中五音依舊都有，不是全用宫。

蔡氏德晉曰：圜鍾即夾鍾，屬卯，其位爲震，帝出乎震，故致天神。以爲宫不曰夾而曰圜，與易乾爲圜同意。黄鍾、太蔟、姑洗，律之相次者也。相次者，天之序，故祀天神取之，圜鍾爲宫，無射爲之合，黄鍾爲角，大吕爲之合，太蔟爲徵，應鍾爲之合，姑洗爲羽，南吕爲之合，宫之旋而在天者，其合別而爲四也。鼓以君樂而敳佐之，其以雷名，雷爲天之聲也。管者，中氣之所由出。孤竹，竹特生而堅剛者，其音清越，于祀天神宜也。琴瑟者，歌聲之所由叶。雲和，山名。言管而堂下之樂見矣，言琴瑟而堂上之樂見矣。樂六變者，雲門之樂六變而終也。天神皆降，至和感召，融洽貫通，上帝降鑒，而百神景從，猶鑾輿動而千官隨也。

附辨注疏天地人三宫不用之律：

周禮大司樂鄭注：圜鍾，夾鍾也。夾鍾生于房、心之氣，房、心爲大辰，天帝之明堂。函鍾，林鍾也，林鍾生于未之氣，未，坤之位，或曰天社，在東井、輿鬼之外。天社，地神也。黄鍾生于虚、危之氣，虚、危爲宗廟。以此三者爲宫，用聲類求之。天宫夾鍾，陰聲，其相生從陽數，其陽無射。無射上生中吕，中吕與地宫同位，不用也。中吕上生黄鍾，黄鍾下生林鍾，林鍾地宫，又不用。林鍾上生太蔟，太蔟下生南吕，南吕與無射同位，又不用。南吕上生姑洗。地宫林鍾，林鍾上生太蔟，太蔟下生南吕，南吕上生姑洗。人宫黄鍾，黄鍾下生林鍾，林鍾地宫，又避之。林鍾上生太蔟，太蔟下生南吕，南吕與天宫之陽同位，又避之。南吕上生姑洗，姑洗南吕之合，又避之。姑洗下生應鍾，應鍾上生蕤賓，蕤賓地宫，林鍾之陽也，又避之。蕤賓上生大吕。凡五聲，宫之所生，濁者爲角，清者爲徵、羽，此樂無商者，祭尚柔，商堅剛也。

陳氏禮書：大司樂所以序圜鍾爲宫，黄鍾爲角，太蔟爲徵，姑洗爲羽，此律之相次者也。函鍾爲宫，太蔟爲角，姑洗爲徵，南吕爲羽，此律之相生者也。黄鍾爲宫，太吕爲角，太蔟爲徵，應鍾爲羽，此律之相合者也。先儒謂夾鍾生於房、心，天帝之明堂，故爲天宫。林鍾生於未之氣，未，坤之位，故爲地宫。黄鍾生於虚、危之氣，虚、危爲宗廟，故爲人宫，此説是也。蓋天帝之明堂，東南方也，帝與萬物相見，于是出焉；坤之位，西南方也，物於是致養焉；宗廟，北方也，物于是藏焉。其爲三宫，宜矣。然言天宫不用中吕、林鍾、南吕、無射，人宫避林鍾、南吕、姑洗、蕤賓不用者，卑之也。避之者，尊之也。以爲天宫不用地宫之律，人宫避天宫之律，然則人宫用黄鍾，孰謂避天宫之律耶？

楊氏復曰：陳氏禮書所謂天宫取律之相次者，圜鍾爲宫，圜鍾爲陰聲之第五，陰將極而陽生矣，故取黄鍾爲角。黄鍾，陽聲之首也；太蔟爲徵，太蔟陽聲之第二也；姑洗爲羽，姑洗陽聲之第三也：此律之相次也。地宫取律之相生者，函鍾爲宫；函鍾上生太蔟，則太蔟爲角；大蔟下生南吕，南吕上生姑洗，故南吕爲徵，姑洗爲羽：此律之相生也。人宫取律之相合者，黄鍾子，大吕丑，故黄鍾爲宫，大吕爲角，子與丑合也；太蔟寅，應鍾亥，故大蔟爲徵，應鍾爲羽，寅與亥合也：此律之相合也。天道有自然之秩序，故取律之相次者以爲音；地道資生而不窮，故取律之相生者以爲音；人道相合而相親，故取律之相合者以爲義。以此觀之，則鄭氏謂天宫不用中吕、林鍾、南吕、無射，人宫避林鍾、南吕、姑洗、蕤賓，其説鑿矣。

李氏光地曰：黄鍾、圜鍾，兩字錯互，諸儒相承，遂不復正。原其所以，蓋以黄鍾一律，宫、角兩用，或者疑其重複，而以意易之，致誤之根，當緣于此。

蕙田案：前漢志黄鍾統天，林鍾統地，太蔟統人，謂之三統，又爲三始。此大司樂天、地、人三宫，唯地宫林鍾無異。其天宫夾鍾，人宫黄鍾，不同者，漢志言作樂之原，周禮言祭祀之樂之用，易帝出乎震，震位夾鍾，故祀天神以爲宫。易以坎爲北方，幽陰之卦，凡言祭祀、言宗廟，多取坎象。豫、晉、困、震、涣、既濟。坎位黄鍾，故享人鬼以爲宫，與三統三始之義兼通無礙也。禮運五聲六律十二管，旋相爲宫。先儒説旋宫者，有六十聲、六十調。以聲言，則夾鍾爲宫者，林鍾爲角，無射爲徵，黄變半爲羽；林鍾爲宫者，應鍾爲角，太半爲徵，姑半爲羽；黄鍾爲宫者，姑洗爲角，林鍾爲徵，南吕爲羽：此以律管之長短高下别五聲，而共爲六十聲也。以調言，則夾鍾爲宫者，應鍾爲角，夷則爲徵，蕤賓爲羽；林鍾爲宫者，夾鍾爲角，黄鍾爲徵，無射爲羽；黄鍾爲宫者，夷則爲角，仲吕爲徵，夾鍾爲羽：此以律均之起聲、收聲分五調，而共爲六十調也。此大司樂天宫夾鍾爲宫，黄鍾爲角，太蔟爲徵，姑洗爲羽；地宫林鍾爲宫，太蔟爲角，姑洗爲徵，南吕爲羽；人宫黄鍾爲宫，大吕爲角，太蔟爲徵，應鍾爲羽：此非以本管相生之五聲言，而以律自爲均之五調言。天宫四調，皆以夾鍾起調，夾鍾畢曲；地宫四調，皆以林鍾起調，林鍾畢曲；人宫四調，皆以黄鍾起調，黄鍾畢曲。鄭氏拘於損益相生之成法，有不合者，則以爲卑之而不用，尊之而避之，豈其然乎？商音不用，亦謂不用其調耳？如使每宫之中，五缺其一，何以使高下清濁咸得其宜哉？

觀承案：古樂既亡，而周禮天神、地示、人鬼之樂，各分四律者，人多疑之，此拘於三統而不得其解也。漢志三統，乃據制律之本言，非用律之法也。況人統，乃太蔟寅，非夾鍾即圜鍾卯也。地統本大吕丑，而林鍾即函鍾未居其衝，亦非本位也，則何用執之以生疑哉？李氏古樂經説直以圜鍾、黄鍾爲錯文，欲彼此互更以遷就其意，此未當也。唐書載祖孝孫之十二和，其一曰豫和，以降天神，皆以圜鍾爲宫，三奏，黄鍾爲角，太蔟爲徵，姑洗爲羽，各一奏，文舞六成。二曰順和，以降地祇，皆以函鍾爲宫，太蔟爲角，姑洗爲徵，南吕爲羽，各二奏，文舞八成。三曰永和，以降人鬼，皆以黄鍾爲宫，三奏，大吕爲角，太蔟爲徵，應鍾爲羽，各二奏，文舞九成〔一〕。此能全

〔一〕「文舞」，諸本作「文武舞」，據新唐書禮樂志一删「武」字。

用周禮而各依其律者也，則何必互易之乎？其所以分布三宮者，康成謂夾鍾生於房、心之氣，林鍾生於未之氣，未，坤之位，黄鍾生於虚、危之氣，其附會天星，雖亦讖緯餘習，而以林鍾爲坤位，則恰是後天卦象，可知夾鍾卯爲震位，黄鍾子爲坎位矣。夫帝出乎震，坎主祭祀，後人因此而悟夾鍾之宜祀天，黄鍾之宜祀先，正康成之解有以啓之也。惟每宮四律，而於五音去商，合爲十二律，而於陽律去三，陰律去一則未明。故案律相生而倡爲尊之故避、卑之不用之説，則太蔟矣。不知律有聲，亦有調。聲者，逐字配以宫商；調者，每曲統以宫商。歌，聲則五音不可缺一，調則商聲有殺氣，鬼神忌之，故祭祀不用商調，而只有四調。夾鍾爲宫者，用夾鍾宫調，蓋以夾鍾起調，夾鍾畢曲，下文黄鍾角調，太蔟徵調，姑洗羽調，亦必以起調畢曲者，名其律耳。推之地宫林鍾四律，人宫黄鍾四律亦然，此正是六十調旋相爲宫之法也。其不用仲、蕤、夷、無四律者，仲吕乃上生之窮，蕤賓亦正均之變，夷則實西方之音，無射又窮秋之律，故只用八律爲調也。其天、地、人各得四調者，陳氏以天宫四律，爲律之相次，地宫四律，爲律之相生，人宫四律，爲律之相合，似爲明切。然惟人宫之相合爲自然，而天宫之相次，則夾鍾一律，已錯其序，地宫之相生，則南姑二律，亦互其文，終非天然不易之法也。以理言之，天陽在上，故夾鍾四律俱用子、寅、卯、辰之陽位，地平在下，故林鍾四律分布東、西、南、北之四方，人在天地之中，故黄、太、大合天地人三才之統，而應鍾亥又應陽氣而生，可以終則有始而循環不窮矣。况合辰之説，乃上文分樂而序之法，是歌奏迭用，而只以一律爲調，與此之每宫四調者不同，亦不必牽入於此條人宫内也。

附辨陳暘旋宫不過三：

陳氏樂書：周官凡樂，圜鍾爲宫，黄鍾爲角，太蔟爲徵，姑洗爲羽；凡樂，函鍾爲宫，大蔟爲角，姑洗爲徵，南吕爲羽；凡樂，黄鍾爲宫，大吕爲角，大蔟爲徵，應鍾爲羽。蓋天五地六，天地之中合也。故律不過六，而聲亦不過五，其旋相爲宫，又不過三，以備中聲而已。樂以中聲爲本，而倡和清濁，迭相爲經，故以仲春之管爲天宫，仲冬之管爲人宫，中央長夏之管爲地宫。國語有四宫之説，不亦妄乎？今夫旋宫之樂，十二律以主之，五聲以文之，故圜鍾爲宫而無射爲之合，黄鍾爲角而大吕爲之合，太蔟爲徵而應鍾爲之合，姑洗爲羽而南吕爲之合。凡此，宫之旋而在天者也。函鍾爲宫，大蔟爲角，姑洗爲徵，南吕爲羽，而交相合焉。凡此，宫之旋而在地者也，故其合降而爲三。黄鍾爲宫，大吕爲角，大蔟爲徵，應鍾爲羽，而兩兩合焉。凡此，宫之旋而在人者也，故其合又降而爲二。在易上經言天地之道，下經言人道，而元亨利貞之德，乾別有四，坤降爲二，咸又降爲一，亦此意也。蓋一陰一陽之謂道，天法道，其數參而奇，雖主乎一陽，未嘗不以一陰成之，故其律先陰而後陽。地法天，其數兩而偶，雖主乎二陰，未嘗不以二陽配之，故其律或上同于天而以陰先陽，或下同于人而以陽先陰。人法地，則以同而異，此其律所以一于陽，先乎陰歟？大抵旋宮之制，與蓍卦六爻之數，常相爲表裏。蓍之數，分而爲二，以象兩儀，掛一以象三才，揲之以四以象四時，歸奇于扐以象閏，而六爻之用，抑又分陰分陽，迭用柔剛，則知陰陽之律分而爲二，亦象兩儀之意也；其宮則三，亦象三才之意也；其聲則四，亦象四時之意也；餘律歸奇，亦象閏之意也；分樂之序，則奏律歌吕，亦分陰分陽之意也；三宮之用，則三才迭旋，亦迭用柔剛之意也。十有二律之管，禮天神以圜鍾爲首，禮地示以函鍾爲首，禮人鬼以黄鍾爲首，三者旋相爲宮，而商角徵羽之管，亦隨而運焉。則尊卑有常而不亂，猶十二辰之位，取三統三正之義，亦不過子丑寅而止耳。禮運曰「五聲六律十二管，旋相爲宮」，如此而已。先儒以十有二律均旋爲宮，又附益之以變宮變徵，而爲六十律之準，不亦失聖人取中聲、寓尊卑之意耶？

蕙田案：禮運「五聲六律十二管，旋相爲宮」，十二管每管之均，均具五聲，爲六十聲，十二律自爲其宮，宮各五調，爲六十調，所謂旋相爲宮也。若如樂書之論，旋宮不過三，則此三宮者，執而不變，滯而不通，無可旋轉，且止是三管爲宮耳，未可云十二管旋相爲宮也。三管之外，既不爲宮，即不成調，何以上文奏黄鍾，歌大吕，至奏無射，歌夾鍾，乃十二律並用耶？合辰之説，于理固然，至所云四降而三，三降而二，則非有意義存其間。擬之以易，合之以蓍，恐皆附會。晉之泥大司樂三宫當旋宫，而不信禮運十二律均旋爲宫之義，失之遠矣。

右作樂降神

迎尸

春官太祝：凡大禋祀，逆尸，令鍾鼓。相尸禮。注：延其出入，詔其坐作。

小祝：大祭祀，逆尸，沃尸盥。

夏官節服氏：郊祀裘冕，二人執戈。逆尸從車。注：裘冕者，亦從尸服也。裘，大裘也。

王氏應電曰：舊説於經文以「衮冕六人、裘冕二人」爲句，遂謂六人衮冕，爲服王之服，二人裘冕，爲從尸服。夫衮冕，王之盛服，乃衣之以維太常。裘冕至尊，雖祀先王，猶不得服，乃衣之以執戈盾，何其褻瀆之甚至此耶？夫所謂節者，掌其服而有品節之云耳。

蕙田案：記曰：尸襲而不裼。送逆尸者象之，故鄭氏有從尸服之説。但大裘乃王祀天之服，未必即尸服也。尸服既於經無見，而斷以節服氏之裘爲大裘，鑿矣。陳用之又據爲裘冕加衮之證，夫裘之外，雖必有衣，但未必即是衮也。先儒以裘冕爲如王之服，故王昭明以爲褻瀆之甚。愚謂裘冕二人，蓋言尸服裘，故送逆尸者亦裘，尸冕，故送逆尸者亦冕，所謂裘與冕者，豈必如王之大裘、衮冕耶？或各如其等之服，冕而加裘焉耳！如此，則裘冕爲無可疑，而王氏之説，可以不論。

通典：次，乃埽於丘壇上而祭，尸服裘而升丘，王及牲、尸入時，樂章奏王夏、肆夏、昭夏。大司樂云：王出入，奏王夏；尸出入，奏肆夏；牲出入，奏昭夏。但用夾鐘爲宫耳。

附諸儒論傳記祭天尸：

尚書大傳：維十有三祀，帝乃稱王，而入唐郊，猶以丹朱爲尸。

國語晉語：晉祀夏郊，董伯爲尸。

禮記曲禮孔疏：天子祭天地、社稷、山川、四方、百物及七祖之屬，皆有尸也。公羊説祭天無尸，左氏説晉祀夏郊，以董伯爲尸。虞夏傳云舜入唐郊，以丹朱爲尸，是祭天有尸。許慎引魯郊祀曰祝延帝尸，從左氏之説也。

張子曰：節服氏言郊祀「送、逆尸從車」，則祀天有尸也。天地、山川之類，非人鬼者，恐皆難有尸。節服氏言郊祀有尸，不害后稷配天而有尸也。

楊氏復曰：愚案，宗廟祭享，有尸有主者，聖人原始返終，而知死生之説，故設主立尸爲之。廟貌，所以萃聚祖考之精神，而致其來格也。若天地、山川之類，形氣常運而不息，有形氣則有神靈，祭祀感通，其應如響，又焉用立尸爲哉？周官大宰及祀之日，贊玉幣爵之事，謂玉幣所以禮神，王親自執玉幣奠於神座，又親酌以獻神，如是而已。曲禮疏有説祀天無尸，古人蓋知祀天之不必有尸矣。經傳所説宗廟有尸者多矣，未有言祭天之尸者，惟尚書大傳有「帝入唐郊，丹朱爲尸」之説。左氏傳述「晉祀夏郊」之事，始末爲詳，初無董伯爲尸之説，而國語乃言之，其言不經，難以遽信。

觀承案：祭祀之禮，無主則不依，而無尸亦不享。杜氏謂立尸乃上古樸陋之禮者，非也。古人立尸，自有深意，祭如在，祭神如神在，雖仗精心，亦憑尸象方能從無形影中感召出來耳。然祭則立之，畢則罷之，則又人鬼不瀆，而民無惑志也。是以祭必有尸。内祭祀，惟婦人不立尸，以用男則不類，用女則非體也；外祭祀，惟天地無尸，天大無外，地廣無垠，而不可爲尸也。此郊祀之有尸，乃配者之尸耳。張子説甚是。然兼山川言，恐未爲確。儀禮周公祭太山，以召公爲尸，周禮墓人爲尸，朱子亦謂惟天地不敢爲尸。如祀竈，則膳夫爲尸；門行，則閽人爲尸；山川，以虞衡爲尸。蓋鬼神各因依其職守所在而憑之也。則山川豈可無尸乎？唐開元禮亦尚有尸，自後尸法亡而像設盛，於是梵宫、道院、野廟、淫祠，無非土木衣冠，神鬼變相，既立不罷，終日儼然，煽惑愚民，無有限極，以至玉帝天妃亦冕旒環珮而尸祝之，則侮天瀆神之至矣。乃知古人立尸之意，固甚深遠也。

右迎尸

迎牲殺牲

春官大祝：大禋祀，逆牲。

地官封人：歌舞牲。注：謂君牽牲入時，隨歌舞之，言其肥香以歆神也。

天官太宰：贊王牲事。注：凡大祭祀，君親牽，大夫贊之。

通典：王親牽牲而殺之。

夏官司弓矢：凡祭祀，共射牲之弓矢。注：射牲，示親殺也。殺牲，非尊者所親，唯射爲可。

國語周語：禘郊之事，天子必自射其牲。

夏官射人：祭祀則贊射牲。注：烝嘗之禮，有射豕者。國語曰：「禘郊之祀，天子必自射其牲。」今立秋有貙劉云。疏：漢時苑中有貙劉，即爾雅「貙，似貍」，「劉，殺也」。

右迎牲殺牲

盥

夏官小臣：大祭祀，沃王盥。疏：大祭祀，天地、宗廟皆是，王將獻尸〔一〕，先盥手，洗爵，乃酌獻，故小臣爲王沃水盥手也。

文獻通考：太宗皇帝至道二年，禮儀使白言：「請先詣罍洗，後奠玉幣。」從之。

御僕：大祭祀，相盥。注：謂奉盤授巾。

右盥

〔一〕「尸」，諸本作「之」，據周禮注疏卷三一改。

薦玉帛

周禮春官大宗伯：奉玉。

天官太宰：贊玉幣之事。注：玉帛，所以禮神。

小宰：贊玉幣之事。疏〔一〕：謂小宰執以授太宰，太宰執以授王。

右薦玉帛

薦豆籩

周禮天官籩人：供其籩薦羞之實。

醢人：共薦羞之豆實。

右薦豆籩

薦血腥

禮記禮器：郊血。注：至敬不享味而貴氣臭也。疏：血，氣也。夫肉食有味，味者爲人道，人

〔一〕「疏」，諸本作「注」，據周禮注疏卷三改。

道卑近而天神尊貴，事宜極敬，極敬不褻近，故用血也。用血是貴氣而不重味，故云「貴氣臭也」〔一〕。

郊特牲：郊血。疏：謂正祭之時，薦于尸坐之前也。

春官太祝：隋釁。注：謂薦血也。凡血祭曰釁。疏：天地薦血于座前〔二〕，宗廟即血以告殺。

凡祭祀之法，先逆牲，後隋釁。

右薦血腥

朝踐王一獻宗伯二獻

通典：就坐時，尸前置蒼璧。又薦籩豆及血腥等，爲重古之薦。鄭注大司樂云：先作樂致神，然後禮之以玉而祀之。

春官小祝：贊奠。注：奠爵也。

天官太宰：贊玉幣爵之事。注：爵，所以獻齊酒，不用玉爵，尚質也。執以從，王至而授之〔三〕。

〔一〕「至敬不享味而貴氣臭也」十字，是郊特牲經文，非注文。「血氣」至「臭也」，是郊特牲篇疏文，非禮器篇疏文。
〔二〕「天地」，諸本作「天子」，據周禮注疏卷二五改。
〔三〕「至」，諸本脱，據周禮注疏卷二補。

小宰：贊玉幣爵之事。

春官鬯人：共秬鬯。

通典：七獻者，薦血腥後，王以匏爵酌泛齊以獻尸，所謂朝踐是也，此爲一獻。次大宗伯攝王后之事，亦以匏爵酌醴齊亞獻，亦爲朝踐，是二獻。每獻，奏樂一成。

蕙田案：祀天獻酒之禮，經無明文。通典據注疏補之，今仍其説以俟考。

右朝踐王一獻宗伯二獻

祝號

秋官大司寇：奉其明水火。

鄭氏鍔曰：明者，潔也。言主人明潔，故成此水火也。刑官以清而察獄訟之辭，必明而燭蔽欺之情，故使奉之，以明其義。

春官太祝：掌六祝之辭，以事鬼神示。疏〔一〕：六辭，皆是祈禱之事，皆有辭祝以告神。

〔一〕「疏」，諸本作「注」，據周禮注疏卷二五改。

明集禮：祝用于祭祀，所以交于神祇者，當有其辭也。如武成曰：「敢昭告于皇天后土，唯有道曾孫周王發，將有大正于商。」

辨六號，一曰神號。注：號，謂尊其名，更爲美稱焉。神號，若云皇天上帝。

凡大禋祀，則執明水火而號祝。注：明水火，司烜所共日月之氣，以給烝享。執之如以六號祝，明此圭潔也。禋祀，祭天神也。

鄭氏鍔曰：大祀，執之以號祝，既爲之美名，又從而告之，蓋言主人之明潔，若此水者也。

大戴禮公符篇：古祝辭：皇皇上天，昭臨下土，集地之靈，降甘風雨，庶物群生，各得其所。靡今靡古，維予一人某，敬拜皇天之祜。維某年某月上日。

通考：古祝詞則云嗣王某，或曰一人某，王者親告之辭也。年，謂大歲所在。月，正月也。

明集禮：成王在洛邑祭歲，王命作册，史逸祝册，此祝册之見于周者。

右祝號

亨牲

易鼎卦彖傳：聖人亨，以享上帝。

周禮天官太宰：及納亨，贊王牲事。注：納亨，納牲，將告殺。謂鄉祭之晨，既殺以授亨人。

亨人：掌供鼎鑊，給水火之齊。

右亨牲

薦熟

地官大司徒：奉牛。注：奉，猶進也。疏：案國語郊之事，有全脀。若然，則郊祀先全脀，後豚解之。

國語周語：郊事則有全脀。注：脀，升也，全其牲體而升之。

蕙田案：禮器「一獻熟」疏云：周語禘郊則有全脀〔一〕，是祭天有熟也。皇氏曰：郊天與大享、三獻，並有血腥爓熟，雖以郊爲主，其祭天皆然也，此爲祭天薦熟之確證。

天官亨人：共太羹、鉶羹。注：大羹，肉湆。鄭司農云：「大羹，不致五味也。鉶羹，加鹽

〔一〕「周語」，諸本作「楚語」，據禮記正義卷二四改。

菜矣。」

禮記禮器：大羹不和。疏：大羹，肉汁也。不和，無鹽梅也。大古初變腥，但煮肉而飲其汁，未知調和。後人祭，既重古，故但盛肉汁，謂之太羹不和。

郊特牲：大羹不和，貴其質也。方氏慤曰：味之美者，莫如淡。太羹則以淡爲貴而已。

詩大雅生民：卬盛于豆，于豆于登。其香始升，上帝居歆。胡臭亶時。毛傳：木曰豆，瓦曰登。于豆薦菹醢也，于登薦大羹也。其馨香上行，上帝則安而歆之，何芳臭之誠得其時乎？祀天用瓦豆，陶器質也。

文獻通考：陳氏曰：爾雅木豆謂之豆，瓦豆謂之登。先儒謂宗廟之籩豆用木，天地之籩豆用瓦，然詩述祀天之禮，言「于豆于登」，則祀天有木豆矣。

右薦熟

饋獻王三獻宗伯四獻

通典：次薦熟於神前，薦畢，王乃以匏爵酌盎齊以獻尸，大宗伯以匏爵酌醍齊以亞獻，所謂饋獻也，通前凡四。

右饋獻王三獻宗伯四獻

薦黍稷

周禮春官小宗伯：逆齍。注：逆齍，受饎人之盛以入。

小祝：逆齍盛。

大宗伯：奉玉齍。疏：齍謂黍稷，天地當盛以瓦簋。

右薦黍稷

饋食王五獻宗伯六獻諸臣七獻

通典：尸乃食，食訖，王更酌朝踐之泛齊以酳尸，所謂朝獻。大宗伯更酌饋獻之緹齊以亞酳，所謂再獻，通前凡六。又有諸臣爲賓長之一獻，凡七。其尸酢諸臣之酒，皆用三酒，其法如祫祭之禮。畢獻之後，天子舞六代之樂。

禮記郊特牲疏：皇氏曰：置蒼璧于神座，次則以豆薦血腥，祭天無裸，故鄭注小宰云：「唯人道宗廟有祼，天地大神至尊不祼，莫稱云。」然則祭天唯七獻也，故鄭注周禮云：「大事于太廟，備五齊三酒。」則圜丘之祭，與宗廟祫同。朝踐，王酌泛齊以獻，是一獻也，后無祭天之事。大宗伯次酌醴齊以獻，是爲二獻也。王進爵之時皆奏樂，但不皆六變。次薦熟，王酌盎齊以獻，是爲三獻也。宗伯次酌醍齊以獻，是爲四獻也。次尸食之訖，王酌朝踐之泛齊以獻，是爲五獻也。又次宗伯酌饋食之醍齊以獻，是爲六獻也。次諸臣爲賓長酌泛齊以獻，是爲七獻也。以外皆加爵，非正獻之數。其尸酢王以清酒，酢宗伯以昔酒，酢諸臣以事酒。從上至此，皆皇氏所說。皇氏以圜丘之祭，賓長終獻，不取沈齊而取泛者，以禮運約之，沈齊皆在堂丘下，不可用之，故更上取泛齊。案禮運沈齊在廟堂之下，尚得酌之升堂以獻，何爲圜丘沈齊獨不可用乎？若以圜丘高遠，不可下取沈齊，凡齊，泛、醴爲尊，盎、緹爲卑，賓長終獻，祇可以次用緹，亦何得反用泛齊乎？今謂圜丘賓長之獻用沈齊也，以其賓長是臣，助祭終獻，遠下于君，故從丘下酌沈齊。

右饋食王五獻宗伯六獻諸臣七獻

祀神之樂

春官大司樂：乃奏黄鍾，歌大吕，舞雲門，以祀天神。注：以黄鍾之鍾、大吕之聲爲均者，黄鍾，陽聲之首，大吕爲之合奏之，以祀天神，尊之也。疏：「以黄鍾之鍾、大吕之聲」者，以經云奏，奏者，奏擊以出聲，故據鍾而言大吕。經云歌，歌者，發聲出音，故據聲而說，亦互相通也。言均者，欲作樂，先擊此二者之鍾，以均諸樂。是以鍾師云：「以鍾鼓奏九夏。」鄭云：「先擊鍾，次擊鼓。」論語亦云：「始作，翕如也。」鄭云：「始作，謂金奏。」是凡樂，皆先奏鍾，以均諸樂也。

鄭氏鍔曰：黄鍾者，建子之律，一陽所起，六律之根本。大呂，雖非六呂之首，然其位在丑，子與丑，相合之辰也。故奏黄鍾，必歌大呂之調，取其合也。

易氏祓曰：雲以象天之施，黄帝之樂，黄帝德與天合，故雲門之樂，起于黄鍾之子，應以大呂之丑。是黄鍾爲六律之首，大呂爲六同之首，雲門爲六舞之首，以祀天神類也。

蔡氏德晉曰：奏者，播之于器。歌者，詠之于聲。舞者，動之于容。三者作樂之大綱也。黄鍾屬子，陽聲之首，大呂屬丑，陰聲之首，爲之合，蓋取子與丑相合之辰也，雲門，六樂之首，以斯三者，求天神而祀之，尊之也。此祭祀薦神之樂。凡祭祀，始作降神，次則薦神。

大師：大祭祀，帥瞽登歌，令奏擊拊，下管播樂器，令奏鼓朄。大饗亦如之。注：登歌，歌者在堂也。拊形如鼓，以韋爲之，著之以糠。擊拊，瞽乃歌也。下管，吹管者在堂下也。朄，小鼓。鼓朄，猶言擊朄，鼓朄，管乃作也。

陳氏樂書：瞽矇：「掌九德、六詩之歌，以役大師〔一〕。」小師：「大祭祀，登歌，擊

〔一〕「役」，諸本作「後」，據樂書卷四六改。

拊，下管，擊應鼓。徹，歌。大饗亦如之。」由是推之，大祭祀，登歌，奏擊拊，堂上之樂也。下管，播樂器，奏鼓𣝖，堂下之樂也。于歌言登，則知管之爲降；于管言下，則知歌之爲上。堂上之樂衆矣，其所待以作者，在乎奏擊拊；堂下之樂衆矣，其所待以作者，在乎奏鼓𣝖。舜之作樂，言拊詠于上，言𪔂鼓于下，樂記亦曰「會守拊鼓」而已。蓋拊爲衆器之父，鼓𣝖爲衆聲之君，以拊爲父，凡樂待此而作者，有子道焉；以鼓𣝖爲君，凡樂待此而作者，有臣道焉。記曰：「聲，樂之象也；金石絲竹，樂之器也。」象形而上，器形而下，于下管言播樂器，則登歌以詠其聲，得不爲樂之象乎？凡此，雖瞽矇、小師之職，其帥而歌之者，大師而已，非特大祭祀爲然，大饗亦如之。文王世子曰：「登歌清廟，下管象舞，達有神，興有德。」此祭祀之樂也。

高氏愈曰：登歌，謂升歌堂上，貴人聲也。拊，以韋爲之，擊之，以爲奏樂之節。下堂，下管如篪六空。播謂播揚其聲。小鼓曰𣝖，鼓之亦所以節樂。蓋太師帥瞽，登歌于堂上，令衆工奏樂以和之，復令擊拊以節之。堂上之歌既畢，則堂下以管聲相繼，遂乃播動其樂器，令工大奏衆樂，而復鼓𣝖以節之，與虞廷所謂搏拊琴瑟以詠、下管𪔂鼓者，亦略相似也。

易氏祓曰：奏擊拊以道歌，而後瞽者歌焉。奏鼓𣝖以道管，而後樂器播焉。樂之與歌，必有所道而後從，必有所令而後奏，此節奏之序。

華氏泉曰：鄭仲師以擊拊爲樂，或當擊，或當拊，蓋以拊爲虞書「擊石拊石」之拊。然玩少師職「登歌，擊拊」，與「下管，擊應鼓」對，而樂記亦云「弦匏笙簧，會守拊鼓」，則拊爲樂器，而作樂先擊拊鼓可知。

蕙田案：堂上堂下，雖指明堂宗廟言，而郊壇奏樂，亦必有上下可知。

小師：大祭祀，登歌，擊拊，下管，擊應鼓。

地官鼓人：以靁鼓鼓神祀。注：靁鼓，八面鼓也。

春官大司樂：六變而致象物及天神。注：變猶更，樂成則更奏也。象物，有象在天，所謂四靈者。天地之神，四靈之知，非德至和則不至。禮運曰：「麟、鳳、龜、龍，謂之四靈。」

詩周頌：昊天有成命，二后受之。成王不敢康，夙夜基命宥密。於緝熙！單厥心，肆其靖之。疏：郊祀天地之樂歌也。

思文后稷，克配彼天。立我烝民，莫匪爾極。貽我來牟，帝命率育。無此疆爾界，陳常于時夏。疏：后稷配天之樂歌也。

右祀神之樂

嘏

周禮春官鬱人：大祭祀，與量人受舉斝之卒爵而飲之。注：斝，受福之嘏，聲之誤也。王酳尸，尸嘏王，此其卒爵也。少牢饋食禮：「主人受嘏，詩懷之，卒爵，執爵以興，出。宰夫以籩受嗇黍，主人嘗之，乃還獻祝。」此鬱人受王之卒爵，亦王出房時也。必與量人者，鬱人贊祼尸，量人制從獻之脯燔，事相成。

禮記禮運：祝嘏莫敢易其常古，是謂大假。注：假，亦大也。不敢改其常古之法度，是謂大也。

郊特牲：嘏，長也，大也。注：主人受祭福曰嘏，此訓也。疏：尸嘏，主人欲使長久廣大也。

富也者，福也。注：人君嘏辭有富，此訓之也。或曰：「福也者，備也。」疏：少牢云：「皇尸命工祝，承致多福無疆，于女孝孫，使女受祿于天，宜稼于田，眉壽萬年，勿替引之。」此是大夫嘏辭也。人君則福慶之辭更多，故詩楚茨云「永錫爾極，時萬時億」，「卜爾百福，如幾如式」是也。

右嘏

送尸

周禮春官小祝：送尸。疏：始祭，迎尸而入；祭末，送尸而出。祭義云「樂以迎來，哀以送往」是也。

夏官節服氏：郊祀送尸從車。

右送尸

徹

周禮春官大祝：既祭令徹。疏：祭訖，太祝命徹祭器。

楊氏復曰：周禮以徹祭爲重，觀宗廟歌雍以徹，可見矣。況敬天之誠，純亦不已，令徹于終，其禮尤嚴，所以防人心之懈怠也。

小祝：贊徹。

小師：徹歌。

右徹

告事畢

周禮春官肆師：凡祭祀，禮成，則告事畢。

右告事畢

代祭

周禮春官大宗伯：若王不與祭祀，則攝位。注：王有故，代行其祭事。疏：攝，訓爲代。有故者，謂王有疾及哀慘皆是也。量人云：「凡宰祭，與鬱人受嘏歷而皆飲之。」注云：「言宰祭者，冢宰佐王祭，亦容攝祭。」此宗伯又攝者，冢宰貳王治事，宗伯主祭事，容二官俱攝，故兩言之。

黄氏度曰：王者有三年之喪，百官總己以聽于冢宰。至祭祀，則宗伯攝，其意爲可知矣。

夏官量人：凡宰祭，與鬱人受斝歷而皆飲之。注：言宰祭者，冢宰佐王祭，亦容攝祭。鄭司農云：「斝，讀如嫁娶之嫁。斝，器名。明堂位曰：『爵，夏后氏以琖，殷人以斝，周人以爵。』」玄謂斝，讀「嘏尸」之嘏。宰，冢宰。疏：「凡宰祭」者，冢宰攝祭非一，故云「凡」也。鄭云「冢宰佐王祭，亦容攝祭」者，義得兩含。案大宗伯云：「若王不與祭祀，則攝位。」注云：「王有故，代行其祭事。」重掌者，此據宗伯亦有故，則冢宰攝之。

王氏詳説曰：祭天，大事也。見于天官大宰，又見于春官宗伯，是以二卿皆得以攝行其事。「若王不與祭祀，則攝位」，此宗伯之明文。大宰攝祭，不見于常職，而見于量人，量人云「宰祭」，是大宰攝祭之事。

周書召誥〔一〕：乙卯，周公朝至于洛，則達觀于新邑營，越三日丁巳，用牲于郊。

〔一〕「召誥」，諸本作「洛誥」，據尚書正義卷一五改。

彙纂：王氏充耘曰：郊社，大事也。周、召以人臣行之，可乎？蓋因事祭告，奉王册命以行事，非常祭之比也。

右代祭

喪不廢祭

禮記王制：喪三年不祭，惟祭天地社稷，爲越紼而行事。注：越紼行事，不敢以卑廢尊。越，猶蹶也。紼，輴車索也。疏：私喪者是其卑，天地社稷是其尊。今雖遭私喪，既殯以後，若有天地社稷之祭，則行之，故鄭云「不敢以卑廢尊」也。越是踐蹶之義，未葬之前，屬紼于輴，以備火災。今既祭天地社稷，須越蹶此紼而往祭所，故云「越紼」。六宗、山川之神則否。其宫中五祀在喪内，則亦祭之。故曾子問曰：「君薨，五祀之祭不行，既葬而祭之。」但祭時不須越紼，蓋五祀，宫中之神，喪時朝夕出入所祭，不爲越紼也。

春秋繁露：春秋之義，國有大喪者，止宗廟之祭，而不止郊祭。不止郊祭者，不敢以父母之喪廢祀天之禮也。

右喪不廢祭

蕙田案：天子祀天正祭，冬日至，以禋祀祀昊天上帝於圜丘。董仲舒曰：「王者歲一祭天於郊。蓋天者，百神之君，天子，萬國之主父，事天而享上帝，所以大報本返始也。其天帝之稱，有該以一字者，則祀天享帝之類；二字者，則上帝、皇天、昊天之類；四字者，則皇天上帝、昊天上帝、維皇上帝之類。天與帝，一也。以體言之，則曰天；以主宰言之，則曰帝而已。其祀享之所曰南郊，曰圜丘，曰泰壇，曰吉土。蓋郊內有壇，壇高曰丘，圜丘即泰壇也；以形象天曰圜，以天尊壇曰泰，即南郊之吉土爾。其正祭之日，以冬日至，蓋天體輕清，上覆而屬陽，冬至一陽生，爲天道之始，乾元統天，又爲生物之始，易所云「見天地之心」者也。天子繼天立極，體天之心而報祭焉，所以明天道，定天位，事上帝而仁鬼神也。其所配之帝，祭法：「有虞氏郊嚳，夏后氏郊鯀，殷人郊冥，周人郊稷。」家語孔子曰「萬物本乎天，人本乎祖。郊之祭，大報本返始也，故以配上帝」是也。其從祀之神，大報天而主日，配以月。楊信齋謂非必百神從祀，理或然也。其祀有正祭，有告祭。冬日至，正祭也。其曰類，曰旅，曰造，曰昭告，曰柴，曰升中，皆告祭也。告祭之禮，皆殺于正祭，而旅又稍隆焉。其常祀之數，每歲有四，而圜丘居其三，冬日至，一也，祈穀，二也，雩，三也，明堂，四也。冬至之日不用卜，而辛日用卜，雩爲百穀祈膏雨，與啓蟄之郊同，孝經宗祀文王于明堂，以配上帝。明堂亦南郊，但不祭于圜丘，其祀天一也，其祀之禮曰禋祀，禋，精意以享也。鄭注以禋爲煙，與燔柴合，然日月星辰皆用煙，而唯昊天稱禋祀，則張子之説不可廢。其粢盛秬鬯，天子親耕，甸師以時入之，后親舂，其酒醴曰五齊、三酒、秬鬯、明水，其玉幣四圭，尺有二寸，蒼璧爲邸，璧與玉，非二物也。幣用繒，色蒼，放其器之色，通典云長丈八尺。據曾子問鄭注，制幣長丈八，准之。其牲用特，殷玄牡，周騂犢。其籩豆，天官籩人、醢人掌之。郊祭籩豆，經無明文。然祭必備物，記云「大旅具矣，不足以饗帝」，詎饗帝而不如常祭乎？其器用有越席，有犧尊，以疏布爲巾覆之，樿杓，白理木。器用陶匏。陶，瓦器，匏，酒爵，蓋祭天尚質也。其服冕，内服大裘，外被衮衣，戴冕，璪十有二旒。大裘，黑羔裘，衮十二章以襲裘，惟冬至南郊則服裘，餘皆衮冕。蓋適四時之宜，而非謂祀天必用大裘，亦非裘冕而不披衮也。周禮「大裘而冕」，與郊特牲「被衮以象天」，互相發爾。其車旗，一曰玉路，一曰大路，玉路即道之車，素車即事之車。郊特牲言乘素車，在被衮之後，則即壇明矣。其祭祀始終之序，先三月滌牲。滌者，繫牲之所，取滌蕩潔清之義。帝牛，即特牲也。前期十日，太宰率執事而卜日。方性夫謂卜郊，指用辛之郊言，蓋郊用冬至，無庸卜日。周禮所云卜日，皆兼他祭爲文，原不專謂郊天也。遂誓戒，散齊七日，致齊三日，玉府共食玉，鬯人共秬鬯以浴，遂戒具。小宰持其法，宰夫詳其式，與太史相聯事。前期一日，遂陳設，掌次張氈案，設皇邸。次謂幄，大幄，初往所止居，小幄，既接祭退俟之處。重帟，謂于幄中設承塵，幄在幕中，帷在旁，幕上張，幄在帷幕之内，帟在幄之内也。蓋祭臣多，故張旅幕。諸祭皆有尸，尸尊，故别張尸次。蓋公卿以下，即位于壝宫之門，未祭則常服，及祭則更祭服于幕次。尸次，亦更衣所也。封人飾牛牲，設楅衡，置紖，共水稾，皆以待夕牲也。牛人共牛牲之互，與其盆、簝，所以待殺牲也。大司樂宿縣，大胥以鼓徵學士。凡禮物器用咸設焉。遂省視，蓋祭器甑甗，皆須濯溉，卑者親眂之，尊者往莅之，所以致敬致潔。而禮神之玉，祀神之牲，尤其重者也。祭之日，雞人呼旦，巾車鳴鈴，銜枚氏禁無囂，蜡氏除不蠲，禁刑者及凶服者，喪者不哭，不敢凶服，汜埽反道，鄉爲田燭，太史執事，以次位常，籩人供盛，舍人供簠簋，鬯人供秬鬯，酒人共五齊三酒，司烜氏取明火、明水，冪人以疏布巾冪八尊，典瑞供玉器，亨人供鼎鑊，籩人、醢人共籩豆之實，大宗伯莅玉鬯，省牲鑊，肆師表粢盛，展器陳。王皮弁，以聽祭報。蓋郊日之朝，天子早起，皮弁以聽告日時早晚，未郊，故未服大裘衮冕而服日視朝之服也。小宗伯告時告備，典路出路，贊駕説。王出宮，大裘衮冕，乘玉路，建太常，大馭馭玉路，犯軷，太僕自左馭而前驅，虎賁氏先後王，條狼氏執鞭以趨辟，節服氏維王之太常，王至郊，御大次。小宗伯告備告時，乘大路以赴壇，遂臨燔柴，作樂以降神，乃迎尸。太祝相尸禮，小祝沃尸盥，遂迎牲。太祝掌之，太宰贊之，君親牽牲，封人歌舞之。天子自射其牲，乃埽地而祭，遂盥。小臣沃王盥，御僕相盥，乃薦玉幣，薦血腥。凡血祭曰釁，血氣也。肉食有味，味爲人道，人道卑近，而天神尊貴，事宜極敬，不褻近，故用血。天子親薦于神座前也，乃獻尊。小宰贊爵，授太宰，太宰授王。小祝贊奠，鬯人供秬鬯，大司寇奉明水。五齊加明水，三酒加玄酒。杜佑通典祭天七獻，薦血腥後，王以匏爵酌泛齊，獻尸。大宗伯亦以匏爵酌醴齊，亞獻，所謂朝踐也，是爲二獻。每獻，奏樂一成，乃祝。大祝執明水火而號祝，洛誥「王命作册，逸祝册」，此祝册之見于周者，則祝固必有册爾。祝畢，王退俟小次，乃亨牲，大宰納亨，贊王牲事，亨人供鼎鑊，給水火之齊，遂薦熟。大司徒奉牛，亨人供太羹、鉶羹，太羹肉汁不和，無鹽梅也，鉶羹，加鹽菜矣。蓋太古初變腥，但煮肉而飲其汁，後人祭既重古，故薦之。通典薦熟于神前，薦畢，王乃以匏爵酌盎齊，以獻尸，大宗伯以匏爵酌緹齊，以亞獻，所謂饋獻也，通前凡四。遂薦黍稷，小宗伯、小祝逆齍盛，大宗伯奉玉齍，薦畢，尸乃食，食訖，王更酌朝踐之泛齊以酳尸，所謂朝獻。大宗伯更酌饋獻之緹齊以亞酳，所謂再獻，通前凡六。又有諸臣爲賓長之一獻，凡七。皇氏謂以外皆加爵，非正獻之數，其尸酢王以清酒，酢宗伯以昔酒，酢諸臣以事酒。每獻舉樂，詩周頌郊祀天地之樂，歌「昊天有成命」，后稷配天之樂，歌「思文后稷」是也。獻畢，天子舞六代之樂，遂嘏。王酳尸，尸嘏王，此其卒爵也。遂送尸。肆師禮成，則告事畢。蓋其制度儀文，與行事始終之序，大略如此。馬端臨文獻通考嘗言，其散見于百官之職掌，錯見于禮經之總論，披紛散佚，未有能會通而次第之者，惟杜氏通典，頗有條理，然禮經簡略，多以注疏之意補之，乖異多端，惟信齋楊氏祭禮，一本經文，不復以注疏攙補，然闊略不接續，又不如通典之通暢。今考通典以注疏補經，惟七獻之説，義可通用。至其附和六天之謬，則以圜丘爲禘上帝，祈穀爲祀感生帝；其惑於九祭之説，則以五時迎氣爲祀天，故祭祀之所，則分南郊與圜丘爲二地，蒼璧禮天、四圭有邸以祀天爲二物，圜鍾爲宫與乃奏黄鍾爲兩處之樂，訛舛錯雜，本無義理。而信齋祭禮，首著古郊祀，次禮物樂舞，次祀禮始終之序，次祝辭樂章，實爲疏脱，既不足以貫串經文之旨而想見聖人著作之精意，又不可措之儀節而見諸施行，則古者祀天之禮無徵久矣。爲詳繹聖經，折衷衆説，舉其大綱，詳其節目，其必不可考者，略取注、疏之純正者以補之，然後聖人制作之意，可以顯白，稍爲損益潤色，則一一可見之施行，即後代制作之善，如唐之開元禮、宋之政和禮，所定儀注，皆有以統其全規而立之準則，庶不謬于觀會通以行其典禮之意云。

文獻志：王炎郊祀儀：郊祀，國之重事也。先王之禮，猶可以考之于經，而諸儒異論者，經之所著不同也。蓋其不同者，有四郊丘之制也，天帝之號也，天地分合之異也，春冬時日之差也。郊丘之不同者有三，周官謂之圜丘，戴記謂之南郊，又謂之泰壇，鄭康成之説，曰祀昊天于圜丘謂之禘，祀五帝于南郊謂之郊，而泰壇無説，康成之言非也。兆于南，以就陽位于郊，故謂之郊，夫子嘗有是言矣。王肅曰：築丘以象天體，是謂圜丘；圜丘，人所造也，是謂泰壇；兆于國南，是謂南郊。然則南郊也，圜丘也，泰壇也，其名有三，其寔一也。天帝之異有三，曰昊天上帝，曰五帝，天洎五帝爲上帝，孔安國之説也，天爲昊天，玄天爲上帝，五方之帝爲五帝，鄭司農之説也。孔、鄭之説，質之于經，固已不合，而鄭康成則又曰昊天上帝者，天皇大帝也。五帝者，始于青帝靈威仰，終于黑帝汁光紀也。以緯亂經，雖不辯，可以知其無稽矣。於徧覆無外，故以天名；主宰造化，故以帝名。在書言類于上帝，而又言告于皇天，在周官以爲禋祀昊天上帝，知昊天、上帝一而已矣，是故詩、書所載，有皇矣上帝之言，有昊天上帝之言，而周官始有五帝之名。夫上帝至尊無二，而有五帝，何也？上帝，天帝也，五帝，五人帝也，何以知之？以周禮而知之。掌次大旅上帝，則張氈案，朝日、祀五帝，則張次。上帝在朝日之先，五帝在朝日之下，則五帝非天帝，其證一也。宗伯兆五帝于四郊，四類、四望亦如之。郊兆于四類之先，則五帝非天帝，其證二也。司服祀昊天上帝，則大裘而冕，祀五帝亦如之。既言上帝，又言五帝，則五帝非天帝，其證三也。呂不韋之月令嘗言五帝矣，春則太皞，夏則炎帝，秋則少昊，冬則顓帝，夏秋之交則黄帝，不以五帝爲天也。魏相之奏，亦詳言五帝矣，太皞乘震，炎帝乘離，黄帝乘坤，少昊乘兑，顓帝乘坎，亦不以五帝爲天也。秦、漢間言五帝者，皆五人帝而已，其説必有所從受也。古之祭天者，主于上帝，其配以祖。周公既成洛邑，用牲于郊，牛二，其一帝牛，其一稷牛，夫禮簡則嚴，嚴則敬，是故祀天所以報本，尊祖故以配天，嚴敬之義也。合上帝與五帝而謂之六天，則近于誣矣。天地分合之異，先儒考于經者，未審也。春秋傳曰：天子祭天，諸侯祭土，尊天而親地，隆殺固有辨焉。猶之宗子祭父，支子不得祭父，而可以祭母，父尊故也。天子祭天，諸侯不得祭天，而可以祭土，天尊故也。古之祭地者，有社則必有大社，大社謂之冢土，未有北郊方丘之名也。社祭土，主陰氣也。祭帝于郊，以定天位；祀社于國，以列地利。而子思曰：郊社之禮，以祀上帝。明地不可與天相並，尊天之義也。周官論國之神位，左祖右社，此王社也。澤中方丘，此冢土也，此古人所謂大社者也。書謂冢土，禮謂之方丘，而戴記謂之泰折，折則方矣，其名有三，其實亦一也。至漢匡衡乃有南北郊之説，則失先王尊天親地之意矣。新莽始有天地合祭，祖妣並配之説，則失先王之意益甚矣。雖然，莽之失，因周頌之言而失之也。周官夏日至，祀地于方丘，冬日至，祀天于圜丘，則曰此天地分祀之證也。夫春夏祈穀，其詩爲噫嘻，祈有二祭，而所歌者噫嘻一詩也。秋冬報，其詩爲豐年，報有二祭，而所歌者豐年一詩也。昊天有成命之詩，可歌以祭天，豈不可歌以祭地乎？以先王之行事，質之武王東伐，告于皇天后土矣，告于皇天，則類于上帝是也，告于后土，則宜于冢土是也，是天地未嘗合祭者，一也；周公之祭于洛邑，丁巳用牲于郊，戊午社于新邑，是天地未嘗合祭者，二也。以武王、周公之行事，而求其制禮之意，則天地未嘗合祭，無疑矣。冬春時日之異，則戴記之言失之也。其言曰：「郊之祭也，以迎長日之至。」又曰：「郊之用辛也，周之始郊，日以至。」而繼之以卜郊。夫日至而郊，周禮也。卜日用辛，魯禮也。雜周、魯之禮兼記之，而郊之時日紊矣。蓋周人之郊有二，皆無所用卜。日至而郊，報本之郊也，故其禮行于一陽之初復；啓蟄而郊，祈穀之郊也，故其禮行于農事之將興。制禮之意，坦然明易。戴記言周之始郊，正月以日至，其日用上辛，吾是以知其合周、魯之郊而紊其時日也。諸儒異論，爲禮經之蠹者多矣，去其異論之蠹，而究其禮經之正，經雖殘缺，禮意則固可知也已。

蕙田案：王氏郊丘之説甚是，至以五帝爲人帝，以冢土爲方丘，俱誤。論春冬時日得之。詳見前及方丘、社稷門。

文衡趙汸論周禮六天書：鄭康成三禘、五帝、六天緯書之説，豈特足下疑之，自王肅以來，莫不疑之，而近代如陳、陸、葉諸公，其攻擊亦不遺餘力矣！竊嘗究觀諸名家論著，於經旨似猶有未盡者，於禮意似猶有弗類者。經曰祀天，曰祀天神，曰祀昊天，曰祀昊天上帝，曰禋祀昊天上帝，曰旅上帝，曰大旅上帝，曰享上帝，曰類上帝，曰類造上帝，曰祀五帝，曰禋祀五帝，皆因官屬職掌、器物司存言之，然其間尊卑遠近、親疏隆殺、異同分合，有序有倫，聖經簡奥，無費辭，非後世文字比也。蓋典瑞言祀天、旅上帝，祀地、旅四望。旅四望别言，既非祀地，則旅上帝别言，非祀天明矣。大宗伯國有大故，則旅上帝及四望。亦以上帝對四望言。而小宗伯兆五帝于四郊，四望、四類亦如之。始以五帝對四望，言五帝即上帝明矣。旅者，會而祭之之名，上帝非一帝也，猶四望非一方矣。大宗伯禮天地四方，皆有牲幣，各放其器之色。而詩曰：「來方禋祀，以其騂黑。」四方之神，即五帝也，故曰禋祀，而得與天地通稱六帝。日月星辰，四望不與焉。大宗伯以禋祀、實柴、槱燎祀神之在天者，以血祭、貍沈、副辜祭神之在地者。禋者，升烟以祭之名，三祀皆積柴實牲體玉帛，燎而升煙，以報陽也，自非天神之尊者，不得言禋祀明矣。大司樂祀四望，祭山川各有樂，而五帝樂無文，以其皆天神，同變之樂也，又豈但與昊天上帝同禋祀，同祭服而已哉？雖然，五帝之非人帝，可無疑矣。其總言上帝，與專言祀天者，豈無別乎？其祭曰旅，曰享，曰類，曰類造，其事曰天子將出，曰師甸〔一〕，曰國有大故，以及曰祈穀，與大司樂冬至日祀天神于圜丘，夏至日祭地示于方澤，孔子謂之大郊者，其于尊卑遠近，親疏隆殺之節，亦辨而詳矣。若來書所謂天與帝爲一，惟兼言、分言有異，則經中神號、祭名、禮物，徒異同而已矣。先王制爲一代大典，豈爲是辭費，以來後世之紛紛乎？大宗伯禮四方，主作六玉言；小宗伯兆五帝，主建神位言。足下謂大小各從其類，決五帝爲人帝，非經旨也。夫五行之神爲五帝，而太皞之屬配焉，亦云帝，此孔子問諸老聃而告季康子者也。公羊子曰：自内出者，無匹不行，自外至者，無主不止，此郊之所以尚配也。今將迎氣于郊，而廢其所配者，主其配者，大皞以降，雖有功德，亦人鬼也。人鬼豈能司天時而布五氣者乎？陳祥道、楊信齋之言曰，天有五行四時，則有五帝，帝者，氣之主也，果以五人帝爲五帝，則人帝之前，其無司四時者乎？朱子又謂凡説上帝者，總昊天上帝與五帝言之，意與陳氏同。諸公雖不主康成，至此亦不能異也，足下豈弗考乎？王制祭天地之牛，角繭栗；宗廟之牛，角握。此天神、人鬼之别也。國語曰：郊禘祭之牛，角繭栗。謂郊爲禘而牲無異，此所謂禘非人鬼之祭矣。又曰：凡禘、郊、祖、宗、報五者，國之祀典也。加之以社稷山川三辰五行，而不别言祭天地，則韋昭注禘爲圜丘，不誣也。祭法以禘、郊、祖、宗對舉言之，與國語同，則四者皆大祭，而事體相似可知，其四代配食之帝，一以先後爲

〔一〕「師甸」，諸本作「帥旬」，據東山存稿卷三改。

次，則四大祭者，輕重必有差矣。王氏謂禘者，宗廟之殷祭，而郊爲圜丘祀天，以其序言，則先廟而後郊，廟言人鬼，而郊不及天神，以其實言，是重祖以配天，而輕所自出之帝，唯廟享也。又謂祖、宗乃二廟不遷之名，是禘郊以祭言，祖、宗以廟言也，太廟之不遷，又非世室比。顓頊之于商，其廟視周文、武，世室亦可同倫乎？二世室，一曰祖，一曰宗，可乎？此無論禮意如何，古人制言有序，名物以類，必不如是之舛駁弗倫也。六天之神，陰主化育，著爲星象，下應人事，北辰中居御極，而五帝隨天運轉，以散精布氣于四時，與開闢之初，五天之精，感爲帝王之祖，皆非有得于化原，有見于古初者。信不足以及之，然中垣、太微，昭布森列，不可誣也。況周人立閟宮以祭姜嫄，大司樂享先妣，序于先祖之上，則南郊祀感生帝何必異乎？緯書焚于隋，河圖、洛書，至宋始大顯，使無陳、邵二公，亦妖妄之類耳。學者初不見全書，往往望風詆排，黄先生嘗謂，恐有如圖書蓍策之數在其中，可謂惡而知其善者矣！孫仲然遠矣，安得起陳、林諸君子而質之？

蕙田案：趙氏論六天是矣。乃從鄭氏，以禘爲郊祭，南郊祀感生帝，不知識緯之當絶，而反引伸其說，何歟？存此二條，以見郊祀異說之惑人可畏。至其說之所以謬，已詳見前辨中矣。

五禮通考卷六

吉禮六

圜丘祀天

秦郊禮

史記封禪書：三年一郊。秦以冬十月爲歲首，故常以十月上宿郊見，李奇曰：「宿，猶齋戒也。」通權火，張晏曰：「權火，烽火也，狀若井桔槔，其法類稱，故謂之權。欲令光明遠照通祀所也。」索隱曰：「權，一作爟，周禮有司爟。」拜於咸陽之旁，而衣上白，其用如經祠云。服虔曰：「經，常也。」

蕙田案：封禪書于四時稱雍，而此云咸陽之旁。四時有春泮凍、秋涸凍、冬賽祠、五月嘗駒及四仲之月祠，而此但云十月，然則秦雖廢禮，固未嘗即以四時爲郊天也。太史公作此書，意在廣陳淫祀，以彰武帝之失，而於三代常禮，幸存一線於吕政者，反從其略。故通篇所言，惟此一條爲正郊也。高祖入關，既立黑帝，後雖有詔祀上帝，及梁巫祠天、地之文，所言天帝，皆是泛稱，並無正祭。武帝既立泰畤，以後與五畤間歲祠祭。是漢人固亦知有天與五帝之分，特以泰一爲天，而非周禮所郊之昊天也。

右秦郊禮

西漢郊禮

漢書高祖本紀：二年六月，令祠官祀天地、四方、上帝、山川，以時祠之。

郊祀志：後四歲，天下已定，詔御史，令長安置祠祀官、女巫。其梁巫祀天、地，晉巫祀五帝，九天巫祀九天。

蕙田案：梁巫祀天、地，晉巫祀五帝，則天與五帝，明有不同矣。乃復有九天之祀，何其謬耶！

文帝本紀：十四年，詔曰：「朕獲執犧牲珪幣以事上帝宗廟，十四年於今。歷日彌長，以不敏不明而久撫臨天下，朕甚自媿。其廣增諸祀壇場珪幣。昔先王遠施不求其報，望祀不祈其福，右賢左戚，先民後己，至明之極也。今吾聞祠官祝釐，如淳曰：「釐，福也。賈誼傳『受釐坐宣室』是也。」師古曰：「釐，本字作禧，假借用耳，同音僖。」皆歸福朕躬，不爲百姓，朕甚媿之。夫以朕不德，而專鄉獨美其福，百姓不與焉，是重吾不德。其令祠官致敬，毋有所祈。」

史記封禪書：今上武帝初至雍，郊見五畤。後常三歲一郊。索隱曰：漢舊儀云：「元年祭天，二年祭地，三年祭五畤。三歲一徧，皇帝自行也。」

亳人謬忌奏祠泰一方，曰：「天神貴者泰一，泰一佐曰五帝。古者天子以春秋祭泰一東南郊，用太牢，七日，漢書作「日一太牢，七日」。爲壇開八通之鬼道。」於是天子令太祝立其祠長安東南郊，常奉祠如忌方。其後人上書言：「古者天子三年一用太牢祠神三一〔一〕：

〔一〕「神」，諸本脱，據史記封禪書補。

天一、地一、泰一。」天子許之，令太祝領祠之於忌泰一壇上，如其方。

蕙田案：高帝紀「祠天地、四方、上帝、山川」，則祭天與祭上帝有别也。封禪書文帝郊見五畤，索隱注祭天、祭五畤，亦各不同。是祭天之壇場、時日、儀文、珪幣，雖無可考，不足以爲郊祀之典要，然祭天之禮，固未嘗竟廢。自謬忌創爲泰一之説，立祠于長安東南郊，則儼然彷彿圜丘之意矣。復增三一之祠，又别泰一于天一、地一之上。後遂專郊拜泰一，立泰畤壇，不經甚矣。

其秋，元鼎五年〔一〕。上幸雍，且郊。或曰：「五帝，泰一之佐也，宜立泰一而上親郊之。」上疑未定。齊人公孫卿言：「黄帝采首山銅，鑄鼎於荆山下。鼎既成，有龍下迎黄帝上天。」於是天子曰：「嗟乎！吾誠得如黄帝，吾視去妻子如脱屣耳。」乃拜卿爲郎，東使候神於太室。上遂郊雍，至隴西，登空同，幸甘泉。令祠官寬舒等具泰一祠壇，祠壇放亳忌泰一壇，三垓。五帝壇環居其下，各如其方，黄帝西南，除八通鬼道。泰一所用，如雍一畤物，而加醴棗脯之屬，殺一犛牛以爲俎豆牢具。而五帝獨有俎豆

〔一〕「五年」，諸本作「元年」，據史記封禪書改。

醴進。其下四方地，爲醊，食群神從者及北斗云。已祠，胙餘皆燎之。其牛色白，鹿居其中，彘在鹿中，水而洎之。徐廣曰：「洎，一作『酒』。」灌水于釜中曰洎。」師古曰：「言以白鹿内牛中，以彘内鹿中，又以水及酒合内鹿中。」祭日以牛，祭月以羊彘特。太一祝宰則衣紫及繡。五帝各如其色，日赤，月白。十一月辛巳朔旦冬至，昧爽，天子始郊拜泰一。朝朝日，夕夕月，則揖；而見太一如雍郊禮。其贊饗曰：「天始以寶鼎神策授皇帝，朔而又朔，終而復始，皇帝敬拜見焉。」而衣尚黃。其祠列火滿壇，壇旁烹炊具。有司云「祠上有光焉」。公卿言：「皇帝始郊見泰一雲陽，有司奉瑄玉孟康曰：「璧大六寸謂之瑄。」嘉牲薦饗。是夜有美光，及晝，黃氣上屬天。」太史公、漢書作太史令談。祠官寬舒等曰：「神靈之休，祐福兆祥，宜因此地光域立泰畤壇以明應。令太祝領，秋及臘閒祠。三歲天子一郊見。」

漢書郊祀志：夏六月，汾陰巫錦爲民祠魏脽后土營旁，見地如鉤狀，掊視得鼎。鼎大異于衆鼎，文鏤無款識，怪之，言吏。吏告河東太守勝，勝以聞。天子使驗問巫得鼎無姦詐，迺以禮祠，迎鼎至甘泉，從上行，薦之。至中山，宴温，有黃雲焉。有鹿過，上自射之，因之以祭云。至長安，公卿大夫皆議尊寶鼎。天子曰：「閒者河溢，歲數不登，故巡祭后土，祈爲百姓育穀。今年豐楙未報，鼎曷爲出哉？」有司皆言：「聞昔泰帝興神鼎一，一者一統，天地萬物所繫象也。黄帝作寶鼎三，象天地人。禹收九牧之金，鑄九鼎，象九州。皆嘗鬺亨上帝鬼神。其空足曰鬲，以象三德，饗承天祜。夏德衰，鼎遷於殷；殷德衰，鼎遷於周；周德衰，鼎遷於秦；秦德衰，宋之社亡，鼎迺淪伏而不見。周頌曰：『自堂徂基，自羊徂牛，鼐鼎及鼒；不吳不敖，胡考之休。』今鼎至甘泉，以光潤龍變，承休無疆。合兹中山，有黄白雲降，蓋若獸爲符，路弓乘矢，集獲壇下，報祠大享。唯受命而帝者心知其意而合德焉。鼎宜視宗禰廟，臧於帝廷，以合明應。」制曰：「可。」其秋，上雍，且郊。或曰：「五帝，泰一之佐也，宜立泰一而上親郊之。」上疑未定。齊人公孫卿曰：「今年得寶鼎，其冬辛巳朔旦冬至，與黄帝時等。」卿有札書曰：「黄帝得寶鼎冕候，問於鬼臾區，鬼臾區對曰：『黄帝得寶鼎神策，是歲己酉朔旦冬至，得天之紀，終而復始。』於是黄帝迎日推策，後率二十歲復朔旦冬至，凡二十推，三百八十年，黄帝仙登於天。」卿因所忠欲奏之。所忠視其書不經，疑其妄言，謝曰：「寶鼎事已決矣。尚何以爲！」卿因嬖人奏之。上大悦，迺召問卿。對曰：「受此書申公，申公已死。」上曰：「申公何人也？」卿曰：「齊人，與安期生通，受黄帝言，無書，獨有此鼎書。曰：『漢興復當黄帝之時。』曰：『漢之聖者，在高祖之孫且曾孫也。寶鼎出而與神通，封禪。封禪七十二王，唯黄帝得上泰山封。』申公曰：『漢帝亦當上封禪，封禪則能仙登天矣。黄帝萬諸侯，而神靈之封君七千。天下名山八，而三在蠻夷，五在中國。中國華山、首山、太室山、泰山、東萊山，此五山黄帝之所常游，與神會。黄帝且戰且學仙，患百姓非其道，乃斷斬非鬼神者。百餘歲然後得與神通。黄帝郊雍上帝，宿三月。鬼臾區號大鴻，死葬雍，故鴻冢是也。其後黄帝接萬靈明庭。明庭者，甘泉也。所謂寒門者，谷口也。黄帝採首山銅，鑄鼎於荆山下。鼎既成，有龍垂胡鬚下迎黄帝。黄帝上騎，群臣後宫從上龍七十餘人，龍乃上去。餘小臣不得上，迺悉持龍鬚，龍鬚拔，墮，墮黄帝之弓。百姓仰望黄帝既上天，乃抱其弓與龍鬚號，故後世因名其處曰鼎湖，其弓曰烏號。』」於是天子曰：「嗟乎！誠得如黄帝，吾視去妻子如脱屣耳。」拜卿爲郎，使東候神於太室。上遂郊雍，至隴西，登崆峒，幸甘泉。令祠官寬舒等具泰一祠壇，祠壇放亳忌泰一壇，三陔。五帝壇環居其下，各如其方。黄帝西南，除八通鬼道。泰一所用，如雍一時物，而加醴棗脯之屬，殺一犛牛以爲俎豆牢具。而五帝獨有俎豆醴進。其下四方地，爲醊，食群神從者及北斗云。已祠，胙餘皆燎之。其牛色白，白鹿居其中，彘在鹿中，鹿中水而酒之。祭日以牛，祭月以羊彘特。太一祝宰則衣紫及繡。五帝各如其色，日赤，月白。十一月辛巳朔旦冬至，昒爽，天子始郊拜泰一。朝朝日，夕夕月，則揖；而見太一如雍郊禮。其贊饗曰：「天始以寶鼎神策授皇帝，朔而又朔，終而復始，皇帝敬拜見焉。」而衣尚黄。其祠列火滿壇，壇旁亨炊具。有司云「祠上有光」。公卿言：「皇帝始郊見太一雲陽，有司奉瑄玉嘉牲薦享，是夜有美光，及晝，黄氣上屬天。」太史令談、祠官寬舒等曰：「神靈之休，祐福兆祥，宜因此地光域立太畤壇以明應。令太祝領，秋及臘間祠。三歲天子一郊見。」其秋，爲伐南越，告禱太一，以牡荊畫幡日月北斗登龍，以象太一三星，爲太一鋒旗，命曰「靈旗」。爲兵禱，則太史奉以指所伐國。

蕙田案：三代以上，郊天儀節散見於經傳。秦、漢之人，無所考正，疏略久矣！其壇制、祭日、從祀、牲牢、俎豆、衣服、祝詞，大概稍見於此。

武帝本紀：元鼎五年十一月辛巳朔旦，冬至。立泰畤于甘泉。天子親郊見，朝日夕月。詔曰：「朕以眇身託于王侯之上，德未能綏民，民或饑寒，故巡祭后土以祈豐年。冀州脽壤乃顯文鼎，獲薦于廟。渥洼水出馬，朕其御焉。戰戰兢兢，懼不克任，思昭天地，内惟自新。詩云：『四牡翼翼，以征不服。』親省邊垂，用事所極。望見泰一，修天文禬。辛卯夜，若景光十有二明。易曰：『先甲三日，後甲三日。』朕甚念年歲未咸登，飭躬齋戒，丁酉，拜況于郊。」

蕙田案：泰一天神，固不足以當昊天，然班史諸紀，每幸雍，曰祠五畤；幸甘泉，曰郊泰畤，蓋以泰畤之設，其尊在五畤之上，而五帝僅爲之佐，則漢直以當圜丘之祭矣！若更黜爲非郊，必謂建始以上，全不祀天，殊亦乖其本意。今於諸帝郊泰畤者，悉入郊天，而五畤悉入五帝，庶無彼此紛亂之患，而讀者亦易考焉。

郊祀志：天子封泰山，禪泰山下阯東北肅然山。還，坐明堂，群臣更上壽。下詔改元。其秋，有星孛于東井。後十餘日，有星孛于三能。望氣王朔言：「後獨見填星出如瓜〔一〕，食頃復入。」有司皆曰：「陛下建漢家封禪，天其報德星云。」其來年冬，郊雍五帝。還，拜祝祠太乙。

史記封禪書：元封二年冬，郊雍五帝。還，拜祝祠太乙。贊饗曰：「德星昭衍，厥

〔一〕「出」，諸本脱，據漢書郊祀志上補。

維休祥。壽星仍出，淵耀光明。信星昭見，皇帝敬拜泰祝之享。」

蕙田案：此年贊饗之詞，與元鼎元年絶不同。

漢書武帝本紀：五年冬，南巡狩，至于盛唐。春三月，還至泰山，增封。夏四月，還幸甘泉，郊泰畤。

天漢元年春正月，行幸甘泉，郊泰畤。

後元元年春正月，行幸甘泉，郊泰畤。二月，詔曰：「朕郊見上帝，巡于北邊，見群鶴留止，以不羅罔，靡所獲獻。薦于泰畤，光景並見。其赦天下。」

禮樂志：武帝定郊祀之禮，祠泰一於甘泉〔一〕，就乾位也；祭后土于汾陰，澤中方丘也。乃立樂府，采詩夜誦，有趙、代、秦、楚之謳。以李延年爲協律都尉，多舉司馬相如等數十人造爲詩賦，略論律吕，以合八音之調，作十九章之歌。以正月上辛用事甘泉圜丘，使童男女七十人俱歌，昏祠至明。夜常有神光如流星止集于祠壇，天子自竹宫望拜，百官侍祠者數百人皆肅然動心焉。

〔一〕「於」，諸本脱，據漢書禮樂志補。

郊祀歌練時日一　練時日，候有望，焫膋蕭，延四方。以蕭焫脂合馨香。四方，四方之神也。焫，人説反。九重開，靈之斿，垂惠恩，鴻祜休。靈之車，結玄雲，駕飛龍，羽旄紛。靈之下，若風馬，左倉龍，右白虎。靈之來，神哉沛，先以雨，般裔裔。靈之至，慶陰陰，相放悲，震澹心。放悲，猶髣髴也，音昉弗。澹，動也。靈已坐，五音飭，虞至旦，承靈億。牲繭栗，粢盛香，尊桂酒，賓八鄉。八鄉，八方之神。靈安留，吟青黄，青黄，謂四時之樂。徧觀此，眺瑶堂。衆嫭並，綽奇麗，嫭，音互，好也，謂女樂並好麗也。顔如荼，兆逐靡。兆民逐觀而猗靡也。靡，武義反。被華文，厠霧縠，曳阿錫，佩珠玉。俠嘉夜，俠與挾同。嘉夜，芳草也。茝蘭芳，澹容與，獻嘉觴。

帝臨二　帝臨中壇，四方承宇，繩繩意變，備得其所。清和六合，制數以五。此后土之歌也。土數五。海内安寧，興文匽武。后土富媪，媪，老母稱也。坤爲母，故稱媪。昭明三光。穆穆優游，嘉服上黄。土色上黄也。

青陽三鄒子樂。　青陽開動，春爲青陽。根荄以遂，膏潤并愛，跂行畢逮。霆聲發榮，壧處頃聽，壧與巖同。頃，讀曰傾。枯槀復産，迺成厥命。衆庶熙熙，施及夭胎，群生啿啿，唯春之祺。啿啿，豐厚之貌，音徒感反。

朱明四鄒子樂。　朱明盛長，旉與萬物，夏爲朱明。旉，古敷字。　桐生茂豫，桐，讀爲通。言草木皆通達而生。　靡有所詘。　敷華就實，既阜既昌，登成甫田，百鬼迪嘗。　廣大建祀，肅雍不忘，神若宥之，傳世無疆。

西顥五鄒子樂。　西顥沆碭，西方少昊也。沆，胡浪反。碭，音蕩。白氣之貌也。　秋氣肅殺，含秀垂穎，續舊不廢。廢合韻，音發。　姦僞不萌，祅孽伏息，隅辟越遠，四貉咸服。既畏兹威，惟慕純德，附而不驕，正心翊翊。

玄冥六鄒子樂。　玄冥陵陰，玄冥，北方之神也。　蟄虫蓋臧，中木零落，中，古草字。抵冬降霜。　易亂除邪，革正異俗，兆民反本，抱素懷樸。　條理信義，望禮五嶽。　籍斂之時，掩收嘉穀。

惟泰元七　惟泰元尊，媪神蕃釐，泰元，天也。媪神，地也。言天神至尊而地神多福也。釐，讀曰僖。　經緯天地，作成四時。　精建日月，星辰度理，陰陽五行，周而復始。　雲風靁電，降甘露雨，百姓蕃滋，咸循厥緒。　繼統共勤，順皇之德，鸞路龍鱗，罔不胕飾。嘉籩列陳，庶幾宴享，滅除凶災，烈騰八荒。　鐘鼓竽笙，雲舞翔翔，招摇靈旗，九夷賓將。　建始元年，丞相匡衡奏罷「鸞路龍鱗」，更定詩曰「涓選休成」。　涓，除也。除惡選取美成者也。

天地八　天地並況，況，賜也。惟予有慕，爰熙紫壇，思求厥路。恭承禋祀，緼豫爲紛，黼繡周張，承神至尊。千童羅舞成八溢，溢與佾同。合好效歡虞泰一。九歌畢奏斐然殊，鳴琴竽瑟會軒朱。軒朱，即朱軒也。璆磬金鼓，靈其有喜，百官濟濟，各敬厥事。盛牲實俎進聞膏，神奄留，臨須摇。須摇，須臾也。長麗前掞光耀明，長麗，靈鳥也。舊説云鸞也。寒暑不忒況皇章。展詩應律鋗玉鳴，函宮吐角激徵清。發梁揚羽申以商，造兹新音永久長。聲氣遠條鳳鳥鴹，鴹，古「翔」字。神夕奄虞蓋孔享。丞相匡衡奏罷「黼繡周張」，更定詩曰「肅若舊典」。

蕙田案：郊祀志，衡言：「甘泉泰畤紫壇，有文章、采鏤、黼黻之飾及玉、女樂，石壇、僊人祠，瘞鸞路、騂駒、寓龍馬，不能得其象於古，宜皆勿修。」故改去詩中「鸞路龍鱗」句，爲「涓選休成」，又改去「黼繡周張」句，爲「肅若舊典」。舊本誤置下章之首，見館閣校本，雖正其失，而以爲衡詩祇記其首句，則亦考之未詳也。

日出入九　日出入安窮？時世不與人同。日月無窮，而人命有終，世長而壽短。故春非我春，夏非我夏，秋非我秋，冬非我冬。泊如四海之池，徧觀是邪謂何？吾知所樂，獨樂六龍，六龍之調，使我心若。訾黃其何不徠下！應劭曰：「訾黃，一名乘黃，龍翼而馬身，黃帝乘之而仙。武帝意欲得之，曰：『何不來耶？』」師古曰：「訾，嗟歎之詞。黃，乘黃也。」

天馬十　太乙況，天馬下，言此天馬乃太乙所賜，故來下也。霑赤汗，沬流赭。霑，濡也，流汗如赭。志俶儻，精權奇，籋浮雲，籋音躡，言天馬上躡浮雲也。晻上馳。體容與，迣萬里，迣，音逝，超踰也。今安匹，龍爲友。元狩三年，馬生渥洼水中作。天馬徠，從西極，涉流沙，九夷服。天馬徠，出泉水，虎脊兩，馬毛色如虎脊者有兩也。化若鬼。變化若鬼神。天馬徠，歷無草，徑千里，循東道。天馬徠，執徐時，言歲在辰也。將摇舉，誰與期？天馬徠，開遠門，竦予身，逝昆侖。天馬徠，龍之媒，游閶闔，觀玉臺。太初四年，誅宛王獲宛馬作。

天門十一　天門開，詄蕩蕩，穆並騁，以臨饗。光夜燭，德信著，靈寖平而鴻〔一〕，長生豫。大朱涂廣，涂，道路也。言通神之路，飾以朱丹，又甚廣大。夷石爲堂，飾玉梢以舞歌，體招摇若永望。星留俞，塞隕光，俞，答也。言衆星留神，答我饗薦，降其光耀，四面充塞

〔一〕「平而」，漢書禮樂志謂是衍文。

也。照紫幄，珠熉黄。紫幄，饗神之幄。言光照紫幄，故珠色熉然而黄也。熉音云。幡比翄回集，貳雙飛常羊。舞者骨騰肉飛，如鳥之回翅而雙集也。月穆穆以金波，日華燿以宣明。假清風軋忽，激長至重觴。重觴，謂累獻也。神裴回若流放，殣冀親以肆章。言神靈裴回，留而不去，故我得覲見，冀以親附而陳誠意，遂章明之。函蒙祉福常若期，寂漻上天知厥時。泛泛滇滇從高斿，滇音「振旅闐闐」。殷勤此路臚所求。佻正嘉吉弘以昌，佻，讀曰肇，始也。休嘉砰隱溢四方。專精厲意逝九閡，閡亦陔也。謂九天之上也。合韻音改。紛云六幕浮大海。

景星十二　景星顯見，信星彪列，象載昭庭，象，謂縣象也。載，事也。日親以察。參侔開闔，爰推本紀，汾脽出鼎，皇祜元始。五音六律，依韋饗昭，依韋，諧和不相乖離也〔一〕。雜變並會，雅聲遠姚。姚，僄姚，言飛揚也。空桑琴瑟結信成，四興遞代八風生。殷殷鐘石羽籥鳴，河龍供鯉醇犧牲。百末旨酒布蘭生，泰尊柘漿析朝酲。取甘柘汁以爲飲，可以解朝酲也。微感心攸通修名，周流常羊思所并。穰穰復正直往甯，穰穰，多

〔一〕「不相乖離」，諸本脱，據漢書禮樂志補。

也。復，歸也。直，當也。甯，願也。言獲福既多，歸于正道，克當往日所願也。馮蠵切和疏寫平。馮夷，河伯。蠵，觜蠵，龜屬。言馮夷命靈蠵，使切厲諧和水神，令之疏導川潦，寫散平均，無災害也。上天布施后土成，穰穰豐年四時榮。元鼎五年得鼎汾陰作。

齊房十三　齊房産草，九莖連葉，宮童效異，宮之童豎致此異瑞也。披圖案諜。玄氣之精，回復此都，蔓蔓日茂，芝成靈華。元封二年芝生甘泉齊房作。

后皇十四　后皇嘉壇，立玄黄服，物發冀州，兆蒙祉福。沇沇四塞，假狄合處，沇沇，流行之貌。假狄，遠夷也。合處，内附也。假即遐字，從彳。經營萬億，咸遂厥宇。

華爗爗十五　華爗爗，固靈根。神之斿，過天門，車千乘，敦昆侖。敦，讀曰屯。神之出，排玉房，周流雜，拔蘭堂。拔，舍止也。神之行，旌容容，騎沓沓，般從從。從，衆也，才公反。神之徠，泛翊翊，甘露降，慶雲集。神之揄，臨壇宇，九疑賓，夔龍舞。神安坐，鴹吉時，共翊翊，合所思。神嘉虞，申貳觴，貳觴，猶重觴也。福滂洋，邁延長。沛施祐，汾之阿，揚金光，横泰河，莽若雲，增陽波。偏臚驩，騰天歌。

五神十六　五神相，包四鄰，五帝爲太乙相。包，含也。四鄰，四方也。土地廣，揚浮雲。扢嘉壇，椒蘭芳，扢，摩也。摩拭其壇，加以椒蘭之芳。璧玉精，禮神之璧。垂華光。益億年，美始興，交於神，若有承。廣宣延，咸畢觴，言偏延諸神，畢盡觴爵也。靈輿位，偃蹇驤。卉汩臚，析奚遺？卉汩，疾意也。臚，陳也。析，分也。奚，何也。言速自陳列分散而歸，無所留也。淫渌澤，泩然歸。淫，久也。渌澤，澤名。言我饗神之後，久在渌澤，乃泩然而歸也。

朝隴首十七　朝隴首，覽西垠，靁電尞，獲白麟。爰五止，顯黄德，時白麟足有五蹏。圖匈虐，熏鬻殛。闢流離，抑不詳，流離不得所者，爲開道路，使之安集。違道不詳善者，則抑黜之。賓百僚，山河饗。掩回轅，鬗長馳，鬗鬗，長貌，音武元反。騰雨師，灑路陂。流星隕，感惟風，籋歸雲，撫懷心。元狩元年，行幸雍獲白麟作。

象載瑜十八　象載瑜，白集西，象載，象輿也。瑜，美貌。西，合韻音先。食甘露，飲榮泉。赤雁集，六紛員，六，所獲雁數。紛員，多貌。殊翁雜，五采文。翁，雁頸。文彩殊異也。神所見，施祉福，登蓬萊，結無極。太始三年，行幸東海獲赤雁作。

赤蛟十九　赤蛟綏，黄華蓋，綏綏，赤蛟貌。上有黄氣，狀若蓋也。露夜零，晝晻濭。百君禮，六龍位，勺椒漿，靈已醉。靈既享，錫吉祥，芒芒極，降嘉觴。靈殷殷，爛揚光，延壽命，永未央。杳冥冥，塞六合，澤汪濊，輯萬國。靈禗禗，象輿轙，禗音近枲，不安欲去也。轙，僕人嚴駕待發之意，音儀。票然逝，票，匹遥反。旗逶蛇。禮樂成，靈將歸，託玄德，長無衰。

蕙田案：武帝祠太乙于甘泉，祭后土於汾陰，雖非古南北郊之制，而其意略同。孟堅作志，總一代樂章，而繫之其下，故其用樂、禮節，及前後增易，不復詳述。今由本文繹之，縱不能確有所指，然其先後節次之大略，有可彷彿。擬議者一章曰「練時日，候有望，焫膋蕭，延四方」，是神未降而延之也。曰「九重開，靈之斿」，是神之起而將降也。繼曰「靈之車、靈之下、靈之來、靈之至、靈已坐、靈安留」，則神行而下至登位也，是爲燔燎迎神之章。如周禮大司樂「圜鍾爲宮，黄鍾爲角，太蔟爲徵，姑洗爲羽，樂六變則天神皆降，可得而禮者也」。二章帝臨、三章青陽、四章朱明、五章西顥、六章玄冥，則爲祀五帝之樂章。封禪書所云「泰一壇，三垓，五帝壇環居其下」者也。七章曰「惟泰元尊，媪神蕃釐，經緯天地，作成四時」，是言泰一之尊，兼統天地，蓋獻泰一之詞也。八章曰「天地並況」，曰「合好效歡虞泰一」，則獻天一、地一也。九章日出入，其詞皆求仙人、慕黄帝之意，封禪書所云「吾誠得如黄帝，視去妻子如脱屣」者也，意或於朝日、夕月而用之歟？十一章天門，曰「假清風軋忽，激長至重觴」，十五章華爗爗，曰「神嘉虞，申貳觴」，則再獻、三獻之樂章也。十六章五神曰「廣宣延，咸畢觴」，曰「淫淥澤，泮然歸」，十九章赤蛟曰「靈既享，錫吉祥，芒芒極，降嘉觴。延壽命，永未央」，是飲福致嘏之事也。曰「靈禗禗，象輿轙」，曰「禮樂成，靈將歸」，是言神返而去也。此皆獻畢受福送神之詞。其前後次第，略可想見。但或用之甘泉，或兼用之汾陰、雍畤，則不可考矣。此外十章天馬、十二章景星、十三章齊房、十七章朝隴首、十八章象載瑜，或志休祥，或記功烈，則隨時增用。故元狩元年之朝隴首、三年之天馬，並作于立甘泉祠之前。惟元鼎五年之景星，則適在其年。若元封二年之齊房，則在立甘泉之後四年矣。太初四年之天馬，則又後之八年矣。太始三年之象載瑜，則又後之七年矣。是皆隨事增入。其奏之節次不可知，或即以天馬厠九章之下，景星厠十一章之下，以爲序次，而班史因之歟？惟十四章后皇，則決係汾陰后土祀神之樂。而其迎神送神，當即在前十三章之內，今不復可别矣。然則此十九章者，始于元狩元年之獲麟，終太始三年之獲赤雁，歷二十九年而始備。至匡衡更定，則又後之六十二年矣。今以班志相傳既久，且又有甲乙次第，若更區分割裂，恐無片段。故統載于此，而略申其說，以俟考定者。

宣帝本紀：神爵元年春正月，行幸甘泉，郊泰畤。三月，詔曰：「朕承宗廟，戰戰慄慄，惟萬事統，未燭厥理。迺元康四年嘉穀玄稷降于郡國，神爵仍集，金芝九莖產于函德殿銅池中，九真獻奇獸，南郡獲白虎，威鳳爲寶。朕之不明，震于珍物，飭躬齋精，祈爲百姓。東濟大河，天氣清靜，神魚舞河。幸萬歲宮，神爵翔集。朕之不德，懼不能任。其以五年爲神爵元年。」

郊祀志：大將軍霍光輔政，上共己正南面，非宗廟之祀不出。十二年，乃下詔曰：「蓋聞天子尊事天地，修祀山川，古今通禮也。間者，上帝之祠闕而不親十有餘年，朕甚懼焉。朕親飭躬齋戒，親奉祠，爲百姓蒙嘉氣，獲豐年焉。」明年正月，上始幸甘泉，郊見泰畤，數有美祥。修武帝故事，盛車服，敬齊祠之禮，頗作詩歌。

宣帝本紀：神爵四年春二月，詔曰：「迺者鳳凰甘露降集京師，嘉瑞並見。修興泰一、五帝、后土之祠，祈爲百姓蒙祉福。鸞鳳萬舉，蜚覽翺翔，集止於旁。齊戒之暮，神光顯著。薦鬯之夕，神光交錯。或降於天，或登於地，或從四方來集於壇。上帝嘉饗，海内承福。其赦天下，賜民爵一級，女子百户牛酒，鰥寡孤獨高年帛。」

蕙田案：武帝後元元年，郊泰畤，見群鶴，赦天下。此年復賜爵及牛酒、高年帛。自後因之，相沿既久，至赦賚繁費。如宋代幾致以郊祀爲難行，則漢已階之厲矣！況誇瑞應而惑神鬼，豈敬而遠之之道耶？

五鳳元年春正月，行幸甘泉，郊泰畤。

甘露元年春正月，行幸甘泉，郊泰畤。

郊祀志：改元甘露。正月，上幸甘泉，郊泰畤。其夏，黄龍見新豐。建章、未央、長樂宫鐘虡銅人皆生毛，長一寸所，時以爲美祥。

宣帝本紀：三年春正月〔一〕，行幸甘泉，郊泰畤。

黄龍元年春正月，行幸甘泉，郊泰畤。

元帝本紀：初元二年春正月，行幸甘泉，郊泰畤。賜雲陽民爵一級。四年春正月〔二〕，行幸甘泉，郊泰畤。

永光元年春正月，行幸甘泉，郊泰畤。赦雲陽徒。賜民爵一級，女子百户牛酒，

〔一〕「三年」，諸本作「二年」，據漢書宣帝本紀改。
〔二〕「四年」，諸本作「五年」，據漢書元帝本紀改。

高年帛。

五年春正月，行幸甘泉，郊泰畤。

建昭二年春正月，行幸甘泉，郊泰畤。

郊祀志：元帝即位，遵舊儀，間歲正月，一幸甘泉郊泰畤，又東至河東祠后土，西至雍祠五畤。凡五奉泰畤、后土之祠。亦施恩澤，時所過毋出田租，賜百户牛酒，或賜爵，赦罪人。

蕙田案：自漢初至此，南北郊未立。其制凡四變，天、地、五畤，三歲一徧祭，一也；立泰一祠于長安東南郊，二也；增三一祠于亳忌泰一壇上，三也；甘泉立泰畤，四也。其時天子所親行者，泰一、五帝、后土，其最著云。

成帝本紀：建始元年十二月，作長安南北郊，罷甘泉、汾陰祠。是日大風，拔甘泉畤中大木十圍以上。

郊祀志：帝初即位，丞相匡衡、御史大夫張譚奏言：「帝王之事莫大乎承天之序，承天之序莫重於郊祀，故聖王盡心極慮以建其制。祭天於南郊，就陽之義也；瘞地於北郊，即陰之象也。天之於天子也，因其所都而各饗焉。往者，孝武皇帝居甘泉宮，即於雲陽立泰畤，祭於宮南。今行常幸長安，郊見皇天反北之泰陰，祠后土反東之少陽，事與古制殊。又至雲陽，行谿谷中，阸陿且百里，汾陰則度大川，有風波舟楫之危，皆非聖主所宜數乘。郡縣治道共張，吏民困苦，百官煩費。勞所保之民，行危險之地，難以奉神靈而祈福祐，殆未合於承天子民之意。昔者周文、武郊於豐、鄗，成王郊於雒邑。由此觀之，天隨王者所居而饗之，可見也。甘泉泰畤、河東后土之祠，宜可徙置長安，合於古帝王。願與群臣議定。」奏可。大司馬車騎將軍許嘉等八人以爲所從來久遠，宜如故。右將軍王商、博士師丹、議郎翟方進等五十人以爲禮記曰「燔柴於太壇，祭天也；瘞薶於太折，祭地也」，兆於南郊，所以定天位也，祭地於太折，在北郊，就陰位也。郊處各在聖王所都之南北。書曰：「越三日丁巳，用牲於郊，牛二。」周公加牲，告徙新邑，定郊禮於雒。明王聖主，事天明，事地察。天地明察，神明章矣。天地以王者爲主，故聖王制祭天地之禮必於國郊。長安，聖主之居，皇天所觀視也。甘泉、河東之祠非神靈所享，宜徙就正陽太陰之處。違俗復古，循聖制，定天位，如禮便。於是衡、譚奏議曰：「陛下聖德，聰明上通，承天之大，典覽群下，使各悉心盡慮，議郊祀之處，天下幸甚。臣聞廣謀從衆，則合於天心，故洪範曰『三人占，則從二人之言』，言少從多之義也。論當往古，宜於萬民，則依而從之；違道寡與，則廢而不行。今議者五十八人，其五十人言當徙之義，皆著於經傳，同於上世，便於吏民；八人不案經蓺，考古制，而以爲不宜，無法之議，難以定吉凶。太誓曰：『正稽古建功立事，可以永年，丕天之大律。』詩曰『毋曰高高在上，陟降厥士，日監在茲』，言天之日監王者之處也。又曰『迺眷西顧，此維予宅』，言天以文王之都爲居也。宜於長安定南北郊，爲萬世基。」天子從之。既定，衡言：「甘泉泰畤紫壇，八觚宣通象八方。五帝壇周環其下，又有群神之壇。以尚書禋六宗、望山川、徧群神之義，紫壇有文章、采鏤、黼黻之飾及玉、女樂，石壇、仙人祠，瘞鸞路、騂駒、寓龍馬，不能得其象於古。臣聞郊柴饗帝之義，埽地而祭，尚質也。歌大吕舞雲門以竢天神，歌太蔟舞咸池以竢地祇，其牲用犢，其席藁稭，稭音戛。其器陶匏，皆因天地之性，貴誠尚質，不敢修其文也，以爲神祇功德至大，雖修精微而備庶物，猶不足以報功，唯至誠爲可，故尚質不飾，以章天德。紫壇僞飾、女樂、鸞路、騂駒、龍馬、石壇之屬，宜皆勿修。」衡又言：「王者各以其禮制事天地，非因異世所立而繼之。今雍鄜、密、上下畤，本秦侯各以其意所立，非禮之所載術也。漢興之初，儀制未及定，即且因秦故祠，復立北畤。今既稽古，建定天地之大禮，郊見上帝，青赤白黄黑五方之帝皆畢陳，各有位饌，祭祀備具。諸侯所安造，王者不當長遵。及北時，未定時所立，不宜復修。」天子皆從焉。及陳寶祠，由是皆罷。

蕙田案：匡衡之議，可謂精矣，蓋由是復覩古先之制焉。漢時經術之效，至是乃見。北郊之文，于經無有，而此俱稱禮記，必有明據，非臆説也。特爲二戴删定而逸之耳，惜哉！

三輔黄圖：圜丘在昆明故渠南，有漢故圜丘。今按高二丈，周圍百二十步。

成帝本紀：建始二年春正月辛巳，上始郊祀長安南郊，詔曰：「迺者徙泰畤、后土于南郊、北郊，朕親飭躬，郊祀上帝。皇天報應，神光並見。三輔長無共張繇役之勞，赦奉郊縣長安、長陵天郊在長安城南，地郊在長安城北長陵界中。二縣有奉郊之勤，故一切並赦之。及中都官耐罪徒。減天下賦錢，算四十。」

蕙田案：此西漢南、北郊之始。然正月上辛，乃古祈穀之祭，非圜丘正祭。匡衡蓋亦誤認魯禮爲周禮耳。甘泉泰畤，用十一月朔旦冬至，其地則非，其時則近古也。

永始三年冬十月，皇太后詔復甘泉泰畤。　四年春正月，行幸甘泉，郊泰畤，神光降集紫殿。大赦天下。賜雲陽吏民爵，女子百户牛酒，高年帛。

郊祀志：後成都侯王商爲大司馬輔政，杜鄴説商曰：「『東鄰殺牛，不如西鄰之禴祭。』言奉天之道，貴以誠質大得民心也。行穢祀豐，猶不蒙祐；德修薦薄，吉必大來。古者壇場有常處，燎禋有常用，贊見有常禮；犧牲玉帛雖備而財不匱，車輿臣役雖動而用不勞。是故每舉其禮，助者歡説，大路所歷，黎元不知。今甘泉、河東天地郊祀，咸失方位，違陰陽之宜。及雍五畤皆曠遠，奉尊之役，休而復起，繕治共張，無解已時，皇天著象，殆可略知。前上甘泉，先敺失道；禮月之夕，奉引復迷。祠后土還，臨河當渡，疾風起波，船不可御。又雍大雨，壞平陽宫垣。迺三月甲子，震電災林光宫門。祥瑞未著，咎徵仍臻，迹三郡所奏，皆有變故。不答不饗，何以甚此！詩曰『率由舊章』。舊章，先王法度，文王以之，交神於祀，子孫千億。宜如異時公卿之議，復還長安南北郊。」

成帝本紀：元延二年春正月，行幸甘泉，郊泰畤。

揚雄傳：上方郊祠甘泉泰畤、汾陰后土，以求繼嗣，召雄待詔承明之庭。正月，從上甘泉，還奏甘泉賦以風。

四年春正月，行幸甘泉，郊泰畤。

綏和二年春正月，行幸甘泉，郊泰畤。丙戌，帝崩于未央宫。皇太后詔有司復長安南北郊。

郊祀志：成帝崩〔一〕，皇太后詔有司曰：「皇帝即位，思順天心，遵經義，定郊禮，天下説憙。懼未有皇孫，故復甘泉泰畤、汾陰后土，庶幾獲福。皇帝恨難之，卒未得其祐。其復南北郊長安如故，以順皇帝之意也。」

蕙田案：此西漢再復南北郊。然其忽罷忽復，復而仍罷者，或以未得皇孫，或以久疾不瘳，蓋方士禍福之説中入骨髓，其所謂敬恭明神者，但知有祈禱之私，而不知有典禮之正。區區一匡衡正之，猶捧土以塞孟津，欲障而迴之也難矣！

哀帝本紀：建平三年十一月，復甘泉泰畤、汾陰后土祠，罷南北郊。

郊祀志：哀帝寢疾，太皇太后詔有司曰：「皇帝孝順，奉承聖業，靡有懈怠，而久

〔一〕「成帝」，諸本脱「成」字，據漢書郊祀志下補。

疾未瘳。夙夜維思，殆繼體之君不宜改作。其復甘泉泰畤、汾陰后土祠如故。」上亦不能親至，遣有司行事而禮祠焉。

平帝本紀：元始四年春正月，郊祀高祖以配天。

郊祀志：五年，大司馬王莽奏言：「王者父事天，故爵稱天子。孔子曰：『人之行莫大於孝，孝莫大於嚴父，嚴父莫大於配天。』王者尊其考，欲以配天，緣考之意，欲尊祖，推而上之，遂及始祖。是以周公郊祀后稷以配天，宗祀文王於明堂以配上帝。禮記：天子祭天地及山川，歲徧。春秋穀梁傳以十二月下辛卜，正月上辛郊。高皇帝受命，因雍四時起北畤，而備五帝，未共天地之祀。孝文十六年用新垣平，初起渭陽五帝廟，祭泰一、地祇，以太祖高皇帝配。日冬至祠泰一，夏至祠地祇，皆并祠五帝，而共一牲，上親郊拜。後平伏誅，乃不復自親，而使有司行事。孝武皇帝祠雍，曰：『今上帝朕親郊，而后土無祠，則禮不答也。』於是元鼎四年十一月甲子始立后土祠於汾陰。或曰，五帝，泰一之佐，宜立泰一。五年十一月癸未，始立泰一祠於甘泉，三歲一郊，與雍更祠，亦以高祖配，不歲事天，皆未應古制。建始元年，徙甘泉泰畤、河東后土於長安南北郊。永始元年三月，以未有皇孫，復甘泉、河東祠。綏和二年，以卒不獲祐，復長安南北郊。建平三年，懼孝哀皇帝之疾未瘳，復甘泉、汾陰祠，竟復無福。臣謹與太師孔光、長樂少府平晏、大司農左咸、中壘校尉劉歆、太中大夫朱陽、博士薛順、議郎國由等六十七人議，皆曰宜如建始時丞相衡等議，復長安南北郊如故。」莽又頗改其祭禮，曰：「周官天墬之祀，墬，古「地」字也。樂有别有合。其合樂曰『以六律、六鍾、五聲、八音、六舞大合樂』，祀天神，祭墬祇，祀四望，祭山川，享先妣先祖。凡六樂，奏六歌，而天墬神祇之物皆至。四望，蓋謂日月星海也。三光高而不可得親，海廣大無限界，故其樂同。祀天則天文從，祭墬則地理從。三光，天文也。山川，地理也。天地合祭，先祖配天，先妣配地，其誼一也。天地合精，夫婦判合。祭天南郊，則以地配，一體之誼也。天地位皆南鄉，同席，地在東，共牢而食。高帝、高后配於壇上，西鄉，后在北，亦同席共牢。牲用繭栗，玄酒陶匏。禮記曰：天子籍田千畮，以事天地。繇是言之，宜有黍稷。天地用牲一，燔燎瘞薶用牲一，高帝、高后用牲一。天用牲左，及黍稷燔燎南郊；地用牲右，及黍稷瘞於北郊。其旦，東鄉再拜朝日；其夕，西鄉再拜夕月。然後孝弟之道備，而神祇嘉享，萬福降輯。此天地合祀，以祖妣配者也。其别樂曰『冬日至，於地上之圜丘奏樂六變，則天神皆降；夏日至，於澤中之方丘奏樂八變，則地祇皆出』。天地有常位，不得常合，此其各特祀者也。陰陽之別於日冬夏至，其會也以孟春正月上辛若丁。天子親合祀天地於南郊，以高帝、高后配。陰陽有離合，易曰：『分陰分陽，迭用柔剛。』以日冬至使有司奉祠南郊，高帝配而望群陽，日夏至使有司奉祭北郊，高后配而望群陰，皆以助致微氣，通道幽弱。當此之時，后不省方，故天子不親而遣有司，所以正承天順地，復聖王之制，顯太祖之功也。渭陽祠勿復修。群望未悉定，定復奏。」奏可。三十餘年間，天地之祠五徙焉。莽又奏天子父事天，母事地，今稱天神曰皇天上帝，泰一兆曰泰畤。

蕙田案：此西漢三復南北郊，然改爲合祭，以妣配地，魏晉以下，皆率行之，不知其皆莽禮也。又案：莽雖復南北郊，僅於冬夏至使有司行事，而天子則以孟春親合祀天地于南郊。是南北郊制，雖似合古，而祭祀之禮失矣！又立泰一兆曰泰畤，后祇曰廣畤，則是仍不廢舊畤，但移之于國都耳。

漢舊儀：元年祭天，二年祭地，三年祭五帝於五畤，三歲一辦。皇帝自行，群臣從，齋皆百日，他祠不出。祭天，紫壇幄帷，高皇帝配天，居堂下，西向，紺席。祭天，用六綵綺席，六重，長一丈，一副，四周緣之。祭天，用玉几，玉飾器，凡器七千，百物飾具。祭天，養牛五歲，至三千斤。皇帝祭天，居雲陽宫，齋百日。上甘泉通天臺，高二十丈，以候天神之下，見如流火，舞女童三百人，皆年八歲，天神下壇所，舉烽火。皇帝就竹宫，去壇三里，望對壇竹宫中，不至壇所。甘泉臺去長安三百里，望見長安城，黄帝以來所祭天之圜丘也。皇帝祭天地宗廟，駕四馬，羽蓋華宴。出則乘馬，遠行在左纛黄屋，乘六馬。纛，左排馬頭上髦也。

文獻通考：馬氏曰：西京之事，班史于祭祀儀文所述簡略。衛敬仲撰漢舊儀，頗有正史所未見者，然其詞多率，而叙述亦無甚倫序。如西漢未嘗舉高祖配天之祀，惟武帝作汶上明堂，祠泰一、五帝于明堂上坐，合高皇帝祠坐對之。而三歲郊，見于雍畤、甘泉，則未嘗有配天之祖也。今此謂高皇帝配天，而又言居堂下，則未有配神作主而坐堂下者也。其義難曉，姑録以廣異聞。

蕙田案：漢郊祀志載元始五年，大司馬王莽奏，稱孝文十六年祭泰一、地祇，以太祖高皇帝配。日冬至祠泰一，夏至祠地祇，皆并祠五帝，而共一牲，上親郊拜。據此則高皇帝之配泰畤，自文帝始，特史失載耳！舊儀之言，固有所本，馬氏以爲其義難曉，豈偶忽之耶？

三輔黄圖：甘泉宫，一曰雲陽宫，秦所造，在今池陽縣西故甘泉山，宫以山爲名。漢武帝建元中增廣之，周十九里。去長安三百里，望見長安城，黄帝以來圜丘祭天處。遁甲開山圖云：「雲陽先生之墟也。」成帝永始四年，行幸甘泉，郊泰畤，神光降于紫殿。今案，甘泉谷北岸有槐樹，今謂玉樹，根幹盤峙，二三百年木也。楊震關輔古語云：「耆老相傳，咸以謂此樹即揚雄甘泉賦所謂玉樹青葱也。」竹宫，甘泉宫也，以竹爲宫，天子居中。

酉陽雜俎：漢竹宫用紫泥爲壇，天神下若流火，玉飾器七千枚，舞女三百人。一曰：漢祭天神用萬二千杯，養牛五歲，重三千觔。

文獻通考：馬氏曰：「王者祭天而以祖配之，古今之通義，祀典之首也。舜攝政之初，類於上帝，禋於六宗，望於山川，徧於群神。湯代夏之初，用玄牡告於上帝神后。武王代殷之初，告於皇天后土、所過名山大川。然則其所祀者，天與六宗、地與山川而已。初無祀五帝之文。周頌三十有一篇，曰郊、曰明堂、曰柴望、曰祈穀、曰報祭、曰類禡，所以告神明之事備矣，亦無祀五帝之樂章。而祀五帝之説，始於周禮。先儒各以其意，爲之訓詁。以爲五天帝者，曰靈威仰、赤熛怒、白招拒、汁光紀、含樞紐也；以爲五人帝者，曰太皞、炎帝、黄帝、少昊、顓頊也。姑以五天帝言之，則此五帝，皆天神之貴，主五方之事者，意其在祀典當與日月六宗並，而亞於祀天者也。秦襄公攻戎救周，列爲諸侯而居西，自以爲主少昊之神，作西畤，祠白帝。太史公讀秦記，以爲秦雜戎翟之俗，作西畤，用祀上帝，僭端見矣。位在藩臣而臚於郊祀，君子懼焉。然以愚考之，襄公以其有國於西也，而祀少昊白帝，是猶宋人之祀閼伯，晉人之祀實沈耳，非郊天也，太史公誤矣！自漢人既以祭畤爲郊天，太史公習見當時之事，而追尤秦襄之僭，其實非也。繼而諸畤並興，或由夢蛇而爲鄜畤，或因獲石聞雉而爲陳寶，或由雨金而爲畦畤，又繼而有青帝、黄帝、炎帝之祠，俱以畤名之。蓋少昊白帝，西方之神，秦祠之宜也，而并及青帝、黄帝、炎帝，則非所祭而祭者也。至於鄜畤、陳寶之屬，則皆秦中小神之爲淫厲而驚動禍福者，秦人無知，亦爲立畤，而同於諸帝之祠。漢人不考，復指四畤以爲郊天之事。至高祖立黑帝祠以備五畤，而五帝俱祠矣。然命有司進祠，上不親往。嗚呼！安有郊見上帝而人主不親其事者乎？往往見其所祠者，叢雜冗泛，是以姑諉之祠官修故事耳。至孝文用新垣平之言，而立渭陽五帝之廟，孝武採謬忌之説，而建泰一天皇之壇，始親祠矣，而皆謂之郊見。夫郊，事天之禮也，諸方士言天神貴者泰一，泰一佐者五帝。則泰

一、五帝俱天上之神爾。以神爲帝，以祀神爲郊，而昊天上帝之祭，固未嘗舉行也。秦及漢初，以郊祀事天之禮奉五帝。至武帝時，方士謬忌言，泰一貴于五帝者也。遂復以郊禮事泰一，而五帝壇環居其下，然終不聞舉祀天之禮。至鄭康成，遂創爲六天之説，以爲泰一、五帝并昊天而六也，蓋異名而同體也。然其説終難通。蓋方士之説至爲誕謾，然猶言天神貴者泰一，泰一佐者五帝，終不敢言泰一、五帝即天也。康成儒者乃創六天之説，何哉？竊意泰一、五帝之在天，猶五嶽、四瀆之在地也。謂嶽瀆非地固不可，而以方澤祠后土之禮事嶽瀆，亦不可，謂已祭嶽瀆，而遂廢后土方澤之祠，尤不可。蓋秦襄所祠少昊白帝耳。然秦俗信鬼好祠，至其子孫，遂并青、黄、赤帝而祠之。至漢高帝立黑帝祠，而以爲事天之事畢矣。蓋其祠本不經，而諸畤之怪妄尤甚。高祖明達者也，故雖有重祠、敬祭之詔，而卒不親享。其亦有見於此矣！漢初，陋儒既不能有所建論，乃若賈生賢而知禮者也，親承宣室鬼神之問，亦不能引經援古，定郊社明堂祀天配祖之儀，以革秦世之淫祠，惜哉！自是而後，郊畤祠禮之豐殺，每與方士之際遇相爲盛衰。渭陽五帝之親祠也，以新垣平，平誅，而帝怠於渭陽之祠。而昊天上帝，反不得比所謂泰一、五帝者得享郊祀之祭。高祖，創業之太祖，亦終西都之世不得享配天之祀，豈不謬哉？案郊祀志：天子封泰山，欲治明堂奉高旁，未曉其制。濟南人公玉帶上黄帝時明堂圖，於是上令奉高作明堂汶上，如帶圖。及是歲修封，則祀泰一、五帝于明堂上坐，合高皇帝祠坐對之。服虔注曰：「漢是時未以高祖配天，故言對。光武以來乃配之。」蓋漢時泰一、五帝之祠不一，其在甘泉者曰郊時，三歲一親祠，未嘗以祖配。其在汶上者曰明堂，武帝封泰山時所建，方有高帝並祠，每修封則祠之。終帝之世，五修封，而昭、宣之後，無幸泰山修封之事，則廢其祭矣。然高皇帝之所並祠者，泰一、五帝，不過天神之貴者，則非配天也。至成帝時，匡衡請徙甘泉祠於長安，定南北郊。又言：『王者各以其禮制事天地，非因異世所立而繼之。今郊雍鄜、密、上下時，本秦侯各以其意所立，非禮所載。漢興之初，儀制未定，即且因秦故祠，復立北時。今既稽古，建定天地之大禮，郊見上帝，青、赤、白、黄、黑五方之帝皆畢陳，各有位饌，祭祀備具。諸侯所妄造，王者不當長遵。及北時，未定時所立，不宜復修。』天子皆從焉。及陳寶祠，因是皆罷，并毁不應禮之祠四百七十五所，然後祀禮稍正。然終不能建議盡復三代以來郊祀、明堂、嚴父配天之禮。而哀、平之間，怵於禍福之説，南北郊，與甘泉五時互爲罷復，卒無定制。至王莽秉政，請復長安南北郊，祭天而以高祖配，善矣！然復以高后配地祇而共祭，則臆説不經爲甚。蓋莽將篡漢，故爲是崇陰教以媚元后，而遂其盗權竊位之謀耳。或曰：『匡衡之論，正矣！然史載，初罷甘泉泰畤，作南郊，日大風，壞甘泉竹宮，折拔畤中樹木十圍以上百餘。天子異之，以問劉向，而向以爲不當革。上卒無繼嗣。哀、平短祚，漢以中衰。議者惑焉，何也？』對曰：『千金之家，其祖父奉淫昏之鬼以求福，而爲之子孫者欲矯而正之，則所舉者未必蒙福，而所廢者祇以掇禍。如諸畤之神，雖不正，然漢代秦而興，不能以禮革之。方且信方士之言，愈加尊奉，侔於事天，其祭之也，且歷七世百五十餘年，則其靈響暴著也久矣，固未易遽絶也。漢之中衰，諸儒劉向、谷永固嘗預言之。向以人事，永以天運，然則固非廢淫祠之咎也。逮世祖中興，建武郊天，即採用元始故事，而不復襲漢初之迹。甘泉諸畤，未嘗領之祠官，加以尊奉，而亦不聞其能驚動禍福，以來紛紛之議，則以其絶之有素也。故曰：君子以作事謀始。』」

蕙田案：漢書王莽傳，載其居攝元年，祀帝南郊，迎春東郊。始建國元年，郊祀黄帝以配天，黄后配地。又宗祀虞舜于明堂。六年，獻新樂於明堂。莽之僭亂，好爲粉飾如此。人而不仁，如禮樂何？今盡削之，不足復污簡牘也。

右西漢郊禮

五禮通考卷七

吉禮七

圜丘祀天

後漢郊禮

後漢書世祖本紀：建武二年，立郊兆于城南，始正火德，色尚赤。

祭祀志：建武二年正月，初制郊兆於雒陽城南七里，依鄗。采元始中故事。爲圓壇八陛，中又爲重壇，天地位其上，皆南向，西上。其外壇上爲五帝位。青帝位在甲寅之地，赤帝位在丙巳之地，黄帝位在丁未之地，白帝位在庚申之地，黑帝位在壬亥之地。其外爲壝，重營皆紫，以象紫宫，有四通道以爲門。日月在中營内南道，日在東，月在西，北斗在北道之西，皆别位，不在群神列中。八陛，陛五十八醊，合四百六十四醊。五帝陛郭，帝七十二醊，合三百六十醊。中營四門，門五十四神，合二百一十六神。外營四門，門百八神，合四百三十二神。皆背營内鄉。中營四門，門封神四，外營四門，門封神四，合三十二神。凡千五百一十四神。營即壝也。封，封土築也。背中營神，五星也，及中宫宿五官神及五嶽之屬也。背外營神，二十八宿外宫星，雷公、先農、風伯、雨師、四海、四瀆、名山大川之屬也。醊，竹芮切，祭酹也。

注：黄圖載元始儀，上帝壇圓八觚，徑五丈，高九尺，茅營去壇十步，竹宫徑三百步，土營徑五百步。神靈壇各於其方面三丈，去茅營二十步，廣坐三十五步〔一〕，合祀神靈以璧琮。用辟神道八通〔二〕，廣各三十步。竹宫内道廣三丈，有闕，各九十一步。壇方三丈，拜位壇亦如之。爲周道郊營之外，廣九步。營六甘泉北辰於

〔一〕「三十五」，諸本作「十五」，據後漢書祭祀志上校勘記改。
〔二〕「八通」，諸本作「四通」，據後漢書祭祀志上校勘記改。

南門之外，日、月、海東門之外，河北門之外，岱宗西門之外。爲周道前望之外，廣九步。列望道乃近前望道外〔一〕，徑六十二步。壇方二丈五尺，高三尺五寸。爲周道列望之外，徑九步。卿望亞列望外，徑四十步。壇廣三丈，高二尺。爲周道卿望之外，徑九步。大夫望亞卿望道外，徑二十步。壇廣一丈五尺，高一尺五寸。爲周道大夫望之外，徑九步。士望亞大夫望道外，徑十五步。壇廣一丈，高一尺。爲周道士望之外，徑九步。庶望亞士望道外，徑九步。壇廣五尺，高五寸。爲周道庶望之外，徑九步。凡天宗上帝宮壇營，徑三里，周九里。營三重，通八方。常以歲之孟春正月上辛若丁，親郊祭天南郊，以地配，望秩山川，偏于群神。天地位皆南鄉，同席，地差在東，共牢而食。太祖高皇帝、高后配於壇上，西鄉，后在北，亦同席，共牢而食。日冬至，使有司奉祭天神於南郊，高皇帝配而望群陽。夏至，使有司奉祭地祇於北郊，高皇后配而望群陰。天地用牲二，燔燎瘞埋用牲一，先祖先妣用牲一。天以牲左，地以牲右，皆用黍、稷及樂。

〔一〕「列望道」，諸本作「列望遂」，據後漢書祭祀志上校勘記改。

蕙田案：此東漢郊壇從祀之位，魏以降從祀星辰，漸以繁多矣。

東觀漢紀：上都洛陽，制兆於城南七里〔一〕，北郊四里。行夏之時，時以平旦，服色、犧牲尚黑，名火德之運。常服徽熾尚赤，四時隨色，季夏黄色。

大學衍義補：丘氏濬曰：西漢所謂郊祀天地者，乃是祀五時及甘泉泰一、汾陰之類，皆出于方士祈福之説，而非古人報本反始之意。高、惠不親祠，文帝一再行，武、宣以求仙，成帝以祈嗣。三君者親郊頗多，而其他則領之祠官，修故事而已。古人所謂郊天配祖之意，蓋漠如也。光武置郊丘于雒陽，以高帝配祀，始稍復古人祀天之制。

後漢書祭祀志：建武七年五月，詔三公曰：「漢當郊堯。其與卿大夫、博士議。」時侍御史杜林上疏，以爲「漢起不因緣堯，與殷周異宜，而舊制以高帝配。方軍師在外，且可如元年郊祀故事」。上從之。

杜林傳：建武七年，大議郊祀制，多以爲周郊后稷，漢當祀堯。詔復下公卿議。林獨以爲周室之興，祚由后稷，漢業特起，功不緣堯。祖宗故事，所宜因循。定從林議。

〔一〕「城南」，諸本誤倒，據東觀漢紀卷一乙正。

東觀漢紀：杜林疏：「臣聞營河、洛以爲民，刻肌膚以爲刑，封疆畫界以建諸侯，井田什一以供民用，三代之所同。及至漢興，因時宜，趨世務，省繁苛，取實事，不苟貪高亢之論。是以去土中之京師，就關内之遠都，除肉刑之重律，用髡鉗之輕法，郡縣不置世禄之家，農人三十而取一，政卑易行，禮簡易從，民無智愚，思仰漢德，樂承漢祀。基業特起，不因緣堯，堯遠于漢，民不曉信，言提其耳，終不悦諭。后稷近于周，民户知之。世據以興，基由其祚，本與漢異。郊祀高帝，誠從民望，得萬國之歡心，天下福應，莫大乎此。民奉種祀，且猶世主，不失先俗。群臣僉薦鯀，考績不成，九載乃殛。宗廟至重，衆心難違〔一〕，不可卒改。詩云：『不愆不忘，率由舊章。』明當尊用祖宗之故文章也，宜如舊制，以解天下之惑，合于易之所謂『先天而天不違，後天而奉天時』義。方軍師在外，祭可，且如元年郊祭故事。」

後漢書祭祀志：隴、蜀平後，乃增廣郊祀，高帝配食，位在中壇上，西面，北上。天、地、高帝、黄帝各用犢一頭，青帝、赤帝共用犢一頭，白帝、黑帝共用犢一頭，凡用

〔一〕「違」，原作「達」，據光緒本、東觀漢記校注卷一四改。

犢六頭。日、月、北斗共用牛一頭，四營群神共用牛四頭，凡用牛五頭。凡樂奏青陽、朱明、西皓、玄冥及雲翹、育命舞。中營四門，門用席十八枚，外營四門，門用席三十六枚，凡用席二百一十六枚。皆莞簟，率一席三神。日、月、北斗無陛郭醊。既送神，燎俎實於壇南巳地。

蕙田案：建武中興，制郊兆于洛陽城南，其地得矣。乃內外壇壝門營，從祀之神，至一千五百一十四，何其瀆也！然此猶曰西京故事也。而天地共席，帝后同牢，則王莽瀆亂不經之舉，當撥邪反正之初，倘稽考典章，洗除穢惡，後嗣知所遵循，詎不美歟？乃帝既不深考，而在廷諸臣，亦無有引伸匡衡之議而救正之者，良由棄經信讖，因陋蹈訛，遂使陳陳沿襲。洎迄後代，竟以合祭爲便，安逸豫之身，圖錮蔽執持，牢不可破，不特禮制就隳，而人主敬天之意荒矣。莽不足責，東京創制之君臣能不任其咎耶？有天下者，當以經術爲重矣。

漢舊儀：祭天紫壇幄帷。高皇帝配天，居堂下，西向，紺帷帳、紺席。鈎命決曰：「自外至者，無主不止；自內出者，無匹不行。」祭天，養牛五歲，至三千觔。案：記曰「天地之牛角繭栗」，而此云五歲，本志用犢是也。

鄭興傳：帝嘗問興郊祀事曰：「吾欲以讖斷之，何如？」興對曰：「臣不爲讖。」帝怒曰：「卿之不爲讖，非之耶？」興惶恐曰：「臣于書有所未學，而無所非也。」帝意乃解。

樊儵傳：永平元年，拜長水校尉，與公卿定郊祀禮儀，以讖記正五經異説。

蔡邕傳：初平二年六月，地震，董卓以問邕。邕對曰：「地動者，陰盛侵陽，臣下踰制之所致也。前春郊天，公奉引車駕，乘金華青蓋，爪畫兩轓，遠近以爲非宜。」卓於是改乘皂蓋車。

後漢書獻帝本紀：建安元年正月癸酉，郊祀上帝于安邑，大赦天下，改元建安。七月丁丑，車駕至洛陽，郊祀上帝，大赦天下。

禮儀志：正月上丁，祠南郊。禮畢，次北郊、明堂、高廟、世祖廟，謂之五供。凡齋，天地七日。大喪，惟天郊越紼而齋。正月，天郊，夕牲。晝漏未盡十八刻初納，夜漏未盡八刻初納，干寶周官注曰：「納，亨納，牲將告殺，謂向祭之晨也。」進熟獻，太祝送，旋，皆就燎位，宰祝舉火燔柴，火然，天子再拜，興，有司告事畢。

蔡邕禮樂志：漢樂四品，一曰大予樂，典郊廟、上陵殿中諸食舉之樂。郊樂，易所謂「先王以作樂崇德，殷薦之上帝」。周官「若樂六變，則天神皆降，可得而禮也」。

本之意。

文獻通考：馬氏曰：西都所謂郊祀，若雍五畤、甘泉泰一，皆出于方士祈福之説，而非有古人報本之意。唯武、宣以求仙，成帝以求嗣，故三君親郊頗多，而其清心無求者，則領之祠官，修故事而已。世祖置郊丘於洛陽，以高祖配祀，始稍復古人祀天之制。但范史紀、志，不載親郊之歲月。禮儀志云：「正月上丁，祠南郊。禮畢，次北郊、明堂、高廟、世祖廟，謂之五供。」豈每歲行之耶？祭祀志言：「二年，初制郊，采元始中故事。」按元始之制，嘗以歲孟春正月上辛若丁親郊，祀天南郊，以地配。冬至，則使有司祭天神於南郊，以高帝配。夏至，使有司祭地祇於北郊，以高后配。然則天地之祭，每歲親祠者一，命有司祭者二，豈歲以爲常，故不復紀述乎？

蕙田案：東漢依元始故事，歲凡三祭，合祀天、地者一，分祀天、地者各一，王莽所謂有合有别也。當時雖行合祭，而分祭之禮，固未嘗廢。後之主合祭者，乃悍然以爲不必分祭，是宗王莽而又失之矣。

右後漢郊禮

蜀漢郊禮

蜀志先主傳：章武二年十月，詔丞相諸葛亮營南北郊於成都。

右蜀漢郊禮

魏郊禮

魏志文帝本紀：黄初二年春正月，郊祀天、地、明堂。

宋書禮志：黄初二年正月，郊祀天、地、明堂。是時魏都洛京，而神祇兆域、明堂、靈臺，皆因漢舊事。

明帝太和元年正月丁未，郊祀武皇帝以配天，宗祀文皇帝于明堂以配上帝。是時二漢郊禋之制具存，魏所損益可知也。

魏志明帝本紀：景初元年冬十月乙卯，營洛陽南委粟山爲圜丘。十二月壬子冬至，始祀。詔曰：「昔漢氏之初，承秦滅學之後，採摭殘缺，以備郊祀。自甘泉、后土、雍宫五畤，神祇兆位，多不經見〔一〕，並以興廢無常，一彼一此，四百餘年，廢無禘禮。古代之所更立者，遂有闕焉。曹氏繫世，出自有虞氏，今祀圜丘，以始祖帝舜配，號圜丘曰皇皇帝天；方丘所祭曰皇皇后地，以舜妃伊氏配；天郊所祭曰皇天之神，以太祖武皇帝配；地郊所祭曰皇地之祇，以武宣皇后配。宗祀皇考高祖文皇帝於明堂，以配

〔一〕「經見」，三國志魏書明帝紀作「見經」，疑是。

上帝。」十二月壬子冬至，始祀皇皇帝天于圜丘，以有虞帝舜配。

文獻通考：馬氏曰：此以郊與圜丘爲二處，用鄭玄之説。其時，康成所注二禮方行，王子雍雖著論以攻之，而人未宗其説。然魏、晉而後，有天下者，多起自匹夫，其祖父未有可以配天之功德，非如虞夏四代之比。而康成之所謂配天者，以爲周祀天於圜丘，以嚳配，謂之禘。祀五帝於郊，以稷配，謂之郊。又祀五帝及五人帝於明堂，以文王配，謂之祖。祀五神於明堂，以武王配，謂之宗。此三祭者，必皆有祖考可配，而後可以舉事。是以魏文帝之時，有郊祀而未有祖配。直至明帝時，復遠取舜以配圜丘，然後以武帝配郊，以文帝配明堂，蓋拘於康成支離之説。是以配天之祀，必俟奕世之後，又復上取之遥遥華胄以足之，然後可以行禮耳。

蕙田案：鄭氏所立天之名號非一，然並無皇皇帝天、皇皇后地之號。魏氏用鄭玄之説，爲二天二地，而所立名字，又不經若此，異哉！

魏志蔣濟傳：初，侍中高堂隆論郊祀事，以魏爲舜後，推舜配天。濟以爲舜本姓嬀，其後曰田，非曹之先，以追詰隆。

注：濟立郊議稱曹騰碑文云「曹氏族出自邾」。魏武作家傳自云曹叔振鐸之

後。故陳思王作武帝誄曰：「於穆武王，胄稷胤周。」魏非舜後，而横祀非族，降黜太祖，不配正天，皆爲謬妄。又難：鄭玄注祭法云「有虞以上尚德，自夏以下，稍用其姓氏」。濟曰：「夫虯龍神於獺，獺自祭其先，不祭虯龍也。麒麟、白虎仁於豺，豺自祭其先，不祭麒、虎也。如玄之説，有虞以上，豺獺之不若耶？」

蕙田案：邾出陸終，是爲曹姓。曹叔振鐸，則爲姬姓，碑文、家傳自相背謬。況騰本常侍，嵩爲養子。曹瞞傳言夏侯氏子，雖無明證，要之，本非曹姓，又何足辨乎？

通典：高堂隆表云：案古典，可以武帝配天。魚豢議：昔后稷以功配天。漢出自堯，不以堯配天，明不紹也。且舜已越數代，武皇肇創洪業，宜以配天。

蕙田案：通典言高堂隆表，與蔣濟傳不合，不知何據。豈「武帝」二字，本作「虞舜」，而刻本誤歟？魚豢議，亦不見正史。豢作魏略，恐是著撰私議，非當官議禮之詞也。

宋書禮志：自正始以後，終魏代不復郊祀。

右魏郊禮

吴郊禮

宋書禮志：孫權始都武昌及建業，不立郊兆。至末年太元元年十一月，祭南郊，其地今秣陵縣南十餘里郊中是也。

三國志吴主傳注：江表傳曰：群臣以權未郊祀，奏議曰：「頃者嘉瑞屢徵，遠國慕義，天意人事，前後備集，宜修郊祀，以承天意。」權曰：「郊祀當於土中，今非其所，於何施此？」重奏曰：「普天之下，莫非王土，王者以天下爲家。昔周文、武郊於酆、鎬，非必土中。」權曰：「武王伐紂，即阼於鎬京，而郊其所也。文王未爲天子，立郊於酆，見何經典？」復奏曰：「伏見漢書郊祀志，匡衡奏徙甘泉、河東，郊於長安，言文王郊於酆〔一〕。」權曰：「文王性謙讓，處諸侯之位，明未郊也。經傳無明文，匡衡俗儒意説，非典籍正義，不可用也。」

志林曰：吴主糾駁郊祀之奏，追貶匡衡，謂之俗儒。凡在見者，莫不慨然，以爲統盡物理，達于事宜。至于稽之典籍，乃更不通。毛氏之説云：「堯見天因邰而生后稷，故國之於邰，命使事天。」故詩

〔一〕「郊於長安言文王」，諸本脱，據三國志吴書吴主傳注補。

曰：「后稷肇祀，庶無罪悔，以迄于今。」言自后稷以來，皆得祭天，猶魯人郊祀也。是以棫樸之作，有積燎之薪。文王郊酆，經有明文，匡衡豈俗而枉之哉？文王雖未爲天子，然三分天下而有二，伐崇戡黎，祖伊奔告。天既棄殷，乃眷西顧，泰伯三讓，以有天下。文王爲王，於義何疑？然則匡衡之奏，有所未盡。按世宗立甘泉、汾陰之祠，皆出方士之言，非據經典者也。方士以甘泉、汾陰，黄帝祭天地之處，故孝武因之，遂立二時。漢治長安，而甘泉在北，謂就乾位，而衡云「武帝居甘泉，祭于南宫」，此既誤矣。祭汾陰在水之脽，呼爲澤中，而衡云「東之少陽」，失其本意。此自吴事，於傳無非，恨無辨正之辭，故矯之云。

蕙田案：志林之言過矣。后稷肇祀，何必郊壇之祀？薪之槱之，何關燔燎之薪？皆經無明文，而强爲牽合者也。且權果自比文王，則猶漢之方伯，何以告天？即位既云「曆數在躬」，則猶周之鎬京，何以必擇土中？其説本爲紕繆。但山陽未崩，而黄龍改號，權之僭妄，内懷不安。郊祀不舉，猶可謂一隙之明，奈何反以相訾議乎？

宋書禮志：何承天曰：「案權建號繼天，而郊享有闕，固非也。末年雖一南郊，而遂無北郊之禮。環氏吴紀：『權思崇嚴父配天之義，追上父堅尊號爲吴始祖。』如此説，則權末年所郊，堅配天也。權卒後，三嗣主終吴世不郊祀，則權不享配帝之禮矣。」

右吴郊禮

晉郊禮

晉書武帝本紀：泰始二年春二月丁丑，郊祀宣皇帝以配天。冬十一月，并圜丘、方丘于南、北郊，二至之祀合于二郊。

宋書禮志：晉武帝泰始二年，詔定郊祀。群臣議：「五帝，即天也。王氣時異，故殊其號。雖名有五，其實一神。明堂南郊，宜除五帝之坐。」從之。二月丁丑，郊祀宣皇帝以配天。十一月，有司又議奏：「古者丘郊不異，宜并圜丘、方澤於南、北郊，更修立壇兆。其二至之祀合於二郊。」帝又從之。一如宣帝所用王肅議也。是月冬至，帝親祠圜丘於南郊。自後，圜丘、方澤不别立。

文獻通考：按以圜丘即郊，五帝同一天，王肅之説。武帝，肅外孫也，故祀禮從其説。

蕙田案：王、鄭説郊不同，斷以王氏之説爲是。泰始所行，後世所可法也。

圖書集成：案晉起居注曰：武帝太始元年十二月，太常諸葛緒上言，博士祭酒劉喜等議〔一〕：「帝王各尊其祖所自出。大晉禮，天郊當以宣皇帝配，地郊宣皇后配，明堂以景皇帝、文皇帝配。」博士宣兆議：「禮，王者郊天，以其祖配。周公以后稷配天于南郊，以文王配五精上帝于明堂。經典無配地文。魏以先后配，不合禮制。周配祭不及武王，禮制有斷。今晉郊天，宜以宣皇帝配，明堂宜以文皇帝配。」有司奏：「大晉初建，庶事未定，且如魏詔，郊天大事，速議爲定。」

晉書樂志：泰始二年，詔郊祀明堂禮樂權用魏儀，遵周室肇稱殷禮之義，但改樂章而已，使傅玄爲之詞。

祀天地五郊夕牲歌　天命有晉，穆穆明明。我其夙夜，祗事上靈。常于時假，迄用其成。於薦玄牡，進夕其牲。崇德作樂，神祇是聽。

祀天地五郊迎送神歌　宣文烝哉，日靖四方。永言保之，夙夜匪康。光天之命，上帝是皇。嘉樂殷薦，靈祚景祥。神祇降假，享福無疆。

饗天地五郊歌　天祚有晉，其命惟新。受終于魏，奄有黎民。燕及皇天，懷和百

〔一〕「博士」，原作「知士」，據光緒本改。

神。丕顯遺烈，之德之純。享其玄牡，式用肇禋。神祇來格，福禄是臻。時邁其猶，昊天子之。祐享有晉，兆庶戴之。畏天之威，敬授人時。不顯不承，於猶繹思。皇極斯建，庶績咸熙。庶幾夙夜，惟晉之祺。宣文惟后，克配彼天。撫寧四海，保有康年。於乎緝熙，肆用靖民。爰立典制，爰修禮紀。作民之極，莫匪資始。克昌厥後，永言保之。

天郊饗神歌　整泰壇，禮皇神。精氣感，百靈賓。藴朱火，燎芳薪。紫烟遊，冠青雲。神之體，靡象形。曠無方，幽以清。神之來，光景昭。聽無聞，視無兆。神之至，舉歆歆。靈爽協，動余心。神之坐，同歡娱。澤雲翔，化風舒。嘉樂奏，文中聲。八音諧，神是聽。咸絜齊，並芬芳。烹牷牲，享玉觴。神悦饗，歆禋祀。祐大晉，降繁祉。作京邑，廣四海。保天年，窮地紀。

宋書禮志：太康三年正月，帝親郊祀。皇太子、皇弟、皇子悉侍祠，非前典也。十年十月，詔曰：「孝經『郊祀后稷以配天，宗祀文王於明堂，以配上帝』。而周官云：『祀天旅上帝。』又曰：『祀地旅四望。』四望非地〔一〕，則明堂上帝不得爲天。往

〔一〕「四」，諸本脱，據宋書禮志三補。

者衆議除明堂上帝，考之禮文正經不通。且詩序曰：『文、武之功，起於后稷。』故推以配天。宣帝以神武創業，既已配天，復以先帝配天，於義亦不安。其復明堂及南郊五帝坐。」摯虞議見「明堂」門。

摯虞傳：虞爲光禄勳、太常卿。時懷帝親郊。自元康以來，不親郊祀，禮儀弛廢。虞考正舊典，法物燦然。

宋書禮志：愍帝都長安，未及立郊廟而敗。

晉書禮志：元帝渡江，太興二年始議立郊祀儀。尚書令刁協、國子祭酒杜夷議，宜須旋都洛邑乃修之。司徒荀組據漢獻帝都許即便立郊，自宜於此修奉。驃騎王導、僕射荀崧、太常華恒、中書侍郎庾亮皆同組議，事遂施行，立南郊於巳地。其制度皆太常賀循所定，多依漢及晉初之儀。三月辛卯，帝親郊祀，享配之禮一依武帝始郊故事。是時尚未立北壇，地祇衆神共在天郊。

明帝本紀：太寧三年秋七月，詔曰：「郊祀天地，帝王之重事。自中興以來，惟南郊，未曾北郊，四時五郊之禮都不復設，五嶽、四瀆、名山、大川載在祀典應望秩者，悉廢而未舉。主者其依舊詳處。」

禮志：成帝咸和八年正月制，天郊則五帝之佐、日月、五星、二十八宿、文昌、北斗、三台、司命、軒轅、后土、泰一、天一、太微、鉤陳、北極、雨師、雷電、司空、風伯、老人，凡六十二神從祀。

康帝建元元年正月辛未，南郊，帝親奉。

顧和傳：康帝即位，將祀南北郊，和議以爲車駕宜親行，帝從之。

通典：祝文稱「嗣天子臣某」。

晉書王彪之傳：時當南郊，簡文帝爲撫軍，執政，訪彪之應有赦不。答曰：「中興以來，郊祀往往有赦，愚意常謂非宜。何者？黎庶不達其意，將謂郊祀必赦，凶愚之輩復生心于僥倖矣。」遂從之。

蕙田案：彪之論郊不宜赦，誠爲正當。

禮志：安帝元興三年，劉裕討桓玄，走之。己卯，告義功於南郊。是年，帝蒙塵江陵未反。其明年應郊，朝議以爲宜依周禮，宗伯攝職〔一〕，三公行事。尚書左丞王納之

〔一〕「職」，諸本脱，據晉書禮志上補。

獨曰：「郊天極尊，非天子不祀。無使皇輿不得親奉。」從之。

宋書禮志：孝武帝太元十二年，詔議郊祀。祠部郎徐邈議：「圜丘郊祀，經典無二，宣皇帝嘗辨斯義。而檢以聖典，爰及中興，備加研極，以定南北二郊，誠非異學所可輕改也。謂仍舊爲安。」

晉書禮志：郊廟牲幣璧玉之色，雖有成文，秦世多以騮駒，漢則但云犢，未辨其色。江左南北郊同用玄牲。

蕙田案：晉書載記中，于劉曜，記其冒頓配天，元海配上帝。于石勒，記其南郊有白氣，自壇屬天。于苻堅，記其起明堂，繕南北郊，以其祖洪配天，伯健配上帝。于慕容超，記其南郊，將登壇，有獸如馬，狀類鼠，色赤，集于圜丘之側，須臾，大風，天地盡昏，行宮羽儀皆振裂。于赫連勃勃，記其刻石頌功德，有云：「廣五郊之義，尊七廟之制。」僭制紛然，並登簡冊。其尤甚者，列傳末卷，桓玄篡位，詳録燎祭告天之文；張昌畔逆，亦存郊廟服色之制。蓋史以紀事，雖逆節，猶宜備書。若禮以行義，非正典不容濫及，今並從削黜。其明堂、宗廟、社稷倣此。

右晉郊禮

宋郊禮

宋書武帝本紀：永初二年春正月辛酉，祠南郊，大赦天下。

少帝紀：永初三年五月癸亥，即皇帝位。秋九月丁未，有司奏武皇帝配南郊，武敬皇后配北郊。明年正月己亥，改元景平；辛巳，祀南郊。

禮志：永初三年九月，司空羡之、尚書令亮等奏曰：「臣聞崇德明祀，百王之令典；憲章天人，自昔之所同。雖因革殊時，質文異世，所以本情篤教，其揆一也。伏惟高祖武皇帝允協靈祇，有命自天，弘日靖之勤，立蒸民之極，帝遷明德，光宅八表，太和宣被，元化遐通。陛下以聖哲嗣徽，道孚萬國。祭禮久廢，思光鴻烈，享帝嚴親，今實宜之。高祖武皇帝宜配天郊；至於地祇之配，雖禮無明文，先代舊章，每所因循，魏、晉故典，足爲前式。謂武敬皇后宜配北郊。蓋述懷以追孝，躋聖敬於無窮，對越兩儀，允洽幽顯者也。明年孟春，有事於二郊，請詳依舊典。」詔可。

文帝本紀：元嘉二年正月丙寅，車駕祠南郊，大赦。四年正月辛巳，車駕親祠南郊。六年正月辛丑，車駕親祠南郊。十二年正月辛未，車駕親祠南郊。十四年正月辛卯，車駕親祠南郊，大赦。

樂志：元嘉二十二年，南郊，始設登歌，詔御史中丞顔延之造歌詩。

天地郊夕牲歌　夤威寶命，嚴恭帝祖。表海炳岱〔一〕，系唐胄楚。靈鑑濬文，民屬叡武。奄受敷錫，宅中拓宇。亘地稱皇，罄天作主。月竁來賓，日際奉土。開元首正，禮交樂舉。六典聯事，九官列序。有牷在滌，有潔在俎。以薦王衷，以答神祜。

天地郊迎送神歌　維聖饗帝，維孝饗親。皇乎備矣，有事上春。禮行宗祀，敬達郊禋。金枝中樹，廣樂四陳。陟配在京，降德在民。奔精照夜，高燎煬晨。陰明浮爍，沈禜深淪。告成大報，受釐元神。月御按節，星驅扶輪。遥興遠駕，燿燿振振。

天地饗神歌　營泰畤，定天衷。思心叡，謀筮從。建表蕝，設郊宫。田燭置，權火通。歷元旬，律首吉。飾紫壇，坎列室。中星兆，六宗秩。乾宇宴，地區謐。大孝昭，祭禮供。牲日展，盛自躬。具陳器，備禮容。形舞綴，被歌鐘。望帝閽，聳

〔一〕「炳」，原作「内」，據味經窩本、乾隆本、光緒本、宋書樂志二改。

神蹕。靈之來，辰光溢。潔粢酌，娛太一。明煇夜，華晢日。祼既始，獻又終。煙薌鬯，報清穹。饗宋德，胙王功。休命永，福履充。

文帝本紀：二十六年正月辛巳，車駕親祠南郊。

孝武帝本紀：孝建元年正月己亥朔，車駕親祠南郊，改元，大赦。

禮志：孝建二年正月庚寅，有司奏：「今月十五日南郊。尋舊儀，廟祠至尊親奉，以太尉亞獻；南郊親奉，以太常亞獻。又廟祠行事之始，以酒灌地；送神則不灌。而郊初灌，同之於廟，送神又灌，議儀不同，於事有疑。輒下禮官詳正。」太學博士王祀之議：「案周禮，大宗伯以『吉禮事鬼神祇，禋祀昊天』。則今太常是也。以郊天，太常亞獻。又周禮外宗云：『王后不與，則贊宗伯。』鄭玄云：『后不與祭，宗伯攝其事。』又説云：『君執圭瓚祼尸，大宗伯執璋瓚亞獻。』中代以來，后不廟祭，則應依禮大宗伯攝亞獻也。而今以太尉亞獻。鄭注禮月令云：『三王有司馬，無太尉。太尉，秦官也。』蓋世代彌久，宗廟崇敬，攝后事重，故以上公亞獻。」又議：「履時之思，情深於霜露；室户之感，有懷於容聲。不知神之所在，求之不以一處。鄭注儀禮有司云，天子諸侯祭於祊而繹。繹，又祭也。今廟祠闕送神之祼，將移祭於祊繹，明在於留神，未得而殺。禮郊廟祭殊，故灌送有異。」太常丞朱膺之議：「案周禮，大宗伯使掌典禮，以事神爲上，職總祭祀，而昊天爲首。今太常卽宗伯也。又袁崧漢百官志云：『郊祀之事，太尉掌亞獻，光祿掌三獻。太常每祭祀，先奏其禮儀及行事，掌贊天子。』無掌獻事。又賀循制太尉由東南道升壇，明此官必預郊祭。古禮雖由宗伯，然世有因革，上司亞獻，漢儀所行。愚謂郊祀禮重，宜同宗廟。且太常旣掌贊天子，事不容兼。又尋灌事，禮記曰『祭求諸陰陽之義也。殷人先求諸陽』，『樂三闋然後迎牲』，則殷人後灌也。『周人先求諸陰』，『灌用鬯』。達於淵泉。旣灌，然後迎牲』，則周人先灌也。此謂廟祭，非謂郊祠。案周禮天官：『凡祭祀，贊王祼將之事。』鄭注云：『祼者，灌也。』唯人道宗廟有灌，天地大神，至尊不灌。』淵儒注義，炳然明審。謂今之有灌，相承爲失，則宜無灌。」詔可。

孝武帝本紀：孝建三年正月辛丑，車駕親祀南郊。

大明二年正月辛亥，車駕祠南郊。

禮志：大明二年正月丙午朔，有司奏：「今月六日南郊，輿駕親奉。至時或雨。魏世值雨，高堂隆謂應更用後辛。晉代顧和亦云更擇吉日。徐禪云：『晉武之世，或用丙，或用己，或用庚。』使禮官議正并詳。若得遷日，應更告廟與不？」博士王燮之議稱：「遇雨遷郊，則先代成議。禮傳所記，辛日有徵。郊特牲曰：『郊之用辛也，周之始郊日以至。』鄭玄注曰：『三王之郊，一用夏正。用辛者，取其齊戒自新也。』又月令曰：『乃擇元辰，祈穀於上帝。』注曰：『元日，謂上辛。郊祭天也。』又春秋載郊有二，成十七年九月辛丑，郊。公羊曰：『曷用郊？用正月上辛。』哀元年四月辛巳，郊。穀梁曰：『自正月至於三月，郊之時也。以十二月下辛卜正月上辛。如不從，以正月下辛卜二月上辛。如不從，以二月下辛卜三月上辛。』以斯明之，則郊祭之禮，未有不用辛日者也。晉代或丙、或己、或庚，並別有義。武帝以十二月丙寅南郊受禪，斯則不得用辛也。又泰始二年十一月己卯，始并圜丘方澤二至之祀合于二郊。三年十一月庚寅冬至祠天，郊於圜丘。是猶用圜丘之禮，非專祈穀之祭，故又不得用辛也。今之郊享，既行夏時，雖得遷郊，謂宜猶必用辛也。徐禪所據，或爲未宜。又案郊特牲曰：『受命於祖廟，作龜於禰宮。』鄭玄注曰：『受命，謂告之退而卜也。』則告義在郊，非謂告日。今日雖有遷，而郊禮不異，愚謂不宜重告。」曹郎朱膺之議：「案先儒論郊，其議不一。周禮有冬至日圜丘之祭。月令孟春有祈穀於上帝。鄭氏說，圜丘祀昊天上帝，以帝嚳配，所謂禘也。祈穀祀五精之帝，以后稷配，所謂郊也。二祭異時，其神不同。諸儒云圜丘之祭，以后稷配。取其所在，名之曰郊。以形體言之，謂之圜丘。名雖有二，其實一祭。晉武捨鄭而從諸儒，是以郊用冬至日。既以至日，理無常辛。然則晉代中原不用辛日郊，如徐禪議也。江左以來，皆用正月，當以傳云三王之郊，各以其正〔一〕，晉不改正朔，行夏之時，因以首歲，不以冬日，皆用上辛，近代成典也。夫祭之禮，過時不舉。今在孟春，郊時未過，值雨遷日，於禮無違。既以告日，而行事不從，禋祀重敬，謂宜更告。高堂隆云：『九日南郊，十日北郊。』是爲北郊可不以辛也。」尚書何偃議：「鄭玄注禮記，引易說三王之郊，一用夏正。周禮，凡國大事，多用正歲。左傳又啓蟄而郊。則鄭之此說，誠有據矣。衆家異議，或云三王各用其正郊天，此蓋曲學之辨，於禮無取。固知穀梁三春皆可郊之月，真所謂膚淺也。然用辛之說，莫不必同。晉郊庚己，參差未見前徵。愚謂宜從晉遷郊依禮用辛。」右丞徐爰議以爲：「郊禮用辛，有礙遷日，禮官祠曹，考詳已備。何偃據禮，不應

〔一〕「其」，諸本作「夏」，據宋書禮志三改。

重告，愚情所同。尋告郊剋辰，於今宜改，告事而已。次辛十日，居然展齋，養牲在滌，無緣三月。謂毛血告牷之後，雖有事礙，便應有司行事，不容遷郊。」參議：「宜依經，遇雨遷，用後辛，不重告。若殺牲薦血之後值雨，則有司行事。」詔可。

蕙田案：遇雨遷郊，于禮無徵。因遷重告，尤爲煩瀆。不遷不告，自是正誼。郊以至日，理無常辛，語尤破的。又案：參觀紀、志所載：是年正月丙午朔，辛亥，正六日也。蓋是日實不值雨，故得親奉成禮。徐爰議云：「遇雨遷，用後辛。若殺牲薦血之後值雨，則有司行事。」明是懸擬之詞，並非事實。通志撮此二語，直云：「遂遷日，有司行事。」以本日親奉之祭，指爲遷日，而又不親奉，誤矣。

大明三年九月，尚書右丞徐爰議：「郊祀之位，遠古蔑聞。禮記『燔柴於大壇，祭天也』，『兆於南郊，就陽位也』。漢初甘泉、河東禋埋易位，終亦徙於長安南北。光武紹祚，定二郊洛陽南北。晉代過江，悉在北。及郊兆之議，紛然不一。又南出道狹，未議開闡，遂於東南巳地創立丘壇。皇宋受命，因而弗改。且居民之中，非邑外之謂。今聖圖重造，舊章畢新，南驛開塗，陽路脩遠。謂宜移郊正午，以定天位。」博士司馬興之、傅郁、太常丞陸澄並同爰議。乃移郊兆於秣陵牛頭山西，正在宮之午地。

孝武帝本紀：大明四年正月辛未，車駕祀南郊。六年正月辛卯，車駕親祀南郊。

禮志：明帝泰始二年十一月辛酉，詔曰：「朕載新寶命，仍離多難，戎車遄駕，經略務殷，禋告雖備，弗獲親祀。今九服既康，百祀咸秩，宜聿遵前典，郊謁上帝。」有司奏檢，未有先准。黄門侍郎徐爰議：「虞稱肆類，殷述昭告。蓋以創世成功，德盛業遠，開統肇基，必享上帝。漢、魏以來，聿遵斯典。謹尋晉武郊以二月，晉元禋以三月。有非常之慶，必有非常之典，不得拘以常祀，限以正月上辛。愚謂宜下史官，考擇十一月嘉吉，車駕親郊，奉謁昊天上帝，高祖武皇帝配饗。其餘祔食，不關今祭。」詔可。

明帝本紀：泰始四年正月己未，車駕親祠南郊，大赦。

六年正月乙亥，初制：間二年一祭南郊，間一年一祭明堂。

禮志：世祖崩，前廢帝即位。以郊舊地爲吉祥，移還本處。

後廢帝紀：元徽三年正月辛巳，車駕親祠南郊、明堂。

禮志：南郊，皇帝散齋七日，致齋三日。官掌清者亦如之。致齋之朝，御太極殿幄坐。著絳紗褠，黑介幘，通天金博山冠。先郊日未晡五刻，夕牲。公卿京兆尹衆官悉壇東就位，太祝吏牽牲入。到榜，禀犧令跪白：「請省牲。」舉手曰：「腯。」太史令繞牲，舉手曰：「充。」太祝令牽牲詣庖。以二陶豆酌毛血，其一奠皇天神座前，其一奠太祖神座前。郊之日，未明八刻，太祝令進饌，郎施饌。牲用繭栗二頭，群神用牛一頭。醴用秬鬯，藉用白茅。玄酒一器，器用匏陶，以瓦樽盛酒，瓦圩斟酒。璧用蒼玉。蒯席各二，不設茵蓐。古者席藁，晉江左用蒯。車駕出，百官應齋及從駕填街先置者，各隨申攝從事。上水一刻，御服龍衮，平天冠，升金根車，到壇東門外。博士、太常引入到黑攢。太祝令跪執匏陶，酒以灌地。皇帝再拜，興。群臣皆再拜伏。治禮曰：「興。」博士、太常引皇帝至南階，脱舃升壇，詣罍盥。黄門侍郎洗爵，跪授皇帝。執樽郎授爵，酌秬鬯授皇帝。跪奠皇天神座前，再拜，興。次詣太祖配天神座前，執爵跪奠，如皇天之禮。南面北向，一拜伏。太祝令各酌福酒，合置一爵中，跪進皇帝，再拜伏。飲福酒訖，博士、太常引帝從東階下，還南階。謁者引太常升壇，亞獻。謁者又引光禄升壇，終獻。訖，各降階還本位。太祝送神，跪執匏陶，酒以灌地，興。直南行出壇門，治禮舉手白，群臣皆再拜伏。皇帝盤，治禮曰：「興。」博士跪曰：「祠事畢，就燎。」博士、太常引皇帝就燎位，當壇東階，皇帝南向立。太祝令以案奉玉璧、牲醴、爵酒、黍飯諸饌物，登柴壇施設之。治禮舉手曰：「可燎。」三人持火炬上。火發，太祝令等各下壇。壇東西各二十人，以炬投壇，火半柴傾，博士仰白：「事畢。」皇帝出便坐。解嚴。天子有故，則三公行事，而太尉初獻，其亞獻、終獻，猶太常、光禄勳也〔一〕。自魏以來，多使三公行事，乘輿罕出矣。魏及晉初，儀注雖不具存，所損益漢制可知也。江左以後，官有其注。

蕙田案：此篇所云，蓋東晉至宋初舊禮。至孝建中，則亞獻改用太尉，而非太常矣，降神不以秬鬯灌矣。以其無年次可編，故宋志總載于後，非謂終宋代如此也，讀者詳之。

右宋郊禮

〔一〕「猶」，諸本在上文「終獻」上，據宋書禮志一乙正。

五禮通考卷八

吉禮八

圜丘祀天

齊郊禮

齊書禮志：高帝建元元年七月，有司奏：「郊殷之禮，未詳郊在何年？復以何祖配郊？殷復在何時？未郊得先殷與不？」議曹郎中裴昭明、儀曹郎中孔逷議：「今年七月宜殷祀，來年正月宜南郊。」殿中郎司馬憲議：「南郊無配，饗祠如舊。」右僕射王儉議：「案禮記王制，天子先祫後時祭，諸侯先時祭後祫。春秋魯僖二年祫，明年春禘，自此以後，五年再殷。禮緯稽命徵曰：『三年一祫〔一〕，五年一禘。』經記所論禘祫與時祭，其言詳矣。初不以先殷後郊爲嫌。至於郊配之重，事由王迹，是故杜林議云：『漢業特起，不因緣堯，宜以高祖配天。』魏高堂隆議以舜配天。蔣濟云：『漢時奏議，謂堯已禪舜，不得爲漢祖，舜亦已禪禹，不得爲魏之祖。今宜以武皇帝配天。』晉、宋因循，即爲前式。

蕙田案：殷祭與郊，自是兩事，何先後之可議？裴、孔得之。王儉則仍讖緯之習，詞稍支矣。其郊配之議，則不可易。

儉議又云：「郊日及牲色，異議紛然。郊特牲云：『郊之用辛，周之始郊也。』盧植云：『辛之爲言自新絜也。』鄭玄云：『用辛日者，爲人君當齋戒自新絜也。』漢、魏以來，或丁或己，而用辛常多。考之典據，辛日爲允。郊特牲又云，郊牲幣宜以正色。繆襲據祭法云，天地騂犢，周家所尚，魏以建丑爲正，牲宜尚白。白虎通曰，『三王祭天，一用夏正，所以然者，夏正得天之數也。』魏用異朔，故牲色不同。今大齊受命，建

〔一〕「三年」，諸本作「二年」，據南齊書禮志上改。

寅創曆，郊廟用牲，一依晉、宋。犧牲之色，率由舊章。」

蕙田案：郊日用辛，較之或丁或己，固有據矣。但不知其爲祀天、祈穀之日，而非古人冬至南郊之正也。齊併二郊爲一祭，用辛日于建寅之月，所謂義在報天，事兼祈穀，兩失之矣。

建元二年春正月辛丑，車駕親祀南郊。

樂志：建元二年，有司奏，郊廟雅樂歌辭舊使學士博士撰，搜簡採用，請敕外，凡肆學者普令製立。參議：太廟登歌宜用司徒褚淵，餘悉用黄門郎謝超宗辭。超宗所撰，多删顏延之、謝莊辭以爲新曲，備改樂名。永明二年，太子步兵校尉伏曼容上表，宜集英儒，删纂雅樂。詔付外詳，竟不行。

群臣出入，奏肅咸之樂　夤承寶命，嚴恭帝緒。奄受敷錫，升中拓宇。亘地稱皇，罄天作主。月域來賓，日際奉土。開元首正，禮交樂舉。六典聯事，九官列序。

此下除四句，皆顏辭。

牲出入，奏引牲之樂　皇乎敬矣，恭事上靈。昭教國祀，肅肅明明。有牲在滌，有潔在俎。以薦王衷，以答神祜。此上四句，顏辭。陟配在京，降德在民。奔精望夜，高燎佇晨。

薦豆呈毛血，奏嘉薦之樂　我恭我享，唯孟之春。以孝以敬，立我蒸民。青壇奄靄，翠幕端凝。嘉俎重薦，兼籍再升。設業設簴，展容玉庭。肇禋配祀，克對上靈。此一篇增損謝辭。

迎神，奏昭夏之樂　惟聖饗帝，唯孝饗親。此下除四句。禮行宗祀，敬達郊禋。金枝中樹，廣樂四陳。此下除八句〔一〕。月御案節，星驅扶輪。遥興遠駕，曜曜振振。告成大報，受釐元神。

皇帝入壇東門，奏永至之樂　紫壇望靈，翠幙佇神。率天奉贄，罄地來賓。神貺並介，泯祇合祉。恭昭鑒享，肅光孝祀。威藹四靈，洞曜三光。皇德全備，大禮流昌。

皇帝升壇，奏登歌辭　報唯事天，祭實尊靈。史正嘉兆，神宅崇禎。五時昭鬯，六宗彝序。介丘望塵，皇軒肅舉。

〔一〕「八句」，諸本脱，據南齊書樂志補。

皇帝初獻，奏文德宣烈之樂　營太畤，定天衷。思心緒，謀筮從。此下除二句。田燭置，爟火通。大孝昭，國禮融。此一句改，餘皆顏辭。此下又除二十二句。

次奏武德宣烈之樂　功燭上宙，德耀中天。風移九域，禮飾八埏。四靈晨炳，五緯宵明。膺曆締運，道茂前聲。

太祖高皇帝配饗，奏高德宣烈之樂此章永明二年造奏。尚書令王儉辭。　饗帝嚴親，則天光大。爲奕前古，榮鏡無外。日月宣華，卿雲流靄。五漢同休，六幽咸泰。

皇帝飲福酒，奏嘉胙之樂　𩰪嘉禮，承休錫。盛德符景緯，昌華應帝策。聖藹耀昌基，融祉暉世曆。聲正涵月軌，書文騰日迹。寶瑞昭神圖，靈貺流瑞液。我皇崇暉祚，重芬冠往籍。

送神，奏昭夏之樂　薦饗洽，禮樂該。神娛展，辰旆回。洞雲路，拂琁階。柴雰藹，青霄開。睠皇都，顧玉臺。留昌德，結聖懷。

皇帝就燎位，奏昭遠之樂　天以德降，帝以禮報。牲鐏俯陳，柴幣仰燎。事展司采，敬達瑄薌。煙贄青昊，震颸紫場。陳馨示策，肅志宗禋。禮非物備，福唯誠陳。

皇帝還便殿，奏休成之樂，重奏　昭事上祀，饗薦具陳。回鑾轉翠，拂景翔宸。綴縣敷暢，鍾石昭融。羽炫深晷，籥暳行風。肆序輟度，肅禮停文。四金聳衛，六馭齊輪。

禮志：建元四年，世祖即位。其秋，有司奏：「前代嗣位，或因前郊年，或別更始〔一〕，晉、宋以來，未有畫一。今年正月已郊，未審明年應郊與否。」尚書令王儉議：「檢晉明帝太寧三年南郊〔二〕，其年九月崩，成帝即位，明年改元即郊；簡文咸安二年南郊，其年七月崩，孝武即位，明年改元亦郊；宋文帝元嘉三十年正月南郊，其年二月崩，孝武嗣位，明年改元亦郊。此二代明例，差可依倣。」祭酒張緒等並同。詔可。

武帝本紀：永明元年春正月辛亥，車駕祀南郊，大赦，改元。

禮志：永明元年當南郊，而立春在郊後，世祖欲遷郊。尚書令王儉啓：「案王肅曰『周以冬至祭天於圜丘，以正月又祭天以祈穀』。祭法稱『燔柴太壇』，則圜丘也。

〔一〕「更」，諸本脱，據南齊書禮志上補。
〔二〕「三年」，諸本作「五年」，據南齊書禮志上改。

春秋傳云『啓蟄而郊』，則祈穀也。中朝省二丘以并二郊，即今之郊禮，義在報天，事兼祈穀，既不全以祈農，何必俟夫啓蟄。史官唯見傳義，未達禮旨。又尋景平元年正月三日辛丑南郊，其月十一日立春。元嘉十六年正月六日辛未南郊，其月八日立春。此復是近世明例，不以先郊後春爲嫌。若或以元日合朔爲礙者，則晉成帝咸康元年正月一日加元服〔一〕，二日親祠南郊。元服之重，百僚備列，雖在致齋，行之不疑。今齋内合朔，此即前准。竊謂無煩遷日。」從之。

蕙田案：王儉所云，所謂調停之論也。既不全以祈農，則非月令元日之義，何必俟夫啓蟄？又非冬至報天之正，意在遷就，先郊後春，不知適以彰其失也。

永明二年，祠部郎中蔡履議：「郊與明堂，本宜異日。漢東京禮儀志：『南郊禮畢，次北郊、明堂、高廟、世祖廟，謂之五供。』蔡邕所據亦然。近世存省，故郊堂共日。來年郊祭，宜有定準。」太學博士王祐議：「來年正月上辛，宜祭南郊，次辛，有事明堂，後辛，饗祀北郊。」兼博士劉蔓議：「漢元鼎五年，以辛巳行事，自後郊日，略無違

〔一〕「元年」，諸本作「五年」，據南齊書禮志上改。

異。元封元年四月癸卯，登封泰山，坐明堂。五年甲子，以高祖配。漢家郊祀，非盡天子之縣，故祠祭之月，事有不同，後漢永平以來，明堂兆於國南，而郊以上丁，故供修三祀，得并在初月。雖郊有常日，明堂猶無定辰，何則？郊丁社甲，有説則從，經禮無文，難以意造。是以必算良辰，而不祭寅丑。且禮之奠祭，無同共者，唯漢以朝日合於報天爾。若依漢書五供，便應先祭北郊，然後明堂。則是地先天食，所未可也。」兼太常丞蔡仲熊議：「鄭志云：『正月上辛，祀后稷於南郊，還於明堂，以文王配。』故宋氏創立明堂，郊還即祭，是用鄭志之説也。蓋爲志者失，非玄意也。玄之言曰：『未審周明堂以何月，於月令則以季秋。』案玄注月令『季秋大饗帝』云『大饗，徧祭五帝』。又云『大饗於明堂，以文、武配』。其時秋也，去啓蟄遠矣。又周禮大司樂『凡大祭祀，宿縣』。尋宿縣之旨，以日出行事故也。若日闇而後行事，則無假預縣。果日出行事，何得方俟郊還。東京禮儀志不記祭之時日，而志云『天郊夕牲之夜，夜漏未盡八刻進熟；明堂夕牲之夜，夜漏未盡七刻進熟』。尋明堂之在郊前一刻，而進獻奏樂，方待郊還。魏高堂隆表『九日南郊，十日北郊，十一日明堂，十二日宗廟』。案隆此言，是審於時定制，是則周禮、二漢及魏皆不共日矣。禮以辛郊，書以丁祀，辛丁皆合，宜臨時詳擇。」太尉從事中郎顧憲之議：「春秋傳以正月上辛郊祀，禮記亦云郊之用辛，尚書獨云丁巳用牲于郊。先儒以爲先甲三日辛，後甲三日丁，可以接事天神之日。後漢永平二年正月辛未，宗祀光武皇帝於明堂。辛既是常郊之日，郊又在明堂之前，無容不郊而堂，則理應郊堂。」司徒西閤祭酒梁王議：「孝經鄭玄注云『上帝亦天別名』。如鄭旨，帝與天亦言不殊。近代同辰，良亦有據。魏太和元年正月丁未，郊祀武皇帝以配天，宗祀文皇帝於明堂以配上帝，此則已行之前準。」驍騎將軍江淹議：「郊旅上天，堂祀五帝，非謂一日再黷之謂，無俟釐革。」尚書陸澄議：「遺文餘事，存乎舊書。郊宗地近，勢可共日，不共者，義在必異也。元始五年正月六日辛未，郊高皇帝以配天，二十二日丁亥，宗祀孝文於明堂配上帝。永平二年正月辛未，宗祀五帝於明堂，光武皇帝配。章帝元和二年，巡狩岱宗，柴祭，翌日，祀五帝於明堂。柴山祀地〔一〕，尚不共日，郊堂宜異，於例益明。陳忠奏事云『延光三年正月十三日南郊，十四日北郊，十五日明堂，十六日宗廟，十七日世祖廟』。仲遠五祀，紹統五供，與忠此奏，

〔一〕「地」，原作「帝」，據乾隆本、南齊書禮志上改。

皆爲相符。高堂隆表，二郊及明堂宗廟各一日。摯虞新禮議明堂南郊間三兆，禋天享帝共日之證也。又上帝非天，昔人言之已詳。今明堂用日，宜依古在北郊後。漢唯南郊備大駕，自北郊以下，車駕十省其二，今祀明堂不應大駕。」尚書郎王儉議：「前漢各日，後漢亦不共辰，魏、晉故事，不辨同異，宋立明堂，唯據『自郊徂宮』之義，未達祀天旅帝之旨，何者？郊壇旅天，甫自詰朝，還祀明堂，便在日昃。雖致祭有由，而煩黷斯甚。異日之議，於理爲弘。春秋感精符云『王者，父天母地』。則北郊之祀，應在明堂之先。漢、魏北郊，亦皆親奉。晉泰寧有詔，未及遵遂。咸和八年，甫得營繕，太常顧和秉議親奉。康皇之世，已經遵用，宋氏因循，未遑釐革。今宜親祀北郊，明年正月上辛祀昊天，次辛瘞后土，後辛祀明堂，御並親奉。車服之儀，率遵漢制。南郊大駕，北郊明堂降爲法駕。衮冕之服，諸祀咸用。」詔可。

蕙田案：祀天以冬至，祈穀以孟春，北郊以仲夏，明堂以季秋，禮有定期，未有并于一時而兼及宗廟者。漢時本無兩郊及明堂、宗廟之禮，而謬爲五供之舉，豈可據爲典要而援議哉！永明諸臣不求諸古，而尋之非禮，宜其聚訟紛紜，毫無準則，徒見嗤於後世爾。

顧我鈞地天先食辨：冬至祀天，夏至祀地，周禮之明文也。解之者曰：「冬至一陽始生，夏至一陰始生，各迎其始而祀之，此理之至當而無可疑者也。」後世不明禮意，其改爲合祭者，失固不待言矣。亦有分爲南、北郊者，則又改冬至爲孟春，遂使昊天之祭有祈穀而無大報，何歟？其説以爲地先天食，理所不可，而又援周正、夏正之别以傅會之。一若周人，固有先後，而後世之先後，必不可以從周者，甚矣其惑也。夫冬至之日，微陽始復積之，丑月、寅月而陽盛焉，又進之卯、辰、巳三月而陽極焉，則此微陽者，固即來年之春。夏，所以生萬物、長萬物者也。至來年之夏至，而一陰生焉，是乃秋冬之所以遂萬物而成萬物也。唯必迎其始以爲敬，故祭之乃在建寅正歲之前，是則先之至也，何反以爲後乎？一歲之有十二月也，猶一日之有十二時也。今將舉行大典，則子夜而興，昧爽而畢事，論者不以爲昨日之晚，而皆知其爲次日之早也，何獨于冬至之爲來歲始而疑之？若夫三統之建，子爲天正，丑爲地正，寅爲人正，固皆可以爲歲首，至于二十四氣之運行，則無可改也。周人建子，豈不知夏之在前，冬之在後耶？孔子言行夏之時，但言歲首，當從人正耳。天開于子之義，千古所同。行夏正者，不得改之爲寅也，不原制作之所以然，而妄以一年之前後爲次。於是正月圜丘，五月方澤，迎陰氣者乘其始生，迎陽氣者俟其大盛，是爲尊地而慢天也，而反以先天爲敬，豈不悖哉？

武帝本紀：三年正月辛卯，車駕祠南郊，大赦。七年正月辛亥，車駕祠南郊，大赦。九年正月辛丑，車駕祠南郊，詔「京師見囚繫，詳量原遣」。

鬱林王本紀：隆昌元年正月辛亥，車駕祠南郊。

禮志：建武二年，通直散騎常侍庾曇隆啓：「伏見南郊壇員兆外内，永明中起瓦屋，形製宏壯。檢案經史，無所准據。尋周禮，祭天於圜丘，取其因高之義。秦、漢以來，雖郊祀參差，而壇域中間，並無更立宫室。宋元嘉南郊，至時權作小陳帳以爲退息，泰始薄加修廣，永明初彌漸高麗，往年工匠遂啓立瓦屋。前代帝皇豈于上天之祀而昧營搆，所不爲者，深有情意。『至敬無文』，『以素爲貴』。竊謂郊事宜擬休偃，不俟高大，以明謙恭肅敬之旨。」太學博士賀瑒議：「周禮『王旅上帝，張氈案，設皇邸』。國有故而祭，亦曰旅。氈案，以氈爲牀於幄中，不聞郊所置宫宇。」兼左丞王摛議，掃地而祭於郊，謂無築室之議。並同曇隆。驍騎將軍虞炎議，以爲「誠慤所施，止在一壇，漢之郊祀，饗帝甘泉，天子自竹宫望拜，息殿去壇場既遠，郊奉禮畢，旋幸於此。瓦殿之與帷宫，謂無簡格」。祠部郎李撝議：「周禮『凡祭祀張其旅幕，張尸次』。尸則有幄。仲師云『尸次，祭祀之尸所居更衣帳也』。凡祭之文，既不止於郊祀，立尸之言，理應關於宗廟。古則張幕，今也房省。宗廟旅幕，可變爲棟宇。郊祀氈案，何爲不轉製檐甍。」曇隆議不行。

祠部郎何佟之奏曰：「案周禮大宗伯『以蒼璧禮天，黄琮禮地』。鄭玄又云『皆有牲幣，各倣其器之色』。知禮天圜丘用玄犢〔一〕，禮地方澤用黄牲矣。牧人云『凡陽祀用騂牲，陰祀用黝牲』。鄭玄云『騂，赤；黝，黑也。陽祀，祭天南郊及宗廟。陰祀，祭地北郊及社稷』。祭法云『燔柴於泰壇，祭天也。瘞埋於泰折，祭地也。用騂犢』。鄭云『地，陰祀，用黝牲，與天俱用犢，故連言之耳』。知此祭天地即南北郊矣。今南北兩郊同用玄牲〔二〕，又明堂、宗廟、社稷俱用赤，有違昔典。又鄭玄云『祭五帝於明堂，勾芒等配食』。自晉以來，并圜丘於南郊，是以郊壇列五帝、勾芒等。今明堂祀五精，更闕五神之位，北郊祭地祇，而設重黎之坐，二三乖舛，懼虧盛則。」前軍長史劉繪議：「語云『犂牛之子騂且角，雖欲勿用，山川其舍諸』。未詳山川合爲陰祀不。若在陰祀，則與黝乖矣。」佟之又議：「周禮以天地爲大祀，四望爲次祀，山川爲小祀。周人尚赤，自四望以上牲色各依其方者，以其祀大，宜從本也。山川以下，牲色不見者，以其

〔一〕「知」，諸本作「如」，據南齊書禮志上改。
〔二〕「牲」，諸本作「牡」，據南齊書禮志上改。

祀小〔一〕，從所尚也。則論、禮二説豈不合符？」參議爲允。從之。

明帝本紀：簡于出入，竟不南郊。

東昏侯本紀：永元元年正月辛卯，車駕祠南郊。三年正月辛亥，車駕祠南郊，大赦。

和帝本紀：永元三年二月己巳，群臣上尊號，立宗廟及南北郊。

蕭穎胄傳：梁王屢表勸和帝即尊號，穎胄使別駕宗夬撰定禮儀〔二〕，于江陵立宗廟、南北郊，悉依建康。

右齊郊禮

梁郊禮

隋書禮儀志：梁南郊，爲圜壇，在國之南。高二丈七尺，上徑十一丈，下徑十八丈，其外再

〔一〕「祀」，諸本脱，據南齊書禮志上補。

〔二〕「宗夬」，諸本作「宗史」，據南齊書蕭穎胄傳改。

壝，四門。常與北郊間歲。正月上辛行事，用一特牛，祀天皇大帝於其上，以皇考太祖文帝配。禮以蒼璧、制幣。五方上帝、五官之神、太一、天一、日、月、五星、二十八宿、太微、軒轅、文昌、北斗、三台、老人、風伯、司空、雷電、雨師皆從祀。其五帝、二十八宿及風雨師等座有坎，五帝亦如之，餘皆平地。器以陶匏，席用藁秸。太史設燎壇於丙地，皇帝齋於萬壽殿，乘玉輅，備大駕以行禮〔一〕。禮畢，變服通天冠而還。

樂志：梁氏之初，樂緣齊舊。武帝素善鐘律，詳悉舊事，遂自制定禮樂。國樂以「雅」爲稱，取詩序云：「言天下之事，形四方之風，謂之雅。雅者，正也。」止乎十二，則天數也。乃去階步之樂，增撤食之雅焉。衆官出入，宋元徽三年儀注奏肅咸樂，齊及梁初亦同。至是改爲俊雅，取禮記：「司徒論選士之秀者而升之學，曰俊士也。」二郊、太廟、明堂，三朝同用焉。皇帝出入，宋孝建二年秋起居注奏永至，齊及梁初亦同。至是改爲皇雅，取詩「皇矣上帝，臨下有赫」也。二郊、太廟同用。牲出入，宋元徽二年儀注奏引牲，齊及梁初亦同。至是改爲滌雅，取禮記「帝牛必在滌三月」也。薦毛

〔一〕「備大」，諸本脱，據隋書禮儀志一補。

血，宋元徽三年儀注奏嘉薦，齊及梁初亦同。至是改爲牷雅，取春秋左氏傳「牲牷肥腯」也。北郊、明堂、太廟並同用。降神及迎送，宋元徽三年儀注奏昭夏，齊及梁初亦同。至是改爲諴雅，取尚書「至諴感神」也。皇帝飲福酒，宋元徽三年儀注奏嘉祚，至齊不改，梁初，改爲永祚。至是改爲獻雅，取禮記祭統「尸飲五，君洗玉爵獻卿〔一〕」。今之福酒〔二〕，亦古獻之義也。北郊、明堂、太廟同用。就燎位，宋元徽三年儀注奏昭遠，齊及梁不改。就埋位，齊永明六年儀注奏隸幽。至是燎、埋俱奏禋雅，取周禮大宗伯「以禋祀祀昊天上帝」也。其辭並沈約所製。

俊雅，歌詩三曲，四言　設官分職，髦俊攸俟。髦俊伊何？貴德尚齒。唐乂咸事，周寧多士。區區衛國，猶賴君子。漢之得人，帝猷乃理。開我八襲，闢我九重。珩佩流響，纓紱有容。衮衣前邁，列辟雲從。義兼東序，事美西雍。分階等肅，異列齊恭。重列北上，分庭異陛。百司揚職，九賓相禮。齊、宋舅甥，魯、衛

〔一〕「君」，諸本脱，據隋書音樂志上補。
〔二〕「今」，諸本作「古」，據隋書音樂志上改。

兄弟。思皇藹藹，群龍濟濟。我有嘉賓，實唯愷悌。

皇雅，三曲，五言　帝德實廣運，車書靡不賓。執瑁朝群后，垂旒御百神。八荒重譯至，萬國婉來親。華蓋拂紫微，勾陳統太一。容裔被緹組，參差羅罕畢。星回照以爛，天行徐且謐。清蹕朝萬寓，端冕臨正陽。青絇黄金繶，衮衣文繡裳。既散華蟲采，復流日月光。

滌雅，一曲，四言　將修盛禮，其儀孔熾。有腯斯牲，國門是置。不黎不瘠，靡𩚍靡忌。呈肌獻體，永言昭事。俯休皇德，仰綏靈志。百福具膺，嘉祥允洎。駿奔伊在，慶覃遐嗣。

牷雅，一曲，四言　反本興敬，復古昭誠。禮容宿設，祀事孔明。華俎待獻，崇碑麗牲。充哉繭握，肅矣簪纓。其膋既啓，我豆既盈。庖丁遊刃，葛盧驗聲。多祉攸集，景福來并。

諴雅，一曲，三言南郊降神用。　懷忽慌，瞻浩蕩。盡誠潔，致虔想。出杳冥，降無象。皇情肅，具僚仰。人禮盛，神途敞。僾明靈，申敬饗。感蒼極，洞玄壤。

諴雅，一曲，四言南北郊、明堂、太廟送神同用。　我有明德，馨非稷黍。牲玉孔備，嘉薦唯旅。金懸宿設，和樂具舉。禮達幽明，敬行鐏俎。鼓鐘云送，遐福是與。

獻雅，一曲，四言　神宮肅肅，天儀穆穆。禮獻既同，膺此釐福。我有馨明，無愧史祝。

禋雅，一曲，四言就燎。　紫宮昭焕，太一微玄。降臨下土，尊高上天。載陳珪璧，式備牲牷。雲孤清引，栒虡高懸。俯昭象物，仰致高煙。肅彼靈祉，咸達皇虔。

普通中，薦蔬之後，改諸雅歌，敕蕭子雲製詞。既無牲宰，遂省滌雅、牷雅云。

歷代名臣奏議：天監元年，時議，又以爲周禮云：「若樂六變，天神皆降。」神居上玄，去還怳忽，降則自至，迎則無所，可改迎爲降，而送依前式。又周禮云：「若樂八變，則地祇皆出，可得而禮。」地宜依舊名逆神，並從之。初，宋、齊代祀天地，祭宗廟，准漢祠太一、后土，盡用宮懸。又太常任昉，亦據王肅議云：「周官以六律、五聲、八音、六舞大合樂，以致鬼神，以和邦國，以諧兆庶，以安賓客，以悦遠人，是謂六同，一時皆作。」今六代舞，獨分用之，不厭人心。遂依肅議，祭祀郊廟，備六代樂。

梁書劉勰傳：時七廟饗薦，已用蔬果，而二郊農社，猶有犧牲。勰乃表言二郊宜與七廟同改，詔付尚書議，依勰所陳。

蕙田案：郊廟大典，至無血食。此不經之事，有梁君臣，其亦運會使然歟？

禮儀志：天監三年，左丞吳操之啓稱：「傳云『啓蟄而郊』，郊應立春之後。」尚書左丞何佟之議：「今之郊祭，是報昔歲之功，而祈今年之福。故取歲首上辛，不拘立春之先後。周冬至於圜丘，大報天也。夏正又郊，以祈農事。故有啓蟄之說。自晉太始二年，并圜丘、方澤同於二郊。是知今之郊禋，禮兼祈報，不得限以一途也。」帝曰：「圜丘自是祭天，先農即是祈穀。但就陽之位，故在郊也。冬至之夜，陽氣起於甲子，既祭昊天，宜在冬至。祈穀時可依古，必須啓蟄。在一郊壇，分爲二祭。」自是冬至謂之祀天，啓蟄名爲祈穀。

蕙田案：武帝此言，乃得周禮之正。然卒未嘗至日郊祭，真所謂知之非艱者歟？

何佟之又啓：「案鬯者盛以六彝，覆以畫冪，備其文飾〔一〕，施之宗廟。今南北二郊，儀注有裸，既乖尚質，謂宜革變。」博士明山賓議，以爲：「表記『天子親耕，粢盛秬

〔一〕「文」，諸本脱，據隋書禮儀志一補。

卺，以事上帝」，蓋明堂之裸耳。郊不應裸。」帝從之。又有司以爲祀竟，器席相承還庫，請依典燒埋之。佟之等議：「案禮『祭器敝則埋之』，今一用便埋，費而乖典。」帝曰：「薦藉輕物，陶匏賤器，方還付庫，容復穢惡。但敝則埋之，蓋謂四時祭器耳。」自是從有司議，燒埋之。

蕙田案：裸地，所以求神于陰，天神在上，故無裸。秬卺，乃八尊所用，不必裸也。何議是。明山賓謂秬卺事上帝，爲明堂之裸，則謬矣。上帝即天，郊既不裸，明堂安得有裸？其病正坐以天與上帝爲二，仍注家之弊也。

四年，佟之云：「周禮『天曰神』，今天不稱神，天攢題宜曰皇天座。」又南郊明堂用沈香，取本天之質，陽所宜也。」帝從之。

梁書武帝紀：四年正月戊申，詔曰：「夫禋郊饗帝，至敬攸在，致誠盡慤，猶懼有違；而往代多令宮人縱觀兹禮，幃宮廣設，輜軿耀路，非所以仰虔蒼昊，昭感上靈。屬車之間，見譏前世，便可自今停止。」辛亥，輿駕親祠南郊，赦天下。

隋書禮儀志：五年武帝，明山賓稱：「伏尋制旨，周以建子祀天，五月祭地。殷以建丑祀天，六月祭地。夏以建寅祀天，七月祭地。自頃代以來，南北二郊，同用夏正。」詔更詳議。山賓以爲「二儀並尊，三朝慶始，同以此日二郊爲允。并請迎五帝於郊，皆以始祖配饗。及郊廟受福，唯皇帝再拜，明上靈降祚，臣下不敢同也」。詔並依議。

七年，帝以一獻爲質，三獻則文，事天之道，理不應然，詔下詳議。博士陸瑋、明山賓、禮官司馬褧以爲「宗祧三獻，義兼臣下，上天之禮，主在帝王，約理申義，一獻爲允」。自是天地之祭皆一獻，始省太尉亞獻，光禄終獻。又太常丞王僧崇稱：「五祀位在北郊，圜丘不宜重設。」帝曰：「五行之氣，天地俱有，故宜兩從。」僧崇又曰〔一〕：「風伯、雨師，即箕、畢星矣。而今南郊祀箕、畢二星〔二〕，復祭風伯、雨師，恐繁祀典。」帝曰：「箕、畢自是二十八宿之名，風伯、雨師自是箕、畢星下隸。兩祭非嫌。」

梁書許懋傳：宋、齊舊儀，郊天祀帝皆用衮冕。至天監七年，懋始請造大裘。

何胤傳：高祖遣領軍司馬王果宣旨諭意。胤因謂果曰：「圜丘國郊，舊典不

〔一〕「僧崇」，諸本脱「僧」字，據隋書禮儀志一補。
〔二〕「南」，諸本脱，據隋書禮儀志一補。

同。南郊祠五帝靈威仰之類，圜丘祠天皇大帝、北極大星是也。往代合之郊丘，先儒之巨失。今梁德告始，不宜遂因前謬。卿宜詣闕陳之。」

蕙田案：何胤棲身巖穴，而因使獻言，其真篤守鄭學者也。然終梁之世，郊丘不分，後且并南郊從祀而去之。則武帝亦知胤言之非矣。

梁書武帝本紀：天監八年正月辛巳，輿駕親祠南郊，赦天下，内外文武各賜勞一年。

十年正月辛丑，輿駕親祠南郊，大赦天下，居局治事賜勞二月。

隋書禮儀志：十一年，太祝牒，北郊止有一海，及二郊相承用柒俎盛牲〔一〕，素案承玉。又制南北二郊壇下衆神之座，悉以白茅，詔下詳議。八座奏：「禮云『觀天下之物，無可以稱其德』，則知郊祭爲俎，理不應柒。又藉用白茅，禮無所出。皇天大帝坐既用俎，則知郊有俎義。」於是改用素俎，并北郊置四海座。五帝以下，悉用蒲席藁薦，并以素俎。又帝曰：「禮『祭月於坎』，良由月是陰義。今五帝天神，而更居坎。又

〔一〕「柒」，諸本作「染」，據隋書禮儀志一改。後同改。

禮云『祭日於壇，祭月於坎』，並是別祭，不關在郊，故得各從陰陽，而立壇坎。兆於南郊，就陽之義，居於北郊，就陰之義。既云就陽，義與陰異。星月與祭，理不爲坎。」八座奏曰：「五帝之義，不應居坎。良由齊代圜丘小而且峻，邊無安神之所。今丘形既大，易可取安。請五帝座悉於壇上，外壝二十八宿及雨師等座〔一〕，悉停爲坎。」自是南北二郊，悉無坎位矣。

梁書武帝本紀：十二年正月辛卯，輿駕親祠南郊，赦大辟以下。

天監十四年春正月辛亥，輿駕親祠南郊。詔曰：「朕恭祇明祀，昭事上靈，臨竹宫而登泰壇，服裘冕而奉蒼璧，柴望既升，誠敬克展，思所以對越乾元，弘宣德教；而缺於治道，政法多昧，實佇群才，用康庶績。可班下遠近，博採英異。若有確然鄉黨，獨行州閭，肥遯丘園，不求聞達，藏器待時，未加收採，或賢良、方正，孝悌、力田，並即騰奏，具以名上。當擢彼周行，試以邦邑，庶百司咸事，兆民無隱。又世輕世重，隨時約法。前以劓墨，用代重辟，猶念改悔，其路已壅，並可省除。」十六年春正月辛未，輿

〔一〕「外壝」，諸本作「外域」，據隋書禮儀志一改。

駕親祠南郊。

隋書禮儀志：十七年，帝以威仰、魄寶俱是天帝，于壇則尊，于下則卑。且南郊所祭天皇，其五帝别有明堂之祀，不煩重設。又郊祀二十八宿而無十二辰，於義闕然。于是南郊始除五帝祀，加十二辰座，與二十八宿各於其方而爲壇。

梁書武帝紀：天監十八年春正月辛卯，輿駕親祠南郊，孝悌、力田賜爵一級。普通二年春正月辛巳，輿駕親祠南郊。詔曰：「凡民有單老孤稚不能自存，主者郡縣咸加收養，贍給衣食，每令周足，以終其身。又于京師置孤獨園，孤幼有歸，華髮不匱。若終年命，厚加料理。尤窮之家，勿收租賦。」夏四月乙卯，改作南北郊。三年八月，作二郊及籍田畢，班賜工匠各有差。四年春正月辛卯，輿駕親祀南郊，大赦天下，應諸窮疾，咸加賑恤，并班下四方，時理獄訟。六年正月辛亥，輿駕親祀南郊，大赦天下。大通元年春正月辛未，輿駕親祀南郊。詔曰：「奉時昭事，虔薦蒼璧，思承天德，惠此下民。凡因事去土，流移他境者，並聽復宅業，蠲役五年。尤貧之家，勿收三調，孝悌力田，賜爵一級。」

中大通元年正月辛酉，輿駕親祠南郊，大赦天下，孝悌、力田賜爵一級。三年正月辛巳，輿駕親祠南郊，大赦天下，孝悌、力田賜爵一級。五年春正月辛卯，輿駕親祠南郊，大赦天下，孝悌、力田賜爵一級。

大同二年六月，詔曰：「南郊、明堂、陵廟等令，與朝請同班，于事爲輕，可改視散騎侍郎。」三年正月辛丑，輿駕親祠南郊，大赦天下，孝悌、力田賜爵一級。五年春正月丁巳，御史中丞、參禮儀事賀琛奏：「今南北二郊及籍田往還並宜御輦，不復乘輅。二郊請用素輦，籍田往還乘常輦，皆以侍中陪乘，停大將軍及太僕。」詔付尚書博議施行。改素輦名大同輦。辛未，車駕親祠南郊，詔孝悌、力田及州閭鄉黨稱爲善人者，各賜爵一級。七年正月辛巳，車駕親祠南郊，赦天下，其有流移及失桑梓者，各還田宅，蠲課五年。

太清元年春正月辛酉，輿駕親祠南郊，詔曰：「天行彌綸，覆幬之功博；乾道變化，資始之德成。朕沐浴齋宫，虔恭上帝，祗事槱燎，高熛太一，大禮克遂，感慶兼懷，思與億兆，同其福惠。可大赦天下，尤窮者無出即年租調；清議禁錮，並皆宥釋；所討逋叛，巧籍隱年，闇丁匿口，開恩百日，各令自首，不問往罪；流移他鄉，聽復宅業，蠲課五年；孝悌、力田賜爵一級；居局治事，賞勞二年。可班下遠近，博採英異，或德茂州閭，道行鄉邑，或獨行特立，不求聞達，咸使言上，以時招聘。」

右梁郊禮

陳郊禮

隋書禮儀志：陳制，亦以間歲。正月上辛，用特牛一，祀天地於南北二郊。永定元年，武帝受禪，修南郊，圜壇高二丈二尺五寸，上廣十丈，柴燎告天。明年正月上辛，有事南郊，以皇考德皇帝配，其餘準梁之舊。

陳書高祖本紀：永定二年春正月辛丑，輿駕親祠南郊。詔曰：「朕受命君臨，初移星琯，孟陬嘉月，備禮泰壇，景候昭華，人祇允慶，思令億兆，咸與惟新。且往代祆氛，于今猶梗，軍機未息，徵賦咸繁，事不獲已，久知下弊，言念黔黎，無忘寢食。夫罪無輕重，已發覺未發覺，在今昧爽以前，皆赦除之。西寇自王琳以下，並許返迷，一無所問。近所募義軍，本擬西寇，並宜解遣，留家附業。輓訂軍資未送者並停，元年軍糧逋餘者原其半。州郡縣軍戍並不得輒遣使民間，務存優養。若有侵擾，嚴爲法制。」

隋書禮儀志：永定二年正月上辛，有事南郊，除十二辰座，加五帝位。

文帝本紀：天嘉元年春正月辛酉，輿駕親祠南郊，詔曰：「朕式饗上玄，虔奉牲玉，高禋禮畢，誠敬兼弘。且陰霾浹辰，褰霽在日，雲物韶朗，風景清和，慶動人祇，忭流庶俗，思俾黎元，同此多祐。可賜民爵一級。」

天嘉三年春正月庚戌，設帷宫於南郊，幣告胡公以配天。辛亥，輿駕親祠南郊。詔曰：「朕負荷寶圖，函回星琯，兢兢業業，庶幾治定，而德化不孚，俗弊滋甚，永言念之，無忘日夜。陽和布氣，昭事上帝，躬奉牲玉，誠兼享敬，思與黎元，被斯寬惠。可普賜民爵一級。其孝悌、力田别加一等。」

隋書禮儀志：文帝天嘉中，南郊改以高祖配。

太常卿許亨奏曰：「昔梁武帝云：『天數五，地數五，五行之氣，天地俱有。』故南北郊内，並祭五祀。臣案周禮：『以血祭社稷五祀。』鄭玄云：『陰祀自血起，貴氣臭也。』五祀，五官之神也。『五神主五行，隸于地，故與埋沈疈辜同爲陰祀。既非煙柴，無關陽祭。故何休云：『周爵五等者，法地有五行也。』五神位在北郊，圜丘不宜重設。」制曰：「可。」又奏曰：「梁武帝議，箕、畢自是二十八宿之名，風師、雨師自是箕、畢下隸，非即星也。故郊雩之所，皆兩祭之。臣案周禮大宗伯之職云：『槱燎祀司中、司命、風師、雨師。』鄭衆云：『風師，箕也；雨師，畢也。』詩云：『月離于畢，俾滂沱矣。』如此則風伯、雨師即箕、畢星矣。而今南郊祀箕、畢二星，復祭風伯、雨師，恐乖祀典。」制曰：「若郊設星位，任即除之。」亨又奏曰：「梁儀注曰：『一獻爲質，三獻爲文。事天之事，故不三獻。』臣案周禮司樽所言，三獻施於宗祧，而鄭注『一獻施於群小祀』。今用小祀之禮施於天神大帝，梁武此義爲不通矣。且樽俎之物，依於質文，拜獻之禮，主於虔敬。今請凡郊丘祀事，準於宗祧，三獻爲允。」制曰：「依議。」

廢帝紀：光大元年正月辛卯，輿駕親祠南郊。

隋書禮儀志：宣帝即位，以南北二郊卑下，更議增廣。久而不決。至太建十一年，尚書祠部郎王元規議曰：「案前漢黄圖，上帝壇徑五丈，高九尺；后土壇方五丈，高六尺。梁南郊壇上徑十一丈，下徑十八丈，高二丈七尺，北郊壇上方十丈，下方十二丈，高一丈。即日南郊壇廣十丈，高二丈二尺五寸，北郊壇廣九丈三尺，高一丈五寸。今議增南郊壇上徑十二丈，則天大數，下徑十八丈，取於三分益一，高二丈七尺，取三倍九尺之堂。北郊壇上方十丈，以則地義，下方十五丈，亦取二分益一，高一丈二尺，亦取二倍漢家之數。禮記云：『爲高必因丘陵，爲下必因川澤。因名山升中于天，因吉土饗帝于郊。』周官云：『冬日至，祀天於地上之圜丘。夏日至，祭地於澤中之方丘。』祭法云：『燔柴於泰壇，祭天也。瘞埋於泰折，祭地也。』記云：『至敬不壇，掃地而祭。』於其質也，以報覆燾持載之功。爾雅亦云：『丘，言非人所造爲。』古圓方兩丘，並因見有而祭，本無高廣之數。後世隨事遷都，而建立郊禮。或有地吉而未必有丘，或有見丘而不必廣絜。故有築建之法，而制丈尺之儀。愚謂郊祀事重，圓方二丘，高下廣狹，既無明文，但五帝不相沿，三王不相襲。今謹述漢、梁并即日三代壇不同，及更增修丈尺如前。聽旨。」詔遂依用。

陳書姚察傳：遷尚書祠部侍郎。此曹職司郊廟，昔魏王肅奏祀天地，設宮縣之樂，八佾之舞，爾後因循不革。梁武帝以爲事人禮縟，事神禮簡，古無宮縣之文。陳初承用，莫有損益。高宗欲設備樂，立義以梁武帝爲非。時朝端在位，咸希上旨。察乃博引經籍，獨違群議，據梁樂爲是，當時莫不慙服。

隋書音樂志：陳初，並用梁樂〔一〕。

陳書宣帝紀：大建三年正月辛酉，輿駕親祠南郊。　五年正月辛巳，輿駕親祠南郊。　七年正月辛未，輿駕親祠南郊。

隋書禮儀志：後主嗣立，無意典禮之事，加舊儒碩學，漸以凋喪，至於朝亡，竟無改作。

右陳郊禮

北魏郊禮

魏書樂志：天興元年冬，詔尚書吏部郎鄧淵定律吕，協音樂。　孟秋祀天西郊，兆内壇西，備列金石，樂具，皇帝入兆内行禮，咸奏舞八佾之舞。

太祖本紀：天興二年春正月甲子，初祠上帝于南郊，以始祖神元皇帝配，降壇視燎，成禮而反。

〔一〕「用」，原脱，據光緒本、隋書音樂志上補。

禮志：爲壇通四陛，爲壝埒三重。天位在其上，南面，神元西面。五精帝在壇内，壝内四帝，各於其方，一帝在未。日月五星、二十八宿、天一、太一、北斗、司中、司命、司禄、司民在中壝内，各於其方。其餘從食者合一千餘神，餟在外壝内。藉用藁秸，玉用四珪，幣用束帛，牲用黝犢〔一〕，器用陶匏。上帝、神元用犢各一，五方帝共用犢一，日月等共用牛一。祭畢，燎牲體左于壇南巳地，從陽之義。明年正月辛酉，郊天。其後，冬至祭上帝于圜丘，夏至祭地于方澤，用牲幣之屬，與二郊同。

樂志：太祖初，冬至祭天于南郊圜丘，樂用皇矣，奏雲和之舞，事訖，奏維皇，將燎。

初，侍中崔光、臨淮王彧並爲郊廟歌辭而迄不施用，樂人傳習舊曲，加以訛失，了無章句。後太樂令崔九龍條記上之，樂署今見傳習，其中復有所遺，至于古雅，尤多亡矣。

太祖本紀：天賜二年夏四月，車駕有事于西郊，車旗盡黑。

〔一〕「牲」，原作「牡」，據光緒本、魏書禮志一校勘記改。

禮志：天賜二年夏四月，復祀天于西郊，爲方壇一，置木主七于上。東爲二陛，無等；周垣四門，門各依其方色爲名。牲用白犢、黄駒、白羊各一。祭之日，帝御大駕，百官及賓國諸部大人畢從至郊所。帝立青門内近南壇西，内朝臣皆位于帝北，外朝臣及大人咸位于青門之外，后率六宫從黑門入，列於青門内近北，並西面。廩犧令掌牲，陳于壇前。女巫執鼓，立於陛之東，西面。選帝之十族子弟七人執酒，在巫南，西面，北上。女巫升壇，摇鼓。帝拜，后肅拜，百官内外盡拜。祀訖，復拜。拜訖，乃殺牲。執酒七人西向，以酒灑天神主，復拜，如此者七。禮畢而返。自是之後，歲一祭。

蕙田案：歷代郊祀，雖變更非一，而帝后同拜，則未之聞也。然非禮之禮，其來有自。既可神祇共席，夫婦同牢，則内外躬親，奚而不可？故岷江始以濫觴，豫章生乎兩葉，引而伸之，觸類而長之，斯亦猶合祭並配之旨已。

延興二年六月，顯祖以西郊舊事，歲增木主七，易代則更兆，其事無益于神明。乃革前儀，定置主七，立碑於郊所。

高祖本紀：太和十年四月甲子，帝初以法服御輦，祀于西郊。　冬十月癸酉，有司議依故事，配始祖于南郊。　十二年閏月甲子，帝觀築圜丘于南郊。　十三年正月辛亥，車駕有事于圜丘。于是始備大駕。　十五年八月壬辰，議肆類于上帝、禋于六宗之禮，帝親臨決。

禮志：高閭「請依先別處六宗之兆，總爲一祀而祭之」。帝曰：「詳定朝令，祀爲事首。朕躬覽尚書之文，稱『肆類于上帝，禋于六宗』，文相連屬，理似一事。上帝稱肆而無禋，六宗言禋而不別其名。以此推之，上帝、六宗當是一時之祀，非別祭之名。肆類非獨祭之目〔一〕，焚禋非他祀之用。六宗者，必是天皇大帝及五帝之神明矣。禋是祭帝之事，故稱禋以關其他，故稱六以證之。然則肆類上帝，禋于六宗，一祭也，互舉以成之。今祭圜丘，五帝在焉，其牲幣俱禋，故稱肆類上帝，禋于六宗。一祀而六祭備焉〔二〕。六祭既備，無煩復別立六宗之位。便可依此附令，永爲定法。」

蕙田案：以六宗爲祀天，亦是創見。

高祖本紀：太和十六年正月辛酉，始以太祖配南郊。　三月癸酉〔三〕，省西郊郊天

〔一〕「目」，諸本作「月」，據魏書禮志一改。

〔二〕「六祭」，諸本作「六祀」，據魏書禮志一改。

〔三〕「癸酉」，諸本作「辛酉」，據魏書高祖本紀改。

雜事。十八年三月，罷西郊祭天。

禮志：太和十九年十一月庚午，帝幸委粟山，議定圜丘。己卯，帝在合温室，引咸陽王禧，司空公穆亮，吏部尚書、任城王澄及議禮之官。詔曰：「朝集公卿，欲論圜丘之禮。今短晷斯極，長日方至。案周官祀昊天上帝于圜丘，禮之大者。兩漢禮有參差〔一〕，魏、晉猶亦未一。我魏氏雖上參三皇，下考叔世近代都祭圜丘之禮，復未考周官，爲不刊之法令。以此祭圜丘之禮示卿等，欲與諸賢考之厥衷。」帝曰：「夕牲之禮，無可依準，近在代都，已立其議。殺牲裸神，誠是一日之事，終無夕而殺牲，待明而祭。」員外散騎常侍劉芳對曰：「臣謹案周官牧人職，正有夕展牲之禮，實無殺牲之事。」祕書令李彪曰：「夕不殺牲，誠如聖旨。未審告廟以不。臣聞魯人將有事于上帝，必先有事于泮宫，注曰『先人』。以此推之，應有告廟。」帝曰：「卿言有理，但朕先以郊配，意欲廢告。而卿引證有據，當從卿議。」帝又曰：「圜丘之牲，色無常準，覽推古事，乖互不一。周家用騂，解言是尚。晉代靡知所據。舜之命禹，悉用堯辭，復

〔一〕「兩」，諸本作「而」，據魏書禮志一改。

言玄牡告于后帝。今我國家，時用夏正，至于牲色，未知何準。」祕書令李彪曰：「觀古用玄，似取天玄之義〔一〕，臣謂宜用玄。至于五帝，各象其方色，亦有其義。」帝曰：「天何時不玄，地何時不黄，意欲從玄。」又曰：「我國家常聲鼓以集衆。易稱二至之日，商旅不行，后不省方，以助微陽、微陰。今若依舊鳴鼓，得無闕寢鼓之義。」員外郎崔逸曰：「臣案周禮，當祭之日，靁鼓靁鼗，八面而作，猶不妨陽。臣竊謂以鼓集衆，無妨古義。」癸未，詔三公衮冕八章，太常鷩冕六章，用以陪薦。甲申長至，祀昊天于委粟山。

高祖本紀：甲申，有事于圜丘。丙戌，大赦天下。

崔玄伯傳：玄伯同郡董謐，入朝，拜儀曹郎，撰郊廟社稷之儀。

李業興傳：衍散騎常侍朱异問業興曰：「魏洛中委粟山是南郊邪？」業興曰：「委粟是圜丘，非南郊。」异曰：「比聞郊、丘異所，是用鄭義。我此中用王義。」業興曰：「然，洛京郊、丘之處，專用鄭解。」异曰：「若然，女子逆降傍親，亦從鄭以不？」

〔一〕「似」，諸本作「是」，據魏書禮志一改。

業興曰：「此之一事，亦不專從。若卿此間用王義，除禫應用二十五月，何以王儉喪禮禫用二十七月也？」异遂不答。

蕙田案：郊丘分合，南北不同，故業興、朱异各是其是，斯乃使命之體，非關議禮之準也。然南宗王肅，因仍晉代。中原之士堅守鄭學，向非晉武爲肅外孫，則郊丘合一之説，且不傳于後世矣。

禮志：世宗景明二年十一月壬寅，改築圜丘于伊水之陽。乙卯，仍有事焉。

恩倖傳：每適郊廟，趙修常驂陪。

蕙田案：郊廟車駕，乃以嬖人驂陪，志亦荒矣。

肅宗本紀：正光三年十一月乙巳，車駕有事于圜丘，大赦天下。五年春正月辛丑，車駕有事于南郊。

出帝紀：永熙元年十一月丁酉，日南至，車駕有事于圜丘。

禮志〔一〕：二至郊天地，四節祠五帝，或公卿行事。唯四月郊天，帝常親行，樂加鐘

〔一〕「禮志」，諸本作「樂志」，據魏書禮志四改。

懸，以爲迎送之節。

齊書北魏傳：城西有祠天壇，立四十九木人，長丈許，白幘、練裙、馬尾被，立壇上，常以四月四日殺牛馬祭祀。

右北魏郊禮

北齊郊禮

北齊書文宣帝本紀：天保元年正月辛亥，有事于圜丘，以神武皇帝配。

隋書禮儀志：後齊制，圜丘方澤，並三年一祭，謂之禘祀。圜丘在國南郊。丘下廣輪二百七十尺，上廣輪四十六尺，高四十五尺。三成，成高十五尺，上中二級，四面各一陛，下級方維八陛。周以三壝，去丘五十步。中壝去内壝，外壝去中壝，各二十五步，皆通八門。又爲大營於外壝之外〔二〕，廣輪三百七十步。其營壍廣一十二尺，深一丈，四面各通一門。又爲燎壇於中壝之外，當丘之丙地。廣輪三十六尺，高三尺，

〔二〕「外壝」，諸本脱「外」字，據隋書禮儀志一補。

四面各有陛。圜丘則以蒼璧束帛，正月上辛，祀昊天上帝于其上，以高祖神武皇帝配。五精之帝，從祀于其中丘。面皆内向。日月、五星、北斗、二十八宿、司中、司命、司人、司禄、風師、雨師、靈星于下丘〔一〕，爲衆星之位，遷于内壝之中。合用蒼牲九。夕牲之旦，太尉告廟，陳幣于神武廟訖，埋于兩楹間焉。皇帝初獻，太尉亞獻，光禄終獻。司徒獻五帝，司空獻日月、五星、二十八宿，太常丞已下薦衆星。其後諸儒定禮，圜丘改以冬至云。

北齊書文宣帝本紀：八年八月，詔丘、郊、禘、祫、時祀，皆仰市取〔二〕，少牢不得剖割，有司監視，必令豐備。

孝昭帝本紀：皇建二年正月辛亥，祀圜丘。

隋書音樂志：齊神武霸迹肇創，遷都于鄴，猶曰人臣，故咸遵魏典。及文宣初禪，尚未改舊章。武成之時，始定四郊、宗廟、三朝之樂。群臣入出，奏肆夏。牲入出，薦

〔一〕「丘」，原作「立」，據光緒本、隋書禮儀志一改。
〔二〕「仰」，諸本脱，據北齊書文宣帝本紀補。

毛血，並奏昭夏。迎送神及皇帝初獻、禮五方上帝，並奏高明之樂，爲覆燾之舞。皇帝入壇門及升壇飲福酒，就燎位，還便殿，並奏皇夏。以高祖配饗，奏武德之樂，爲昭列之舞。今列其辭云。

大禘圜丘及北郊歌辭：

夕牲群臣入門，奏肆夏樂辭　肇應靈序，奄字黎人。乃朝萬國，爰徵百神。祇展方望，幽顯咸臻。禮崇聲協，贊列珪陳。翼差鱗次，端笏垂紳。來趨動色，式贊天人。

迎神，奏高明樂辭登歌辭同。　唯神監矣，皇靈肅止。圓璧展事，成文即始。士備八能，樂合六變。風湊伊雅，光華襲薦。扆衛騰景，靈駕霏煙。嚴壇生白，綺席凝玄。

牲出入，奏昭夏辭　剛柔設位，唯皇配之。言肅其禮，念暢在兹。飾牲舉獸，載歌且舞。既捨伊腯，致精靈府。物色唯典，齋沐加恭。宗族咸暨，罔不率從。

薦毛血，奏昭夏辭群臣出，奏肆夏，進熟，群臣入，奏肆夏，辭同初入。　展禮上月，肅事應時。藾栗爲用，交暢有期。弓矢斯發，瓮簝將事。圓神致祀，率由先志。和以鑾刀，臭以血膋。至哉敬矣，厥義孔高。

進熟，皇帝入門，奏皇夏辭　帝敬昭宣，皇誠肅致。玉帛齊軌，屏攝咸次。三垓上列，四陛旁升。龍陳萬騎，鳳動千乘。神儀天藹，睟容離曜。金根停軫，奉光先導。

皇帝升丘，奏皇夏辭壇上登歌辭同。　紫壇雲曖，紺幄霞褰。我其陟止，載致其虔。百靈竦聽，萬邦咸仰。人神咫尺，玄應肸蠁。

皇帝初獻，奏高明樂辭　上下眷，旁午從。爵以質，獻以恭。咸斯暢，樂唯雍。孝敬闡，臨萬邦。

皇帝奠爵訖，奏高明樂、覆燾之舞辭　自天子之，會昌神道。丘陵肅事，克光天保。九關洞開，百靈環列。八樽呈備，五聲投節。

皇帝獻太祖配饗神座，奏武德之樂、昭烈之舞辭皇帝小退，當昊天上帝神座前，奏皇夏，辭同上皇夏。　配神登聖，主極尊靈。敬宣昭燭，咸達窅冥。禮弘化定，樂奏功成。穰穰介福，下被群生。

皇帝飲福酒，奏皇夏之樂皇帝詣東陛，還便座，又奏皇夏，辭同初入門。　皇心緬且感，吉蠲奉至誠。赫哉光盛德，乾巛詔百靈。報福歸昌運，承祐播休明。風雲馳九域，龍蛟躍四溟。浮幕呈光氣，儷象燭華精。濩、武方知恥，韶、夏僅同聲。

送神降丘南陛，奏高明樂辭皇帝之望燎位，又奏皇夏，辭同上皇夏。獻享畢，懸佾周。神之駕，將上遊。超北極，絶河流。懷萬國，寧九州。欣帝道，心顧留。帀上下，荷皇休。

紫壇既燎，奏昭夏樂辭皇帝自望燎還本位，奏皇夏，辭同上皇夏。玄黃覆載，元首照臨。合德致禮，有契其心。敬申事闋，潔誠云報。玉帛載升，棫樸斯燎。寥廓幽曖，播以馨香。皇靈唯監，降福無疆。

皇帝還便殿，奏皇夏辭群臣出，奏肆夏，辭同上肆夏。祠感帝用圜丘辭。天大親嚴，匪敬伊孝。永言肆饗，宸明增耀。陽丘既暢，大典逾光。乃安斯息，欽若舊章。天迴地旋，鳴鑾引警。且萬且億，皇曆惟永。

陸印傳：齊之郊廟諸歌，多印所制。

後主紀：天統二年正月辛卯〔一〕，祀圜丘。

〔一〕「二年」，諸本作「三年」，據北齊書後主本紀改。

蕙田案：齊承魏制，分立郊丘。圜丘三年一祭，謂之禘祀，初以正月上辛祀昊天上帝，後改以冬至。南郊則歲一祀。以正月上辛祀所感帝，大抵從鄭康成禮注之謬，而圜丘祀昊天以上辛，則并與鄭氏不同矣。考終齊之世，祀圜丘者三，祀南郊者一，皆以春正月，而冬至之祭，卒未嘗行，則失禮之中又失禮焉。

右北齊郊禮

北周郊禮

周書孝閔帝本紀：元年春正月壬寅，祠圜丘。詔曰：「予本自神農，其于二丘，宜作厥主。始祖獻侯，啓土遼海，肇有國基，配南北郊。文考德符五運，受天明命，祖于明堂，以配上帝。」

明帝本紀：元年九月，即天王位。冬十月乙酉，祠圜丘。十一月丁未，祀圜丘。

蕙田案：孟冬、仲冬，連舉二祭，史家亦不言其故，或十月爲即位告祭，十一月爲正祭歟？

武帝本紀：保定元年春正月庚戌，祀圜丘。

天和二年春三月丁亥〔一〕，初立郊丘壇壝制度。

宣帝本紀：宣政元年即位。七月丙午，祀圜丘。

隋書禮儀志：後周憲章姬周，祭祀之式，多依儀禮。司量掌爲壇之制，圜丘三成，成崇一丈二尺，深二丈。上徑六丈，十有二階，每等十有二節。在國陽七里之郊。圜壝徑三百步，内壝半之。方一成，下崇一丈，徑六丈八尺，上崇五尺，方四丈，八方，方一階，階十級，級一尺。其祭圜丘及南郊，並正月上辛。圜丘則以其先炎帝神農氏配昊天上帝于其上。五方上帝、日月、内官、中官、外官、衆星並從祀。皇帝乘蒼輅，載玄冕，備大駕而行。預祭者皆蒼服。

音樂志：周太祖迎魏武入關，樂聲皆闕。恭帝元年，平荆州，大獲梁氏樂器，以屬有司。制其歌舞，竟未之行也。天和元年，武帝初造山雲舞，以備六代。南北郊、雩壇、太廟、禘祫，俱用六舞。南郊則大夏降神，大濩獻熟，次作大武、正德、武德、山雲之舞。宣帝嗣位，郊廟皆循用之，無所改作。今採其辭云。

〔一〕「三月」，諸本作「正月」，據周書武帝本紀改。

圜丘歌辭：

降神，奏昭夏　重陽禋祀大報天，丙午封壇肅且圜。孤竹之管雲和弦，神光未下風肅然。王城七里通天臺，紫微斜照影徘徊。連珠合璧重光來，天策暫轉鉤陳開。

皇帝將入門，奏皇夏　旌迴外壝，蹕靜郊門。千乘按轡，萬騎雲屯。藉茅無咎，掃地唯尊。揖讓展禮，衡璜節步。星漢就列，風雲相顧。取法于天，降其永祚。

俎入，奏昭夏　日至大禮，豐犧上辰。牲牢修牧，繭栗毛純。俎豆斯立，陶匏以陳。大報反命，居陽兆日。六變鼓鐘，三和琴瑟。俎奇豆偶，唯誠唯質。

奠玉帛，奏昭夏　員玉已奠，蒼幣斯陳。瑞形成象，璧氣含春。禮從天數，知總員神。爲祈爲祀，至敬咸遵。

皇帝升壇，奏皇夏　七星是仰，八陛有憑。就陽之位，如日之升。思虔肅肅，施敬繩繩。祝史陳信，玄象斯格。唯類之典，唯靈之澤。幽顯對揚，人神咫尺。

皇帝初獻，作雲門之舞　獻以誠，鬱以清。山罍舉，沈齊傾。唯尚饗，洽皇情。降景福，通神明。

皇帝初獻配帝，作雲門之舞　長丘遠歷，大電遥源。弓藏高隴，鼎没寒門。人生于祖，物本于天。尊神配德，迄用康年。

皇帝初獻及獻配帝畢，奏登歌　歲之祥，國之陽。蒼靈敬，翠雲長。象爲飾，龍爲章。乘長日，坯蟄户。列雲漢，迎風雨。大吕歌〔一〕，雲門舞。省滌濯，奠牲牷。鬱金酒，鳳凰樽。迴天睠，顧中原。

皇帝飲福酒，奏皇夏　國命在禮，君命在天。陳誠唯肅，飲福唯虔。洽斯百禮，福以千年。鉤陳掩映，天駟徘徊。雕禾飾斝，翠羽承罍。受斯茂祉，從天之來。

撤奠，奏雍夏　禮將畢，樂將闌。迴日轡，動天關。翠鳳摇，和鑾響。五雲飛，三步上。風爲馭，雷爲車。無轍迹，有煙霞。暢皇情，休靈命。雨留甘，雲餘慶。

帝就望燎位，奏皇夏　六典聯事，九司咸則。率由舊章，於焉允塞。掌禮儀次，燔柴在焉。煙升玉帛，氣斂牲牷。休氣馨香，膋芳昭晰。翼翼虔心，明明上徹。

帝還便座，奏皇夏　玉帛禮畢，人神事分。嚴承乃睠，仰瞻迴雲。輦路千門，

〔一〕「大吕」，諸本作「六吕」，據隋書音樂志中改。

王城九軌。式道移候，司方迴指。得一唯清，於萬斯寧。受茲景命，于天告成。

蕙田案：北周郊丘之祭，大率與齊同，而郊壇之制各異。史載祀圜丘者四：明帝元年十月，宣帝元年七月，告祭也；明帝元年十一月，武帝元年春正月，似乎正祭。然一以冬至，一以孟春，其典禮之無定可知矣。

右周郊禮

隋郊禮

隋書禮儀志：高祖受命，欲新制度。乃命國子祭酒辛彦之議定祀典。爲圜丘于國之南，太陽門外道東二里。其丘四成，各高八尺一寸。下成廣二十丈，再成廣十五丈，三成廣十丈，四成廣五丈。再歲冬至之日，祀昊天上帝于其上，以太祖武元皇帝配。五方上帝、日月、五星、内官四十二座、次官一百三十六座、外官一百一十一座、衆星三百六十座，並皆從祀。上帝、日月在丘之第二等，北斗、五星、十二辰、河漢、内官在丘第三等，二十八宿、中官在丘第四等，外官在内壝之内，衆星在内壝之外。其牲，上帝、配帝用蒼犢二，五帝、日月用方色犢各一，五星已下用羊、豕各九。六月癸未，詔以五德相生，赤爲火色，其郊及社廟服冕如朝會之服，旗幟、犧牲皆尚赤。

凡大祀，齋官皆于其晨集尚書省，受誓戒。散齋四日，致齋三日。祭前一日，晝漏上水五刻，到祀所，沐浴，著明衣，咸不得聞見衰絰哭泣。昊天上帝、五方上帝、日月、皇地祇、神州社稷、宗廟等爲大祀，星辰、五祀、四望等爲中祀，司中、司命、風師、雨師及諸星、諸山川等爲小祀。大祀養牲，在滌九旬，中祀三旬，小祀一旬。其牲方色難備者，聽以純色代。告祈之牲者不養。祭祀犧牲，不得捶扑。其死則埋之。

音樂志：隋去六代之樂，又無四望、先妣之祭，今既與古祭法有别，乃以神祇位次分樂配焉。奏黄鍾，歌大吕，以祀圜丘。其祠圜丘，皇帝入，至版位定，奏昭夏之樂，以降天神。升壇，奏皇夏之樂。受玉帛，登歌，奏昭夏之樂。皇帝降南陛，詣罍洗，洗爵訖，升壇，並奏皇夏。初升壇，俎入，奏昭夏之樂。皇帝初獻，奏誠夏之樂。皇帝既獻，作文舞之舞。皇帝飲福酒，作需夏之樂。皇帝反爵于坫，還本位，奏皇夏之樂。武舞出，作肆夏之樂。送神，作昭夏之樂。就燎位，還大次，並奏皇夏。

圜丘降神，奏昭夏辭　肅祭典，協良辰。具嘉薦，俟皇臻。禮方成，樂已變。感靈心，迴天睠。闢華闕，下乾宫。乘精氣，御祥風。望爟火，通四燭。膺介圭，受瑄玉。神之臨，慶陰陰。煙衢洞，宸路深。善既福，德斯輔。流鴻祚，徧區寓。

皇帝升壇，奏皇夏辭　於穆我君，昭明有融。道濟區域，功格玄穹。百神警衛，萬國承風。仁深德厚，信洽義豐。明發思政，勤憂在躬。鴻基唯永，福祚長隆。

登歌辭　德深禮大，道高饗穆。就陽斯恭，陟配唯肅。血膋升氣，冕裘標服。誠感清玄，信陳史祝。祗承靈貺，載膺多福。

皇帝初獻，奏誠夏辭　肇禋崇祀，大報尊靈。因高盡敬，掃地推誠。六宗隨兆，五緯陪營。雲和發韻，孤竹揚清。我粢既絜，我酌唯明。玄神是鑒，百祿來成。

皇帝既獻，奏文舞辭　皇矣上帝，受命自天。睿圖作極，文教遐宣。四方監觀，萬品陶甄。有苗斯格，無得稱焉。天地之經，和樂具舉。休徵咸萃，要荒式序。正位履端，秋霜春雨。

皇帝飲福酒，奏需夏辭　禮以恭事，薦以饗時。載清玄酒，備絜薌萁。迴旒分爵，思媚軒墀。惠均撤俎，祥降受釐。十倫以具，百福斯滋。克昌厥德，永祚鴻基。

武舞辭　御曆膺期，乘乾表則。成功戡亂，順時經國。兵暢五材，武弘七德。憬彼遐裔，化行充塞。三道備舉，二儀交泰。情發自中，義均莫大。祀敬恭肅，鐘鼓繁會。萬國斯歡，兆人斯賴。享兹介福，康哉元首。惠我無疆，天長地久。

送神，奏昭夏辭　享序洽，祀禮施。神之駕，嚴將馳。奔精驅，長離耀。牲煙達，潔誠照。騰日馭，鼓電鞭。辭下土，升上玄。瞻寥廓，杳無際。澹群心，留餘惠。

皇帝就燎，還大次，並奏皇夏，辭同上。

高祖本紀：開皇十年冬十一月辛丑，有事于南郊。十二年冬十一月辛亥，有事于南郊。十八年冬十一月癸未，有事于南郊。

蕙田案：隋高祖本紀書有事于南郊者四，書親祀感生帝者一。感生帝自係南郊，則所云南郊者，其爲圜丘無疑也。史家不明郊丘之辨，故以南郊爲圜丘，而南郊之祭不得不異其文以别之。而正月之祭既用辛日，當入祈穀，此不列。

禮儀志：初帝既受周禪，恐黎元未愜，多説符瑞以耀之。其或造作而進者，不可勝計。仁壽元年冬至祠南郊，置昊天上帝及五方天帝位〔二〕，並于壇上，如封禪禮。版曰：「維仁壽元年，歲次作噩，嗣天子臣堅，敢昭告于昊天上帝。琁璣運行，大明南至。

〔二〕「天帝」，原脱「帝」字，據光緒本、隋書禮儀志一補。

臣蒙上天恩造，群靈降福，撫臨率土，安養兆人。顧唯虚薄，德化未暢，夙夜憂懼，不敢荒怠。天地靈祇，降錫休瑞，鏡發區宇，昭彰耳目。爰始登極，蒙授龜圖，遷都定鼎，醴泉出地，平陳之歲，龍引舟師。省俗巡方，展禮東岳，盲者得視，瘖者得言，復有躄人，忽然能步。自開皇以來，日近北極，行于上道，晷度延長。天啓太平，獸見一角，改元仁壽，楊樹生松。石魚彰合符之徵，玉龜顯永昌之慶，山圖石瑞，前後繼出，皆載臣姓名，褒紀國祚。經典諸緯，爰及玉龜，文字義理，遞相符會。宮城之内，及在山谷，石變爲玉，不可勝數。桃區一嶺，盡是琉璃，黄銀出于神山，碧玉生于瑞巘。多楊山響，三稱國興，連雲山聲，萬年臨國。野鵝降天，仍住池沼，神鹿入苑，頻賜引導。騶虞見質，遊麟在野，鹿角生于楊樹，龍湫出于荆谷。慶雲發彩，壽星垂耀。宮殿樓閣，咸出靈芝，山澤川原，多生寶物。威香散馥，零露凝甘。敦煌烏山，黑石變白，弘禄巖嶺，石華遠照。玄狐玄豹，白兔白狼，赤雀蒼烏，野蠶天豆，嘉禾合穗，珍木連理。神瑞休徵，洪恩景福，降賜無疆，不可具紀。此皆昊天上帝爰降明靈，矜愍蒼生，寧静海内，故錫兹嘉慶，咸使安樂，豈臣微誠，所能上感。虔心奉謝，敬薦玉帛犧齊粢盛庶品，燔祀于昊天上帝。皇考太祖武元皇帝配神作主。」

大業十年冬至祀圜丘，帝不齋于次。詰朝，備法駕，至便行禮。是日大風，帝獨獻上帝，三公分獻五帝。禮畢，御馬疾驅而歸。

蕙田案：隋、唐之交，割據紛起，然皆草竊無文，唯蕭銑自稱梁王，築壇柴上帝。又梁師都僭皇帝位，祭天城南坎地，瘞玉得印，各見本傳，今不列入。

右隋郊禮

五禮通考卷九

吉禮九

圜丘祀天

唐郊禮

唐書高祖本紀：武德四年十一月甲申，有事于南郊。

蕙田案：此「郊」，舊書不載，疑刻本之脱。

舊唐書禮儀志：武德初，定令：每歲冬至，祀昊天上帝於圜丘，以景帝配。其壇在京城明德門外道東二里。壇制四成，各高八尺一寸，下成廣二十丈，再成廣十五丈，三成廣十丈，四成廣五丈。每祀則昊天上帝及配帝設位于平座，藉用稾秸，器用陶匏。五方上帝、日月、內官、中官、外官及衆星，並皆從祀。其五方帝及日月七座，在壇之第二等；內官五星以下五十五座，在壇之第三等；二十八宿以下中官一百三十五座〔一〕，在壇之第四等；外官百一十二座，在壇下外壝之內；衆星三百六十座，在外壝之外。其牲，上帝及配帝用蒼犢二，五方帝及日月用方色犢各一，內官以下加羊、豕各九。

唐書禮樂志：圜丘壇，北辰、北斗、天一、太一、紫微五帝座，並差在行位前。餘內官諸座及五星、十二辰、河漢四十九座，在第二等十有二陛之間。中官、市垣、帝座、七公、日星、帝座、大角、攝提、太微、五帝、太子、明堂、軒轅、三台、五車、諸王、月星、織女、建星、天紀十七座及二十八宿，差在前列。其餘中官一百四十二座皆在第三等十二陛之間。外官一百五在內壝之內，衆星三百六十在內壝之外。五星、三辰，以象尊實醍齊，七宿，以壺尊實沈齊，皆二。五星、十二辰、二十八宿，籩、豆各二，簠、簋、

〔一〕「中官一」，諸本脱，據舊唐書禮儀志一補。

俎各一。四時祭風師、雨師、靈星、司中、司命、司人、司禄，籩八、豆八、簠一、簋一、俎一。牲皆少牢，席皆以莞。

蕙田案：冬至祀圜丘之禮，至武德乃得其正，開國規模，邈然遠矣。

唐書太宗本紀：貞觀二年十一月辛酉，有事于南郊。

裴寂傳：貞觀二年，太宗祠南郊，命寂與長孫無忌同昇金輅，寂辭讓，太宗曰：「以公有佐命之勳，無忌亦宣力於朕，同載參乘，非公而誰？」遂同乘而歸。

劉黑闥傳：初，秦王建天策府，其弧矢制倍于常。後餘大弓一、長矢五，藏之武庫。每郊丘重禮，必陳于儀物之首，以識武功云。

五年十一月丙子，有事于南郊。

禮樂志：自周衰，禮樂壞於戰國而廢絶於秦。漢興，六經在者，皆錯亂、散亡、雜僞，而諸儒方共補緝，以意解詁，未得其真，而讖緯之書出以亂經矣。自鄭玄之徒，號稱大儒，皆主其說，學者由此牽惑没溺，而時君不能斷決，以爲有其舉之，莫可廢也。由是郊丘、明堂之論，至于紛然而莫知所止。禮曰：「以禋祀祀昊天上帝。」此天也，玄以爲天皇大帝者，北辰耀魄寶也。又曰：「兆五帝於四郊。」此五行精氣之神也，玄以爲青帝靈威仰、赤帝赤熛怒、黄帝含樞紐、白帝白招拒、黑帝汁光紀者，五天也。由是有六天之説，後世莫能廢焉。唐初貞觀禮，冬至祀昊天上帝于圜丘，正月辛日祀感生帝靈威仰於南郊以祈穀，而孟夏雩于南郊，季秋大享于明堂，皆祀五天帝。其配神之主，貞觀初，圜丘、明堂、北郊以高祖配，而元帝唯配感帝。

蕙田案：郊丘之論，自漢以後紛然矣。此志叙述原委，簡括詳明，至是人始知六天之謬。而貞觀禮所定「冬至圜丘，孟春祈穀，孟夏雩祀，季秋明堂」，卓然與經典合。儒者之效，遂開有唐一代制作。厥後開元禮成，而五典燦然明備矣。後代禮樂之得其正，實賴貞觀禮爲之權輿。太宗之治，所以焕然不同也。然南郊祀靈威仰，圜丘雩祀、明堂皆祀五天帝，尚未能革，鄭氏信讖之流弊深哉！

舊唐書音樂志：冬至祀昊天於圜丘樂章八首：貞觀二年，祖孝孫定雅樂。貞觀六年，褚亮、虞世南、魏徵等作此詞，今行用。

降神用豫和　上靈睠命兮膺會昌，盛德殷薦叶辰良。景福降兮聖德遠，玄化穆兮天曆長。

皇帝行用太和　穆穆我后，道應千齡。登三處大，得一居貞。禮惟崇德，樂以和聲。百神仰止，天下文明。

登歌奠玉帛用肅和　鬱陽播氣，甄耀垂明。有赫圓宰，深仁曲成。日麗蒼璧〔一〕，煙開紫營。聿遵虔享，式降鴻禎。

迎俎入用雍和　欽惟大帝，載仰皇穹。始命田燭，爰啓郊宫。雲門駭聽，雷鼓鳴空。神其介祀，景祚斯融。

酌獻飲福用壽和　八音斯奏，三獻畢陳。寶祚惟永，煇光日新。

送文舞出，迎武舞入，用舒和　疊璧凝影皇壇路，編珠流彩帝郊前。已奏黄鐘歌大吕，還符寶曆祚昌年。

武舞用凱安　昔在炎運終，中華亂無象。酆郊赤烏見，邙山黑雲上。大賚下周車〔二〕，禁暴開殷網。幽明同叶贊〔三〕，鼎祚齊天壤。

送神用豫和　歌奏畢兮禮獻終，六龍馭兮神將昇。明德感兮非黍稷，降福簡

〔一〕「麗」，諸本作「儼」，據舊唐書音樂志三改。
〔二〕「車」，諸本作「軍」，據舊唐書音樂志三改。
〔三〕「同」，諸本作「何」，據舊唐書音樂志三改。

兮祚休徵。

又郊天樂章一首太樂舊有此辭，名不詳所起。

送神用豫和　蘋蘩禮著，黍稷誠微。音盈鳳管，彩駐龍旂。洪歆式就，介福攸歸。送樂有闋，靈馭遄飛。

唐書太宗本紀：貞觀十四年冬十一月甲子朔，日南至，有事于圜丘。十七年十一月己卯，有事于南郊。

蕙田案：此二「郊」，新、舊書並載。馬氏通考以十七年爲八月四日而脱去「十四年」，但云「一闕年月」，皆採輯之誤。

册府元龜：貞觀十七年十月甲寅，詔曰：「朕聞上靈之應，疾於影響；茂祉之興，積於年代。朕嗣膺寶曆，君臨區宇，憑宗社之介福，賴文武之同心。時無風塵之警，野有京坻之積。厚地降祉，貞石來翔，營翠色而流光，發素質而成字。前紀厥功之德，次陳卜年之永，後述儲貳之美，並名字昭然，楷則相次，曠代之所未聞，故老之所未覩。自天之祐，豈惟一人？無疆之福，方覃九土，自非大報泰壇，稽首上帝，則靡申奉天之志，寧副臨下之心。今年冬至，有事南郊，所司率由舊典。」十一月己卯，有事於南郊。太宗升壇，皇太子從奠，於時累日陰雪，是旦猶雲霧晦冥。及太宗升壇，烟氛四散，風景清朗，文物昭映。禮畢，祝官讀謝天祝文曰：「嗣天子臣世民，敢昭告于昊天上帝，世民纂成鴻基，君臨宇縣，夙興旰食，無忘于政道，導德齊禮，良愧于前聖。爰有成命，表貞瑞石，文字昭然，曆數惟永，既旌高廟之業，又錫眇身之祚。逮于皇太子某，亦降禎符，並具紀姓氏，兼列名字。仰瞻雲漢，實銘大造；俯惟寡薄，彌增寅懼。敢因大禮，重薦玉帛，上謝明靈之貺，以申祇慄之誠。皇太子亦恭至泰壇，虔拜于蒼昊，庶因眷祐之德，永膺無疆之休。」初，十六年，太宗遣刻受命玄玉璽、白玉爲螭首，其文云：「皇天景命，有德者昌。」並神筆隸書，然後鐫勒。是日侍中負之以從。

唐書高宗本紀：永徽二年冬十一月辛酉，有事于南郊。

禮樂志：高宗永徽二年，以太宗配祀明堂，而有司乃以高祖配五天帝，太宗配五人帝。太尉長孫無忌等與禮官議，以謂：「自三代以來，歷漢、魏、晉、宋，無父子同配於明堂者。祭法曰：『周人禘嚳而郊稷，祖文王而宗武王。』鄭玄以祖宗合爲一祭，謂祭五帝、五神于明堂，以文、武共配。而王肅駁曰：『古者祖功宗德，自是不毁之名，非謂配食于明堂。』春秋傳曰：『禘、郊、祖、宗、報五者，國之典祀也。』以此知祖、宗非一祭。」于是以高祖配于圜丘，太宗配于明堂。

蕙田案：自晉、宋以後，諸人議配帝，唯此爲的當，駁鄭氏極是。

通典：永徽二年，太尉長孫無忌等奏議曰：「據祠令及新禮，並用鄭玄六天之義，圜丘祀昊天上帝，南郊祀太微感帝，明堂祭太微五天帝。臣等謹案鄭玄此義，唯據緯書，所說六天，皆爲星象，而昊天上帝，不屬穹蒼。故注月令及周官，皆謂圜丘所祭昊天上帝爲北辰星曜魄寶。又説孝經『郊祀后稷以配天』、明堂嚴父配天，皆爲太微五帝。考其所説，舛謬特深。按易云：『日月麗乎天，百穀草木麗乎土。』又云：『在天成象，在地成形。』足以明辰象非天，草木非地。毛詩傳云：『元氣昊大，則稱昊天。遠視蒼蒼，則稱蒼天。』此則天以蒼昊爲體，不入星辰之例。且天地各一，是爲兩儀。天尚無二，焉得有六？是以王肅群儒，咸駁此義。又檢太史圜丘圖，昊天上帝座外，別有北辰座，與鄭義不同。得太史令李淳風等狀，稱昊天上帝圖位自在壇上，北辰自在第二等，與北斗並列，爲星官内座之首，不同鄭玄據緯之説。此乃羲和所掌，觀象制圖，推步有恒，相緣不謬。又案史記天官書等，太微宫有五帝者，自是五精之神，五星所奉。以其是人主之象，故況之曰帝。亦如房、心爲天王之象〔一〕，豈是天乎！周禮云：『兆五帝於四郊。』又云：『祀五帝則掌百官之誓戒。』唯稱五帝，皆不言天。此自太微之神，本非穹昊之祭。又孝經唯云『郊祀后稷』，别無圜丘之文。王肅等以爲郊即圜丘，圜丘即郊，猶王城、京師，異名同實。符合經典，其義甚明。而今從鄭之説，分爲兩祭，圜丘之外，别有南郊，違棄正經，理深未允。且檢吏部式，唯有南郊陪位，更不别載圜丘。式文既遵王肅，祀令仍行鄭義。令、式相乖，理宜改革。又孝經云『嚴父莫大於配天』，下文即云：『周公宗祀文王於明堂，以配上帝。』則是明堂所祀，正在配天，而以爲但祭星官，反違明義。」詔從無忌等議，存祀太微五帝于南郊，廢鄭玄六天之義。

蕙田案：五帝非天，郊、丘非二所。議真如撥雲霧也。舊唐書志以此列顯慶二年，上議之人亦作許敬宗等，未知孰是。然祁公去高宗時較近，今姑從杜。

禮部尚書許敬宗等又奏稱：「於新禮，祭畢，收取玉帛牲體，置於柴上，然後燔柴，

〔一〕「心」，原作「星」，據乾隆本、光緒本、通典卷四三改。

燔壇又在神壇之左。臣等謹案：祭祀之禮，必先降神。周人尚臭，祭天則燔柴，祭地則瘞血，祭宗廟則焫蕭灌鬯，皆貴氣臭，用以降神。禮經明白，義釋甚詳。燔柴在祭初，禮無所惑。是以三禮義宗等並云：『祭天以燔柴爲始，然後行正祭。祭地以瘞血爲先，然後行正祭。』又禮説，晉太常賀循上言：『積柴舊在壇南，燎祭天之牲，用犢左胖，漢儀用頭，今郊天用脇之九介。太宰令奉牲脅，太祝令奉珪瓚，俱奠燔薪之上。』即晉代故事，亦無祭末之文。唯周、魏以降，妄爲損益。約告廟之幣，事畢瘞埋，因改燔柴，將爲祭末。事無典實，禮闕降神。又燔柴正祭，牲玉皆別，蒼璧、蒼犢之流，柴之所用，四珪騂犢之屬，祝之所須。故郊天之有四珪，猶廟之有珪瓚。是以周官典瑞，文義相因，並事畢收藏，不在燔柴之例。今新禮引同蒼璧，不顧珪瓚，遂亦俱燔，義既有乖，理難因襲。」詔從之。

蕙田案：祭畢，燔柴，牲、玉同燎，非禮違經，至是乃革。

舊唐書禮儀志：敬宗等又議籩、豆之數曰：「案今光禄式，祭天地、日月、岳鎮、海瀆、先蠶等，籩、豆各四。祭宗廟，籩、豆各十二。祭社稷、先農等，籩、豆各九。祭風師、雨師，籩、豆各二。尋此式文，事深乖謬。社稷多於天地，似不貴多。風雨少於日月，又不貴少。且先農、先蠶，俱爲中祭，或六或四，理不可通。又先農之神，尊於釋奠，籩、豆之數，先農乃少，理既差舛，難以因循。謹案禮記郊特牲云：『籩、豆之薦，水土之品，不敢用褻味而貴多品，所以交於神明之義也。』此即祭祀籩、豆以多爲貴。宗廟之數，不可踰郊。今請大祀同爲十二，中祀同爲十，小祀同爲八，釋奠準中祀。自餘從座，並請依舊式。」詔並可之，遂附于禮令。

唐書高宗本紀：總章元年十二月丁卯，有事于南郊。

蕙田案：此「郊」，舊書不載，疑刻本脱。又案通考作十一月，疑誤。

舊唐書高宗本紀：咸亨四年十一月丙寅，上製樂章，有上元、二儀、三才、四時、五行、六律、七政、八風、九宫、十洲、得一、慶雲之曲，詔有司，諸大祠享即奏之。

上元三年十一月丁卯，敕新造上元舞，圜丘、方澤、享太廟用之，餘祭則停。

唐書韋萬石傳：上元中遷太常少卿。當時郊廟燕會樂曲，皆萬石與太史令姚玄辯增損之。

舊唐書禮儀志：乾封初，高宗東封迴，又詔依舊祀感帝及神州。司禮少常伯郝處俊等奏曰：「顯慶新禮，廢感帝之祀，改爲祈穀。昊天上帝，以高祖太武皇帝配。檢舊禮，感帝以世祖元皇帝配。今既奉敕依舊復祈穀爲感帝，以高祖太武皇帝配神州，又高祖依新禮見配圓丘昊天上帝及方丘皇地祇，若更配感帝神州，便恐有乖古禮。案禮記祭法云：『有虞氏禘黄帝而郊嚳，夏后氏亦禘黄帝而郊鯀，殷人禘嚳而郊冥，周人禘嚳而郊稷。』鄭玄注云：『禘謂祭上帝於南郊〔一〕。』又案三禮義宗云『夏正郊天者，王者各祭所出帝於南郊』，即大傳所謂『王者禘其祖之所自出，以其祖配之』是也。此則禘須遠祖，郊須始祖。今若禘郊同用一祖，恐於典禮無據。」

乾封二年十二月，詔曰：「昔周京道喪，秦室政乖，禮樂淪亡，經典殘滅。遂使漢朝博士，空說六宗之文；晉代鴻儒，爭成七祀之義。或同昊天於五帝，或分感帝於五行。自茲遞相祖述，紛紜莫定。自今以後，祭圜丘、五方、明堂、感帝、神州，高祖太武皇帝、太宗文武皇帝配，仍總祭昊天上帝及五帝於明堂。」

唐書禮樂志：則天垂拱元年，詔有司議，卒用元萬頃、范履冰之説。郊、丘諸祠，以高祖、太宗、高宗並配。

〔一〕「禘謂祭上帝於南郊」，禮記正義卷四六作「禘謂祭昊天於圜丘也，祭上帝於南郊曰郊」。

沈伯儀傳：垂拱元年，成均助教孔玄義奏：「嚴父莫大配天，天於萬物爲最大，推父偶天，孝之大，尊之極也。易稱『先王作樂崇德，殷薦之上帝，以配祖、考』。上帝，天也。昊天之祭，宜祖、考並配，請以太宗、高宗配上帝於圜丘，神堯皇帝配感帝南郊。祭法：『祖文王，宗武王。』祖，始也；宗，尊也。一名而有二義。經稱『宗祀文王』，文王當祖而云宗，包武王以言也。知明堂以祖、考配，與二經合。」伯儀曰：「有虞氏禘黃帝而郊嚳，祖顓頊而宗堯；夏后氏禘黃帝而郊鯀，祖顓頊而宗禹；殷人禘嚳而郊冥，祖契而宗湯；周人禘嚳而郊稷，祖文王而宗武王。鄭玄曰：『禘、郊、祖、宗，皆配食也。祭昊天圜丘曰禘，祭上帝南郊曰郊，祭五帝、五神明堂曰祖、宗。』此爲最詳。虞、夏退顓頊郊嚳，殷捨契郊冥，去取違舛，唯周得禮之序，至明堂始兩配焉。文王上配五帝，武王下配五神，别父子也。經曰：『嚴父莫大於配天。』又曰：『宗祀文王於明堂，以配上帝。』不言嚴武王以配天，則武王雖在明堂，未齊於配，雖同祭而終爲一主也。緯曰：『后稷爲天地主，文王爲五帝宗。』若一神而兩祭之。則薦獻數瀆，此神無二主也。貞觀、永徽禮實專配，由顯慶後始兼尊焉。今請以高祖配圜丘、方澤，太宗配南北郊，高宗配五天帝。」鳳閣舍人元萬頃、范履冰等議：「今禮昊天上帝等五祀，咸奉高祖、太宗兼配，以申孝也。詩昊天章『二后受之』，易『薦上帝，配祖、考』，有兼配義。高祖、太宗既先配五祀，當如舊。請奉高宗歷配焉。」自是郊、丘，三帝並配云。

文獻通考：馬氏曰：「並配之制始於唐。自鄭康成有六天之説，魏、晉以來，多遵用之。以爲曜魄寶亦天也，感生帝亦天也。均之爲天，則配天之祖，其尊一也。至唐人，始以爲曜魄寶、五帝皆星象之屬，當從祀南郊，而不當以事天之禮事之，善矣。然感帝之祠，既罷旋復。雖復其祠，而以爲有天、帝之分，尊卑之别。遂於郊與明堂所配之祖，不無厚薄之疑。乃至每祭並配，而後得爲嚴父之禮，然則周公亦豈厚於后稷而薄於文王乎？則曷若一遵初議，若郊、若明堂皆專祀昊天，各以一祖配之，於禮意、人情爲兩得乎？」

通典：永昌元年九月敕：天無二稱，帝是通名。承前諸儒，互生同異，乃以五方之帝亦謂爲天，假有經傳互文，終是名實未當。稱號不別，尊卑相渾，自今郊祀之禮，唯昊天上帝稱天，自餘五帝皆稱帝。

舊唐書則天皇后本紀：證聖元年九月，親祀南郊，加尊號，改元天册萬歲。

禮儀志：則天革命，天册萬歲元年，加號爲天册金輪大聖皇帝，親享南郊，合祭天地。以武氏始祖周文王追尊爲始祖文皇帝，后父應國公爲無上孝明高皇帝，以二祖同配，如乾封之禮。

唐書禮樂志：古者祭天于圜丘，在國之南，祭地于澤中之方丘，在國之北，所以順陰陽，因高下而事天地，以其類也。其方位既别，而其燎壇、瘞坎、樂舞變數亦皆不同，而後世有合祭之文。則天天册萬歲元年，親享南郊，始合祭天地。

舊唐書則天皇后本紀：長安二年十一月戊子，親享南郊，大赦天下。

通典：長安二年九月，敕祠明堂、圜丘神座，並令著牀，便爲恒式。

舊唐書音樂志：則天大聖皇后大享昊天樂章十二首：御撰。

太陰凝至化，貞耀藴軒儀。德邁娥臺敞，仁高姒幄披。捫天遂啓極，夢日乃昇曦。

瞻紫極，望玄穹。翹至懇，罄深衷。聽雖遠，誠必通。垂厚澤，降雲宫。

乾儀混成沖邃，天道下濟高明。闓陽晨披紫闕，太一曉降黄庭。圜壇敢申昭報，方璧冀展虔情。丹襟式敷衷懇，玄鑒庶察微誠。

巍巍叡業廣，赫赫聖基隆。菲德承先顧，禎符萃眇躬。銘開武巖側，圖薦洛川中。微誠詎幽感，景物忽昭融。有懷慙紫極，無以謝玄穹。

朝壇霧卷，曙嶺烟沈。爰設筐幣，式表誠心。筵輝麗璧，樂暢和音。仰唯靈鑒，俯察翹襟。

昭昭上帝，穆穆下臨。禮崇備物，樂奏鏘金。蘭羞委薦，桂醑盈斟。敢希明德，聿罄莊心。

鐏浮九醞，禮備三周。陳誠菲奠，契福神猷。

奠璧郊壇昭大禮，鏘金拊石表虔誠。始奏承雲娱帝賞，復歌調露暢韶音。

荷恩承顧託，執契恭臨撫。廟略靜邊荒，天兵曜神武。有截資先化，無爲遵舊矩。禎符降昊穹，大業光寰宇。

肅肅祀典，邕邕禮秩。三獻已周，九成斯畢。爰撤其俎，載還其實。或昇或降，唯誠唯質。

禮終肆類，樂闋九成。仰唯明德，敢薦非馨。顧慙菲奠，久駐雲軿。瞻荷靈澤，悚戀兼盈。

式乾路，闢天扉〔一〕。迴日馭，動雲衣。登金闕，入紫微。望仙駕，仰恩徽。

中宗本紀：景龍三年十一月乙丑，親祀南郊，皇后登壇亞獻，左僕射舒國公韋巨源爲終獻。

蘇瓌傳：將拜南郊，國子祭酒祝欽明希庶人旨，建議請皇后爲亞獻，安樂公主爲終獻。瓌深非其議，嘗于御前面折欽明，帝雖悟，竟從欽明所奏。

褚无量傳：中宗將親祀南郊，詔禮官學士修定儀注。國子祭酒祝欽明、司業郭山惲皆希旨，請以皇后爲亞獻，无量獨與太常博士唐紹、蔣欽緒固爭，以爲不可。无量建議曰：「夫郊祀者，明皇之盛事，國家之大禮。行其禮者，不可以臆斷，不可以情求，皆上順天心，下符人事，欽若稽古，率由舊章，然後可以交神明，可以膺福祐。然禮文雖衆，莫如周禮。周禮者，周公致太平之書，先聖極由衷之典，法天地而行教化，辨方位而叙人倫。其義可以幽贊神明，其文可以經緯邦國，備物致用，其可忽乎！至如冬至圜丘，祭中最大，皇后内主，禮位甚尊。若合郊天助祭，則當具著禮

〔一〕「闢」，諸本作「闕」，據舊唐書音樂志三改。

典。今編檢周官，無此儀制。蓋由祭天南郊，不以地配，唯以始祖爲主，不以祖妣配天，故唯皇帝親行其禮，皇后不合預也。謹案大宗伯職云：『若王不與祭祀〔一〕，則攝位。』注云：『王有故，代行其祭祀。』下文云：『凡大祭祀，王后不與，則攝而薦豆籩，徹。』若皇后合助祭，承此下文，即當云『若不祭祀，則攝而薦豆籩』。今於文上更起凡，則是別生餘事。夫事與上異，則別起凡。凡者，生上起下之名，不專繫於本職。周禮一部之内，此例極多，備在文中，不可具録。又王后助祭，親薦豆籩而不徹。案九嬪職云：『凡祭，贊后薦，徹豆籩。』注云：『后進之而不徹。』則知中徹者，爲宗伯生文。若宗伯攝祭，則宗伯親徹，不別使人。又案『外宗掌宗廟之祀，王后不與，則贊宗伯』。此之一文〔二〕，與上相證。何以明之？案外宗唯掌宗廟祭祀，不掌郊天，足明此文是宗廟祭也。案王后行事，總在内宰職中。檢其職文，唯云『大祭祀，后祼獻則贊，瑤爵亦如之』。鄭注云：『謂祭宗廟也。』注所以知者，以文

〔一〕「與」，諸本脱，據舊唐書褚无量傳校勘記補。
〔二〕「之」，諸本脱，據舊唐書褚无量傳補。

云『祼獻』，祭天無祼，以此得知。又祭天之器，則用陶匏，亦無瑶爵，注以此得知是宗廟也。又内司服掌王后六服，無祭天之服；而巾車職掌王后之五輅，亦無后祭天之輅；祭天七獻，無后亞獻。以此諸文參之，故知后不合助祭天也。唯漢書郊祀志則有天地合祭，皇后預享之事，此則西漢末代，强臣擅朝，悖亂彝倫，黷神諂祭，不經之典，事涉誣神。故易傳曰：『誣神者，殃及三代。』太誓曰：『正稽古立功立事，可以永年，承天之大律。』斯史策之良誡，豈可不知？今南郊禮儀，事不稽古，忝守經術，不敢默然。請旁詢碩儒，俯摭舊典，採曲臺之故事，行圜丘之正儀，使聖朝叶昭曠之塗，天下知文物之盛，豈不幸甚。」時左僕射韋巨源等阿旨，叶同欽明之議，竟不從无量所奏。

蔣欽緒傳：中宗始親郊，國子祭酒祝欽明建言，皇后應亞獻，欲以媚韋氏。天子疑之，詔禮官議。衆曲意阿徇，欽緒獨抗言不可，諸儒壯其節。

祝欽明傳：入爲國子祭酒。景龍三年，中宗將親祀南郊，欽明與國子司業郭山惲二人奏言，皇后亦合助祭。遂建議曰：「謹案周禮，天神曰祀，地祇曰祭，宗廟曰享。大宗伯職曰：『祀大神，祭大祇，享大鬼，理其大禮。若王有故不預，則攝位。凡大祭祀，王后不預，則設而薦豆籩，徹。』又追師職：『掌王后之首服，以待祭祀。』又内司服職：『掌王后之六服。凡祭祀，供后之衣服。』又九嬪職：『大祭祀，后祼獻則贊，瑶爵亦如之。』據此諸文，即皇后合助皇帝祀天神、祭地祇，明矣。故鄭玄注内司服云：『闕狄，皇后助王祭群小祀之服。』然則小祀尚助王祭，中、大推理可知。闕狄之上，猶有兩服：第一褘衣，第二揄狄，第三闕狄。此三狄，皆助祭之服。闕狄即助祭小祀，即知揄狄助祭中祀，褘衣助祭大祀。鄭舉一隅，故不委説。唯祭宗廟，周禮王有兩服，先王袞冕，先公鷩冕。鄭玄因此以后助祭宗廟，亦分兩服，云：『褘衣助祭先王，揄狄助祭先公。』不言助祭天地、社稷，自宜三隅而反。且周禮正文『凡祭，王后不預』，既不專言宗廟，即知兼祀天地，故云『凡』也。又春秋外傳云：『禘郊之事，天子親射其牲，王后親舂其粢。』故世婦職但云『詔王后之禮事』，不主言宗廟也。若專主宗廟者，則内宗、外宗職皆言『掌宗廟之祭祀』。此皆禮文分明，不合疑惑。舊説以天子父天、母地、兄日、姊月，所以祀天于南郊，祭地于北郊，朝日于東門之外，以昭事神，訓人事，君必躬親以禮之〔一〕，有故然後使攝，此其義也。禮記祭統曰：『夫祭也者，必夫婦親之，所以備内外之官也。官備則具備。』又『哀公問於孔子曰：「冕而親迎，不已重乎？」孔子愀然作色而對曰：「合二姓之好，以繼先聖之後，以爲天地宗廟社稷之主，君何謂已重焉！」』又漢書郊祀志云：『天地合祭，先祖配天，先妣配地。天地合精，夫婦判合。祭天南郊，則以地配，一體之義也。』據此諸文，即知皇后合助祭，望請別修助祭儀注同進。」帝頗以爲疑，召禮官親問之。太常博士唐紹、蔣欽緒對曰：「皇后南郊助祭，於禮不合。但欽明所執，是祭宗廟禮，非祭天地禮。謹案魏、晉、宋及齊、梁、周、隋等歷代史籍，至於郊天祀地，並無皇后助祭之事。」帝令宰相取兩家狀對定。欽緒與唐紹及太常博士彭景直又奏議曰：「周禮凡言祭、祀、享三者，皆祭之互名，本無定義。何以明之？案周禮典瑞職云：『兩珪有邸，以祀地。』則祭地亦稱祀也。又司筵云：『設祀先王之胙席。』則祭宗廟亦稱祀也。又内宗職云：『掌宗廟之祭祀。』此又非獨天稱祀，地稱祭也。又案禮記云：『唯聖爲

〔一〕「之」，諸本作「文」，據舊唐書祝欽明傳改。

能享帝。』此即祀天帝亦言享也。又案孝經云：『春秋祭祀，以時思之。』此即宗廟亦言祭祀也。經典此文，不可備數。據此則欽明所執天曰祀，地曰祭，廟曰享，未得爲定，明矣。又周禮凡言大祭祀者，祭天地宗廟之總名，不獨天地爲大祭也。何以明之？案鬱人職云：『大祭祀，與量人授舉斝之卒爵。』尸與斝，皆宗廟之事，則宗廟亦稱大祭祀。又欽明狀引九嬪職：『大祭祀，后祼獻則贊瑶爵。』據祭天無祼，亦無瑶爵，此乃宗廟稱大祭祀之明文。欽明所執大祭祀即爲祭天地，未得爲定，明矣。又周禮大宗伯職云：『凡大祭祀，王后有故不預，則攝而薦豆籩，徹。』欽明唯執此文，以爲王后有祭天地之禮。欽緒等據此，乃是王后薦宗廟之禮，非祭天地之事。何以明之？案此文：『凡祀大神，祭大祇，享大鬼，帥執事而卜日，宿視滌濯，涖玉鬯，省牲鑊，奉玉齍，制大號，理其大禮，制相王之大禮。若王不與祭祀，則攝位。』此已上一『凡』，直是王兼祭天地宗廟之事，故通言大神、大祇、大鬼之祭也。已下文云：『凡大祭祀，王后不與，則攝而薦豆籩，徹。』此一『凡』，直是王后祭廟之事，故唯言大祭祀也。若云王后助祭天地，不應重起『凡大祭祀』之文也。爲嫌王后有祭天地之疑，故重起後『凡』以别之耳。王后祭廟，自是大祭祀，何故取上『凡』

相王之禮，以混下『凡』王后祭宗廟之文？此是本經科段明白。又案周禮：『外宗掌宗廟之祭祀，佐王后薦玉豆。凡后之獻，亦如之。王后有故不預，則宗伯攝而薦豆籩。』外宗無佐祭天地之禮。但天地尚質，宗廟尚文。玉豆，宗廟之器，初非祭天所設。請問欽明，若王后助祭天地，在周禮使何人贊佐？若宗伯攝后薦豆祭天，又合何人贊佐？並請明徵禮文，即知攝薦是宗廟之禮明矣。案周禮司服云：『王祀昊天上帝，則服大裘而冕。享先王，則衮冕。』內司服『掌王后祭服』，無王后祭天之服。案三禮義宗明王后六服，謂褘衣、摇翟、闕翟、鞠衣、展衣、褖衣。『褘衣從王祭先王則服之，摇翟祭先公及饗諸侯則服之，鞠衣以採桑則服之，展衣以禮見王及見賓客則服之，褖衣燕居服之。』王后無助祭於天地之服，但自先王以下。又三禮義宗明后夫人之服云〔一〕：『后不助祭天地五岳，故無助天地四望之服。』案此，則王后無祭天之服明矣。三禮義宗明王后五輅，謂重翟、厭翟、安車、翟車、輦車也。『重翟者，后從王祭先王先公所乘也；厭翟者，后從王饗諸侯所乘也；安車者，后宮中

〔一〕「后」，原作「三」，據舊唐書祝欽明傳改。

朝夕見於王所乘也；翟車者，后求桑所乘也；輦車者，后遊宴所乘也。』案此，則王后無祭天之車明矣。又禮記郊特牲義贊云：『祭天無祼。鄭玄注云：唯人道宗廟有祼；天地大神，至尊不祼。圜丘之祭，與宗廟不同。朝踐，王酌泛齊以獻，是一獻。后無祭天之事，大宗伯次酌醴齊以獻，是爲二獻。』案此，則祭圜丘，大宗伯次王爲獻，非攝王后之事。欽明等所執王后有故不預，則宗伯攝薦豆籩，更明攝王后宗廟之薦，非攝天地之祀明矣。欽明建議引禮記祭統曰『夫祭也者，必夫婦親之』。案此，是王與后祭宗廟之禮，非關祀天地之義。案漢、魏、晉、宋、後魏、齊、梁、周、陳、隋等歷代史籍，與王令主，郊天祀地，代有其禮，史不闕書，並不見往代皇后助祭之事。又高祖神堯皇帝、太宗文武聖皇帝南郊祀天，無皇后助祭處。高宗天皇大帝永徽二年十一月辛酉親有事于南郊，又總章元年十二月丁卯親拜南郊，亦並無皇后助祭處。又案大唐禮，亦無皇后助祭南郊之禮。欽緒等幸忝禮官，親承聖問，竭盡聞見，不敢依隨。伏以主上稽古，志遵舊典，所議助祭，實無明文。」時尚書左僕射韋巨源又希旨，協同欽明之議。上納其言，竟以后爲亞獻，仍補大臣李嶠等女爲齋娘，以執籩豆。及禮畢，特詔齋娘有夫壻者，咸爲改官。景雲初，侍御史倪若水劾奏欽明及郭山惲曰：「欽明等本是腐儒，素無操行，崇班列爵，實爲叨忝，而涓塵莫效，諂佞爲能。遂使曲臺之禮，圜丘之制，百王故事，一朝墜失。所謂亂常改作，希旨病君，人之不才，遂至於此。今聖朝馭曆，賢良入用，唯兹小人，猶在朝列。臣請並從黜放，以肅周行。」於是左授欽明饒州刺史。

唐書祝欽明傳：欽明與國子司業郭山惲陰迎韋后意，謬立議。帝雖不睿，猶疑之，召禮官質問。時左僕射韋巨源助后揣掣帝，奪政事，即傅欽明議，帝果用其言，以皇后爲亞獻。

通典：欽明又請以安樂公主爲終獻。唐紹、蔣欽緒固爭，乃止。

蕙田案：皇后助祭南郊，固非典禮。然其端起于合祭也，天地既已同牢，夫婦何妨並薦？殉葬之禍，由于作俑，信然。唐紹、蔣欽緒奮然爭之，考證確實，辨駁明暢，洵爲快矣。然卒不行，邪見之難黜如是。欽明諂媚，究歸黜放，宜哉！

舊唐書音樂志：景龍三年中宗親祀昊天上帝樂章十首：

降神用豫和　天之曆數歸睿唐，顧唯菲德欽昊蒼。選吉日兮表殷薦，冀神鑒兮降閶陽。

皇帝行用太和圜鐘宮。　恭臨寶位，肅奉瑶圖。恒思解網，每軫泣辜。德慚巢燧，化劣唐虞。期我良弼，式贊嘉謨。

告謝圜鐘宮。　得一流玄澤，通三御紫宸。遠叶千齡運，遐銷九域塵。絶瑞駢闐集，殊祥絡繹臻。年登慶西畝，稔歲賀盈囷。

登歌用肅和無射均之林鐘羽。　悠哉廣覆，大矣曲成。九玄著象，七曜甄明。珪璧是奠，醞酎斯盈。作樂崇德，爰暢咸英。

迎俎用雍和圜鐘均之黄鐘羽。　郊壇展敬，嚴配因心。孤竹簫管，空桑瑟琴。肅穆大禮，鏗鏘八音。恭惟上帝，希降靈歆。

酌獻用福和圜鐘宮。　九成爰奏，三獻式陳。欽承景福，恭託明禋。

中宫助祭昇壇用函鐘宮。　坤元光至德，柔訓闡皇風。芣苡芳聲遠，螽斯美化隆。叡範超千載，嘉猷備六宮。肅恭陪盛典，欽若薦禋宗。

亞獻用函鐘宮。　三靈降饗，三后配神。虔敷藻奠，敬展郊禋。

送文舞出，迎武舞入，用舒和圜鐘均之中吕商。　已陳粢盛敷嚴祀，更奏笙鏞協雅聲。璇圖寶曆欣寧謐，宴俗淳風樂太平。

武舞作用凱安圜鐘均之無射徵。堂堂聖祖興，赫赫昌基泰。戎車盟津偃，玉帛塗山會。舜日啓祥輝，堯雲卷征旆。風猷被有截，聲教覃無外。

通典：景雲元年十一月十三日乙丑冬至，祀圜丘。時陰陽人盧雅、侯藝等奏，請促冬至，就十二日甲子以爲吉會。右臺侍御史唐紹奏曰：「禮所以冬至祭圜丘于南郊，夏至祭方澤于北郊者，以其日行躔次，極於南北之際也。日北極當晷度循半，日南極當晷度環周。是日一陽爻生，爲天地交際之始。故易曰：『復，其見天地之心乎！』即冬至卦象也。一歲之内，吉莫大焉。甲子但爲六旬之首，一年之内，隔月常遇，既非大會，晷運未周，唯總六甲之辰，助四時而成歲。今欲避環周以取甲子〔一〕，是背大吉而就小吉也。」竟依紹議。

蕙田案：此「郊」，新、舊唐書本紀俱不載。馬氏通考亦不數。考舊書志，即叙景龍三年之下，而十二甲子、十三乙丑，與通典合。是則當爲杜氏之誤，然杜述本朝事，何至析一爲二，姑存之而闕其疑。

〔一〕「環周」，諸本作「圜丘」，據舊唐書禮儀志一改。

唐書睿宗本紀：先天元年正月辛巳，有事于南郊。己丑，大赦，改元曰太極。舊書作景雲三年。

通典：太極元年正月，初將有事于南郊。時有司議，唯祭昊天上帝而不設皇地祇位。諫議大夫賈曾上表：謹案禮祭法曰：「有虞氏禘黄帝而郊嚳。」大傳曰：「大祭曰禘。」然則郊之與廟，俱有禘名。禘廟，則祖宗之主俱合於太祖之廟；禘郊，則地祇群望俱合於圜丘，以始祖配享。皆有事而大祭，異於常祀之義。三輔故事：漢祭圜丘儀，上帝位正南面，后土位亦南面而少東。又東觀漢記云：「光武於洛陽城南爲圜壇，天地位其上，皆南面，西上。」案兩漢時自有后土及北郊祀，而此已於圜丘設地位，明是禘祭之儀。今之南郊，正當禘禮，固宜合配天地，咸秩百神，請備設皇地祇并從祀等座，則禮得稽古，義合緣情。時又將親享北郊，竟寢曾表。

蕙田案：此條新、舊唐書詳略懸殊，唯通典爲適中，故存此去彼。

唐書賈曾傳：天子親郊，有司議不設皇地祇位，曾請合享天地如古制，并從祀等座。睿宗詔宰相禮官議，皆如曾請。

蕙田案：是年正月南郊，改元太極。五月北郊，又改元延和。舊書作景雲三年，新書又作先天元年。一年四號，自古無之。又案通典言「寢曾表」，是不合祭也。新書此傳言「如曾請」，又似改爲合祭矣。然此年五月戊寅，有事北郊。新書禮樂志又云：「是時睿宗將祭地于北郊，故曾之議寢。」據此是賈傳誤也。

五禮通考卷十

吉禮十

圜丘祀天

唐郊禮

唐書張九齡傳：玄宗即位，未郊見，九齡建言：「天，百神之君，王者所由受命也。自古繼統之主，必有郊配，蓋敬天命，報所受也。不以德澤未洽、年穀未登而闕其禮。昔者周公郊祀后稷以配天，謂成王幼沖，周公居攝，猶用其禮，明不可廢也。漢丞相匡衡曰：『帝王之事，莫重乎郊祀。』董仲舒亦言：『不郊而祭山川，失祭之序，逆於禮，故春秋非之。』臣謂衡、仲舒古之知禮，皆以郊之祭所宜先也。陛下紹休聖緒，于今五載，而未行大報，考之于經，義或未通。今百穀嘉生，鳥獸咸若，夷狄内附，兵革用弭，乃怠于事天，恐不可以訓。願以迎日之至，升紫壇，陳采席，定天位，則聖典無遺矣。」

蕙田案：本文明云：「紹休聖緒，于今五載。」是非五年，即四年。通考作「三年」，或是「五」字之誤。

册府元龜：開元十一年九月癸未，制宜以迎日之至，允備郊天之禮，所司詳擇舊典以聞。

唐書玄宗本紀：開元十一年十一月戊寅，有事于南郊，大赦。

通典：開元十一年十一月，親享圜丘。中書令張説爲禮儀使，衛尉少卿韋縚爲副。説建請以高祖配祭，始罷三祖同配之禮。

舊唐書音樂志：開元十一年，玄宗祀昊天于圜丘，樂章十一首：「一」，恐當作「四」。

降神用豫和 圜鐘宮三成，黄鐘角一成，太蔟徵一成，姑洗羽一成，已上六變詞同。 至矣丕搆，蒸哉太平。授犧膺籙，復禹繼明。草木仁化，鳧鷖頌聲。祀宗陳德，無媿斯誠。

迎神用歆和 崇禋已備，粢盛聿修。潔誠斯展，鐘石方遒。

皇祖光皇帝室酌獻用長發。黃鐘宮。詞同貞觀長發。太祖景皇帝室酌獻用大基。太簇宮。詞同貞觀大基。代祖元皇帝室酌獻用大成。姑洗宮。詞同貞觀大成。高祖神堯皇帝室酌獻用大明。蕤賓宮。詞同貞觀大明。太宗文武聖皇帝室酌獻用崇德〔一〕。夷則宮。詞同貞觀崇德。高宗天皇大帝室酌獻用鈞天。黃鐘宮。詞同光宅鈞天。懿宗孝敬皇帝室酌獻用承和。黃鐘宮。金相載穆，玉裕重暉。養德清禁，承光紫微。乾宮候色，震象增威。監國方永，賓天不歸。孝友自衷，溫文性與。龍樓正啓，鶴駕斯舉。丹扆流念，鴻名式序。中興考室，永陳彝俎。

皇帝飲福用延和黃鐘宮。巍巍累聖，穆穆重光。奄有區夏，祚啓隆唐。百蠻飲澤，萬國來王。本枝億載，鼎祚逾長。

皇帝行用大和　郊壇齊帝，禮樂祀天。丹青寰宇，宮徵山川。神祇畢降，行止重旋。融融穆穆，納祉洪延。

登歌奠玉用肅和　止奏潛聆，登儀宿轉。大玉躬奉，參鐘首奠。簠簋聿昇，犧

〔一〕「太宗」，諸本作「太祖」，據舊唐書音樂志三改。

牲遞薦。昭事顒若，存存以俔。

迎俎入用雍和　爛雲普洽，律風無外。千品其凝，九賓斯會。禋樽晉燭，純犧滌汰。玄覆攸廣，鴻休汪濊。

皇帝酌獻天神用壽和　六變爰闋，八階載虔。祐我皇祚，于萬斯年。

酌獻配座用壽和　於赫聖祖，龍飛晉陽。底定萬國，奄有四方。功格上下，道冠農黄。郊天配享，德合無疆。

飲福酒用壽和　崇崇太畤，肅肅嚴禋。粢盛既潔，金石畢陳。上帝來享，介福爰臻。受釐合福，寶祚惟新。

送文舞出，迎武舞入，用舒和　祝史正辭，人神慶叶。福以德昭，孚以誠接。六藝云備，百禮斯浹。祀事孔明，祚流萬葉。

武舞用凱安　馨香惟后德，明命光天保。肅和崇聖靈，陳信表黄道。玉鏚初蹈厲，金匏既靜好。

禮畢送神用豫和　大號成命，思文配天。神光肸蠁，龍駕言旋。眇眇閶闔，昭昭上玄。俾昌而大，于萬斯年。

皇帝還大次用太和　六成既闋，三薦云終。神心具醉，聖敬愈崇。受釐皇邸，迴蹕帷宮。穰穰之福，永永無窮。

舊唐書玄宗本紀：開元二十年九月乙巳，中書令蕭嵩等奏上開元新禮。

禮儀志：開元二十年，蕭嵩爲中書令，改撰新禮。祀天一歲有四。冬至，祀昊天上帝于圜丘，高祖神堯皇帝配，中官加爲一百五十九座，外官減爲一百四座。其昊天上帝及配帝二座，每座籩、豆十二，簠、簋、甄、俎各一。上帝則太樽、著樽、犧樽、象樽、壺樽各二，山罍六。配帝則不設太樽及壺樽，減山罍之四，餘同上帝。五方帝座則籩、豆各十，簠、簋、甄、俎各一，太樽二。大明、夜明，籩、豆各八，餘同五方帝。內官每座籩、豆二，簋、俎各一。內官以上設樽于十二陛之間。內官每道間著樽二，中官犧樽二，外官著樽二，衆星壺樽二。正月上辛，祈穀，祀昊天上帝于圜丘，以高祖配。孟夏，雩祀昊天上帝于圜丘，以太宗配。季秋，大享于明堂，祀昊天上帝，以睿宗配。案：祈穀、雩祀、明堂見本條下。

蕙田案：唐書禮樂志稱「蕭嵩等撰定開元禮，雖未能合古，而天神之位別矣」，「至二十年，蕭嵩等定禮，而祖宗之配定矣」，豈不信哉！自漢以後，千餘年間，爲注家所惑。郊、丘天帝配位，乖舛互異，至不可究詰。即貞觀定禮以後，而乾封之祀感帝，垂拱之三帝並祀，不旋踵而襲謬。至開元禮成，而大典秩如矣。後世雖時有損益，然大綱率不外此，是古今五禮一大關鍵也。

通典開元禮纂類：凡祀昊天上帝及配座，用蒼犢各一，五方上帝、五人帝各用方色犢一，大明青犢一，夜明白犢一。若冬至祀圜丘，加羊九、豕九。凡肉皆實俎，其牲皆升右胖，體十一。前節三：肩、臂、臑。後節二：肫、胳。正脊一，脡脊一，橫脊一，長脅一，短脅一，代脅一，皆二骨以並。脊從首爲正，脅旁中爲正。凡供别祭用太牢者，犢一，羊一，豬一，酒二斗，脯一段，醢四合。若供少牢，去犢，減酒一斗。郊廟罇罍，五齊三酒，並見本儀中。○凡用籩、豆各十二。籩實以石鹽、乾魚、乾棗、栗黃、榛子人、菱人、芡人、鹿脯、白餅、黑餅、糗餌、粉餈。豆實以韭菹、醓醢、菁菹、鹿醢、芹菹、兔醢、筍菹、魚醢、脾析菹、豚拍、飴食、糝食。　用簠、簋各二。簠實黍稷飯，簋實稻粱飯。○㽅，實大羹。鉶，實肉羹。

皇帝冬日至祀圜丘儀。正月上辛，祈穀。孟夏，雩祀及攝事並附。

卜日于太廟南門之外

將卜前一日，以右校掃除太廟南門之外。守宮設太常卿以下次于門外之東，皆西向。其日平明，太卜令、卜正、占者俱就次，各服公服。守宮布卜席于闑西閾外，西向。謁者告事具。謁者引太常卿升立于門東，西面；贊引引太卜令、卜正、占者門西，東面。卜正先抱龜奠于席上，西首，灼龜之具奠于龜北。執龜立于席東，北面。太卜令進受龜，詣太常卿前示高。太常卿受視訖，太卜令受龜，少退俟。太常卿曰：「皇帝來日某，祗祀于某，尚饗。」太卜令曰：「諾。」遂述命。還即席，西面坐，命龜曰：「假爾太龜有常。」興，授卜正龜，負東扉。卜正坐，作龜訖，興。太卜令進受龜，示太常卿。卿受視，反之。太卜令退復位，東面，與衆占之，訖，不釋龜，進告于太常卿：「占曰某日從。」授卜正龜。謁者進太常卿之左，白：「禮畢。」謁者引太常卿以下還次。卜者徹龜，守宮徹席以退〔一〕。若上旬不吉卜中旬，中旬不吉卜下旬，皆如初禮。若卜吉日及非大事，皆太卜令莅卜，卜正、占者視高，命龜，作龜。

齋戒

前祀七日，皇帝散齋四日于別殿；致齋三日，其二日于太極殿，一日于行宮。前

〔一〕「退」，諸本作「進」，據通典卷一〇六改。

致齋一日，尚舍奉御設御幄于太極殿西序及室内，俱東向；尚舍直長張帷于前楹下。致齋之日，質明，諸衛勒所部屯門列仗。晝漏上水一刻，侍中板奏：「請中嚴。」諸衛之屬各督其隊，入陳于殿庭，如常儀。通事舍人引文武五品以上，袴褶陪位如式。諸侍衛之官，各服其器服，諸侍臣並結珮，凡齋者則結珮。俱詣閤奉迎。上水二刻，侍中板奏：「外辦。」上水三刻，皇帝服衮冕，上辛，服通天冠、絳紗袍。結珮，乘輿出自西房，曲直、華蓋、警蹕，侍衛如常儀。皇帝即御座，東向坐，侍臣夾侍如常。一刻頃，侍中前跪，奏稱：「侍中臣某言，請降就齋室。」俛伏，興，還侍位。皇帝降座，入室。文武侍臣各還本司，直衛者如常。通事舍人分引陪位者以次出。凡應祀之官，散齋四日，致齋三日。散齋皆于正寢。致齋二日于本司，一日于祀所。其無本司者，皆于祀所焉。近侍之官應從升者及從祀群官、諸方客使，各于本司館清齋一宿。無本司，各于家正寢。諸祀官致齋之日，給酒食及明衣布，各習禮于齋所。攝事，無皇帝齋儀。上辛、雩祠同。光禄卿監取明水、火。太官令取水于陰鑑，取火于陽燧。火以供爨，水以實罇焉。前祀二日，太尉告高祖神堯皇帝廟，如常告之儀。告以配神作主，雩祀侑。孟夏，告太宗文武皇帝廟。前祀一日，諸衛令其屬未後一刻各以其器服守壝，每門二人，每隅一人。與大樂工人俱清齋一宿焉。

凡大祀，齋官皆前七日集尚書省，太尉誓曰：「某月日祀昊天上帝于圜丘，其誓各隨祭享祀事言之。各揚其職，不供其事，國有常刑。」散齋，理事如舊，夜宿止于家正寢，唯不弔喪問疾，不作樂，不判署刑殺文書，不行刑罰，不經穢惡。致齋，唯祀事得行，其餘悉斷。凡大祀之官，散齋四日，中祀三日，小祀二日。致齋，大祀三日，中祀二日，小祀一日。其致齋日，三公于都省安置，所司鋪設。其餘官，皇城內有本司者于本司，無者于太常、社郊、太廟、齋坊安置。皆日未出前到齋所。至祠前一日，各從齋所晝漏上水三刻向祀所。仍令平明清所行之路，道次不得見諸凶穢衰絰，絰過訖任行。其哭泣之聲聞于祭所者，權斷訖事。非應散齋者，惟清齋一宿于本司及祀所。凡大祀、中祀，接神齋官祀前一日皆沐浴，九品以上，皆官給明衣。齋郎升壇行事，亦權給潔服。應齋官所習禮臨時闕者，通攝行事。致齋之日，先不食公糧及無本司者，大官准品給食。祈告一日清齋者，設食亦如之。凡散齋有大功已上喪，致齋有周已上喪，並聽赴。即居緦麻已上喪者，不得行宗廟之祭。其在齋坊病者，聽還。死于齋所，同房不得行事也。

陳設

前祀三日，尚舍直長施大次于外壝東門之內道北，南面。攝事，守宮設祀官、公卿等次于東壝之外道南，北向，西上焉。尚舍奉御座，衛尉設文武侍臣次。上辛、雩祀，守宮設文武侍臣次焉。于大次之前，文官在左，武官在右，俱相向。上辛、雩祀，于大次之後，俱南向。設諸祀官次于東壝之外道南，從祀文官九品以上于祀官之東，東方、南方朝集使于文官之東，東方、南方蕃客又于其東，俱重行，每等異位，北向，西上。介公、酅公于西壝之外道南，武官九品以上于介公、酅公之西，西方、北方朝集使于武官之西，西方、北方蕃客又于其西，俱重行，每等異位，北向，東上。其褒聖侯若在朝位，于文官三品之下。攝事，無大次、褒聖等儀。上辛、雩祀同。設陳饌幔于内壝東門、西門之外道北，南向；北門之外道東，西向。壇上及東方、南方午陛之東，饌陳于東門外；西方及南方午陛之西，饌陳于西門外；北方之饌陳于北門外。上辛、雩祀，但有壝東方之外饌焉。前祀二日，大樂令設宮懸之樂于壇南内壝之外，東方、西方磬簴起北，鐘簴次之；南方、北方磬簴起西，鐘簴次之。設十二鎛鐘于編懸之間，各依辰位。樹雷鼓于北懸之内，道之左右。植建鼓于四隅。置柷敔于懸内。柷在左，敔在右。設歌鐘、歌磬于壇上近南，北向，磬簴在西，鐘簴在東。其匏竹者立于壇下，重行，北向，相對爲首。凡懸皆展而編之。諸工人各位于懸後，東方、西方以北爲上，南方、北方以西爲上。右校掃除壇之内外。郊社令積柴于燎壇，其壇于神壇之景地，内壝之外。方一丈，高丈二尺，開上南出户，方六尺。前祀一日，奉禮設御位于壇之東南，西向。設望燎位于柴壇之北，南向。設祀官、公卿位于内壝東門之外上辛、雩祀，則東門內。攝事亦然。道南。分獻之官于公卿之南，上辛、雩祀，無分獻位。以下皆然。執事者位于其後，每等異位，俱重行，西向，北上。設御史位于壇下，一位于東南，西向；一位于西南，東向。設奉禮位于樂懸東北，贊者二人在南，差退，俱西向。又設奉禮、贊者位于燎壇東北，西向，皆北上。設協律郎位于壇上南陛之西，東向。設太樂令位于北懸之間，當壇北向。設從祀文官九品以上位于執事之南，東方、南方朝集使于文官之南，東方、南方蕃客又于其南，俱每等異位，重行，西向，北上。介公、酅公位于中壝上辛、雩祀內壝。西門之內道南。武官九品以上位于介公、酅公之南，西方、北方朝集使于武官之南，西方、北方蕃客又于其南，俱每等異位，重行，東向，北上。其褒聖侯，于文官三品之下，諸州使人各分方位于朝集使之後。攝事，無褒聖已上至從祀位。又設祀官及從祀群官等門外位于東西壝門之外，如設次之式。設牲牓于東壝之外，當門西向。蒼牲一，又青牲一，在北，少退，南上。次赤牲一、黃牲一、白牲一、玄牲一，雩祀，五方色牲各一。又赤牲一、白牲一，上辛、雩祀，無日月牲。在南，皆少退，以北爲上。又設廩犧令位于牲西南，史陪其後，俱北面。設諸太祝位于牲東，各當牲後，祝史陪其後，俱西向。設太常卿省牲位于牲前，近北，又設御史位于太常卿之西，俱南向。設酒罇之位，上帝太罇二、犧罇二、山罍二，在壇上東南隅，北向。象罇二、壺罇二、山罍四，在壇下南陛之東，北向，俱西上。設配帝著罇二、犧罇二、象罇二、山罍二，在壇上于上帝酒罇之東，北向，西上。五帝、日月各太罇二，在第一等。上辛，則五帝各太罇二〔一〕、著罇二、犧罇二、罍一〔二〕，在第一等，神座之左而右向，無日月以下諸座。攝事亦然也。內官每陛間各象罇二，在第二等。中官每陛間各壺罇二，在第三等。外官每道間各概罇二〔三〕，在壇下。衆星每道間各散罇二，于內壝之外。凡罇各設于神座之左而右向。罇皆加勺、冪。五帝、日月以上，皆有坫以置爵。雩祀，無日月以下罇，其五帝太罇、犧罇各二、罍一，在第一等。五人帝犧罇各二，在第二等。五官象罇各二，在壇下。設御洗于午陛東南，亞獻、終獻同洗于卯陛之南，俱北向。攝儀但設洗午陛東南，北面。雩祀，設亞獻之洗于御東南，五官洗于罇西〔四〕。設分獻罍洗，罍水在洗東，篚在洗西，南肆。篚實以巾、爵。篚冪各于其方陛道之左，俱內向。執罇、罍、篚、冪

〔一〕「二」，諸本作「一」，據通典卷一〇九改。
〔二〕「一」，諸本作「二」，據通典卷一〇九改。
〔三〕「道」，諸本作「階」，據通典卷一〇九改。
〔四〕「西」，諸本脱，據通典卷一〇九補。

者，各于罇、罍、篚、冪之後。設玉幣之篚于壇上下罇坫之所。祀前一日，晡後，上辛、雩祀，皆祀日未明五刻焉。太史令、郊社令各常服，帥其屬升，設昊天上帝神座于壇上北方，南向，席以藁秸。設高祖神堯皇帝神座雩祀，則設太宗文武聖皇帝神座焉。于東方，西向，席以莞。設五方帝、日月神座于壇第一等，青帝于東陛之北，赤帝于南陛之東，黄帝于南陛之西，白帝于西陛之南，黑帝于北陛之西，雩祀，又設五人帝座于第二等，如五方之陛位。又設五官座于壇下東南，西向，北上。無日月以下諸星位。大明于東陛之南，上辛，並無大明以下位矣。夜明于西陛之北，席皆以藁秸。又設五星、十二辰、河漢及内官五十五座于第二等十有二陛之間，各依方面，凡座皆内向。其内官有北辰座于東陛之北，曜魄寶于北陛之西，北斗于南陛之東，天一、太一皆在北斗之東，五帝内座于曜魄寶之東，並差在行位前。又設二十八宿及中官百五十九座于第三等，其二十八宿及帝座、七公、日星、帝座、大角、攝提、太微、太子、明堂、軒轅、三台、五車、諸王、月星、織女、建星、天紀等十七座，並差在行位前。又設外官百五座于内壝之内，又設衆星三百六十座于内壝之外，各依方次十有二道之間，席皆以莞。設神位各于座首。所司陳異寶及嘉瑞等于樂懸之北東、西廂。昊天上帝及配帝、五方帝、五星、日月之座設訖，却收，至祀日未明五刻，郊社令、太史令各服其服，升壇重設之。其内官、中官、外官、衆星等諸座，一設定不收也。

省牲器

省牲之日，午後十刻，去壇二百步所，享明堂則于明堂所，廟享則于廟所，皆二百步所焉。諸衛之屬禁斷行人。廟享則太令整拂神幄焉。及齋郎以罇、坫、篚、冪入設于位。廟享則籩、豆、簋、鉶皆設位，加以巾蓋。諸器物皆濯而陳之。升壇者各由其陛，升廟堂者升自東陛焉。晡後二刻，郊社令、丞帥府史三人、諸儀二人，享廟則太廟令帥府史也。晡後三刻，謁者、贊引各引祀官、公卿以下俱就東壝門外位，廟享則無壝外公卿位焉。諸太祝與廩犧令以牲就牓位。謁者引司空，諸儀並引太常卿也。贊引引御史入詣壇東陛，升，行掃除于上；降，行樂懸于下；訖，出還本位。初，司空將升，又謁者引太常卿，贊引引御史入詣壇東陛，升，視滌濯，于視濯溉〔一〕，執罇者皆舉冪告潔。廟享升東階。訖，引降就省牲位，南向立。廩犧令少前，曰：「請省牲。」退，復位。太常卿省牲。廩犧令又前，舉手曰：「腯。」還本位。諸太祝各循牲一帀，四向。疑當作「西向」。舉手曰：「充。」俱還本位。諸太祝與廩犧令以

〔一〕「溉」，諸本脱，據通典卷一〇九補。

次牽牲詣厨，授太官。謁者引光禄卿詣厨，省鼎鑊，申視濯溉。謁者、贊引各引祝官、御史廟享但引御史。省眎饌具，俱還齋所。享廟則進饌者入，徹籩、豆、簠、簋、鉶、甑以出而已。

祀日，未明十五刻〔一〕，大官令率宰人以鸞刀割牲，祝史以豆取毛血，各置于饌所，遂烹牲。廟享，毛血每座共實一豆。祝史洗肝于鬱鬯。又取膟膋，每座各實一豆。俱置饌所。膟膋，腸間脂也。

鑾駕出宫

前出宫三日，本司宣攝内外，各供其職。尚舍設行宫于壇東，南向，隨地之宜。守宫設從祀官五品以上次于承天門外東西朝堂，如常儀。前二日，太樂令設宫懸之樂于殿庭，如常儀。駕出，懸而不作。其日，晝漏上水五刻，鑾駕發引。發引前七刻，搥一鼓，爲一嚴。三嚴時節，前一日侍中奏裁也。侍中奏，開宫殿門及城門。未明五刻，搥二鼓，爲再嚴。侍中版奏：「請中嚴。」奉禮郎設從祀群官五品以上位，文官于東朝堂之前，西向，武官于西朝堂之前，東向，俱重行，北上。從祀群官五品以上依時刻俱集朝

〔一〕「十五刻」，諸本脱「十」字，據通典卷一〇九補。

堂次，各服其服。其六品以下及介公、酅公、褒聖侯、朝集使、諸方客使等，並駕出之日便赴祀所。所司陳大駕鹵簿于朝堂。發前二刻，搥三鼓，爲三嚴。諸衛之屬各督其隊與鈒戟，以次入陳于殿庭。通事舍人引從祀群官各就朝堂前位。諸侍衛之官各服其器服。侍中、中書令已下，俱詣西階奉迎。侍中負寶如式。乘黄令進玉輅于太極殿西階之前，南向。千牛將軍一人執長刀立于輅前，北向。黄門侍郎一人在侍臣之前，贊者二人在黄門之前。侍中版奏：「外辦。」太僕卿攝衣而升，正立執轡。皇帝服衮冕，上辛，服通天冠、絳紗袍也。乘輿以出，降自西階，稱警蹕如常。千牛將軍執轡，皇帝升輅，太僕卿立授綏，侍中、中書令已下夾侍如常。黄門侍郎進，當鑾駕前跪，奏稱：「黄門侍郎臣某言，請鑾駕進發。」俛伏，興，退，還位。凡黄門侍郎奏請，皆進鑾駕前，跪，奏稱：「具官臣某言。」訖，俛伏，興。鑾駕動，又稱警蹕，黄門侍郎與贊者夾引以出，千牛將軍夾路而趨。駕出承天門，至侍臣上馬所，黄門侍郎退稱：「侍臣上馬。」贊者承傳，文武侍臣皆上馬。諸侍衛之官各督其屬，左右翊駕，在黄麾内。符寶郎奉六寶與殿中監後部從，在黄鉞内。侍中、中書令已下夾侍于輅前，贊者在供奉官人内。侍臣上馬畢，黄門侍郎奏稱：「請敕車右升。」侍中前承制，退稱：「制曰可。」黄門侍郎退，復位。千牛將軍升，訖，黄門侍郎奏稱：「請鑾駕進發。」退，復位。鑾駕動，稱警蹕，鼓傳音如常。不鳴鼓吹，不得諠譁。其從祀之官在玄武隊後，如常儀。駕將至，諸祀官俱朝服結佩，謁者引立于次前，重行，北向，西上。駕至行宮南門外，迴輅南向。將軍降，立于輅右。侍中進，當鑾駕前跪，奏稱：「侍中臣某言，請降輅。」俛伏，興，還侍位。皇帝降輅，乘轝入行宮，繖扇、華蓋、侍衛、警蹕如常儀，宿衛如式。謁者、贊引各引祀官，通事舍人分引文武群官，集行宮朝堂，文左武右，舍人承旨，敕群官等各還次。

奠玉帛

祀日，未明三刻，諸祀官及從祀之官各服其服。郊社令、良醞令各帥其屬入實罇、罍、玉、幣。凡六罇之次，太罇爲上，實以泛齊；著罇次之，實以醴齊；犧罇次之，實以盎齊；象罇次之，實以醍齊；壺罇次之，實以沈齊；山罍爲下，實以清酒。配帝，著罇爲上，實以汎齊；犧罇次之，實以醴齊；象罇次之，實以盎齊；山罍爲下，實以清酒。五帝、日月，俱以太罇，實以汎齊，其內官之象罇實以醍齊，中官之壺罇實以沈齊，外官之概罇實以清酒，衆星之散罇實以昔酒。齊皆加明水，酒皆加玄酒，各實于上罇。玉，上帝以蒼璧，青帝以青珪，赤帝以赤璋，白帝以騶虞，黑帝以玄璜，黄帝以黄琮，日月以珪璧。昊天上帝及配帝之幣以蒼，天帝、日月、内官以下各從方色。各長丈八尺。上辛，則五方帝各太罇爲上，實以汎齊；著罇次之，實以醴齊；犧罇次之，實以盎齊。其用玉，昊天上帝以四珪有邸，餘同，無日月以下罇。雩祀同圜丘，又有五人帝之幣，亦放其方也。太祝以玉幣置于篚。太官令帥進饌者實諸籩、豆、簠、簋等，各設于饌幔内。未明二刻，奉禮帥贊者先入就位。贊引引御史、博士、諸太祝及令史與執罇、罍、篚、冪者，入自東壝門，當壇南，重行，北面上。凡引導者，每曲一逡巡也。立定，奉禮曰：「再拜。」贊者承傳，凡奉禮有詞，贊者皆承傳。御史以下皆再拜。訖，執罇、罍、篚、冪者各就位。贊引引御史、諸太祝詣壇東陛，御史一人、太祝二人升，行掃除于上，及第一等，御史一人、太祝七人升，行掃除于下。上辛、雩祀，贊引引御史、諸太祝掃除于上，令史、祝史掃除于下。訖，各引就位。未明一刻，謁者、贊引各引祀官及從祀群官、客使等俱就門外位。攝儀無從祀群官、客使，上辛、雩祀同。太樂令帥工人、二舞次入就位，文舞入陳于懸内，武舞立于懸南道西。其升壇者皆脱履于下，降納如常焉。謁者引司空入就位，立定，奉禮曰：「再拜。」司空再拜，訖，謁者引司空詣壇東陛，升，行掃除于上，降，行樂懸于下。訖，引復位。謁者、贊者各引祀官及從祀群官、客使等次入就位。初，未明三刻，諸衛列大駕仗衛，陳設如式。侍中版奏：「請中嚴。」乘黄令進玉輅于行宫南門外，迴輅南向。若行宫去壇稍遠，嚴警如式焉。未明一刻，侍中版奏：「外辦。」皇帝服衮冕，乘輿以出，繖扇、華蓋、侍衛如常儀。侍中負寶，陪從如式。皇帝升輅如初。黄門侍郎奏：「請鑾駕進發。」還侍立。鑾駕動，稱警蹕如常，千牛將軍夾路而趍。若行宫去壇稍遠，奏升輅如式。駕至大次門外，迴輅南向。若將軍升輅，即降立于輅右焉。侍中進，當鑾駕前，奏稱：「侍中臣某言，請降輅。」俛伏，興，還侍立。皇帝降輅，乘輿之大次，繖扇、華蓋、侍衛如常儀。郊社令以祝版進，御署訖，近臣奉出，郊社令各受奠于坫。皇帝停大次半刻頃，通事舍人各引從祀文武群官，介公、酅公、諸方客使皆先入就位。太常博士引太常卿立于大次門外，當門北向，侍中版奏：「外辦。」質明，皇帝改服大裘而冕，上辛、雩祀，蓋服衮冕。出次，華蓋、侍衛如常儀。侍中負寶，陪從如式。博士引太常卿，太常引皇帝，凡太常卿前導，皆博士先引焉。至中壝門外，上辛、雩祀内壝。殿中監進大珪，尚衣奉御又以鎮圭授殿中監，殿中監授，進。皇帝搢大珪，執鎮圭，華蓋仗衛停于門外，禮部尚書與近侍者陪從如常儀。大珪如搢不便，請立定，近侍承奉焉。皇帝至版位，西向立。每立定，太常卿與博士退立于左。太常卿前奏稱：「請再拜。」退，復位。皇帝再拜。攝事，無「未明三刻」下至此再拜儀。上辛、雩祀同。奉禮曰：「衆官再拜。」衆官在位者皆再拜。其先拜者不拜。太常卿前奏：攝，則謁者進太尉之左白。上辛、雩祀同焉。「有司謹具，請行事。」退，復位。協律郎跪，俛伏，舉麾，凡取物者皆跪，俛伏而取以興；奠物則跪奠，訖，俛伏而後興。他放此。鼓柷，奏元國諱改焉。和之樂。乃以圜鐘爲宮，黄鐘爲角，太蔟爲徵，姑洗爲羽，作文武之舞樂，舞六成，圜鐘三奏，黄鐘、太蔟、姑洗各一奏也。偃麾，戛敔，樂止。凡樂，皆協律郎舉麾，工鼓柷而後作。偃麾、戛敔而後止焉。太常卿前奏稱：「再拜。」退，復位。皇帝再拜。攝事，無太常卿至皇帝拜。上辛、雩祀同也。奉禮曰：「衆官再拜。」衆官在位者皆再拜。正座、配座太祝跪取玉幣于篚，各立于罇所，諸太祝俱取玉及幣，亦各立于罇所。太常卿引皇帝，太和之樂作，皇帝每行，皆作太和之樂。攝則謁者引太尉，已下皆謁者引太尉。太和樂，上辛、雩祀同。皇帝詣壇，升自南陛，侍中、中書令以下及左右侍衛量人從升。以下皆如之。皇帝升壇，北向立，攝則太尉升南陛，北向立。樂止。正座太祝加玉于幣以授侍中，侍中奉玉幣東向進，皇帝搢鎮珪，受玉幣。凡受物，皆搢鎮珪，跪奠，訖，執珪，俛伏，興。太尉則搢笏。登歌，作肅和之樂，以大吕之均。太常卿引皇帝進，北向跪，奠于昊天上帝神座，俛伏，興。太常卿引皇帝立于西方，東向。配座太祝以幣授侍中，侍中奉幣北向進。攝則太祝授太尉，太尉奉玉幣進奠。皇帝受幣，太常卿引進高祖神堯皇帝神座，雩祀，則太宗座。俛伏，興。太常卿引皇帝少退，東向，再拜，訖，登歌止。太常卿引皇帝，樂作，皇帝降自南陛，還版位，西向立，樂止。攝則太尉行，還立無樂也。初，皇帝將奠配帝之幣，謁者七人各分引獻官奉玉幣俱進，跪奠于第一等神座，上辛，則謁者五人，各分引獻官，奉玉幣奠五方帝座。攝事同。雩祀，五人帝、五官相次而畢。餘星座之幣，謁者、贊引各引獻官進奠于首座，餘皆祝史齋郎助奠。訖，引還復位。攝，則太尉奠配座，諸太祝及諸獻官各奉玉幣進于神座，訖，還罇所。上辛，無星以下座也。初，衆官拜訖，祝史各奉毛血之豆，立于門外。登歌止，祝史奉毛血入，各由其陛升，諸太祝迎取于壇上，俱進奠于神座，諸太祝與祝史退立于罇所。

進熟

皇帝既升，攝則太尉升。上辛、雩祀同。奠玉幣，太官令出，帥進饌者奉饌，各陳于壝門外。謁者引司徒出詣饌所，司徒奉昊天上帝之俎。初，皇帝既至位，樂止，太官令引饌入。攝事則于太祝奠毛血，其太官引饌入。上辛、雩祀同。俎初入門，奏雍和之樂，以黃鍾之均。自後接神之樂，皆奏黃鍾。饌各至其陛，樂止。祝史俱進，徹毛血之豆，降自東陛以出。上帝之饌升自午陛，配帝之饌升自卯陛，青帝之饌升自寅陛，赤帝之饌升自巳陛，黃帝之饌升自未陛，白帝之饌升自酉陛，黑帝之饌升自子陛，大明之饌升自辰陛，夜明之饌升自戌陛，其內官、中官諸饌，各隨便而升。上辛，無大明以下饌。攝事同。雩祀、五人帝饌，各由其陛升。諸太祝迎引于壇上，各設于神座前。籩、豆、蓋、冪，先徹乃升。簠、簋既奠，却其蓋于下也。設訖，謁者引司徒、太官令帥進饌者，俱降自東陛以出，司徒復位，諸太祝各還罇所。又進設外官、衆星之饌，相次而畢。上辛，無外官以下饌。雩祀，又進設五官饌，並無衆星饌也。初，壇上設饌訖，太常卿引皇帝詣罍洗，攝則謁者引太尉詣罍洗。上辛、雩祀同也。樂作。皇帝至罍洗，樂止。侍中跪取匜，興，沃水。又侍中跪取盤，興〔一〕，承水。皇帝盥手。黄門侍郎跪取巾于篚，興，進，皇帝帨手訖，黄門侍郎受巾，跪奠于篚。黄門侍郎又取匏爵于篚，興，進，皇帝受爵。侍中酌罍水，又侍中奉盤，皇帝洗爵，黄門侍郎又授巾，皆如初。皇帝拭爵訖，侍中奠盤匜，黄門侍郎受巾奠于篚，皆如常。太常卿引皇帝，樂作；皇帝詣壇，升自南陛，訖，樂止。攝則太尉洗拭匏爵，無樂作以下儀。謁者引司徒，升自東陛，立于罇所。齋郎奉俎從其後。太常卿引皇帝詣上帝罇所，執罇者舉冪，侍中贊酌汎齊，訖，壽和之樂作。皇帝每酌獻及飲福，皆作壽和之樂。攝則謁者引太尉升自南陛，詣上帝罇所，執事者舉冪，太尉酌汎齊，訖，樂作。太常卿引皇帝進昊天上帝神座前，北向跪，奠爵，興，太常卿引皇帝少退，北向立，樂止。攝儀皆謁者引太尉。太祝持版進于神座之右，東向跪，讀祝文：「維某

〔一〕「興」，諸本作「盥」，據通典卷一〇九改。

年歲次月朔日，子嗣天子臣某，敢昭告于昊天上帝：攝則云：「天子某，謹遣太尉封某臣名，敢昭告于昊天上帝。」上辛、雩祀同。大明南至，長晷初升，萬物權輿，六氣資始，式遵彝典，慎修禮物，上辛云：「維神化育群生，財成庶品，雲雨作施，普博無私，爰因啓蟄，式遵農事。」雩祀云：「爰茲孟夏，龍見紀辰，方資長育，式遵常禮，敬以玉帛犧牲，粢盛庶品，恭致燔祀，表其寅肅。」敬以玉帛犧齊，粢盛庶品，備茲禋燎，祗薦潔誠，高祖神堯皇帝配神作主。」凡攝事祀版，應御署訖，皇帝北向再拜，侍臣奉版，郊社令受，遂奉出。皇帝再拜。攝則太尉再拜。初，讀祝文訖，樂作。太祝進，跪，奠版于神座，興，還罇所，皇帝拜訖，樂止。太常卿引皇帝詣配帝酒罇所，執罇者舉冪，侍中取爵于坫，進，皇帝受爵，侍中贊酌汎齊，訖，樂作。太常卿引皇帝進高祖神堯皇帝神座，雩祀，太宗。東向跪，奠爵，俛伏，興，太常卿引皇帝少退，東向立，樂止。上辛，又謁者五人，各引五方上帝太祝，皆取爵于坫，酌汎齊，各進奠于神座，訖，還罇所。雩祀同。太祝持版進于神座之左，北向跪，讀祝文曰：「維某年歲次月朔日，子孝曾孫開元神武皇帝臣某，攝則云：「皇帝臣某，謹遣太尉封臣某。」敢昭告于高祖神堯皇帝：履長伊始，肅事郊禋，用致燔祀于昊天上帝。伏惟慶流長發，德冠思文，對越昭升，永言配命，上辛云：「時惟孟春，敬祈嘉穀，用致禋祀昊天上帝。伏惟高祖，睿哲徇齊，欽明昭格，祭祀之禮，肅奉舊章。」雩祀云：「時惟正陽，式遵恒典，伏惟道叶乾元，德施品物，永言配命，對越昭升。」謹以致幣犧齊，粢盛庶品，式陳明薦，侑神作主，尚饗。」訖，興。皇帝再拜。初，讀祝文訖，樂作。太祝進，跪，奠版于神座，興，還罇所，皇帝再拜訖，樂止。太常卿引皇帝進昊天上帝神座前，北向立，樂作。太祝各以爵酌上罇福酒，合置一爵，太祝持爵授侍中，侍中受爵西向進，皇帝再拜，受爵，跪，祭酒，啐酒，奠爵，俛伏，興。太祝各率齋郎進俎。太祝減神前胙肉皆取前脚第二骨也。加于俎，以胙肉共置一俎上，太祝持俎以授司徒，司徒奉俎西向進，攝則言授。皇帝受以授左右，攝則太尉以授齋郎。謁者引司徒降，復位。皇帝跪，取爵，遂飲，卒爵。侍中進受爵以授太祝，太祝受爵，復于坫。皇帝俛伏，興，再拜，樂止。太常卿引皇帝，樂作。皇帝降自南階，還版位，西向立，樂止。文舞退，鼓柷，作舒和之樂。退訖，戛敔，樂止。武舞入，鼓柷，作舒和之樂，立定，戛敔，樂止。自此已上，凡攝皆太尉爲初獻，其儀依皇帝行事，贊佐皆謁者、太祝、齊郎。皇帝將復位，謁者引太尉攝則太常卿爲亞獻，自下並改太尉爲太常卿。詣罍洗，盥手，洗拭匏爵。訖，謁者引太尉自階升壇，詣昊天上帝著罇所，執罇者舉冪，太尉酌醴齊。訖，武舞作。謁者引太尉進昊天上帝神座前，北向跪，奠爵，興，謁者引太尉少退，北向拜。訖，謁者引太尉詣配帝犧罇所，取爵于坫，執罇者舉冪，太尉酌醴齊。訖，謁者引太尉進高祖神堯皇帝座前，雩祀，太宗。東向跪，奠爵，興，謁者引太尉少退，東向，再拜。上辛，五方祝各取爵酌醴齊，供尊訖，還罇所。雩祀同。訖，謁者引太尉進昊天上帝神座前，北向立。諸太祝各以爵酌罍福酒，合置一爵，太祝持爵進太尉之右，西向立。太尉再拜受爵，跪，祭酒，遂飲，卒爵。太祝進受虛爵，復于坫。太尉興，再拜，訖，謁者引太尉却復位。初，太尉獻將畢，謁者引光禄卿攝則同以光禄卿爲終獻。詣罍洗，盥手，洗拭匏爵，升，酌盎齊，獻正座、配座。雩祀并獻五方帝也。終獻如亞獻之儀。上辛，五帝祀亦各配獻之。訖，謁者引光禄卿降，復位。初，太尉將升獻，攝則太常卿將升獻。謁者七人分引五方帝及大明、夜明等獻官，詣罍洗，盥手，洗拭匏爵，訖，各由其陛升，雩祀，太尉將升獻，贊引引五帝獻官酌醴齊，奠太昊氏，餘座齊郎助奠。五帝將畢，五官獻官酌醍齊，奠勾芒氏，餘座祝史助奠。詣第一等，俱酌汎齊，訖，各進跪奠于神座前，興，各引降〔一〕，還本位。初，第一等獻官將升，謁者五人次引獻官各詣罍洗。訖，引各由其陛升壇，詣第二等内官酒罇所，俱酌醍齊，各進跪，奠爵于

〔一〕「引」上，諸本衍「還」，據通典卷一〇九删。

内官座首，興，餘座皆祝史、齋郎助奠，相次而畢，謁者各引獻官還本位。初，第一等獻官將升，謁者四人次引獻官俱詣罍洗，盥手，各由其陛升壇，詣第三等中官酒罇所，俱酌清酒沈齊攝儀盎齊。以獻。贊引四人次引獻官詣罍洗，盥洗訖，詣外官酒罇所，俱酌清酒攝儀醍齊。以獻。贊引四人次引獻官詣罍洗，盥洗訖，詣衆星酒罇所，酌昔酒攝儀沈齊。以獻。其祝史、齋郎酌酒助奠，皆如内官之儀。訖，謁者、贊引各引獻官還本位。上辛、雩祀，無日月以下獻儀也。諸獻俱畢，武舞止。上下諸祝各進，跪徹豆，興，還罇所。徹者，籩、豆各一，少移于故處也。奉禮曰：「賜胙。」贊者唱：「衆官再拜。」衆官在位者皆再拜。已飲福者不拜。元和之樂作，太常卿前奏稱：「請再拜。」退，復位。皇帝再拜。樂作一成，止。攝事則奉禮曰：「衆官再拜。」衆官在位者皆再拜。太常卿前奏：「請就望燎位。」攝則謁者進太尉之左，曰「請就望燎位」也。太常卿引皇帝，樂作。皇帝就望燎位，南向立，樂止。攝則謁者引太尉也。于群官將拜，上下諸祝各執篚，進神座前，取玉幣、祝版，日月已上齋郎以俎載牲體、黍稷飯及爵酒，各由其陛降壇，南行，經柴壇西，過壇東行，自南陛登柴壇，以玉幣、祝版、饌物置于柴上。户内諸祝史又以内官已下之禮幣皆從燎。上辛，無日月已下牲幣。雩祀有五帝幣。奉禮曰：「可燎。」東西面各六人，以炬燎火。半柴，太常卿前奏：「禮畢。」攝則謁者前曰：「禮畢。」則太尉出。太常卿引皇帝還大次，樂作。皇帝出中壝門，上辛、雩祀並内壝。殿中監前受鎮珪，以授尚衣奉御，殿中監又前受大珪，華蓋、侍衛如常儀，皇帝入次，樂止。謁者、贊引各引祀官，通事舍人分引從祀群官、諸方客使以次出。贊引引御史、太祝已下俱復執事位，立定，奉禮曰：「再拜。」御史以下皆再拜，贊引引出。工人、二舞以次出。

鑾駕還宫上辛、雩祀並同。

皇帝既還大次，侍中版奏：「請解嚴。」將士不得輒離部伍〔一〕。皇帝停大次一刻頃，槌一鼓，爲一嚴。轉仗衛于還塗，如來儀。三刻頃，槌二鼓，爲再嚴。將士布隊仗。侍中版奏：「請中嚴。」皇帝服通天冠、絳紗袍，諸祀官服朝服。乘馬者服袴褶。五刻頃，槌三鼓，爲三嚴。通事舍人分引群官、客使等序立于大次之前，近南。文武侍臣詣大次奉迎。乘黄令進金輅于大次門外，南向。千牛將軍立于輅右〔二〕。侍中版奏：「外辦。」

〔一〕「伍」，諸本作「位」，據通典卷一〇九改。
〔二〕「右」，諸本作「左」，據通典卷一〇九改。

太僕卿升，執轡。皇帝乘輿出次，繖扇、侍衛、警蹕如常儀。皇帝升輅，太僕卿立授綏。黄門侍郎奏稱：「請鑾駕進發。」退，復位。鑾駕動，稱警蹕如常儀。黄門侍郎、贊者夾引，千牛將軍夾輅而趍。至侍臣上馬所，黄門侍郎奏稱：「請鑾駕權停，勅侍臣上馬。」侍中前承制，退稱：「制曰可。」黄門侍郎退稱：「侍臣上馬。」贊者承傳，文武侍臣皆上馬畢，黄門侍郎奏稱：「請勅車右升。」侍中前承制，退稱：「制曰可。」黄門侍郎退，復位。千牛將軍升訖，黄門侍郎奏稱：「請鑾駕進發。」退，復位。鼓傳音，鑾駕動，鼓吹振作而還。文武群臣導從如來儀。諸方客使便還館。駕至承天門外侍臣下馬所。鑾駕權停，文武侍臣皆下馬，千牛將軍降立于輅右。訖，鑾駕動，千牛將軍夾輅而趍。駕入嘉德門，太樂令令撞蕤賓之鐘，左右鐘皆應，鼓柷，奏采茨之樂。至太極門，戛敔，樂止。入太極門，鼓柷，奏太和之樂。駕至横街北，當東上閤，迴輅南向。侍中進鑾駕前，跪，奏稱：「侍中臣某言，請降輅。」俛伏，興，還侍位。皇帝降輅，乘輿以入，繖扇、侍衛、警蹕如常儀，侍臣從。至閤，戛敔，樂止。初，文武群官至承天門外，通事舍人承旨，勅群官並還。皇帝既入，侍中版奏：「請解嚴。」扣鉦，將士各還其所。

舊唐書玄宗紀：天寶元年二月丁亥，上加尊號。辛卯，親享玄元皇帝于新廟。甲午，親享太廟。丙申，合祭天地于南郊。

大學衍義補：丘氏濬曰：有事于郊，必先告祖以配天享侑之意，蓋行祭告之禮，非大享也。自唐人有事上帝，必先親享玄元皇帝于太清宫，親享太廟，然後郊祀。宋人因之，乃先郊三日，奉謚册寶于太廟，次日，享玉清昭應宫、景靈宫，宿太廟。既享，赴青城。嗚呼！郊祀之禮見于經者，自虞書類上帝始，而尤詳載于周禮、禮記。此則唐虞三代報本反始之大事也。未事之先〔一〕，詣祖廟告祭以配享之故而致齋，以致其精明之德，然後行事，此正禮也。與道家者流無涉。唐、宋之世，乃用青詞，設素饌，親享太清宫、玉清昭應宫，然後詣郊壇行禮。此何謂哉？

蕙田案：唐人謂享太清宫、享太廟、合祭天地爲三大禮。宋人因之，而郊祀之先，必先親享太廟、玉清昭應等宫，非禮之禮，可謂謬矣。丘氏議之良是。但謂未郊之先，詣祖廟告祭，斯又何禮耶？古禮郊祭自郊祭，廟祭自廟祭。十日戒，七日齋。未聞祭天而先祭廟也。宿于齋宫，未聞宿于廟也。祇因明代相沿

〔一〕「事」，原作「見」，據味經窩本、乾隆本、光緒本、大學衍義補卷五七改。

宋制，雖不如唐、宋之親享，而尚有告廟之文，故爲是調停之論耳。茲因天寶元年之事，爲宋、明作俑，故載史文而辨之如此。後宋代各條並從删削，因其無與于郊之大典也。閱者詳之。

又案：丘氏大學衍義補作于明代未行分祭之時，故其論郊祀全主合祭之説，不過回護私心，非有獨見也。不足置辨，故並黜之，附識于此。

唐書禮樂志：玄宗既已定開元禮，天寶元年，遂合祭天地于南郊。其後遂以爲故事，終唐之世，莫能改也。

册府元龜：天寶元年二月丙戌，詔曰：「凡所祭享，必在躬親，朕不親祭，禮將有闕，其皇地祇宜就南郊合祭。」三月丙申，合祭天地于南郊。

文獻通考：天寶元年二月二十日，合祭天地于南郊。自後有事圜丘，皆天地合祭。若册命大事、告圜丘，有司行事亦如之。

蕙田案：郊祀，國之大典。玄宗甫定開元分祭之禮，儀節度數稍稍合于經典。乃改元之後，不謀于衆，輕爲更改，其侈心肆志之萌，于是可見。天寶之治，所以大異于開元也歟！

通典：天寶五載，詔曰：「皇王之典，聿修于百代；郊祭之義，允屬于三靈。聖人既因時以制宜，王者亦緣情以革禮。且尊莫大于天地，禮莫崇乎祖宗。嚴配昭升，豈宜異數？今蒸嘗之獻，既著于恒式；南北之郊，未展于時享。自今以後，每載四時孟月，先擇吉日，祭昊天上帝，其以皇地祇合祭，以次日祭九宮壇。皆令宰臣行禮。奠祭務崇蠲潔，稱朕意焉。」

蕙田案：天地大神祇，從無時享之禮，四孟所祭，但當有迎氣祀五方帝耳。今乃四時合祭，可謂煩數不敬。蓋因辨六天者，有天安得五之說？遂以分祀五帝之禮，移之于天，又合之以地，是矯康成而又失之者也。

册府元龜：天寶五載十二月辛酉，詔曰：「祈穀上帝，春祀先王，永惟因心，敢忘如在。頃以詳諸舊典，創以新儀，清廟陳牲，加特于嘗饌，昊天冬祭，重增以時享。況履兹霜露，載感惟深，瞻彼郊壇，有懷昭事。宜以來歲正月，朕親謁太廟，便于南郊合祭。仍令中書門下，即與禮官詳定儀注。」六載正月戊子，親祀南郊，遂祀皇地祇。

蕙田案：天寶元年，改分祭爲合祭，詔謂祭必躬親，意蓋知天地之必當親祭，而以分祭爲勞，殺其數也。又改冬夏至而用二月，則無寒暑之苦矣。五年又定南北郊，時享于謁太廟之後，從其便也。至十年，郊後遂專委之攝祭，而心有不安，以親受祝版爲禮，怠心滋矣。自此以後，遂不親郊，而十三載之亂作焉。

舊唐書玄宗紀：天寶九載十一月，制：自今告獻太清宮及太廟改爲朝獻，以告者臨下之義故也。十載正月壬辰，朝獻太清宮。癸巳，朝饗太廟。甲午，有事于南郊，合祭天地，禮畢，大赦天下。

禮儀志：天寶十載五月已前，郊祭天地，以高祖神堯皇帝配座，故將祭郊廟，告高祖神堯皇帝室〔一〕。

册府元龜：天寶十載正月，制曰：「自今已後，攝祭南郊，薦獻太清宫，薦享太廟，其太尉行事，前一日于致齋所，具羽儀、鹵簿、公服引入，朕親受祝版，乃赴清齋，以展誠敬。」

蕙田案：舊唐書于天寶十三載書「二月癸酉，朝獻太清宫」，「甲戌，饗太廟」，新書作「壬申」、「癸酉」，下皆書受尊號，大赦，而未嘗言郊。通考數玄宗爲五郊，而有十三載二月八日，未知何據。

〔一〕「高祖」，諸本脱，據舊唐書禮儀志一補。

五禮通考卷十一

吉禮十一

圜丘祀天

唐郊禮

舊唐書肅宗本紀：乾元元年四月甲寅，上親享九廟，遂有事於圜丘。翌日，御丹鳳門，大赦天下。　六月己酉，初置太乙神壇于圜丘東〔一〕。是日，命宰相王璵攝行祠事。

唐書肅宗本紀：上元二年九月，去「上元」號，稱元年，以十一月爲歲首，月以斗所

〔一〕「東」，諸本脱，據舊唐書肅宗本紀補。

建辰爲名。元年建丑月辛亥，有事于南郊。

册府元龜：元年建子月，詔曰：「皇王符瑞，應協于靈祇。典禮廢興，式存于禋告。頃以三代正朔，所尚不同，百王徽號，無聞異稱。顧兹薄德，思創常規，爰因行慶之日，將務惟新之典，而建元立制，册命曆符，受于天地祖宗，申于百辟卿士。今既循諸古法，讓彼虚名，革故之宜，已宣于臣下，昭報之旨，未展于郊廟，因時備禮，擇日陳誠。宜取來月一日，祭圜丘及太乙壇。」建丑月辛亥朔，拜南郊，祭太乙壇。禮畢，還宫。

唐書代宗本紀：廣德二年二月乙亥，有事于南郊。

圖書集成：代宗廣德二年，有事南郊，從獨孤及議，卒以太祖配天。

舊唐書禮儀志：天寶十載五月已前，郊祭天地，以高祖神堯皇帝配座。寶應元年，杜鴻漸爲太常卿禮儀使，員外郎薛頎、歸崇敬等議：「以神堯爲受命之主，非始封之君，不得爲太祖以配天地。太祖景皇帝始受封于唐，即殷之契，周之后稷也。請以太祖景皇帝郊祀配天地，告請宗廟，亦太祖景皇帝酌獻。」諫議大夫黎幹議，以太祖景皇帝非受命之君，不合配享天地。二年五月，幹進議狀爲十詰十難，曰：歸崇敬、薛頎等稱：禘謂冬至祭天于圜丘，周人則以遠祖帝嚳配，今欲以景皇帝爲始祖，配昊天於圜丘〔一〕。臣幹詰曰：國語曰：「有虞氏、夏后氏俱禘黄帝，商人禘舜，周人禘嚳。」俱不言祭昊天于圜丘，一也。詩商頌曰：「長發，大禘也。」又不言祭昊天于圜丘，二也。詩周頌曰：「雍，禘太祖也。」又不言祭昊天于圜丘，三也。禮記祭法曰：「有虞氏、夏后氏俱禘黄帝，殷人、周人俱禘嚳。」又不言祭昊天于圜丘，四也。禮記大傳曰：「不王不禘。王者禘其祖之所自出，以其祖配之。」又不言祭昊天于圜丘，五也。爾雅釋天曰〔二〕：「禘，大祭也。」又不言祭昊天于圜丘，六也。家語云：「凡四代帝王之所郊，皆以配天也。其所謂禘者，皆五年大祭也。」又不言祭昊天于圜丘，七也。盧植云：「禘，祭名。禘者，諦也〔三〕，事尊明諦〔四〕，故曰禘。」又不言祭昊天于圜丘，八也。王肅云：「禘謂于五年大祭之時。」又不言祭昊天于圜丘，九也。郭璞云：「禘，五年之大祭。」又不言祭昊天于圜丘，十也。臣幹謂禘是五年宗廟之大祭，詩、禮、經傳，文義昭然。臣

〔一〕「今欲以景皇帝爲始祖配昊天於圜丘」十五字，諸本脱，據舊唐書禮儀志一補。
〔二〕「釋天」，諸本作「釋文」，據舊唐書禮儀志一改。
〔三〕「諦」，諸本作「帝」，據舊唐書禮儀志一改。
〔四〕「諦」，諸本作「禘」，據舊唐書禮儀志一改。

見禮記祭法及禮記大傳、商頌長發等三處鄭玄注，或稱祭昊天，或云祭靈威仰。臣精詳典籍，更無以禘爲祭昊天於圜丘及郊祭天者。審如禘是祭之最大，則孔子説孝經爲萬代百王法，稱周公大孝，何不言禘祀帝嚳於圜丘以配天，而反言「郊祀后稷以配天」。是以五經俱無其説，聖人所以不言。輕議大典，亦何容易。猶恐不悟，今更作十難。其一難曰：周頌：「雍，禘祭太祖也。」鄭玄箋云：「禘，大祭。太祖，文王也。」商頌云：「長發，大禘也。」玄又箋云：「大禘，祭天也。」夫商、周之頌，其文互説。或云禘太祖，或云大禘，俱是五年宗廟之大祭，詳覽典籍，更無異同。惟鄭玄箋長發乃稱是郊祭天。詳玄之意，因此商頌「禘」如大傳云「大祭」，如春秋「大事于太廟」，爾雅「禘大祭」，雖云大祭，亦是宗廟之祭，可得便稱祭天乎？若如所説，大禘即云郊祭天，稱禘即是祭宗廟。又祭法説虞、夏、商、周禘黄帝與嚳，大傳「不王不禘」，「禘」上俱無「大」字，玄何因復稱祭天乎？又長發文亦不歌嚳與感生帝，故知長發之禘，而非禘嚳及郊祭天明矣。殷、周五帝之大祭，群經衆史及鴻儒碩學自古立言著論，序之詳矣，俱無以禘爲祭天。何棄周、孔之法言，獨取康成之小注，便欲違經非聖，誣亂祀典，謬哉！其二難曰：大傳稱「禮，不王不禘，王者禘其祖之所自出，以其祖配之，諸侯及其太祖」者，此説王者則當禘。其謂祭法，虞、夏、殷、周禘黄帝及嚳，「不王則不禘，所當禘其祖之所自出」，謂虞、夏出黄帝，殷、周出帝嚳，以近祖配而祭之。自出之祖，既無宗廟，即是自外至者，故同之天地神祇，以祖配而祀之。自出之説，非但於父，在母亦然。左傳子産云：「陳則我周之自出。」此可得稱出於太微五帝乎？故曰「不王不禘，王者禘其祖之所自出，以其祖配之」，此之謂也〔一〕。及諸侯之禘，則降於王者，不得祭自出之祖，只及太祖而已。故曰「諸侯及其太祖」，此之謂也。鄭玄錯亂，分禘爲三。注祭法云「禘謂祭昊天於圜丘」，一也。注大傳稱「郊祭天，以后稷配靈威仰」〔二〕，箋商頌又稱「郊祭天」，二也。注周頌云「禘大祭，大於四時之祭，而小於祫，太祖謂文王」，三也。禘是一祭，玄析之爲三，顛倒錯亂，皆率胸臆，曾無典據，何足可憑。其三難曰：虞、夏、殷、周已前，禘祖之所自出，其義昭然。自漢、魏、晉已還千餘歲，其禮遂闕。又鄭玄所説，其言不經，先儒棄之，未曾行用。愚以爲錯亂之義，廢棄之注，不足

〔一〕「此之」，諸本脱，據舊唐書禮儀志一補。
〔二〕「大傳」，諸本作「左傳」，據舊唐書禮儀志一改。

以正大典。其四難曰：所稱今三禮行於代者，皆是鄭玄之學，請據鄭學以明之。曰雖云據鄭學，今欲以景皇帝爲始祖之廟以配天，復與鄭議相乖，何者？王制云：「天子七廟。」玄云：「此周禮也。」七廟者，太祖及文、武之祧與親廟四也。殷則六廟，契及湯與二昭二穆也。據鄭學，夏不以鯀及顓頊、昌意爲始祖，昭然可知也。而欲引稷、契爲例，其義又異是。爰稽邃古洎今，無以人臣爲始祖者，惟殷以契，周以稷。夫稷、契者，皆天子元妃之子，感神而生。昔帝嚳次妃簡狄，有娀氏之女，吞玄鳥之卵，因生契。契長而佐禹治水，有大功。舜乃命契作司徒，百姓既和，遂封於商。故詩曰：「天命玄鳥，降而生商，宅殷土芒芒。」此之謂也。后稷者，其母有邰氏之女曰姜嫄，爲帝嚳妃，出野履巨迹，歆然有孕，生稷。稷長而勤於稼穡，堯聞，舉爲農師，天下得其利，有大功，舜封於邰，號曰后稷。唐、虞、夏之際，皆有令德。故詩曰〔一〕：「履帝武敏歆，居然生子，即有邰家室。」此之謂也。舜、禹有天下，稷、契在其間，量功比德，抑其次也。舜授職，則播百穀，敷五教。禹讓功，則平水土，宅百揆。故國語曰：「聖人之制

〔一〕「故詩曰」，諸本脱，據舊唐書禮儀志一補。

祀也，功施於民則祀之[一]，以死勤事則祀之。」契爲司徒而人輯睦，稷勤百穀而死，皆居前代祀典，子孫有天下，得不尊而祖之乎？其五難曰：既尊鄭説，小德配寡，遂以后稷只配一帝，尚不得全配五帝。今以景皇帝特配昊天，於鄭義可乎？其六難曰：衆難臣云：上帝與五帝，一也。所引春官：祀天旅上帝，祀天旅四望。旅訓衆，則上帝是五帝。臣曰，不然。旅雖訓衆，出於爾雅，及爲祭名，春官訓陳，注有明文。若如所言，旅上帝便成五帝，則季氏旅於泰山，可得便是四鎮耶？其七難曰：所云據鄭學，則景皇帝親盡，廟主合祧，却欲配祭天地，錯亂祖宗。夫始祖者，經綸草昧，體大則天，所以正元氣廣大，萬物之宗尊，以長至陽氣萌動之始日，俱祀於南郊也。夫萬物之始，天也。人之始，祖也。日之始，至也。掃地而祭，質也。器用陶匏，性也。牲用犢，誠也。兆於南郊，就陽位也。至尊至質，不敢同於先祖，禮也。故白虎通曰：「祭天歲一者，何？天至尊至質，事之不敢褻黷，故因歲之陽氣始達而祭之。」今國家一歲四祭之，黷莫大焉。上帝、五帝，其祀遂闕，怠亦甚矣，黷與怠，皆禮之失，不可不知。

〔一〕「功」，原作「法」，據味經窩本、乾隆本、光緒本、舊唐書禮儀志一改。

夫親有限，祖有常，聖人制禮，君子不以情變易。國家重光累聖，歷祀百數，豈不知景皇帝始封于唐。當時通儒議功度德，尊神堯克配彼天，崇太宗以配上帝。神有定主，爲日已久。今欲黜神堯配含樞紐，以太宗配上帝，則紫微五精，上帝佐也，以子先父，豈禮意乎？非止神祇錯位，亦以祖宗乖序，何以上稱皇天祖宗之意哉！若夫神堯之功，太宗之德，格于皇天上帝，臣以爲郊祀宗祀，無以加焉。其八難曰：欲以景皇帝爲始祖，既非造我區寓，經綸草昧之主，故非夏始祖禹、殷始祖契、周始祖稷、漢始祖高帝、魏始祖武皇帝、晉始祖宣帝、國家始祖神堯皇帝同功比德，而忽昇于宗祀圜丘之上，爲昊天匹，曾謂圜丘不如林放乎？其九難曰：昨所言魏文帝丕以武帝操爲始祖，晉武帝炎以宣帝懿爲始祖者。夫孟德、仲達者，皆人傑也。擁天下之强兵，挾漢、魏之微主，專制海内，令行草偃，服衮冕，陳軒懸，天子決事於私第，公卿列拜於道左，名雖爲臣，勢實凌君。後主因之而業帝，前王由之而禪代，子孫尊而祖之，不亦可乎？其十難曰：所引商、周、魏、晉，既不當矣，則景皇帝不爲始祖明矣。我神堯拔出群雄之中，廓清隋室，拯生人于塗炭，則夏虞之勳不足多，成帝業於數年之間，則漢祖之功不足比。夏以大禹爲始祖，漢以高帝爲始祖，則我唐以神堯爲始祖，法夏則漢，於義何嫌？今欲革皇天之祀，易太祖之廟，事之大者，莫大於斯，曾無按據，一何寡陋，不愧于心，不畏于天乎？以前奉詔，令諸司各據禮經定議者。臣幹忝竊朝列，官以諫爲名，以直見知，以學見達，不敢不罄竭以裨萬一。昨十四日，具以議狀呈宰相，宰相令朝臣與臣論難。所難臣者，以臣所見獨異，莫不騰辭飛辯，競欲碎臣理，鉗臣口。剖析毫釐，分別異同，序墳典之凝滯，指子傳之乖謬，事皆歸根，觸物不礙。但臣言有宗爾，豈辯者之流也。又歸崇敬、薛頎等援引鄭學，欲蕪祀典，臣爲明辯，迷而不復，臣輒作十詰十難，援據墳籍，昭然可知。庶郊禘事得其真，嚴配不失其序，皇靈降祉，天下蒙賴。臣亦何顧不蹈鼎鑊？謹敢聞達，伏增悚越。議奏，不報。

蕙田案：黎幹議，非受命之君，不得爲太祖，自是三代以後可行之禮。其辯「禘」非「祭天」，援引發揮，極爲明確。至答第六難「旅上帝」是「祭五帝」云，若如所言，「季氏旅于泰山」，可便得是四鎮耶」；答第七難云「歲一祭天」，尤見千古卓識，惜時不用。

觀承案：禮，諸侯不得祖天子，故商、周俱以契、稷爲太祖而不祖帝嚳，則始祖不必其爲受命之王也。黎幹謂景皇非受命之君，不得爲太祖者，於理未安。

韓子曰：國朝九廟之制，法周之文，太祖景皇帝始爲唐公，肇基天命，義同周之后稷。而以高祖擬文王，太宗擬武王，此定論也，況重以高祖已有定制乎？禘郊宗祖，雖兼論功德，然實重水源木本之義。商、周之契、稷爲始祖，固是功德兼隆，亦以其爲始封之君也。禮以時爲大，三代而下，始祖不必皆如契、稷之賢聖，然天下豈有無根之木、無源之水，而謂創業之君可自爲始祖，此上不必有太祖乎？朱子曰：祖一名而有二廟，稷爲太祖，始封之祖也。文王亦爲祖，受命之祖也。唐人正當準此，而以景皇爲始封之祖，高祖爲受命之祖耳。幹之餘議，頗明辨，此條則不可據。其謂以高祖配郊，以太宗配明堂，則禮以義起，尚似可通。蓋商人禘嚳，固以始祖契配，及郊則又配冥而不以契，與周之禘、郊皆配稷者不同，此則三王不相襲禮，而法周亦不妨監殷者夫？

二年春夏旱。言事者云：「太祖景皇帝追封於唐，高祖實受命之祖，百神受職，合依高祖。今不得配享天地，所以神不降福，以致愆陽。」代宗疑之，詔百寮會議。太常博士獨孤及獻議曰：「禮，王者禘其祖之所自出，以其祖配之。凡受命始封之君，皆爲太祖。繼太祖已下六廟，則以親盡迭毁。而太祖之廟，雖百代不遷。此五帝、三王所以尊祖敬宗也。故受命于神宗，禹也，而夏后氏祖顓頊而郊鯀。纘禹黜夏，湯也。而殷人郊冥而祖契。革命作周，武王也，而周人郊稷而祖文王。則明自古必以首封之君配昊天上帝。唯漢氏崛起豐、沛，豐公、太公，皆無位無功〔一〕，不可以爲祖宗，故漢以高皇帝爲太祖，其先細微也。非足爲後代法。伏惟太祖景皇帝以柱國之任，翼周弼魏，肇啓王業，建封于唐。高祖因之，以爲有天下之號，天所命也。亦如契之封商，后稷之封邰。禘郊祖宗之位，宜在百代不遷之典。郊祀太祖，宗祀高祖，猶周之祖文王而宗武王也。今若以高祖創業，當躋其祀，是棄三代之令典，尊漢氏之末制，黜景皇帝之大業，同豐公、太公之不祀，反古違道，失孰大焉？夫追尊景皇，廟號太祖，高祖、太宗所以崇尊之禮也。若配天之位既異，則太祖之號宜廢，祀之不修，廟亦當毁。尊祖報本之道，其墜於地乎！漢制，擅議宗廟，以大不敬論。今武德、貞觀憲章未改，國家方將敬祀事，和神人，禘郊之間，恐非所宜。臣謹稽禮文，參諸往制，請仍舊典。」竟依歸崇敬等議，以太祖配享天地。

〔一〕「皆」，諸本脱，據舊唐書禮儀志一補。

代宗紀：廣德二年二月癸酉，上親薦獻太清宮。乙亥，祀昊天上帝于圜丘，即日還宮。

禮儀志：廣德二年正月十六日，禮儀使杜鴻漸奏：「郊、太廟，大禮，其祝文自今已後，請依唐禮，板上墨書。其玉簡金字者，一切停廢。如允臣所奏，望編爲常式。」敕曰：「宜行用竹簡。」

通典：永泰二年，禮儀使、太常卿杜鴻漸奏：「冬至祀昊天上帝，夏至祀皇地祇，請以太祖景皇帝配饗。孟春祈穀，祀昊天上帝，孟冬祀神州，請以高祖配饗。孟夏雩祀昊天上帝，請以太宗配饗。季秋大享明堂，祀昊天上帝，請以肅宗配饗。臣與禮官學士，憑據經文，事皆明著，德音詳定，久未施行。」敕旨依。

册府元龜：大曆五年冬十一月庚寅，日長至，命有司祀昊天上帝于南郊。七年冬十一月辛卯，日長至，命有司祀昊天上帝于南郊，不視朝。八年冬十一月辛丑，日長至，不視朝，命有司祀昊天上帝于南郊。十一年冬十一月丙辰，日長至，命有司祀昊天上帝于南郊，不受朝賀。十三年冬十一月丁卯，日長至，命有司祀昊天上帝于南郊，不視朝。

舊唐書代宗本紀：大曆十三年十一月丁卯，日長至，有司祀昊天上帝于南郊，上不視朝故也。

蕙田案：自廣德二年至此，中隔十三年，不舉郊祭。册府元龜紀有司行事者五，而舊書但載此年，蓋以明其有疾不視之故，祀既不親，故毋庸黷載也。

德宗本紀：貞元元年十一月癸卯，上親祀昊天上帝于圜丘。時河中渾瑊、澤潞李抱真、山南嚴震、同華駱元光、邠寧韓遊瓌、鄜坊唐朝臣、奉誠康日知等大將侍祠。郊壇畢，還宮，御丹鳳樓，大赦天下。

崔縱傳：貞元元年，天子郊見，爲大禮使。歲旱用屈，縱撙裁文物，儉而不陋。

禮儀志：貞元元年十一月十一日，德宗親祀南郊。有司進圖，敕付禮官詳酌。博士柳冕奏曰：「開元定禮，垂之不刊。天寶改作，起自權制。此皆方士謬妄之説，非禮典之文，請一准開元禮。」從之。

蕙田案：五禮條目儀節，至唐貞觀禮，漸復于古。逮開元禮成，郊祀之典尤善。乃不久，而天寶自爲壞之。柳冕之奏，允愜人心矣。

德宗本紀：六年九月己卯，詔：「十一月八日，有事于南郊太廟，行從官吏將士等，一切並令自備食物。其諸司先無公厨者，以本司闕職物充。其王府官，度支量給廩物。其儀仗禮物，並仰御史撙節處分。」十月己亥，文武百寮京城道俗抗表請上徽號，上曰：「朕以春夏亢旱，粟麥不登，朕精誠祈禱，獲降甘雨，既致豐穰，告謝郊廟。朕倘因禋祀而受徽號，是有爲爲之。勿煩固請也。」十一月庚午，日南至，上親祀昊天上帝于郊丘。禮畢還宫，御丹鳳樓宣赦，見禁囚徒減罪一等。立仗將士及諸軍兵，賜十八萬段匹。

禮儀志：貞元六年十一月八日，有事于南郊。詔以皇太子爲亞獻，親王爲終獻。上問禮官：「亞獻、終獻合受誓戒否？」吏部郎中柳冕曰：「準開元禮，獻官前七日於内受誓戒。辭云：『各揚其職，不供其事，國有常刑。』今以皇太子爲亞獻，請改舊辭，云『各揚其職，肅奉常儀』。」從之。

唐書德宗本紀：貞元九年十一月乙酉，有事于南郊，大赦。

册府元龜：貞元九年十一月癸未，帝朝獻太清宫，畢事，宿齋于太廟行宫。甲申，朝于太廟，畢事，齋于南郊行宫。乙酉，日南至，帝郊祀。初，帝以是歲有年，蠻夷朝貢，思親告郊廟，于祀事尤重慎。及將散齋，謂宰臣曰：「在祀，散齋歸正寢，攝心奉祀，不可聞外事，其常務勿奏。」乃齋于别殿，及命皇太子、諸王行祭者皆受誓一日，命妃、媵辭于别所。故事，祈壇宫廟内及殿庭，帝步武所及，皆設黄道褥，壇十一位，又施赤黄褥，將有事，皆命徹之。又故事，設御史版位于郊廟，或藉以褥。及是虔禋，拜首于地，有司奉祠者莫不惕勵。

通典：貞元十三年敕：「郊壇時祭，燔柴瘞埋，並依天寶十三年制。自今以後，攝祭南郊，太尉行事。前一日，于致齋所具羽儀、鹵簿、公服引入，親受祝版，乃赴清齋所〔一〕。」

唐書韋武傳：是時，帝以反正告郊廟，大兵後，典章苟完，執事者時時咨武。武酌宜約用，得禮之衷，群司奉焉。

李紓傳：奉詔爲郊廟樂章，論譔甚多。

蕙田案：傳文在德宗時，而樂志絶無其辭，意志中云「不知所起」者，或製于開元以下歟？

〔一〕「清」，諸本作「親」，據通典卷四三改。

文獻通考：長慶三年，太常禮院奏：「郊壇祠祀，遇大雨雪廢祭，其禮物條件如後：御署祝版，既未行祭禮，無焚毁之文，請于太常寺敕庫收貯；而其小祀，雖非御署，准此。玉幣、燎柴、神酒、燎幣、醴齊，並榛栗、脯醢及應行事燭等，請令郊社署各牒，充次祭支用。牲牛，參牲既未行祭禮，無進胙、賜胙之文，請比附禮記及祠令『牲死則埋』之例，委監祭使及禮官于祠所瘞埋。其小祀不全用牢牲，舊例用猪羊肉，亦准此。粢盛、瓜菹、筍菹，應已造成饌物，請隨牲瘞埋。行事官明衣、絹布等，准式既祭前給訖，合充潔服，既已經用，請便收破。公卿已下，明房油、煖幕、炭，應齊宿日所破用物，請收破。」旨依永爲定式。」

舊唐書敬宗本紀：寶曆元年正月乙巳朔。辛亥，親祀昊天上帝于南郊。禮畢，御丹鳳樓，大赦，改元。

唐書文宗本紀：太和三年十一月甲午，有事南郊，大赦。

崔寧傳：子黯，開成初爲監察御史，奏郊廟祭事不虔。文宗語宰相曰：「郊廟之禮，朕當親之。但千乘萬騎，國用不給，故使有司侍祠，然是日朕正衣冠坐以俟旦。今聞主者不虔，祭器敝惡，豈朕事神蠲潔意耶？公宜敕有司道朕斯意。」黯乃具條以聞。

舊唐書王播傳：弟起，太和九年判太常卿，充禮儀詳定使，創造禮神九玉，奏議曰：「邦國之禮，祀爲大事，珪璧之議，經有前規。謹按周禮：『以蒼璧禮天，黄琮禮地，青珪禮東方，赤璋禮南方，白琥禮西方，黑璜禮北方。』又云『四圭有邸以祀天』，『兩圭有邸以祀地』，『圭璧以祀日月星辰』，凡此九器，皆祀神之玉也。又云：『以禋祀祀昊天上帝。』鄭玄云：『禋，煙也。爲玉幣，祭訖燔之而升煙，以報陽也。』今與開元禮義同，此則焚玉之驗也。又周禮『掌國之玉鎮大寶器，若大祭，既事而藏之』，此則收玉之證也。梁代崔靈恩撰三禮義宗云：『凡祭天神，各有二玉，一以禮神，一則燔之。禮神者，訖事却收。祀神者，與牲俱燎。』則靈恩之義，合于禮經。今國家郊天祀地，祀神之玉常用，守經據古，禮神之玉則無。臣等請下有司，精求良玉，創造蒼璧、黄琮等九器，祭訖則藏之。其燎玉即依常制。」從之。

武宗本紀：會昌元年正月辛巳，有事于郊廟。禮畢，御丹鳳樓，大赦，改元。五年正月辛亥，有事于郊廟，禮畢，御承天門，大赦天下。

舊唐書武宗本紀：會昌四年十二月，敕：「郊禮日近，獄囚數多，案款已成，多有翻覆。其兩京天下州府見繫獄囚，已結正及兩度翻案伏款者，並令先事結斷訖申。」

唐書宣宗本紀：大中元年正月甲寅，皇帝有事于郊廟，禮畢，御丹鳳門，大赦，改元。

蕙田案：新書作甲寅，舊書作戊申。據舊書云，此月戊戌朔，則十一爲戊申。通考作十七日，與甲寅合。不知孰是。

舊唐書宣宗本紀：大中五年，敕兩京天下州府，起大中五年正月一日已後，三年内不得殺牛。如郊廟享祀合用者，即與諸畜代。

蕙田案：牛本不應妄殺，而獨此三年，何耶？計此三年中，亦未嘗一舉郊廟之祭，則代牛之制，亦不知其以何畜也。

舊唐書懿宗本紀：咸通元年十一月丁未，上有事于郊廟，禮畢，御丹鳳門，大赦，改元。四年正月庚午，上有事于圜丘，禮畢，御丹鳳樓，大赦。

唐書昭宗本紀：龍紀元年十一月丁未，朝獻于太清宫。戊申，朝享于太廟。己酉，有事于南郊，大赦。

舊唐書昭宗本紀：龍紀元年十一月己丑朔，將有事于圜丘。辛亥，上宿齋于武德殿，宰相百寮朝服于位。時兩軍中尉楊復恭及兩樞密皆朝服侍上，太常博士錢珝、李綽等奏論之曰：「皇帝赴齋宮，内臣皆服朝服，臣檢國朝故事及近代禮令，並無内官朝服助祭之文。伏惟皇帝陛下承天御曆，聖祚中興，祗見宗祧，克承大禮。皆稟高祖、太宗之成制，必循虞、夏、商、周之舊經，軒冕服章，式遵彝憲。禮院先准大禮使牒稱得内侍省牒，要知内臣朝服品秩，禮院已准禮令報訖。今參詳近朝事例，若内官及諸衛將軍必須製冠服，即各依所兼正官，隨資品依令式服本官之服。事存傳聽，且可俯從，然亦不分明著在禮令。乞聖慈允臣所奏。」狀入，至晚不報。錢珝又進狀曰：「臣今日巳時進狀，論内官冠服制度，未奉聖旨。伏以陛下虔事郊禋，式遵彝範，凡關典禮，必守憲章。今陛下行先王之大禮，而内臣遂服先王之法服。來日朝獻大聖祖，臣贊導皇帝行事，若侍臣服章有違制度，是爲非禮，上瀆祖宗，臣期不奉敕。臣謬當聖代，叨備禮官，獲正朝儀，死且不朽，脂膏泥滓，是所甘心。」狀入，降朱書御札曰：「卿等所論至當，事可從權。勿以小瑕，遂妨大禮。」于是内四臣遂以法服侍祠。甲寅，圜丘禮畢，御承天門，大赦。

唐書殷侑傳：孫盈孫爲太常博士。龍紀元年，昭宗郊祀，兩中尉及樞密皆以宰相服侍上。盈孫奏言：「先代令典，無内官朝服侍祠。必欲之，當隨所攝資品，雖無援據，猶免僭逼。」詔可。

舊唐書孔緯傳：十一月，昭宗謁郊廟，兩中尉、内樞密請朝服。緯奏曰：「中貴不衣朝服助祭，國典也。陛下欲以權道寵内臣，則請依所兼之官而爲之服。」天子召諫官謂之曰：「大禮日近，無宜立異，爲朕容之。」于是内官以朝服助祭。

唐書哀帝本紀：天祐二年七月，卜郊。九月乙酉，改卜郊。十一月庚午，三卜郊。

舊唐書哀帝本紀：天祐二年五月庚午，敕：「所司定今年十月九日有事郊丘，其修製禮衣祭服宜令宰臣柳璨判，祭器宜令張文蔚、楊涉分判，儀仗車輅宜令太常卿張廷範判。」六月辛卯，太微宫使柳璨奏：「前使裴樞充宫使日，權奏請玄元觀爲太清宫，又别奏在京弘道觀爲太清宫，至今未有制置。伏以今年十月九日陛下親事南禋，先謁聖祖廟，弘道觀既未修葺，玄元觀又在北山，若車駕出城，禮非便穩。今欲只留北邙山上老君廟一所〔二〕，其玄元觀請拆入都城，于清化坊内建置太微宫，以備車駕行事。」從之。　丙午，全忠奏：「得宰相柳璨記事，欲拆北邙山下玄元觀移入都内，于清化坊取舊昭明寺基，建置太微宫，准備十月九日南郊行事。緣延資庫鹽鐵並無物力，令臣商量者，臣已牒判六軍諸衛張全義指揮工作訖。」優詔嘉之。　九月乙酉，敕先擇十月九日有事郊丘。備物之間，有所未辦，宜改用十一月十九日。　十一月丙辰，全忠自正陽渡淮而北，至汝陰。全忠深悔此行無益。丁卯，至大梁。時哀帝以此月十九日親祠圜丘，中外百司禮儀法物已備。戊辰，宰相已下于南郊壇習儀，而裴迪自大梁迴，言全忠怒蔣玄暉、張廷範、柳璨等謀延唐祚，而欲郊天改元。玄暉、柳璨大懼。庚午，敕曰：「先定此月十九日親禮南郊，雖定吉辰，改卜亦有故事。宜改取來年正月上辛。付所司。」　十二月庚戌，敕：「朕以謬荷丕圖，禮合親謁郊廟，先定來年正月上辛用事。今以宫闈内亂，播于醜聲，難以慙恧之容，入于祖宗之廟。其明年上辛親謁郊廟宜停。」

〔二〕「北邙山」，諸本脱「邙」字，據舊唐書哀帝本紀補。

五代史梁本紀：天子卜祀天于南郊，王怒，以爲蔣玄暉等欲祈天以延唐。天子懼，改卜郊。十二月，王遣人告樞密使蔣玄暉與何太后私通，殺玄暉而焚之，遂弑太后于積善宫。天子下詔以太后故停郊。

孔循傳：循與蔣玄暉有隙，哀帝即位，將有事于南郊，循與王殷即蔣殷冒王氏。讒于太祖曰：「玄暉私侍何太后，與張廷範等奉天子郊天，冀延唐祚。」太祖大怒。時，梁兵攻壽春，敗歸，帝遣裴迪勞軍，太祖見迪，怒甚。迪還，哀帝不敢郊。

蔣殷傳：哀帝方卜郊，殷與蔣玄暉有隙，因譖之太祖，言玄暉等教天子卜郊祈天，且待諸侯助祭者以謀興復，太祖大怒，哀帝爲改卜郊。

蕙田案：讀舊唐書、五代史所載，則新唐書罷郊之原委曲折瞭然矣。

右唐郊禮

五代郊禮

五代史梁本紀：太祖開平二年正月己亥，卜郊于西都。

文獻通考：梁太祖開平二年十一月，自東京赴洛都，行郊天禮，自石橋備儀仗，至郊壇。

册府元龜：二年正月，宰臣上表，請郊天謁廟，命有司擇日備儀，因先布告岳牧方伯。于是太常禮院選用四月二十四日，有事于南郊。壬寅，應郊祀大禮，儀仗、車輅、鹵簿、法物、祭器、樂懸，各令所司修飾，以河南尹張宗奭充都點集諸司法物使。三月，帝以魏博、真定助修西都。宫内工役方興，禮容未備，其郊天謁廟，宜于秋冬别選良日。七月，詔曰：「祀典之禮，有國之大事也。如聞官吏慢于展敬，禮容牲饌，有異精虔，宜令御史疏其條件，以聞詳定。」禮儀使奏：「得太常禮院狀，選用今年十一月己丑冬至有事于南郊。」敕令于來年正月内選日。禮院奏：「選來年正月二十四日辛卯，親祭南郊。」可之。詔「以左千牛衛上將軍胡規充南郊儀仗使，金吾衛將軍趙麓充車輅法物使」。是月冬至，命宰臣祀昊天上帝于圜丘。

蕙田案：史但言卜而不言郊，據通考則似十一月郊，而總數梁郊處，此又不列，蓋是十一月赴洛，而明年正月始郊也。通考下文云「以張宗奭爲大禮使」，故事皆以宰相爲之，則本是攝祭而非親奉。觀元龜紀事，始曉然矣。

五代史梁本紀：三年正月辛卯，有事于南郊，大赦。

文獻通考：三年正月，以河南尹張宗奭爲南郊大禮使。故事皆以宰相爲之，今用河南尹充，非常例也。

册府元龜：開平三年正月乙酉，詔曰：「初宅雒都，將行郊祀，應嶽瀆名山大川及諸州有靈迹，封崇聖祠，各宜差官吏精虔祭告。」是月，禮儀使奏，請皇帝宿齋三日。庚寅，親饗太祖。辛卯，親祀昊天上帝于圜丘。是日，降雪盈尺，及升壇而止。

册府元龜：開平四年九月丁亥朔，車駕幸陝府，命宰臣于兢赴西都，祀昊天上帝于圜丘。

五代史梁本紀：末帝貞明三年冬十二月己巳，如西都，卜郊。四年正月，不克郊。己卯，至自西都。

梁家人傳：將册妃張氏爲后，妃請待帝郊天，而帝卒不得郊。

趙犨傳：是時，梁將劉鄩等與莊宗相拒澶、魏間，兵數敗。巖犨子。曰：「古之王者必郊祀天地，陛下即位，猶未郊天，議者以爲朝廷無異藩鎮，如此何以威重天下？今河北雖失，天下幸安，願陛下力行之。」敬翔以爲不可，曰：「今府庫虚竭，箕斂供軍，若行郊禋，則必賞賚，是取虚名而受實弊也。」末帝不聽，乃備法駕幸西京，而莊宗取楊劉，或傳：「晉兵入東都矣。」或曰：「扼汜水矣。」或曰：「下鄆、濮矣。」京師大風拔木，末帝大懼，從官相顧而泣，乃還東都，遂不果郊。

蕙田案：趙犨傳文詳述不郊之故，與本紀互相足也。朱温忌昭宣之郊而脅之使罷，及其闔奸大位，僅周一紀而卜郊不果，恰相對照，天道好還，可畏哉！

唐本紀：莊宗同光二年二月己巳朔，有事于南郊，大赦。

張全義傳：初，梁末帝幸洛陽，將祀天于南郊而不果，其儀仗法物猶在，全義因請幸洛陽，曰南郊儀物已具。莊宗大悦，加拜全義太師、尚書令〔一〕。明年十一月，莊宗幸洛陽〔二〕，南郊而禮物不具〔三〕，因改用來年二月，然不以前語責全義。

張憲傳：莊宗幸東都，定州王都來朝，莊宗命憲治鞠場，與都擊鞠。初，莊宗建號於東都〔四〕，以鞠場爲即位壇，于是憲言：「即位壇，王者所以興也。漢鄗南、魏繁

〔一〕「全義」，諸本脱，據新五代史張全義傳補。
〔二〕「莊宗」，諸本脱，據新五代史張全義傳補。
〔三〕「南郊」，諸本脱，據新五代史張全義傳補。
〔四〕「於」，諸本脱，據新五代史張憲傳補。

陽壇〔一〕，至今尚在，不可毁。」乃别治鞠場，未成，莊宗怒，命兩虞候亟毁壇以爲場。憲歎曰：「此不祥之兆也！」

蕙田案：五代史文，未有言告天即位者，然憲以鄗南、繁陽爲比，則知亦有告天，史文略耳。

唐本紀：明宗長興元年二月乙卯，有事于南郊，大赦，改元。

李愚傳：明宗祀天南郊，愚爲宰相馮道、趙鳳草加恩制，道鄙其詞，罷爲太常卿。

蕙田案：五代衰亂如此，而一舉郊祀，必推恩賚，此宋世所以憚行，而歸于合祭，或終于廢祭。蓋相承舊習，所從來遠，而不知其適爲敗禮之根原也。

遼史太宗本紀：會同三年七月，晉遣使請行南郊禮，許之。　四年三月，晉以許祀南郊，遣使來謝，進黄金十鎰。

蕙田案：敬瑭之立，在天顯十一年，至是，當爲六年。請之未行，至明年而殂矣。故晉紀無郊天事。

〔一〕「壇」，諸本脱，據新五代史張憲傳補。

册府元龜：周太祖廣順三年十月戊申，内出御札曰：「王者應運開基，子民育物，罔不承天事地，尊祖敬宗。燔柴于泰壇，用昭乾德；瘞玉于方澤，以答坤靈。朕受命上玄，宅心下土，時已歷于三載，漸至小康；禮未展于二儀，深虧大典。宜叶蓍龜，式陳籩豆，庶展吉蠲之禮，用傾昭事之忱。朕以來年正月一日，於東京有事于南郊，宜令所司各備儀注，務從省約，無致煩勞。凡有供需，並用官物，府縣不得因便差配，諸道、州、府不得以進奉南郊爲名，輒有率斂。庶禋嚴靜，以奉郊禋。中外臣僚，當體予意。」

文獻通考：廣順三年九月，太常禮院奏：准勅定郊廟制度，洛陽郊壇在城南七里丙巳之地，圜丘四成，各高八尺一寸，下廣二十丈。再成，廣十五丈。三成，廣十丈。四成，廣五丈，十有二陛。每節十二等。燎壇在泰壇之丙地，方一丈，高一丈二尺，開上，南出户，方六尺，請下所司修奉。從之。時周太祖將拜南郊，故修奉之。

五代史周本紀：太祖顯德元年正月丙子朔，有事于南郊，大赦，改元。

吴楊行密世家：隆演卒，乃立溥。明年二月，改元順義，赦境内。冬十一月，祀天于南郊。

南唐徐知誥世家：昪元三年四月，昪郊祀上帝于圜丘。
宋史南唐世家：昪立七年，卒，景襲位，改元保大，郊祀天地。
五代史前蜀王建世家：武成元年正月，祀天南郊，大赦，改元。
宋史西蜀世家：漢祖起并門，中土蝗旱連歲，昶益自大，行郊祀禮。
五代史南漢劉隱世家：大寶二年，鋹祀天南郊。
宋史南漢世家：劉隱卒，弟陟襲位。僭帝號，國稱大漢，改元乾亨，行郊祀禮。

蕙田案：五代十國，瓜剖豆分，誰當正統，要以郊祀重鉅。真人未出，則餘分閏位，不容盡廢。故總附唐末，不復加區別云。

右五代郊禮

五禮通考卷十二

吉禮十二

圜丘祀天

宋郊禮

宋史太祖本紀：乾德元年十一月甲子，有事南郊，大赦，改元，百官奉玉册，上尊號。

禮志：乾德元年，始有事於南郊。自五代以來，喪亂相繼，典章制度，多所散逸。至是，詔有司講求遺逸，遵行典故，以副寅恭之意。是歲十一月十六日，合祭天地于圜丘。初，有司議配享，請以禧祖升配，張昭獻議曰：「隋、唐以前，雖追立四廟或六七廟，而無徧加帝號之文。梁、陳南郊，祀天皇，配以皇考；北齊圜丘，祀昊天，以神武升配；隋祀昊天於圜丘，以皇考配；唐貞觀初，以高祖配圜丘；梁太祖郊天，以皇考烈祖配。恭惟宣祖皇帝，積累勳伐，肇基王業，伏請奉以配享。」從之。

南郊壇制：梁及後唐郊壇皆在洛陽。宋初始作壇於東都南薰門外，四成、十二陛、三壝。設燎壇於内壇之外丙地，高一丈二尺。設皇帝更衣大次於東壝東門之内道北，南向。

乾德元年八月，禮儀使陶穀言：「饗廟、郊天，兩日行禮，從祀官前七日皆合於尚書省受誓戒，自來一日之内受兩處誓戒，有虧虔潔。今擬十一月十六日行郊禮，望依禮文於八日先受從享太廟誓戒，九日别受郊天誓戒，其日請放朝參。」從之。自後百官受誓戒於朝堂，宗室受於太廟。祭之日，均用丑時，秋夏以一刻，春冬以七刻。前二日遣官奏告，配帝之室，儀鸞司設大次、小次及文武侍臣、蕃客之次，太常設樂位、神位、版位等事。前一日，司尊彝帥其屬以法陳祭器於堂東，僕射、禮部尚書視滌濯告潔，禮部尚書、侍郎省牲，光禄卿奉牲，告充、告備，禮部尚書視鼎鑊，禮部侍郎視腥熟之節。祭之旦，光禄卿率其屬取籩、豆、簠、簋實之。及薦腥，禮部尚書率其屬薦籩、豆、簠、簋，户部、兵部、工部尚書薦三牲之腥熟俎。禮畢，各徹，而有司受之以出。晡後，郊社令帥其屬掃除，御史按視之。奏中嚴、外辦以禮部侍郎，請解嚴以禮部郎中。贊者設亞、終獻位於小次之南，宗室位於其後，設公卿位於亞、終獻之南，分獻官位於公卿之後，執事者又在其後，俱重行，西向北上。其致福也，太牢以牛左肩、臂、臑折九箇，少牢以羊左肩七箇，犆豕以左肩五箇。有司攝事、進胙皆如禮。太尉展視以授使者，再拜稽首。既享，大宴，號曰飲福，自宰臣而下至應執事及樂工、馭車馬人等，並均給有差，以爲定式。是歲十一月日至，皇帝服衮冕，執圭，合祭天地于圜丘，還御明德門樓，肆赦。

凡郊壇，值雨雪，即齋宫門望祭殿望拜，祭日不設登歌，祀官以公服行事，中祀以上皆給明衣。

凡常祀，天地宗廟，皆内降御封香，仍製漆匱，付光禄、司農寺；每祠祭，命判寺官緘署禮料送祀所；凡祈告，亦内出香。遂爲定制。

聶崇義傳：吏部尚書張昭等奏議曰：「案崇義稱：祭天蒼璧九寸圓好，祭地黄琮八寸無好，圭、璋、琥並長九寸。自言周顯德三年與田敏等案周官玉人之職及阮諶、鄭玄舊圖，載其制度。臣等案周禮玉人之職，只有『璧琮九寸』、『瑑琮八寸』及『璧羨度尺，好三寸以爲度』之文，即無蒼璧、黄琮之制。兼引注有爾雅『肉倍好』之説，此即是注『璧羨度』之文，又非蒼璧之制。又詳鄭玄自注周禮，不載尺寸，豈復別作畫圖，違經立異？又配合『羨度』、『肉好』之言，彊爲尺寸，古今大禮，順非改作，於理未通。又據尹拙所述禮神之六玉，稱取梁桂州刺史崔靈恩所撰三禮義宗内『昊天及五精帝圭、璧、琮、璜皆長尺二寸，以法十二時；祭地之琮長十寸，以做地之數』。又引白虎通云：『方中圓外曰璧，圓中方外曰琮。』崇義非之，以爲靈恩非周公之才，無周公之位，一朝撰述，便補六玉闕文，尤不合禮。臣等以靈恩所撰之書，聿稽古訓，祭玉以十二爲數者，蓋天有十二次，地有十二辰，日有十二時，封山之玉牒十二寸，圜丘之籩豆十二列，天子以鎮圭外守，宗后以大琮内守，皆長尺有二寸。又裸圭尺二寸，王者以祀宗廟。若人君親行之郊祭，登壇酌獻，服大裘，搢大圭，行稽奠，而手秉尺二之圭，神獻九寸之璧，不及禮宗廟裸圭之數，父天母地，情亦奚安？則靈恩議論，理未爲失。」

文獻通考：先是，詔以冬至有事南郊。有司言：「冬至乃十一月晦前一日，皇帝始郊，不應近晦。」乃改用十六日甲子。十三日上宿齋于崇元殿。翌日，服通天冠、絳紗袍，執鎮圭，乘玉輅，由明德門出，群臣夾侍，鹵簿前導，赴太廟。五鼓，朝享，禮畢。質明，乘輅赴南郊，齊于帷宮。上初詣太廟，乘玉輅，左諫議大夫崔頌攝太僕，上問儀仗名物甚悉，頌應對詳敏，上大悦。十六日，服衮冕，執圭，合祭天地於圜丘，以皇弟開封尹爲亞獻，興元尹光美爲終獻。將升壇，有司具黄褥爲道，上曰：「朕潔誠事天，不必如此。」命徹之。還宮，將駕金輅，顧左右曰：「于典故可乘輦否？」對以無害，乃乘輦。壬申，以南郊禮成，大宴廣政殿，號曰「飲福」。自是爲例。

五代以來，宰相爲大禮使，太常卿爲禮儀使，御史中丞爲儀仗使，兵部尚書爲鹵簿使，京府尹爲橋道頓遞使。宋制，大禮、頓遞如舊，而大禮使或以親王爲之，又耑以翰林學士爲禮儀使，其儀仗、鹵簿使或以他官充。是年，司徒兼侍中范質爲南郊大禮使，翰林學士承旨、禮部尚書陶穀禮儀使，刑部尚書張昭鹵簿使，御史中丞劉温叟儀仗使，皇弟開封尹光義爲橋道頓遞使。

太平興國元年，始鑄五使印。

石林葉氏曰：「南郊五使，唐制甚詳。考於會要，纔見長慶後有以太常卿爲禮儀使，御史中丞爲大禮使者，不知禮儀、大禮何以爲别也。其以宰相爲大禮使，禮部尚書爲禮儀使〔一〕，御史中丞爲儀仗使，兵部尚書爲鹵簿使，開封尹爲橋道使者，蓋後唐之制，故本朝用之，但改太常卿爲禮儀使爾。太常卿既不常置，而中丞、兵部官或缺，則例以學士及他曹尚書、侍郎代之。大禮掌贊相，鹵簿掌儀衛，橋道掌頓遞，禮儀掌禮物儀仗，無正所治事，但督察百司不如禮者而已。真宗東封西郊，嘗耑用輔臣，天禧後罷。至元符初，始詔並用執政，遂著爲令。」

宋史樂志：建隆郊祀八曲：

降神，高安　在國南方，時維就陽。以祈帝祉，式致民康。豆籩鼎俎，金石絲簧。禮行樂奏，皇祚無疆。

皇帝升降，隆安　步武舒遲，陞壇肅祇。其容允若，于禮攸宜。

奠玉幣，嘉安　嘉玉制幣，以通神明。神不享物，享于克誠。

奉俎，豐安　笙鏞備樂，繭栗陳牲。乃迎芳俎，以薦高明。

酌獻，禧安　丹雲之爵，金龍之杓。挹于尊罍，是曰清酌。

〔一〕「禮部尚書」，諸本作「兵部尚書」，據文獻通考卷七一改。

飲福，禧安　潔兹五齊，酌彼六尊。致誠斯至，率禮彌敦。以介景福，永隆後昆。重熙累洽，帝道攸尊。

亞獻、終獻，正安　謂天蓋高，其聽孔卑。聞樂歆德，介以福禧。

送神，高安　條兮而來，忽兮而迴。雲馭杳邈，天門洞開。

蕙田案：親郊始于乾德，而樂章製自建隆，故史仍其舊。且三年之中，或自有遣官之祭，亦須奏樂也。　又案：宋志鼓吹樂中别有南郊導引十二時奉禋歌諸樂，皆祭事前後所奏，然語同詞曲，音節靡曼，禮無取焉，故不備録。

和峴傳：乾德元年十一月甲子，有事于南郊。丁丑冬至，有司復請祀昊天上帝，詔峴議其禮，峴以祭義戒於煩數，請罷之。四年，南郊，峴建議望燎位通爟火。

太祖本紀：開寶元年十一月癸卯，日南至，有事南郊，改元，大赦，十惡、殺人、官吏受贓者不原。十二月甲子，行慶，自開封興元尹、宰相、樞密使及諸道藩侯，並加勳爵有差。

禮志：開寶元年十一月郊，以燎壇稍遠，不聞告燎之聲，始用爟火，令光明遠照，通于祀所。

梁周翰傳：開寶二年，將郊祀，因上疏曰：「陛下再郊上帝，必覃赦宥。臣以天下至大，其中有慶澤所未及、節文所未該者，所宜推而廣之。方今賦税所入至多；加以科變之物，名品非一，調發供輸，不無重困。且西蜀、淮南、荆、潭、廣、桂之地，皆以爲王土，陛下誠能以三方所得之利，減諸道租賦之入，則庶乎均德澤而寬民力矣。」

蕙田案：二年不郊，當爲元年或四年之誤。

四年十月甲申，詔十月後犯强竊盗者，郊赦不原。十一月己未，日南至，有事南郊，大赦。十二月癸亥朔，賜南郊執事官器幣有差〔一〕。丁卯，行慶，開封尹光義、興元尹光美、貴州防禦使德昭、宰相趙普並益食邑。己巳，内外文武官遞進勳爵。

玉海：開寶四年七月甲子朔，詔冬至郊祀。十一月戊午，親享太廟，始用繡衣鹵簿。己未，合祭圜丘。

宋史太祖本紀：開寶九年春正月庚辰，詔郊西京。三月庚寅，大雨。夏四月己

〔一〕「執事」，諸本脱，據宋史太祖本紀補。

亥，雨霽。庚子，有事於圜丘，迴御五鳳樓，大赦。

長編通考曰：恭考太祖南郊凡四，自後宿齋、朝享、儀禮、降赦率如初。唯開寶四年，始用繡衣鹵簿。先是，大駕鹵簿、衣服、旗幟止以五綵繪畫，至是，盡易以繡。九年，以江表底定，方内大同，用申報謝，乃幸西京，以四月有事於南郊。先時，霖雨彌旬。及赴齋宫之日，雲物晴霽，觀者如堵，咸相謂曰：「我輩少逢亂離，不圖今日復睹太平天子儀衛。」皆相對感泣。

又考鹵簿凡四等：大駕、法駕、鑾駕、黄麾仗。大駕，郊祀、籍田、薦獻玉清昭應、景靈宫用之。

文獻通考：梁太祖始建都於汴，然郊壇則在洛都。開平二年十一月南郊，帝自東京至洛都行禮，自石橋備儀仗至郊壇。三年正月，以河南尹張宗奭爲南郊大禮使。後唐莊宗同光二年，帝祀南郊。初，梁均王將郊祀于洛陽，聞楊劉陷而止，其儀物具在。至是，張全義請上亟幸洛陽，謁廟畢，即祀南郊。從之。然則梁、唐行郊祀皆在洛陽。國初，始作郊壇于國城南薰門外。開寶九年，詔曰：「定鼎洛邑，我之西都；燔柴太壇，國之大事。今江表底定，方内大同，祗遹景靈，用申報謝，乃眷西顧，郊兆存焉。將飭駕以時巡，躬展誠於陽位。朕今幸西京，以四月有事于南郊，宜令有司各揚所職。」以是觀之，藝祖親郊凡四，獨是歲行之于洛陽。然凡郊必以陽至之月，獨是歲以四月，乃是行大雩之禮，蓋本非彝典。帝以洛都元有郊兆，是年又有欲徙都于洛之意，故因西幸而特行其禮云。

太宗本紀：太平興國三年十一月丙申，祀天地于圜丘，大赦。御乾元殿受尊號。丙午，以郊祀中外文武加恩。

禮志：自國初以來，南郊四祭及感生帝、皇地祇、神州凡七祭，並以四祖迭配。太祖親郊者四，並以宣祖配。太宗即位，其七祭但以宣祖、太祖更配。是歲親享天地，始奉太祖升侑。

太宗本紀：六年十一月辛亥，祀天地于圜丘，大赦。受尊號，内外文武加恩。

雍熙元年十一月丁巳，祀天地于圜丘，大赦，改元，中外文武官進秩有差。

禮志：雍熙元年冬至親郊，從禮儀使扈蒙之議，復以宣祖配。

扈蒙傳：初，太祖受周禪，追尊四廟，親郊，以宣祖配天。及太宗即位，禮官以爲舜郊嚳，商郊冥，周郊后稷，王業所因興也〔一〕。若漢高之太公，光武之南頓君，雖有帝父之尊，而無預配天之祭。故自太平興國三年、六年再郊〔二〕，並以太祖配，於禮爲允。太宗將東封，蒙定議曰：「嚴父莫大於配天，請以宣祖配天。」自雍熙元年罷封禪爲郊祀，遂行其禮，識者非之。

雍熙四年正月，禮儀使蘇易簡言：「親祀圜丘，以宣祖配，此則符聖人大孝之道，成嚴父配天之儀。太祖皇帝光啓丕圖，恭臨大寶，以聖授聖，傳於無窮。案唐永徽中，以高祖、太宗同配上帝。欲望將來親祀郊丘，奉宣祖、太祖同配；其常祀祈穀、神州、明堂，以宣祖崇配；圜丘、北郊、雩祀，以太祖崇配。」奏可。淳化三年，將以冬至郊，前十日，皇子許王薨，有司言：「王薨在未受誓戒之前，準禮，天地、社稷之祀不廢。」詔下尚書省議。吏部尚書宋琪等奏：「以許王薨謝，去郊禮裁十日，又詔輟十一日以後五日朝參，且至尊成服，百僚皆當入慰。有司又以十二、十三日受誓戒，案令

〔一〕「興」，諸本脱，據宋史扈蒙傳補。
〔二〕「六年」，諸本作「六月」，據宋史扈蒙傳改。

式，受誓戒後不得弔喪問疾。今若皇帝既輟朝而未成服，則爽禮文；百僚既受誓而入奉慰，又違令式。況許王地居藩戚，望著親賢，於昆仲爲大宗，於朝廷爲冢嗣，遽兹薨逝，朝野同哀，伏想聖情，豈勝追念。當愁慘之際，行對越之儀，臣等實慮上帝之弗歆，下民之斯惑。況祭天之禮，歲有四焉，載於禮經，非有差降。請以來年正月上辛合祭天地。」從之。

文獻通考：淳化三年，禮儀使言：「皇帝親郊，故事，在京并去圜丘十里內神祠及所過橋道，並差官致祭，而獨遺太社、太稷、文宣、武成王等廟。今請自出宮前一日，遣官致祭。」從之。

宋史太宗本紀：淳化四年正月辛卯，祀天地于圜丘，以宣祖、太祖配，大赦。

太宗本紀〔一〕：至道二年正月辛亥，祀天地于圜丘，大赦，中外文武加恩。

禮志：真宗至道三年十一月，有司言：「冬至圜丘、孟夏雩祀、夏至方丘，請奉太宗配；上辛祈穀、季秋明堂，奉太祖配；上辛祀感生帝、孟冬祭神州地祇，奉宣祖配；

〔一〕「太宗本紀」，諸本作「真宗本紀」，據宋史太宗本紀改。

其親郊，奉太祖、太宗並配。」詔可。
真宗本紀：咸平二年十一月丙戌，祀天地于圜丘，以太祖、太宗配，大赦，受尊號。五年十一月壬寅，祀天地于圜丘，大赦。景德二年十一月丁巳，祀天地于圜丘，大赦。
樂志：咸平親郊八首：
降神，高安　圜丘何方？在國之陽。禮神合祭，運啓無疆。祖考來格，籩豆成行。其儀肅肅，降福穰穰。
皇帝升降，隆安　禮備樂成，乾健天行。帝容有穆，佩玉鏘鳴。
奠玉幣，嘉安　定位毖祀，告于神明。嘉玉量幣，享于克誠。
奉俎，豐安　有牲斯純，有俎斯陳。進于上帝，昭報深仁。
酌獻，僖安〔一〕　大報于帝，盛德升聞。醴齊良潔，粢盛苾芬。
飲福，禧安　祀帝圜丘，九州獻力。禮行于郊，百神受職。靈祇格思，享我明

〔一〕「僖安」，諸本作「嘉安」，據宋史樂志七改。

德。天鑒孔章〔一〕，元祉昭錫。

亞獻、終獻，正安　羽籥云罷，干戚載揚。接神有恪，錫羡無疆。

送神，高安　神駕來思，風舉雲飛。神馭歸止，天空露晞。

禮志：景德三年，鹵簿使王欽若言：「漢以五帝爲天神之佐，今在第一龕；天皇大帝在第二龕，與六甲、岳、瀆之類接席；帝座，天市之尊，今與二十八宿、積薪、騰蛇、杵臼之類同在第三龕。卑主尊臣，甚未便也。若以北極、帝座本非天帝，蓋是天帝所居，則北極在第二，帝座在第三，亦高下未等。又太微之次少左右執法，子星之次少孫星，望令司天監參驗。」乃詔禮儀使、太常禮院、司天監檢定之。禮儀使趙安仁言：「案開寶通禮，元氣廣大則稱昊天，據遠視之蒼然，則稱蒼天。人之所尊，莫過於帝，託之於天，故稱上帝。天皇大帝即北辰耀魄寶也，自是星中之尊。易曰：『日月麗乎天，百穀草木麗乎土。』又曰：『在天成象，在地成形。』蓋明辰象非天，草木非地，是則天以蒼昊爲體，不入星辰之列。又郊祀録：『壇第二等祀天皇大帝、北斗、天一、太

〔一〕「鑒」，諸本作「監」，據宋史樂志七改。

一、紫微、五帝坐，差在行位前，餘内官諸位及五星、十二辰、河漢，都四十九坐齊列，俱在十二陛之間。』唐建中間，司天冬官正郭獻之奏：『天皇、北極、天一、太一，準天寶敕並合升第一等。』貞元二年親郊，以太常議，詔復從開元禮，仍爲定制。郊祀録又云：『壇第三等有中宫、天市垣、帝坐等十七坐，並在前。』開元禮義羅云：『帝有五坐，一在紫微宫，一在大角，一在太微宫，一在心，一在天市垣。』即帝坐者非直指天帝也。又得判司天監史序狀：『天皇大帝一星在紫微勾陳中，其神曰耀魄寶，即天皇是星，五帝乃天帝也。北極五星在紫微垣内，居中一星曰北辰，第一主月爲太子，第二主日爲帝王，第三爲庶子，第四爲嫡子，第五星爲天之樞，蓋北辰所主非一，又非帝座之比。太微垣十星有左右執法、上將、次將之名，不可備陳，故總名太微垣。星經舊載孫星，而壇圖止有子星，辯其尊卑，不可同位。』竊惟壇圖舊制，悉有明據，天神定位，難以躋升，望依星經，悉以舊禮爲定。」欽若復言：「舊史天文志並云：北極，北辰最尊者。又勾陳口中一星曰天皇大帝，鄭玄注周禮謂：『禮天者，冬至祭天皇於北極也。』後魏孝文禋六宗，亦升天皇五帝上。案晉天文志：『帝坐光而潤，則天子吉，威令行。』既名帝坐，則爲天子所占，列于下位，未見其可。又安仁議，以子、孫二星不可同位。陛下方洽高禖之慶，以廣維城之基，苟因前代闕文，便爲得禮，實恐聖朝茂典，尤未適中。」詔天皇、北極特升第一龕，又設孫星于子星位次，帝坐如故。欽若又言：「帝坐止三，紫微、太微者已列第二等，唯天市一坐在第三等。案晉志，大角及心中星但云天王坐，實與帝坐不類。」詔特升第二龕。舊郊丘，神位版皆有司題署，命欽若改造之。至是，欽若奉版便殿，壇上四位，塗以朱漆金字，餘皆黑漆，第一等金字，第二等黄字，第三等以降朱字，悉貯漆匣，覆以黄縑帊。帝降階觀之，即付有司。又以新定壇圖，五帝、五岳、中鎮、河漢合在第三等。

四年，職方員外郎判太常禮院孫奭言：「準禮，冬至祀圜丘，有司攝事，以天神六百九十位從祀。今唯有五方上帝及五人神十七位，天皇大帝以下並不設位。且太昊、勾芒，唯孟夏雩祀、季秋大享及之，今乃祀於冬至，恐未叶宜。」翰林學士晁迥等言：「案開寶通禮：圜丘，有司攝事，祀昊天、配帝、五方帝、日月、五星、中外官、衆星總六百八十七位；雩祀、大享，昊天、配帝、五天帝、五人帝、五官總十七位；方丘，祭皇地祇、配帝、神州、岳鎮、海瀆七十一位。今司天監所設圜丘、雩祀、明堂、方丘並十七位，即是方丘有岳、瀆從祀，圜丘無星辰，而反以人帝從祀。望如奭請，以通禮及神位爲定〔一〕，其有增益者如後敕。」奏可。

真宗本紀：大中祥符七年二月丙寅，詔天地壇非執事輒臨者斬。壬申，恭謝天地。天禧元年正月辛丑朔，改元。詣玉清昭應宮薦獻，上玉皇大天帝寶册、衮服。辛亥，謝天地于南郊，大赦，御天安殿受册號。三年十一月辛未，祀天地于圜丘，大赦天下。

禮志：乾興元年，真宗崩，詔禮官定遷郊祀配帝，乃請：「祈穀及祭神州地祇，以太祖配；雩祀及昊天上帝及皇地祇，以太宗配；感生帝，以宣祖配；明堂，以真宗配；親祀郊丘，以太祖、太宗配。」奏可。

又乾興元年九月，太常丞同判禮院謝絳言〔二〕：「伏覩本院與崇文院檢討官詳定，以宣祖配感生帝。竊尋宣祖非受命開統，義或未安。唐武德初，圜丘、方丘、雩祀並以景帝配，祈穀、大享並以元帝配。太宗初，奉高祖配圜丘、明堂、北郊，元帝配感生

〔一〕「及」，諸本脱，據宋史禮志二補。
〔二〕「判」，諸本作「制」，據宋史禮志三校勘記改。

帝。高宗永徽二年，祀高祖於圜丘，祀太宗於明堂，兼感生帝作主。又以景帝、元帝稱祖，萬代不遷，停配以符古義。臣以爲景帝厥初受封爲唐始祖，蓋與宣祖不侔〔一〕。宣祖於唐，是爲元帝之比。唐有天下，裁越三世，而景、元二祖已停配典。有宋受命，既自太祖，於今四聖，而宣祖侑祀未停，恐非往典之意。請依永徽故事，停宣祖配，仍用太宗故事，宗祀真宗於明堂，兼感生帝作主。若據鄭氏說，則曰五帝迭王，王者因所感別祭，尊於南郊，以祖配之。今若不用武德、永徽故事，請以太祖兼配，正符鄭說。詳鄭之意，非受命始封之祖不得配，故引周后稷配靈威仰之義爲證。唯太祖始造基業，躬受符命，配侑感帝，處理甚明。如恐祠日相妨，當以太宗配祈穀，太祖配雩祀，亦不失尊嚴之旨。臣以爲宣廟非唯不遷，而迭用配帝，於古爲疑。禮：『祖有功，宗有德。』但非受命之祖，親盡必毁，況配享乎？」翰林承旨李維等議：「案禮祭法正義曰：『郊，爲夏正建寅之月，祭感生帝於南郊。』此則崇配之文也〔二〕。竊唯感帝比祈

〔一〕「宣祖」，諸本作「宣帝」，據宋史禮志三校勘記改。
〔二〕「配」，諸本作「祀」，據宋史禮志三改。

穀，禮秩差輕；宣祖比太祖，功業有異。今以太祖配祈穀，宣祖配感帝，稱情立文，於禮斯協。」詔從所定。其祀儀：皇帝散齋七日，致齋三日。太史設帝位於壇上，北方南向，席以槀秸。配帝位於壇上，東方西向，席以蒲越。配位，奠幣作皇安之樂，酌獻作肅安之樂，餘如祈穀祀上帝儀。

蕙田案：鄭注以南郊祀感帝，後世因之。孟春上辛，祭感帝以祈穀，唐既祀感帝，又祈穀于圜丘，以祈穀與祀感帝爲二祭，故附于圜丘條内，不入祈穀。

仁宗本紀：天聖二年十一月丁酉，祀天地于圜丘，大赦。上尊號，賜百官諸軍加等。

禮志：仁宗天聖二年，詔加真宗謚，上謂輔臣曰：「郊祀重事，朕欲就禁中習儀，其令禮官草具以聞。」先郊三日，奉謚册寶于太廟。次日，薦享玉清昭應、景靈宫，宿太廟。既享，赴青城，至大次，就更衣壇改服衮冕行事。

文獻通考：故事，三歲一親郊，不郊，輒代以他禮。慶賞與郊同，而五使皆輔臣，不以官之高下。天聖二年，翰林學士領儀仗，御史中丞領鹵簿，始用官次。

仁宗本紀：天聖五年十一月癸丑，祀天地于圜丘，大赦。賀皇太后于會慶殿。丁已，恭謝玉清昭應宫。十二月辛未，加恩百官。甲戌，詔輔臣南郊恩例外，更改一子官。

禮志：謝玉清昭應宫。禮畢，賀皇太后，比籍田勞酒儀，略如元會。其恭謝云：「臣某虔遵舊典，郊祀禮成，中外協心，不勝懽忭。」宣答曰：「皇帝德備孝恭，禮成嚴配，萬國稱頌，懽豫增深。」帝再拜還内。樞密使以下稱賀，閤門使宣答，樞密副使升殿侍立，百官稱賀。酒三行，還内殿，受命婦賀，司賓自殿側幕次引内命婦於殿庭，北向立，尚儀奏：「請皇太后即御坐。」司賓贊：「再拜。」引班首升自西階，稱封號妾某氏等言：「郊祀再舉，福祚咸均，凡在照臨，不勝忻忭。」降，再拜。尚宫承旨，降自東階，稱「皇太后聖旨」，又再拜。司賓宣答曰：「已成鉅禮，歡豫良深。」皆再拜。次外命婦賀如内命婦儀，退，皆赴别殿賀皇帝，惟不致詞，不宣答。

文獻通考：天聖五年十一月癸丑，郊，以翰林學士宋綬攝太僕，陪玉輅。上問儀物典故，綬占對辯給，因使綬集群官，撰集天聖鹵簿圖記，上之。禮儀使請郊後詣玉清昭應、景靈宫。詔郊前享景靈。近臣奏告，玉清昭應擇日恭謝。大禮使王曾請節廟樂，帝曰：「三年一享，不敢憚勞也。」三獻終，增禮生七人，各引本實，太祝升殿徹豆。三日，又齋長春殿，謝玉清昭應宫。

沈氏筆談：上親郊廟册文，皆曰「恭薦歲事」。先景靈宫，謂之朝獻；次太廟，謂之朝享；末乃事於南郊。予集郊式時，曾預討論，常疑其次序。若先爲尊，則郊不應在廟後；若後爲尊，則景靈宫不應在太廟之先。求其所從來，蓋有所因。案唐故事：凡有事於上帝，則百神皆預遣使祭告，唯太清宫、太廟則皇帝親行，其册祝皆曰：「取某月某日，有事於某所，不敢不告。」宫廟謂之奏告，餘皆謂之祭告，惟有事于南郊，方爲正祠。至天寶九載，乃下詔曰：「告者，上告下之詞。今後太清宫宜稱朝獻，太廟稱朝饗。」自此遂失奏告之名，册文皆爲正祠。

蕙田案：書湯誥云「敢昭告于上天神后」，武成云「告于皇天后土」。天寶詔，以告爲上告下之稱，遂易去奏告之名，抑惑矣！又案：筆談此條，可補正史之闕。

楊氏復曰：愚案：「卜郊受命于祖廟，作龜於禰宫。」疏引禮器「魯人將有事於上帝，必先有事於頖宫」爲證。禮器注云：「魯以周公之故，得郊于上帝。先有事於頖宫，告后稷也。」夫有事，謂告祭也，郊事至重，又尊祖以配天，故先告于祖而受命焉，乃卜日于禰宮。自此以後，散齋七日，致齋三日，齋戒以神明其德，將以對越上帝，此則古禮然也。太祖皇帝乾德六年十一月，初行郊祀。先是，十三日宿齋于崇元殿。翌日，赴太廟，五鼓，朝享禮畢。質明，乘玉輅赴南郊，齋於帷宮。十六日，行郊祀禮。夫五鼓朝享于太廟，質明，乘輅赴南郊，齋于帷宮。又二日而郊祀，此則不拘古禮，以義起之，深得古人告祭于太廟之意，而又不失乎致齋之嚴也。其後，有司建明，或失其中。仁宗天聖二年八月，太常禮院言：「南郊合行薦告之禮，望降所用日。」詔，將來玉清昭應宮、景靈宮、太廟同日行禮。後五年，禮儀使劉筠奏曰：「天聖二年南郊制度，皇帝自大安殿一日之内數次展禮，萬乘之陟降爲勞，百執之駿奔不暇。欲乞將來南郊禮畢，别定日詣玉清昭應宮、景靈宮行恭謝之禮。」夫劉筠之請，蓋欲避一日頻併之勞也。然薦告者，郊前之禮也；恭謝者，郊後之禮也。劉筠欲易郊前薦告之禮爲郊後恭謝之禮，蓋亦以玉清昭應宮、景靈宮非禮之正，不欲指言其事，故爲是婉辭以達意也。景祐五年十月，侍講賈昌朝言：「朝廟之禮，本告以配天享侑之意，合於舊典，所宜奉行。其景靈宮朝謁，蓋沿唐世太清宮故事，有違經訓，固可改革。欲望將來朝廟前，未行此禮，候郊禮畢，詣景靈宮謝成，如下元朝謁之儀。所冀尊祖事天，禮簡誠至。」夫賈昌朝之説，即劉筠之説也。然劉筠之議婉而明，不若賈昌朝之言嚴而正。

岳氏愧郯録：珂前辯南北郊，妄意以禮之大者與常禮異，折衷古今，以俟博識。及考元豐六年十月庚辰太常丞吕升卿所奏，則先廟後郊。當時亦嘗有議之者，反覆其論，可謂至當，而迄不見于用，則蓋有弗便乎？今雖欲力行，不可得也。珂故因是而發其餘論焉。升卿之言曰：「近以郊祀致齋之内，不當詣景靈宫及太廟朝享，遂具奏：伏聞止罷景靈宫諸處朝謁，而天興殿及太廟朝享如故。臣伏以郊丘之祀，國之大事，有天下者，莫重乎享帝。臣歷考載籍，不聞爲祀天致齋，乃於其間先享宗廟者也。獨有唐天寶之後，用田同秀之言，立老子廟，號曰太清宫。是歲，將行郊祀，以二月辛卯先躬享焉。祠用青詞，饋用素饌；甲午，又親享于太廟；丙申，乃有事于南郊。終唐之世，奉而行之，莫知其非。雖論者以爲失禮，然考其初，致齋之日，乃辛卯享于太清宫，至丙申殆且五日，乃得雍容休息，以見上帝也。今陛下致齋三日，其一日於大慶殿，而用其二日三行禮焉。古之大祀，未有不齋三日而敢與神明交者，故經曰：『齋三日，一日用之，猶恐不敬，二日伐鼓，何居？』蓋先王之於祭祀之齋，如此其謹也。今陛下行禮於天興殿，纔齋一日爾，其之太廟與郊宫也，前祀之一日，皆嘗用之矣，謂之一日之齋，尚非全也。夫用一日之齋以修大祀，未見其可，况非全日乎？於以奉宗廟，則齋之日不足；於以事上帝，則齋之儀不專。陛下恭嚴寅畏，三歲一修大禮，將以受無疆之休，其爲致齋者乃如此，殆未稱昭事之意也。今太廟歲有五大享，皆如古矣。又于郊祀復修徧享之禮，此爲何名乎？論者曰：『宗廟之禮，未嘗親行，故因郊祀恭展薦獻。』臣曰不然。唐太宗時，馬周言曰：『陛下自踐位，宗廟之享，未嘗親事。竊唯聖情以乘輿一出，所費無藝，故忍孝思以便百姓，遂俾唐史不書皇帝入廟，何以示來葉？』良謂此也。且人主于宗廟之享，自當歲時躬修其事，其不親享者，蓋後世之失禮也。今日必因郊禮以行之，則義尤不可矣。夫因者，不致專之謂也。七世聖神，儼在清廟，朝廷不特講歲時親行之禮，而因以享之，此非臣之所聞也。臣愚以謂今郊禮宜如故事，致齋於大慶殿，二日，徑赴行宫。其宫廟親享，並乞寢罷。或車駕必欲至太廟，即乞止告太祖一室，以侑神作主之意，撤去樂舞，以盡尊天致齋之義。其天興朝享，乞更不行，請如新降朝旨，俟禮畢而恭謝。伏請繼今日已往，别修太廟躬祀之制，歲五大享，乘輿親臨其一焉。仍望自今歲臘享爲首，於明年行春祠之禮，禴與烝嘗，自次年以叙終之；每遇行廟享之時，則罷景靈宫一孟朝謁之禮；廟享致齋，乞於内殿，出入如常儀。如此，則祀天享親兩得其當矣。」珂案：先廟後郊，蘇文忠軾嘗引書武成證爲周禮，而珂固疑其即變禮以爲常矣。升卿謂古之大祀，未有不齋三日而敢與神交者。考之武成，厥四月丁未，祀于周廟；越三日庚戌，柴望，大告武成。雖禮之變，猶必歷三日而後柴望，則升卿之言，豈非明據？然珂謂升卿之論廟享，歲五大享而臨其一，乃殺禮也，非備禮也。行廟享之時，則罷景靈宫一孟朝謁之禮。廟享既與景靈宫迭用，且致齋内殿，出入如常儀，乃常禮也，非大禮也。夫天地，大祭也；祖宗，大祭也。隆禮備物，不可偏廢。其勢必如仁宗祫享之制，始合於禮之宜。夫嘉祐之行祫也，以代三年之郊也。略而齋，冕而事，門而肆眚，皆郊制也。前乎元年，恭謝乎大慶；後乎七年，大享于明堂。則四年之祫，適三年之中也。如升卿言，是以常禮享祖宗，而以大禮祀天地也。若每歲而入廟，又三歲而出郊，禮有隆而無殺〔一〕，

〔一〕「無」，諸本脱，據愧郯録卷四補。

知其必不能也。知乎此，又益知乎南北郊之不可以兼舉也。分郊而祭，舍升卿之説，則太廟、原廟之享，不知其存乎否也。苟存也，則先南郊祀之，先北郊則祀之？祖宗之祭二，而天地之祭一，祖宗三歲而徧，天地六歲而徧，以卑踰尊，不可也。苟廢也，則原廟恭謝之制，就可如升卿之説，而太廟則不可以乏享也。享不可以殺禮也，是又於何時增此一郊耶？其疏其數，將於此乎益無統矣。

馬氏曰：三歲親郊，而所祭者凡三：一日祀原廟，二日祀太廟，三日詣圜丘行禮。此禮始于唐，而宋因之。楊氏所引劉筠、賈昌朝之説，則以爲前二日之享廟，告祭也；岳氏所引吕升卿之説，則以爲前二日之享廟，正祭也。然以愚觀之，以爲告祭，則其禮太過；以爲正祭，則其禮無名。蓋登極、立太子、册后、上祖宗徽號之類，皆典禮之重大而希罕者，若三歲一郊，則事天之常禮也。今登極等告祭，未嘗親行，而獨于三歲郊祀，則親舉告禮，此所謂太過也。春禴、夏禘、秋嘗、冬烝，三歲一祫，五歲一禘，皆歷代相承宗廟之大祭。今此諸祭未嘗親行，而獨于三歲郊祀之前，特創一祭，此所謂無名也。蓋近代以來，天子親祀，其禮文繁，其儀衛盛，其賞賚厚，故必三歲始能行之。而郊祀所及者，天地百神與所配之祖而已，於宗廟無預，故必假告祭之説，就行親祀宗廟之禮焉。于事則簡便矣，謂之合禮則未也。

蕙田案：賈昌朝之言簡而該，楊氏稱之甚當，呂升卿之説尤爲詳核，岳氏餘論未見明快。唯謂廟享五而臨其一，乃殺禮，非隆禮，則所據正大，而可補呂氏之闕矣。馬氏之説最爲透闢。

宋史禮志：天聖六年，始築外壝，周以短垣，置欞星門。親郊則立表於青城，表三壝。

仁宗本紀：天聖八年十一月戊辰，祀天地于圜丘，大赦。賀皇太后于會慶殿。十二月癸未，加恩百官。

澠水燕談録：國初，南郊青城，久占民土，妨其耕稼。又其中暖殿，止是構木結綵，「至尊所御，非所以備不虞。天聖中，魏餘慶上言：「乞優價給值，收買民田，除放租税，爲瓦殿七間。」依奏。

景祐元年冬十月乙亥，作郊廟景安、興安、祐安之曲。

景祐二年五月庚子，議南郊升侑上帝，以太祖定配，二宗迭配。十一月乙未，祀天地于圜丘，大赦。

禮志：景祐二年郊，詔以太祖、太宗、真宗三廟萬世不遷。南郊以太祖定配，二宗迭配，親祀皆侑。常祀圜丘、皇地祇配以太祖，祈穀、雩祀、神州配以太宗，感生帝、明堂以宣祖、真宗配，如舊。

文獻通考：景祐二年十一月乙未，郊，三聖並侑。先是，上親製郊廟樂章二十一曲，財成頌體，告于神明，詔宰臣呂夷簡等分造樂章，參施群祀。

禮院言：周官朝日祀五帝，則張大次、小次。説者以爲祀昊天上帝亦然。大次在壇壝外，猶更衣幄；小次在壇側，今所未行。案魏武帝祠廟令「降神訖，下階就蕞而立，須奏樂畢，似若不衎烈祖〔一〕，遲祭不速訖也。故吾坐俟樂闋送神乃起耳」。然則武帝坐俟，容須別設近次，與周官義符。請設小次於皇帝版位少東，每獻畢，降壇若殿，就小次，俟終獻徹豆，復就版位。其後有司又言：「郊廟罇罍數皆準古，而不實三酒、五齊、明水、明酒，有司相承，名爲『看器』。郊廟天地配位，唯用祠祭

〔一〕「衎」，諸本作「愆」，據文獻通考卷七一改。

酒〔一〕，分大、中祠位二升，小祠位一升，止一罇酌獻，一罇飲福。宜詔酒官依法制齊、酒，分實罇罍〔二〕，有司取明水對明酒，實於上罇。」禮官以爲鄭氏注周禮五齊、三酒，唯引漢時酒名擬之，而無制造法。乃仍舊用祠祭酒，一等壇殿上下罇罍，有司毋設空器，並如唐制，以井水代明水、明酒。正配位酌獻、飲福，舊用酒二升者，各增二升。從祀神位，用舊升數，實諸罇罍。

岳氏愧郯録：珂之仕中朝，屢攝官莅祠祭，每見罇彝之設五齊，有其名而實無之，唯將事則取具天府，蓋止一色公醖耳。聞之容臺吏，罇冪之下率多空，唯一罇僅寘杯勺以共祭。他日，又攝光禄丞，得先祭贊閲視酒饌；又攝太官令，躬酌酒實爵，得窺其中，蓋皆如言。則其初點饌之際，執事者徒再倡酒齊之目而已，於以驗其名殊而實一也。嘗讀周禮正義，頗疑醖法不明，古制難復。考之通鑑長編，元豐六年十月甲申，光禄卿吕嘉問言：「光禄掌酒醴，祠祭罇罍，相承用法酒庫三色法

〔一〕「用」，諸本作「有」，據文獻通考卷七一改。
〔二〕「罇」，諸本脱，據宋史禮志一補。

酒，以代周禮所謂五齊、三酒，恐不足以上稱陛下崇祀之意。近於法酒庫、内酒坊，以醖酒法式，考之禮經五齊、三酒。今醅酒共齊，冬以二十五日，春秋十五日，夏十日，撥醅瓮而浮蟻湧於面，今謂之撥醅，豈其所謂泛齊耶？接取撥醅，其下齊汁與滓相將，今謂之醅芽，豈其所謂醴齊耶？既取醅芽，置篘其中，其齊葱白色入焉，今謂之帶醅酒，豈其所謂盎齊耶？冬一月，春秋二十日，夏十日，醅色變而微赤，豈其所謂醍齊耶？冬三十五日，春秋二十五日，夏十五日，外撥開醅面觀之，上清下沈，豈其所謂沈齊耶？今朝廷因事而醖造者，蓋事酒也；今踰歲成熟烝醖者，蓋昔酒也；同天節上壽燕所供臘醅酒者〔一〕，皆冬醅夏成，蓋清酒也：此皆酒，非所謂齊也。是知齊者，因自然之齊故稱名，酒者，成就而人功爲多，故享神以齊，養人以酒。竊恐典禮如此。又司罇彝曰：『醖齊縮酌，盎齊涗酌。』依經傳，則泛齊、醴齊以事酒和之，用茅縮酌；其盎齊、醍齊、沈齊，則以清酒和之，不用茅縮酌。如此，則所用五齊不多，而供具亦甚易。蓋醖酒料次不一，此五種者，成而皆自然。伏望聖斷。以

〔一〕「燕」，諸本作「照」，據愧郯録卷五改。

今之所造酒與典禮相詳審，或不至差謬。乞自今年郊廟共奉。」上批：「嘉問論證，似有理趣。今宗廟所實罇彝，酒、齊未備就，且如其説用之，於理無害。」然則當時蓋嘗施用，而又前乎慶曆，後乎大觀，皆經講明，具珂後記。彌文寖容，交舉並修，要必不廢。特建炎南渡之後，有司失其職耳，非故事也。祖宗毖祀，存古之意，最爲嚴重，是説其有稽焉。又曰：慶曆元年十月十五日，同判太常寺吕公綽言：「案開元禮崇祀録：昊天上帝、皇地祇六罇：太罇爲上，實以汎齊；著罇次之，實以醴齊；犧罇次之，實以醍齊；壺罇次之，實以沈齊；山罍爲下，實以三酒。配帝，著罇爲上，實以汎齊；犧罇次之，實以醴齊；象罇次之，實以盎齊；山罍爲下，實以清酒。皆加明水、明酒，實於上罇。五方、北極、天皇大帝、神州地祇、大明、夜明，太罇，實以汎齊。五星、十二辰、河漢，象罇，實以醍齊。中官，壺罇；五方山林、川澤，蜃罇，並實以沈齊。外官，概罇；五方丘陵、墳衍、原隰，散罇，並實以清酒。衆星，散罇，實以旨酒。皆用明酒，各實於上罇。宗廟，每室設斝彝、黄彝，著罇之上罇，皆實以明水，黄彝實鬱鬯，著罇實以醴齊。又司烜氏：『以鑑取明水於月。』鄭康成云：『鑑類取水者，世謂之方諸，取月之水，欲得陰陽之絜氣也。』臣謹以古制考五齊、三酒，即非難得之物。將來郊廟祭享，宜詔酒官依法制齊、酒，分實罇罍，仍命有司取明水對明酒，實於上罇。或陰鑒、方諸之類，未能猝辦，請如唐制，以井水代之。」下博士議。而奏曰：「比郊廟祠祀，壇殿上下所設罇罍，唯酌獻、飲福二罇，實以祠祭酒，餘皆徒設器而不實以五齊、三酒、明水、明酒，誠於禮爲缺。然五齊、三酒，鄭康成注周禮唯引漢時酒名擬之，而無制造之法。今欲仍舊，用祠祭酒一等，其壇殿上下罇罍，有司不得更設空器。其明水、明酒，並以井水代之。其正配逐位，酌獻、飲福，舊用酒二升者，各增二升。從祀神位，並用舊升數，實諸罍罇，配以明水、明酒。」從之。既曰從其請，則自慶曆以來，雖欲用之，而不能詳其法矣。此元豐呂嘉問之請，所以有爲而發也。還考元豐元年七月二日，詳定郊廟奉祀禮文所言：「古之祭祀，以五齊薦諸神，以三酒酌諸臣，其用不同。今罇雖具，均以法酒實之，而無清濁厚薄之異，是名物徒存，而亡其實也。再詳五齊，鄭氏以爲醴味與酒味異，其餘四齊，味皆似酒。祭祀必用五齊者，至恭不尚味，而貴多品也。若三酒，則人所飲也。事酒爲有事而新作者，即今卒造之酒，昔酒久醖乃熟，故名以昔，二者色皆白；清酒久於昔酒，故色清而味厚。欲令法酒庫、内酒坊以見造，到逐色酒實之。」

從之。則三酒當時尚未備，五齊固可從而知。不知公弼之奏已後，復曾講明否？禮文之所言，乃在嘉問奏論五年之先，則遐想中間酒、齊醞法之不講，亦云久矣。珂前記空罇，似出有司之吝，考之宣和三年七月二十二日尚書省言：「潭州奏，春秋上丁釋奠，并祭社稷、風、雨師等，合用罇齊酒醴。政和中，儀曹曹洪考三禮圖，罇受五斗之制，遂每罇用其數。以一歲計之，至用酒六百六十八石，委是虛費。今在京釋奠，正、配位每罇設酒二升，從祀每位五合，乞下諸路州軍依此。」從之。則在承平時，罇已不盈矣。慶曆公弼之言，有司相承，名爲「看器」，則雖盡空其罇，固無怪云。宣和之有司，猶有取於節，今祠祭迺不然，罇固皆有酒可實，特先期緘缾缶以均奉祠者，臺皁無遺焉。是上不以費靳，而下迺以私取，不可之大者也。

蕙田案：岳氏論酒醴甚確，勝于康成多矣。

宋史樂志：景祐親郊，三聖並侑二首：

奠幣，廣安　千齡啓運，三后在天〔一〕。嘉壇並侑，億萬斯年。

〔一〕「三」，諸本作「二」，據宋史樂志七改。

酌獻，彰安　皇基締構，帝祚靈長。躬薦鬱鬯，子孫保昌。

常祀二首：

太祖配位奠幣，定安　翕受駿命，震疊群方。侑祀上帝，德厚流光。

酌獻，英安　誕受靈符，肇基丕業。配享潔尊，永隆萬葉。

仁宗本紀：寶元元年九月戊申，詔：應祀事已受誓戒而失虔恭者，毋以赦原。十一月戊申，朝享景靈宫。己酉，享太廟及奉慈廟。庚戌，祀天地於圜丘，大赦。

寶元二年秋七月丁巳，詔宗室遇南郊及乾元節，恩許官一子，餘五歲授官。

慶曆元年十一月甲子，朝享景靈宫。乙丑，享太廟、奉慈廟。丙寅，祀天地於圜丘，大赦，改元。十二月丙子，加恩百官。

禮志：慶曆元年，判太常寺吕公綽言：「歷代郊祀，配位無側向，真宗示輔臣封禪圖曰：『嘗見郊祀昊天上帝，不以正坐，蓋皇地祇次之。今修登封，上帝宜當子位，太祖、太宗配位，宜比郊祀而斜置之。』其後，有司不諭先帝以告成報功、酌宜從變之意，每郊儀範，既引祥符側置之文，又載西向北上之禮，臨時擇一，未嘗考定。」乃詔南郊祖宗之配，並以東方西向爲定。

呂公綽傳：判太常寺兼提舉修祭器。公綽以郊廟祭器未完，制度多違禮，請悉更造。又以歲大、中、小祠凡六十一，禘祫二，裸獻興俯，玉帛尊彝，菁茆醯醢，鍾石歌奏，集爲郊祀總儀上之。言：「古者，天地、宗廟、日月、五方、百神之祀，咸有尊罍，五齊三酒，分實其中，加明水、明酒，以達陰陽之氣。今有司徒設尊罍，而酌用一尊，非禮神之意。宜案周禮實齊酒，取火於日，取水於月，因天地之潔氣。」又言：「祖宗配郊，當正位，今側鄉之，非所以示尊嚴也。」

禮志：慶曆三年，禮官余靖言：「祈穀、祀感生帝同日，其禮當異，不可皆用四圭有邸，色尚赤。」乃定祈穀、明堂蒼璧尺二寸，感生帝四圭有邸，朝日日圭，夕月月圭，皆五寸。從祀神州無玉，報社稷兩圭有邸，祈不用玉。

仁宗本紀：慶曆四年春正月辛卯，太常禮儀院上新修禮書及慶曆祀儀。十一月壬午，冬至，祀天地于圜丘，大赦。七年十一月戊戌，冬至，祀天地于圜丘，大赦。皇祐五年八月壬戌，詔：南郊以太祖、太宗、真宗並配。十一月己巳，祀天地于圜丘，大赦。

王洙傳：皇祐五年，有事于南郊，勸上用新樂，既而議者多非之，卒不復用。

胡宿傳：皇祐五年正月，會靈宮災，是歲冬至，郊，以三帝並配〔一〕。明年大旱，宿言：「五行，火，禮也。去歲火而今又旱，其應在禮，此殆郊丘並配之失也。」即建言並配非古，宜用迭配如初。

嘉祐七年春正月乙亥，詔南郊以太祖配爲定制。

禮志：嘉祐六年，諫官楊畋論水災繇郊廟未順。禮院亦言：「對越天地，神無二主。唐始用三祖同配，後遂罷之。皇祐初，詔三聖並侑〔二〕，後復迭配，未幾復並侑，以爲定制。雖出孝思，然頗違經典，當時有司失於講求。」下兩制議，翰林學士王珪等曰：「推尊以享帝，義之至也。然尊尊不可以瀆，故郊無二主。今三后並侑，欲以致孝也，而適所以瀆乎享帝，非所以寧神也，請如禮官議。」七年正月，詔南郊以太祖定配。

王珪傳：先是，三聖並侑南郊。珪言：「三后並配，所以致孝，而瀆乎饗帝。」于是專以太祖侑于郊。

〔一〕「三帝」，原作「二帝」，據光緒本、宋史胡宿傳校勘記改。
〔二〕「詔」，諸本脱，據宋史禮志二補。

五禮通考卷十三

吉禮十三

圜丘祀天

宋郊禮

宋史英宗本紀：治平二年十一月壬申，有事南郊，大赦。辛巳，加恩百官。

宗晟傳：治平將郊而雨，或議改祫享，英宗訪諸宗晟，對曰：「陛下初郊見上帝，盛禮也，豈敢改卜？至誠感神，在陛下精意而已。」帝嘉納。及郊，雨霽。

文獻通考：英宗治平二年，合祭天地於南郊，以太祖配。故事，皇帝將就版位，祠官回班向皇帝，須就位，乃復。侍臣跪讀册，至御名則興。至是，詔以尊奉祠勿回班及興。時呂公著攝太僕卿，參乘爲上言，仁宗親祠，撤黄道以登，虚小次不入。上皆循用之。

正月上辛，祈穀。慶曆用犢一、羊二、豕二。其日祀感生帝，羊一、豕二，正配籩、籩、俎各增爲二。前一日，太祝讀祝，視祭玉，餘如冬至。攝事三獻，終，禮生引司天監罍洗，升詣四方帝神位，上香，奠幣、爵，并行一獻，再拜，復。治平二年，禮院言：「準閤門儀制，祀天地致齋，皇帝不遊幸作樂，緣壽聖節在致齋内，若用慶曆元年、嘉祐七年元會例，更用中辛，當在十六日。又十四日，例詣慈孝等寺、集禧觀行禮觀燈作樂，若遣官攝事，無不聽樂。元日朝會、壽聖節，多與上辛相近，常改用中辛，非尊事天神之意。嘉會合禮，又不宜徹樂。」因詔遇元正御殿，聖節上壽，雖在上辛，祠官致齋日亦用樂，大宴移日或就賜。

宋史神宗本紀：熙寧元年十一月丙戌，朝享太廟，遂齋於郊宫。廢青城後苑。丁亥，祀天地於圜丘，大赦，群臣進秩有差。

文獻通考：神宗熙寧元年，詔：令兩制以上至臺諫官，與太常禮院同詳定今年冬至當與未當親行郊禮。

翰林學士承旨王珪上議曰：「案王制：『喪三年不祭，唯祭天地社稷，爲越紼而行事。』傳謂不敢以卑廢尊。是則居喪而可得見天地也。春秋僖公三十三年傳，凡君薨，卒哭而祔，祔而作主，特祀於主，烝、嘗、禘於廟。杜預以謂，新主既特祀於寢，則宗廟四時常祀，自當如舊。是則居喪而可得見宗廟也。周公稱商高宗諒闇，三年不言。子張疑之，以問仲尼。仲尼答云，何必高宗，古之人皆然。高宗不云『服喪三年』，而云『諒闇三年』者，杜預又謂，古者，天子、諸侯三年之喪，既葬而服除，諒闇以居心喪，不與士庶同禮也。然則服除之後，郊廟之祭，可勿舉乎？南齊以前，人君嗣位，或仍前郊之年，或別自爲郊。下有司議，而王儉乃援晉、宋以來皆改元即郊，而不用前郊之年。自漢文以來，皆即位而謁廟。至唐德宗以後，亦踰年而行郊。況本朝景德二年，真宗居明德皇太后之喪，既易月而服除。明年，遂享太廟而合祀天地於圜丘。伏請皇帝，將來冬至，躬行郊廟之禮，其服冕、車輅、儀物、音樂，緣神事者，皆不可廢。」詔恭依典禮，其車服、儀物，除神事外，令太常禮院詳定以聞。禮院看詳：「欲乞除郊廟及景靈宮禮神用樂外，所有鹵簿、鼓吹及樓前宮架、諸軍音樂，皆備而不作，其逐處警場，止鳴金鉦、鼓角。」從之。

十一月，帝齊於郊宫，罷臨觀闕，不幸苑囿。

故事，車駕至青城，少休，即召從臣幸後苑，閲水嬉，復登端門觀太常警嚴。至是，帝精意奉祀，悉罷遊觀，遂減徹門闕亭苑，省草木禽獸千七百餘事。至十年，又罷去寢殿後至寶華門花磚砌道，著爲定制。

司馬光傳：執政以河朔旱傷，國用不足，乞南郊勿賜金帛。詔學士議，光與王珪、王安石同見。光曰：「救災節用，宜自貴近始，可聽也。」安石曰：「常衮辭堂饌，時以爲衮自知不能，當辭位不當辭禄。且國用不足，非當世急務，所以不足者，以未得善理財者故也。」爭議不已。帝曰：「朕意與光同，然姑以不允答之。」

宋史禮志：熙寧四年，參知政事王珪言：「南郊，乘輿所過，必勘箭然後出入，此師行之法，不可施於郊祀。」禮院亦言。於是，凡車駕出入門皆罷之。六年，以詳定所請，又罷太廟及宣德、朱雀、南薰諸門勘契。又皇帝自大次至版位，内臣二人執翟羽前導，號曰「拂翟」，失禮尤甚，請除之。

神宗本紀：熙寧六年春正月辛亥，復僖祖爲太廟始祖，以配感生帝。

宋喬年傳：喬年父充國，知太常禮院。英宗祔廟，議者欲祧僖祖藏夾室，充國請配感生帝爲宋始祖，從之。

七年十一月己未，祀天地于圜丘，赦天下。十二月丁卯，文武官加恩。

禮志：熙寧七年，詔中書、門下參定青城殿宇門名。先是，每郊撰進，至是始定名，前門曰泰禋，東偏門曰迎禧，正東門曰祥曦，正西門曰景曜，後三門曰拱極，内東側門曰夤明，西側門曰肅成，殿曰端誠，殿前東、西門曰左、右嘉德，便殿曰熙成，後園門曰寶華，著爲定式。

沈括傳：括爲館閣校勘，删定三司條例。故事，三歲郊丘之制，有司案籍而行，藏其副，吏沿以干利。壇下張幔，距城數里爲園囿，植采木、刻鳥獸綿絡其間。將事之夕，法駕臨觀，御端門、陳仗衛以閱嚴警，遊幸登賞，類非齋祠所宜。乘輿一器，而百工侍役者六七十輩。括考禮沿革，爲書曰南郊式。即詔令點檢事務〔一〕，執新式從事，所省萬計，神宗稱善。

〔一〕「詔」，諸本作「照」，據宋史沈括傳改。

文獻通考：楊氏曰：愚案注疏云：齋於路寢之室。唐禮，散齋於別殿，致齋二日於太極殿，又一日於行宫。國朝冬祀天禮，唯太祖皇帝乾德六年十一月之禮，可爲後世不易之法。其後，有司建明非一，大概宿齋三日，内一日於大慶殿，一日於太廟，一日於青城。高宗中興之後，檢會熙寧在京青城内殿宇門名，如曰泰禋、曰承和之類，悉遵舊式，其制可謂周備矣。然令儀鸞司預先體倣青城制度絞縛，其行事、執事、陪祠官，宿齋、幕次亦隨宜絞縛，又何其簡略也。元豐四年十月八日，禮官言：「古之王者，行則嚴輿衛，處則厚宫闕，所以示威重，備非常也。故周禮王會同則爲壝宫，食息則設帷宫。漢祀甘泉則有行宫，至於江左亦有瓦殿。本朝沿唐舊制，親祀南郊，行宫獨設青城幔殿，宿者有風雨之憂，而又無望祭之位。且青城之費，歲以萬數。臣等欲乞倣青城之制，創立齋宫，一勞而省重費，或遇風雨，可以行望祭之禮。」詔送太常禮院，候脩尚書省了日取旨。是神宗皇帝有意乎立齋宫矣，但以修尚書省未畢而猶有所待也。其後哲宗皇帝既建齋宫，謂臣下曰：「三歲一郊，青城之費，縑帛三十餘萬，工又倍之，易以屋室，一勞永逸，所省多矣。」又徽宗皇帝修建南北郊齋宿宫殿，南郊曰齋宫，北郊曰帷宫。有司請曰：「事體如一而名稱不同，宜並稱齋宫。」從之。祖宗典故，粲然可考，今青城制度，尚沿襲舊例而未革，盍亦推廣祖宗之意，立爲齋宫，無事則嚴其扃鐍，以待乘輿致齋之日而居焉，暫勞而永逸，一也；宿者無風雨之憂，或遇風雨，則可以行望祭之禮，二也。事有關係甚重，循習甚久，斷然在所當革而無疑者，其此之謂乎？

馬氏曰：會要載中書、門下奏定南郊青城内殿宇門名，其事在熙寧七年。然楊氏所云元豐四年，禮官請創立齋宫，詔侯修尚書省了日取旨，則知齋宫元豐時尚未建，而熙寧七年所奏定殿宇之名，乃幔殿也。然神宗即位，初郊齋於郊宫，罷臨觀闕，不幸池苑〔一〕，遂減徹亭苑，省草木禽獸千七百餘事。以是觀之，則知青城行宫苑囿遊觀之所畢備，而獨未建齋殿，誠爲缺典。

神宗本紀：熙寧十年十一月甲戌，祀天地於圜丘，赦天下。十二月甲申，文武官加恩。

元豐元年春正月戊午，命詳定郊廟禮儀。九月，詔祀天地及配帝並用特牲。

禮志：元豐元年二月，詔内壝之外衆星位，周環每二步植一杙，繚以青繩，以爲限

〔一〕「池」，諸本作「他」，據文獻通考卷七一改。

域。既而，詳定奉祀禮文所言：「周官外祀皆有兆域，蓋設一位而已，後世因之，稍增其制。」

文獻通考：東漢壇位，天神從祀者甚衆，至一千五百一十四神，故外設重營，以爲等限。日月在中營内南道，而北斗在北之西，至於五星、中官宿之屬，則其位皆中營，二十八宿外官星之屬，則其位皆外營。然則爲重營者，所以等神位也。唐因齊、隋之制，設爲三壝，天神列位不出内壝，而御位特設於壇下之東南。若夫公卿分獻，文武從祀，與夫樂架饌幔，則皆在中壝之内。而大次之設乃在外壝者，所以序祀事也。蓋古者神位寡，祀事簡，故兆守有域，以爲遮列厲禁而已。後世神位既衆，祀事亦繁，故爲三壝，以嚴内外之限。國朝郊祀壇域，率循唐制，雖儀注具載圜丘三壝，每壝三十五步，而有司乃以青繩代内壝，誠不足以等神位，序祀事，嚴内外之限也。伏請除去青繩，如儀注爲三壝。從之。

宋史神宗本紀：元豐二年秋七月丁亥，詳定郊廟禮儀。四年夏四月己巳，詔罷南郊合祭天地。九月，詳定郊廟奉祀禮儀。

歷代名臣奏議：元豐四年，詳定郊廟奉祀禮文。陸佃上議曰：「冕服有六，而周官弁師云『掌王之五冕』，則大裘與衮同冕矣。故禮記曰：『郊之日，王被衮以象天，戴冕，璪十有二旒，則天數也。』又曰：『服之襲也，充美也，禮不盛，服不充，故大裘不裼。』此明王服大裘，以衮衣裼之也。先儒或謂周祀天地皆服大裘，而大裘之冕無旒，非是矣。蓋古者，裘不徒服，則其上必皆有衣，故曰『緇衣羔裘』、『黄衣狐裘』、『素衣麑裘』。如郊祀徒服大裘，則是表裘以見天地。表裘不入公門，而乃欲以見天地，可乎？且先王之服，冬裘夏葛以適寒暑，蓋未有能易之者也。郊祀天地有裘無衮，則夏祀赤帝與夏至日郊祭地祇亦將被裘乎？然則王者冬祀昊天上帝，中裘而表衮明矣。至於夏祀天神地祇，則去裘服衮以順時序。周官曰：『凡四時之祭祀，以宜服之。』明夏必不衣裘也。或曰『王被衮以象天』，此魯禮。臣以爲記曰『周之始郊，日以至，王被衮以象天』，則豈得以爲魯哉？或曰：『祭天尚質，故徒服大裘，王被衮則非所以尚質。』臣以爲，謂之尚質者，明有所尚而已，不皆用質也。如蒼璧以禮天，黄琮以禮地，旂有十二旒，龍章設日月，此豈用質也哉？故曰『祭天，掃地而祭焉，於其質而已矣。牲用騂，尚赤也。用犢，貴誠也。王被衮以象天，戴冕，璪十有二旒，則天數也。旂十有二旒，龍章而設日月，以象天也』。夫理豈一端而已，亦各有所當也。今欲冬至禋祀昊天上帝，服裘被衮，其餘祀天及祠地祇，並請服衮去裘，各以其宜服之。」

石林燕語：故事，南郊，車駕服通天冠、絳紗袍，赴青城，祀日服靴袍，至大次臨祭，始更服衮冕。元豐中，詔定奉祀儀，有司建言，周官祀昊天上帝，則服大裘而冕。禮記郊祭之日，王被衮以象天。王肅援家語，臨燔祭，脱衮冕，蓋先衮而後裘。因請更製大裘，以衮用於祀日，大裘用於臨祭。議者頗疑家語不可據，黜之。則周官、禮記所載相牴牾。時陸右丞佃知禮院，請服大裘、被以衮，遂爲定制。大裘，黑羔皮爲之，而緣以黑繒，乃唐制也。

蕙田案：大裘衮冕之説，至農師乃定，不可易也。

宋史神宗本紀：元豐六年十一月癸卯，加上仁宗、英宗謚。丙午，祀昊天上帝於圜丘，赦天下。

禮志：元豐六年十一月四日，齋於南郊之青城。五日冬至，祀昊天上帝於圜丘，以太祖配。是日，帝服鞾袍，乘輦至大次。有司請行禮。服大裘，被衮冕以出，至壝中壝門外，殿中監進大圭，帝執以入，宫架樂作，至午階下版位，西向立，樂止。禮儀使贊曰：「有司謹具，請行事。」宫架奏景安之樂，文舞作，六成止，帝再拜，詣罍洗，宫架樂作，至洗南，北向，樂止。帝搢圭，盥帨訖，樂作，至壇下，樂止。升午階，登歌樂作，至壇上，樂止。殿中監進鎮圭，嘉安樂作，詣上帝神坐前，北向跪，奠鎮圭於繅藉，執大圭，俛伏，興，搢圭跪，三上香，奠玉幣，執圭，俛伏，興，再拜。内侍舉鎮圭授殿中監，樂止。廣安樂作，詣太祖神坐前，東向，奠圭幣如上帝儀。登歌樂作，帝降壇，樂止。宫架樂作，還位，西向立，樂止。禮部尚書、户部尚書以下奉饌俎，宫架豐安樂作，奉奠訖，樂止。再詣罍洗，帝搢大圭，盥帨，洗爵，拭爵訖，執大圭，宫架樂作，至壇下，樂止。升自午階，登歌樂作，至壇上，樂止。登歌禧安樂作，詣上帝神坐前，搢圭，跪，執爵祭酒，三奠訖，執圭，俛伏，興，樂止。太祝讀册，帝再拜訖，樂作。次詣太祖神坐前，如前儀。登歌樂作，帝降自午階，樂止。宫架樂作，還位，西向立，樂止。文舞退，武舞進，宫架正安之樂作，樂止。亞獻盥帨訖，正安樂作，禮畢，樂止。終獻行禮並如上儀。獻畢，宫架樂作，帝升自午階，樂止。登歌樂作，至飲福位，樂止。禧安樂作，帝再拜，搢圭，跪，受爵，祭酒三，啐酒，奠爵，受俎，奠俎，受摶黍豆，再受爵，飲福訖，奠爵，執圭，俯伏，興，再拜，樂作。帝降，還位如前儀。禮部、户部尚書徹俎豆，禮直官曰：「賜胙行事。」陪祀官再拜，宫架宴安樂作，一成止。宫架樂作，帝詣望燎位，南向立，樂止。禮直官曰：「可燎。」俟火燎半柴，禮儀使跪奏：「禮畢。」宫架樂作，帝出中壝門，殿中監受大圭，歸大次，樂止。有司奏解嚴。帝乘輿還青城，百官稱賀於端誠殿。有司轉仗衛，奏中嚴、外辦。帝服通天冠、絳紗袍，乘輿以出。至玉輅所，侍中跪請降輿升輅。帝升輅，門下侍郎奏請進行，又奏請少駐，宣侍臣乘馬。將至宣德門，奏采齊一曲，入門，樂止。侍中請降輅赴幄次，有司奏解嚴。帝常服，乘輿御宣德門，肆赦，群臣稱賀如常儀。

禮部、太常寺上親祀儀並如南郊；其攝事惟改舞名及不備官，其籩豆、樂架、玉幣之數，盡如親祀。是歲十一月甲辰冬至，祀昊天上帝，以太祖配，始罷合祭，不設皇地祇位。

文獻通考：元豐六年冬至，郊祀昊天上帝，以太祖配，始罷合祭，不設皇地祇位。先是，樞密院陳襄等詳定郊廟禮文，上言曰：「伏承聖意，以天地合祭於圜丘爲非典禮之正，詔令更定。臣謹案周禮大司樂以圜鐘爲宫，冬日至，於地上之圜丘奏之，六變以祀天神。以函鐘爲宫，夏日至，於澤中之方丘奏之，八變以祭地示。夫祀必以冬日至者，以其陽氣來復於上天之始也，故宫用夾鐘於震之宫，以其帝出乎震也。而謂之圜鐘者，取其形以象天也。三一之變，圜鐘爲宫，三變，黄鐘爲角，太蔟爲徵，姑洗爲羽，各一變。合陽奇之數也。祭必以夏日至者，以其陰氣潛萌於下地之始也，故宫用林鐘於坤之宫，以其萬物致養於坤也，而謂之函鐘者，取其容以象地也。四二之變，函鐘爲宫，太蔟爲角，姑洗爲徵，南吕爲羽，各二變。合陰偶之數也。又大宗伯以禋祀、實柴、槱燎，祀其在天者，而以蒼璧禮之；以血祭、沈薶、疈辜，祭其在地者，而以黄琮禮之。皆所以順其陰陽，辨其時位，倣其形色，此二禮之不得不異也。故求諸天而天神降，求諸地而地示出，得以通精誠而逆福釐，以生蒸民，以阜萬物，此百王不易之禮也。去周既遠，先王之法不行。漢元始中，姦臣妄議，不原經意，附會周官大合樂之説，謂當合祭。平帝從而用之，故天地共犢，禮之失自此始矣。由漢歷唐千有餘年之間，而以五月親祠北郊者，惟四帝而已。如魏文帝之太和、周武帝之建德、隋高祖之開皇、唐睿宗之先天，皆希闊一時之舉也。然而隨得隨失，卒無所定，垂之本朝，未遑釐正。恭唯陛下恢五聖之述作，舉百王之廢墜，臣以爲已罷合祭，則南北二郊自當别祀。伏望陛下每遇親祠之歲，先以夏日至祭地示於方丘，然後以冬日至祀昊天於圜丘，此所謂大者正也。然議者或謂：『先王之禮，其廢已久，不可復行。古者齋居近，古者，致齋路寢。儀衛省，用度約，賜予寡，故雖一歲徧祀而國不費，人不勞。今也齋居遠，儀衛繁，用度廣，賜予多，故雖三歲一郊而猶或憚之，況一歲而二郊乎？必不獲已，則三年而迭祭，或如後漢，以正月上丁祠南郊，禮畢，次北郊；或如南齊以上辛祀昊天，而次辛瘞后土，不亦可乎？』臣竊謂不然。記曰：『祭不欲疏，疏則怠。』夫三年迭祭，則是昊天大神六年始一親祀，無已怠乎？記曰：『大事必順天時。』二至之郊，周公之制也，捨是而從後王之失，可謂禮與？彼議者，徒知苟簡之便，而不睹尊奉之嚴也。伏惟陛下鑒先王已行之明效，舉曠世不講之大儀，約諸司儀衛而幸祠宮，均南郊之賜予以給衛士，蠲青城不急之務，損大農無名之費，使臣得以講求故事，參究禮經，取太常儀注之文，以正其訛謬，稽大駕鹵簿之式，以裁其繁冗，唯以至恭之意，對越大祇，以迎至和，格純嘏，庶成一代之典，以示萬世。」又曰：「臣某等恭唯本朝冬至祀天南郊，夏至祭地北郊，每歲行之，皆合於古。猶以有司攝事，爲未足以盡志，於是三年一郊而親行之。夫三年一郊而親行之，蓋所謂因時制宜者也。施之於今，誠不可易，唯合祭之禮，在所當正。禮曰：『魯人將有事於上帝，必先有事於泮宫。』所以然者，告祖爲配之謂也。又曰：『晉人將有事於河，必先有事於惡池；齊人將有事於太山，必先有事於配林。』所以然者，先卑後尊之謂也。臣等推古以知今，推諸侯以知天子，欲乞每遇親郊，七日戒之後、三日宿之時，宿太廟以告，宿北郊以祭，宿南郊以祀，所以先太廟者，告祖爲配也，所以先北郊者，先卑後尊也。雖然，自北郊至南郊，相去爲遠，則中道不可以無舍，請爲帷宮，止而後進。如允所奏，乞下有司施行。」禮，後漢因祠南郊，即祠北郊、明堂、世祖廟及太廟，謂之五供。唐因祀南郊，即祀太清宮及太廟，謂之三大禮。本朝三歲郊祀，必先景靈宮及太廟，蓋因前制。然每歲夏至於北郊，自有常祠祀，兼常歲有司攝事於南郊，亦不合祭天地。其合祭之意，止緣親祀，欲徧及爾。若以親祀欲徧及之，則因南郊同時告祭北郊，自因舊儀，亦不背違禮意，近於可行，伏乞更賜，參酌施行。於是詔禮官講求。翰林學士張璪以爲：「冬至祀天，夏至祀地，不易之理。今祀地欲改用他月，無所據依。必不得已，宜於郊祀之歲，夏至之日，盛禮容，興樂舞，一如南郊之儀，命宰攝事。」而王存、曾肇言：「今北郊常差中書、門下官，乃冢宰之任，樂舞之類，亦開元、開寶舊禮所載。特近世廢缺，二者皆有司攝事常行之典，未足以代親祀之重，恐於父天母地之文，有所未順。」判太常寺陳薦言：「議者以天地合祭，始於王莽，故欲罷之。臣按周頌『昊天有成命』，郊祀天地也。漢郊祀歌曰：『唯泰元尊，媪神蕃釐。』泰元，天也。媪神，地也。又曰：『涓選休成，天地並況。』此天地同祀，可以概見，恐非是王莽始也。議者又謂，方丘之祀，盛夏不躬行，宜選冢宰攝祀，亦恐未必合古。然終不若天地合祭也，乞且循舊制。」知禮院曾肇言：

「今冬至若罷合祭，而夏至又使有司行事，則於父母天地之義若有隆殺，願陛下遇親祀南郊之歲，以夏至日躬款北郊，以合先王之制。」遂詔罷南郊合祭，親祀北郊，並依南郊儀，如不親祀，上公攝事。

蕙田案：此元豐一議也，陳襄之言，據經考正，精確詳明，千古定論。神宗罷南郊合祭，親祀北郊，亦曠代卓識，惜終未之行耳。又案，陳薦主合祭之議，乃引漢郊祀歌「泰元媪神」之詞，爲天地同祀之證。夫漢南、北郊之禮雖未正，然甘泉泰畤、汾陰后土，尚存分祭之意，固未嘗合也。至於「泰元媪神」，乃方士亳忌天一、地一、泰一荒誕不經之舉。班志所載，即祀三一之樂章，與祭天地何涉？援以爲證，不亦異乎？

自元豐元年，上命樞密直學士陳襄等詳定郊廟奉祀禮文，大正歷代典禮之失。至是歲，親祀圜丘，始用新儀。國朝親郊，止服衮冕。至是稽古，始加服大裘而被以衮冕。

詳定禮文所議：禮記曰：「郊特牲而社稷太牢。」又曰：「祭天地之牛，角繭栗，配位亦特牲。」書曰「用牲於郊，牛二」是也。宋朝儀注，昊天上帝、皇地祇、太祖皇帝之位，各設三牲俎，非尚質貴誠之義。請親祀圜丘、方澤，正配位皆用犢，不設羊豕俎及鼎匕，有司攝事，亦如之。郊之祭也，器用陶匏，以象天地之性。樿因白木，以素爲質。今郊祀簠、簋、罇、豆皆非陶，又用龍杓，未合禮意，請圜丘、方澤正配位所設簠、簋、罇、豆，改用陶器，仍以樿爲杓。祀天之有禋、柴、槱，祭地之有瘞血，享廟之有祼鬯，皆歆神之始，非謂於祭之末燔燒胙餘也。至後世之燔瘞牲幣於祭末，而不知致神於其始，則是備於後而缺於先也。請南北郊先行升煙瘞血之禮，至薦奠禮畢，即如舊儀，於壇坎燔瘞牲幣。北郊祭皇地祇及神州地祇，當爲坎瘞埋，今乃建壇燔燎祝版。考先儒所說，地祇即無槱燎之文，請祭皇地祇，祝版、牲幣並瘞於埳，不設燎壇。熙寧祀儀，唯昊天上帝、皇地祇、高禖，燎瘞犢首，自感生帝、神州地祇而下，皆不燔瘞牲體，殊不應禮。又案周禮羊人「祭祀，割羊牲，登其首」。禮記曰：「升首，報陽也。」首爲陽，則脅與髀爲陰可知矣。報陽宜以陽，報陰宜以陰，各從其類也。請自今昊天上帝、感生帝，皆燔牲首以報陽。皇地祇、神州地祇、太社、太稷，凡地祇之祭，皆瘞牲之左髀以報陰。凡薦享太廟，皆升首於室。

又言：臣等見親祀南郊儀注，並云祀前三日，儀鑾司鋪御座黄道褥。謹案唐故事，郊壇、宫廟内壝及殿庭，天子步武所及，皆設黄道褥。壇上立位，又施赤黄褥。

將有事，命撤之。武德、貞觀之制用紫，至德以來用黄，開元禮、開寶通禮，郊廟並不設黄道褥。太常因革禮曰：「舊制，皇帝升壇，以褥藉地，象天黄道，太祖命撤之，設拜於地。和峴乞宣付史館。」天聖二年，儀注又增設郊壇、壝門道北御座黄道褥。康定初，有司建議，謂配帝褥用緋，以示損於天地，而自小次之前至壇上諸位，其道褥以黄，蓋非典禮。是歲，有詔自小次至壇下撤黄道。臣等伏詳禮記「郊祭之日，汜埽反道」，鄭氏注謂「剗令新土在上也」。其藉神席，天地尚質，則用蒲越、稾鞂，宗廟尚文，則設莞筵紛純，加繅席畫純，加次席黼純而已。天子受胙，乃有席，周禮司几筵所謂「胙席」是也。今來郊壇黄道褥欲更不設。

宋史禮志：詳定禮文所言：「古者祭祀用牲，有豚解，有體解，薦腥則解爲十一體。今親祠南郊，正配位之俎，不殊左右胖，不分貴賤，無豚解、體解之别。請郊廟薦腥，解其牲兩髀〔一〕、兩肩、兩脇并脊爲七體。左右胖俱用。其載于俎，以兩髀在端〔二〕，

〔一〕「髀」，諸本作「體」，據宋史禮志一改。
〔二〕「髀在」，諸本作「體左」，據宋史禮志一改。

兩肩、兩脇次之，脊居中，皆進末。至薦熟，沈肉於湯，止用右胖。髀不升俎，前後肱骨離爲三，曰肩、臂、臑。後髀股骨去體離爲二，曰肫、胳。前脊謂之正脊，次直謂之脡脊，闊於脡脊謂之横脊，皆二骨。脇骨最後二爲短脇，旁中二爲正脇，最前二爲代脇，若升俎，則肩、臂、臑在上端，膊、胳在下端，脊、脇在中央。其俎之序〔一〕，則肩、臂、臑、正脊、横脊、脡脊、代脇、長脇、短脇、膊、胳〔二〕。凡十一體，而骨體升俎，進神坐前，如少牢禮，皆進下。其牲體各預以半爲腥俎，半爲熟俎，腸胃膚俎亦然。」又請：「親祠飲福酒訖，倣儀禮『佐食摶黍』之説，命太官令取黍于簋，摶以授祝，祝受以豆，以嘏乎皇帝而無嘏辭。又本朝親祠南郊，習儀於壇所，明堂習儀于大慶殿，皆近於瀆。伏請南郊習儀於青城，明堂習儀于尚書省，以遠神爲恭。又賜胙：三師，三公，侍中，中書令，門下、中書侍郎，尚書左、右丞，知樞密、同知院事，禮儀、儀仗、鹵簿、頓遞使，牛羊豕肩、臂、臑各五；太子三師、三少，特進，觀文大學士、學士，御史大夫，六尚書，金紫、

〔一〕「俎」，諸本作「左」，據宋史禮志一改。
〔二〕「横脊」、「長脇」四字，諸本脱，據宋史禮志一校勘記補。

銀青光禄大夫，節度使，資政殿大學士，觀文翰林資政端明龍圖天章寶文承旨、侍講、侍讀、學士，左右散騎常侍，尚書列曹侍郎，龍圖、天章、寶文直學士，光禄、正議、通議大夫，御史中丞，太子賓客、詹事，給事中，中書舍人，節度觀察留後，左右諫議，龍圖、天章、寶文待制，太中、中大夫，秘書、殿中丞，太常、宗正卿，牛豕肩、臂、臑各三；入内内侍省押班、副都知，光禄卿，監禮官，博士，牛羊脊、脇各三；太祝，奉禮，司尊彝，郊社、太廟、宫闈令，監牲牢、供應祠事内官，羊髀、膊、胳三；應執事、職掌、樂工、門幹、宰手、馭馬、馭車人，並均給脾、肫、胳、觳及腸、胃、膚之類〔一〕。」

蕙田案：禮志此條，即神宗紀元年九月詔用特牲之事。而年月互異，必有一誤。今姑依次編入。

輿服志：元祐元年，禮部言：「元豐所造大裘，雖用黑羔皮〔二〕，乃作短袍樣，襲於衮衣之下，仍與衮服同冕，未合典禮。」下禮部、太常寺共議。上官均、吴安詩、常安

〔一〕「胳」，諸本脱，據宋史禮志一補。
〔二〕「羔」，諸本作「羊」，據宋史輿服志三改。

民、劉唐老、龔原、姚勔請依元豐新禮，丁騭請循祖宗故事，王愈請倣唐制，朱光庭、周秩請以玄衣襲裘。獨禮部員外郎何洵直在元豐中嘗預詳定，以陸佃所議有可疑者八：案周禮節服氏「掌祭祀朝覲，衮冕六人，維王之太常」，「郊祀，裘冕二人」，既云衮冕，又云裘冕，是衮與裘各有冕。乃云裘與衮同冕，當以衮襲之。裘既無冕，又襲於衮，中裘而表衮，何以示裘衮之別哉？古人雖質，不應以裘爲夏服，蓋冬用大裘，當暑則以同色繒爲之。記曰：「郊祭之日，王被衮以象天。」若謂裘上被衮，以被爲襲，則家語亦有「被裘象天」之文。諸儒或言「臨燔柴，脱衮冕〔一〕，著大裘」，或云「脱裘服衮」，蓋裘衮無同冕兼服之理。今乃以二服合爲一，可乎？且大裘，天子吉服之最上，若大圭、大路之比，是裘之在表者。記曰：「大裘不裼。」説者曰，無别衣以裼之，蓋他服之裘褻，故表裘不入公門。事天以報本復始，故露質見素，不爲表襮，而冕亦無旒，何必假他衣以藩飾之乎？凡裘上有衣謂之裼，裼上有衣謂之襲，襲者，裘上重二衣也。大裘本不裼，鄭志乃云：「裘上有玄衣，與裘同色。」蓋趙商之徒，附會爲説，不與經合。

〔一〕「衮」，諸本脱，據宋史輿服志三補。

襲之爲義，本出於重沓，非一衣也。古者齋祭異冠，齋服降祭服一等。祀昊天上帝、五帝，以裘冕祭，則衮冕齋。故鄭氏云：「王齋服衮冕。」是衮冕者，祀天之齋服也。唐開元及開寶禮始以衮冕爲齋服，裘冕爲祭服，兼與張融「臨燔柴脱衮服裘」之義合。請從唐制，兼改製大裘，以黑繒爲之。佃復破其説曰：夫大裘而冕，謂之裘冕，非大裘而冕，謂之衮冕。則裘冕必服衮，衮冕不必服裘。今特言裘冕者，主冬至言之。周禮司裘：「掌爲大裘，以供王祀天之服。」則祀地不服大裘，以夏日至，不可服裘故也。今謂大裘當暑，以同色繒爲之，尤不經見。兼裼襲，一衣而已，初無重沓之義。被裘而覆之則曰襲，袒而露裘之美則曰裼。所謂大裘不裼，則非衮而何？玉藻曰：「禮不盛，服不充，故大裘不裼。」則明不裼而襲也，充，美也。鄭氏謂大裘之上有玄衣，雖不知覆裘以衮，然尚知大裘不可徒服，必有玄衣以覆之。玉藻有尸襲之義。周禮「裘冕」注云：「裘冕者，從尸服也。」夫尸服大裘而襲，則王服大裘而襲可知。且裘不可以徒服，故被以衮，豈借衮以爲飾哉？今謂祭天用衮冕爲齋服，裘冕爲祭服，此乃襲先儒之謬誤。後漢顯宗初服日、月、星辰十二章，以祀天地。自魏以來，皆用衮服。則漢、魏祭天，嘗服衮矣。雖無大裘，未能盡合于禮，固未嘗有表裘而祭者也。且裘，内服也，與袍同。袍褻矣，而欲禪以祭天，以明示質，是欲衩衣以見上帝也。洵直復欲爲大裘之裳，纁色而無章飾。夫裘安得有裳哉？請從先帝所志。其後詔如洵直議，去黑羔皮而以黑繒製焉〔一〕。

蕙田案：陸農師論大裘而冕及大裘不裼，可稱千古定論。何洵直不能再置一辭矣。惜當日竟從何議，遂使元豐盛事不久而變，惜哉！

〔一〕「羔」，諸本作「羊」，據宋史輿服志三改。

五禮通考卷十四

吉禮十四

圜丘祀天

宋郊禮

宋史哲宗本紀：元祐七年九月戊戌，詔：「冬至日南郊宜依故事設皇地祇位〔一〕，禮畢，别議方澤之儀以聞。」十一月庚寅，帝齋大慶殿。辛卯，朝獻景靈宫。壬辰，饗太廟。癸巳，祀天地于圜丘，赦天下，中外群臣加恩。

〔一〕「位」，諸本脱，據宋史哲宗本紀補。

文獻通考：先時，元祐五年五月夏至，祭皇地祇，命尚書右丞許將攝事。將言：「王者父天母地。三歲冬至，天子親祠，徧享宗廟，祀天圜丘；而夏至方澤之祭，乃止遣上公，則皇地祇遂永不在親祠之典，此大闕禮。望博詔儒臣講求典故，明正祀典，爲萬世法。」詔禮部、太常寺及兩省侍從官集議以聞。于是翰林學士兼侍讀顧臨等八人，請合祭天地，如祖宗故事，俟將來親行北郊之禮，則合祭可罷。臨與祖禹又言：「天地特祭，經有明文，然自漢以來，千有餘年，不能行之矣。宋興，一祖六宗，皆合祭天地，其不合祭者，唯元豐六年一郊耳。去所易而就所難，虚地祇之大祭，失今不定，後必悔之。」吏部侍郎范純禮、彭汝礪，户部侍郎范子奇，禮部侍郎曾肇，刑部侍郎王覿、豐稷，權知開封府韓宗道，樞密都承旨劉安世，中書舍人孔武仲、陳軒，太常少卿盛陶、宇文昌齡，侍御史王畏，監察御史董敦逸、黄慶基，左司諫虞策，禮部郎中孫路，員外郎歐陽棐，太常丞韓治，博士朱彦、宋景年、閻本等二十二人，皆主北郊之議。而武仲又請以孟冬純陰之月，詣北郊親祠，如神州地祇之祭。杜純議請南郊之歲，設望祠位於苑中，置爟火，夏至命上公攝事，每獻舉爟火。詔依王欽臣議，宜如祖宗故事，並祭天地一次。汝礪、肇復上疏，論合祭非是，文多不載。九月，三省上顧臨等議。太皇太后曰：「宜依仁宗皇帝故事。」呂大防言：「國朝以來，大率三歲一親郊，並祭天地宗廟，因行赦宥，頒賞軍士，遂以爲常。今諸儒獻議，欲南郊不設皇地祇位，唯祭昊天上帝，于祖宗之制，未見其可。」蘇轍曰：「自熙寧十年，神宗皇帝親祠南郊，合祭天地，今十五年矣。皇帝即位又已八年，未嘗親見地祇，乃朝廷缺典，不可不正。」范百禄言：「圜丘無祭地之禮，記曰：『有其廢之，莫可舉也。』先帝所廢，稽古據經，未可輕改。」大防又言：「先帝因禮文所建議，遂令諸儒議定北郊祀地之禮，然未經親行。今皇帝臨御之始，當親見天地，而地祇之位獨不設，恐亦未安。況本朝祖宗，以恩霈四方，慶賚將士，非三歲一行，則國力有限。今日宜爲國事，勉行權制，俟异時議定北郊制度及太廟享禮，行之未晚。」太皇太后以呂大防之言爲是。而蘇頌、鄭雍皆以「古者人君嗣位之初，必郊見天地。今皇帝初郊而不祀地，恐未合古」。乃下詔曰：「國家郊廟特祀，祖宗以來，命官攝事，則三歲一親郊，則先享清廟，冬至合祭天地於圜丘。元豐間，有司援周制，以合祭不應古義，先帝乃詔定親祠北郊之儀，未之及行。是歲，郊祀不設皇地祇之位，而宗廟之享率如權制。朕方修郊見天地之始，其冬至日南郊，宜依熙寧十年故事，設皇地祇位，以嚴並況之報。厥後躬行方澤之祀，則修元豐六年五月之制。俟郊禮畢，集官詳議典禮以聞。」

歷代名臣奏議：劉安世上議，略：「臣等昨奉詔旨，講議大典，皆祖周制。而或者欲于當郊之歲，以十月神州地祇之祭，易夏至方澤之祀，可以免盛暑舉事之勞。夫神州地祇，乃天子建都之所一方之神爾，非皇地祇之比也。或者又欲于夏至之日，上不親郊，止設爟火，天子望祀于禁中，如西漢行宫故事。此皆出于臆説，違經害義，不可施行。臣等更不復議。内有蘇軾一狀，最爲强辯。案軾以爲合祭圜丘，于禮爲得，不可復有改更。臣等謹案，周禮，天子親祀上帝，一歲凡九，國朝因前代之制，三歲方一郊天，仍于其間或用他禮，比之周室，固以疏闊，苟更因循謬誤，不加考正，則何以副聖上嚴禋之意哉？夫祭祀之禮，莫大于天地。孝經曰：『昔者，明王事父孝故事天明，事母孝故事地察。』二儀敵體，禮宜均一，豈可親祠乃有隆殺？古者謂求神以類，繫辭曰：『乾爲天，陽物也，故祭之于冬至一陽生之日，就國之南圜丘以行禮，牲牢、器幣、樂舞皆尚陽數。坤爲地，陰物也，故祭之于夏至一陰生之日，就國之北方澤以行禮，牲牢、器幣、樂舞皆尚陰數。』此所謂求神以類者也。今議者猥用王莽不經之説，至引夫婦同牢私媟之語，黷亂天地。臣等雖謭陋，決不可從非禮之禮。秦、漢而下，去聖寖遠，禮崩樂壞，無能改革。神宗詔有司稽考，未遑改制。陛下繼志述事，講究墜典，此正方今之先務也。議者乃引周頌昊天有成命以爲合祭之證。竊詳詩曰：『昊天有成命，二后受之。成王不敢康，夙夜基命宥密。於緝熙！單厥心，肆其靖之。』終篇未嘗有合祭之文。所謂郊祀天地，乃後儒叙詩者之辭耳，非經語也。蓋成、周之世，圜丘祭天，歌此詩以爲樂章；方澤祀地，亦歌此詩以爲樂章而已，非謂易北郊之祀，使就享于南郊也。借如其説，臣等不敢別引他經，止就周頌中舉詩以難之。潛詩之序曰：『潛，季冬獻魚，春薦鮪也。』不識謂一祭耶，抑二祭耶？又豐年詩之序曰：『豐年，秋冬報也。』噫嘻詩之序曰：『春夏祈穀于上帝也。』如此之類，未審止是一祭，復爲二祭？三詩即互用于異時，則昊天有成命雖歌于圜丘，豈不可用于方澤乎？」

彭如礪上南北郊分祭議，略：「臣聞禮者，體也，體不備，君子謂之不成人。設之不當，猶不備也。故先王之交于神明也，既祭之以禮，又求之以類，其時日、牲幣、器服、聲音、顏色，無或非其類者。或非其類，謂之非禮，非禮之祭，鬼神不享。

臣謹以一事明之，春爲陽，故以正月迎于東郊，秋爲陰，故以七月迎于西郊，使迎春則在西郊，而用秋之時，迎秋則在東郊，而用春之時，樵野猶怪，而況于鬼神乎？夫天之與人，非有異也，今應祭方澤也，而命于圜丘，應用夏至也，而用冬至，蓋何以異此？先皇帝欽若稽古，是正太常，今何疑何恤而欲紛更之也？家人小祀，尚慎廢舉，天地重大，豈容輕議？臣聞之，神無常享，享于至誠；天無私親，親于有德。朝廷誠能富民阜財，明道崇義，致帝者之用，成天地之化，使粒食之民，宴也粲也，則上帝是祐，而諸福之物皆可畢致。務改祀命，實非所願，惟朝廷慎之，重之，反覆之，務求至當，以稱先帝所以尊奉聖靈之意焉。」又曰：「合祭之議，臣等謂不可者二十二人，謂可者八人。楊子曰：『人各是其所是，非其所非，將誰使正之？』曰：『萬物紛錯而占諸天，衆言淆亂則折諸聖。在則人，亡則書。』周禮，聖人之言也，合祭肇于漢末時，其言甚不經。朝廷制度考文，方告之宗廟，行之天地，布之天下，以憲萬世。或委聖言而從不經，不可也。或曰：『合祭，歷世行之，莫之改也。』夫莫之改者，猶行之，不可也。先帝既改之，善矣，欲變之，不可也。或曰：『親祠未能，且從合祭可乎？』曰：『親祠非不可行，以有事而攝焉，亦禮也。』合祭非禮也，舍禮不用而從非禮，不可也。夫規矩誠設，不可欺以方圓；繩墨誠陳，不可欺以曲直。今議祭祀而不從禮，議禮而不從經，則是非並起，終無所歸，是猶舍規矩而察方圓，舍繩墨而觀曲直，不可也。」

七年，禮部侍郎曾肇上奏乞分祭，略曰：「伏以天地合祭，非先王禮，學士大夫所共知之，不待臣言而信也。然使合祭于承事神祇，無不順之理，雖非先王之禮，何爲而不可行？蓋以聖人之于祭，求之于茫昧不可知之中，故必因其方，順其時，而用其類以致之。是以因高以事天，因下以事地，兆五帝于四郊，朝日于東，夕月于西，兆司中、司命于南，風師、雨師于北，兆山川、丘陵、墳衍各因其方，而春夏秋冬，各順陰陽之性。其于祭事，或燔或瘞，或埋或沈，以至圭璧、幣牲、坎壇、樂舞，各從其類。先王非苟爲之，以謂求之如此之盡，然後庶幾神之來享也。苟爲反是，則其于格神也難矣！今論者以罷合祭，則天子未有親見地祇之時，夏至親祀北郊，則以五月行禮爲難，欲因南郊并舉地祭，此施于人事，以求自便則可矣，以此爲親見地祇之實，則未也。何則？事之非其方，致之非其類，又違其時。施于群小祀，且猶不可，況地祇之尊乎？以此事地，地祇未必來享，而便謂此爲親見地祇之實，此臣所未諭也。且屈己從神，與屈神以從己，二者孰安？今以五月行禮爲難，而引地祇以就冬祭，苟從人事之便，恐失陛下恭事地祇之意，此又臣所未諭也。臣謂合祭不可復，親祀不可廢，但當斟酌時宜，省去繁文末節，則親祀之禮，無不可爲，已于前狀論之矣。」

肇又奏曰：「南郊非祭地之處，冬至非見地之時，樂以圜鍾爲宫，其變以六，非致地祇之音，燔柴升烟，非祭地祇之禮。不問神之享與不享，姑欲便于人事，不近于怠乎？今世之人，家有尊長，所居異宫，子弟致敬，必即其處，尚不敢屈致一堂，況天子事地，可不如家人之禮哉？前日以合祭爲非而罷之，今日復行，異日復罷，謂神無象，廢置自由，不近于瀆乎？陛下即位八年，兩行明堂大享之禮。今茲有事南郊，凡與天神，舉皆從祀，次第行之，則將來郊祀之歲，親祀北郊，并及諸神，固未爲晚。何遽爲此舉，以涉非禮之議哉！況五月祭地，前世之所常行。本朝開寶中，亦曾四月行雩祀之禮。古人尚以六月出師，孰謂夏至有不可行禮者哉？」

宇文昌齡傳：昌齡遷太常少卿，詔議郊祀合祭，論者不一。昌齡曰：「天地之數，以高卑則異位，以禮制則異宜，以樂舞則異數；至于衣服之章，器用之具，日至之時，皆有辨而不亂。夫祀者自有以感于無，自實以通于虛，必以類應類，以氣合氣，然後可以得而親，可以冀其格。今祭地于圜丘，以氣則非所合，以類則非所應，而求高厚之來享，不亦難乎？」後竟用其議。

蕙田案：元祐再議，主分祭者二十二人，今可考其文者，劉安世、彭汝礪、曾肇、宇文昌齡四人，其言皆質實典重，俱有發明，惜其餘之不盡見也。

文獻通考：南郊鹵簿使、兵部尚書蘇軾奏：「臣謹案，漢成帝郊祀甘泉泰時、汾陰后土，而趙昭儀常從在屬車間，時揚雄待詔承明，奏賦以諷，其略曰：『想西王母忻然而上壽兮，屏玉女而却虙妃。』言婦女不當與齋祀之間也。臣今備位夏官，職在鹵簿，準故事。郊祀既成，乘輿還齋宮，改服通天冠、絳紗袍，教坊、鈞容作樂，還内，然後后妃之屬，中道迎謁，已非典禮，而況方當祀事未畢，而中宮、掖庭得在勾陳、豹尾之間乎？竊見二聖崇奉大祀，嚴恭寅畏，度越古今，四方來觀，莫不悅服。今車駕方宿齋太廟，而内中車子不避仗衛，爭道亂行，臣愚竊恐于觀望有損，不敢不奏。乞賜約束，仍乞取問隨行合干勾當人施行，取進止。」時軾爲鹵簿使導駕，内中朱紅車子十餘輛，有張紅蓋者，爭道亂行于乾明寺前，軾于車中草此奏，奏入，上在太廟，馳遣人以疏白太皇太后。明日，中使傳命，申敕有司，嚴整仗衛，自皇后以下，皆不復迎謁中道。

宋史蘇軾傳：是歲，南郊，軾爲鹵簿使，導駕入太廟。有赭繖犢車并青蓋犢車十餘爭道，不避儀仗。軾使御營巡檢使問之，乃皇后及大長公主〔一〕。時御史中丞李之純爲儀仗使，軾曰：「中丞職當肅政，不可不以聞。」之純不敢言，軾于車中奏之。哲宗遣使齎疏馳白太皇太后，明日，詔整肅儀衛，自皇后而下，皆毋得迎謁。

哲宗本紀：元祐八年四月丁巳，詔南郊合祭天地，罷禮部集官詳議。

禮志：元祐八年，禮部尚書蘇軾復陳合祭六議，令禮官集議以聞。已而下詔依元祐七年故事，合祭天地于南郊，仍罷集議。

文獻通考：禮部尚書蘇軾言：恭睹陛下近者至日親祀郊廟神祇，享答實蒙休應。然則圜丘合祭，允當天地之心，不宜復有更改。竊惟議者欲變祖宗之舊，圜丘祀天而不祀地，不過以謂：冬至祀天于南郊，陽時陽位也，夏至祀地于北郊，陰時陰位也，以類求神，則陽時陽位不可以求陰也。是大不然。

〔一〕「皇后」，諸本作「皇太后」，據宋史蘇軾傳改。

冬至南郊，既祀上帝，則天地百神莫不從祀。古者，秋分夕月于西郊，亦可謂陰時陰位矣。至于從祀上帝，則冬至而祀月于南郊，議者不以爲疑。今皇地祇亦從上帝而合祭於圜丘，獨以爲不可，則過矣。書曰：「肆類于上帝，禋于六宗，望于山川，徧于群神。」舜之受禪也，自上帝、六宗、山川、群神，莫不畢告，而獨不告地祇，豈有此理哉？武王克商，庚戌，柴望。柴，祭上帝。望，祭山川也。一日之間，自上帝而及山川，必無南北郊之別也，而獨略地祇，豈有此理哉？臣以此知古者祀上帝，并祀地祇矣。何以明之？詩之序曰：「昊天有成命，郊祀天地也。」此乃合祭天地，經之明文，而説者乃以比之豐年秋冬報也。曰秋冬各報，而皆歌豐年；則天地各祭，而皆歌昊天有成命也。是大不然。豐年之詩曰：「豐年多黍多稌，亦有高廩，萬億及秭。爲酒爲醴，烝畀祖妣。以洽百禮，降福孔嘉。」歌于秋，可也，歌于冬，亦可也。昊天成命之詩曰：「昊天有成命，二后受之。成王不敢康，夙夜基命宥密。於緝熙！單厥心，肆其靖之。」終篇言天而不及地。頌以告神明也，未有歌其所不祭，祭其所不歌也。今祭地于北郊，獨歌天而不歌地，豈有此理哉？臣以知周之世，祀上帝則地祇在焉。歌天而不歌地，所以尊上帝。故其序曰：「郊祀天地也。」議者乃謂合祭天地始于王莽，以爲不足法。臣竊謂禮當論其是非，不當以人廢。光武皇帝，親誅莽者也，嘗采用元始合祭故事。謹案後漢書郊祀志：「建武二年，初制郊兆于洛陽，爲圜丘，八陛，中又爲重壇，天地位其上，皆南鄉，西上。」此則漢世合祭天地之明驗也。又案水經注：「伊水東北至洛陽縣圜丘東，大魏郊天之所，準漢故事，爲圜丘壇，八階，中又爲重壇，天地位其上。」此則魏世合祭天地之明驗也。唐睿宗將有事于南郊，賈曾議曰：「有虞氏禘黄帝而郊嚳，夏后氏禘黄帝而郊鯀。郊之與廟，皆有禘也。禘于廟則祖宗合食于太祖，禘于郊則地祇、群望皆合食于圜丘。以始祖配享，蓋有事之大祭，非常祀也。三輔故事：『祭于圜丘，上帝、后土位皆南面。』則漢嘗合祭矣。」時褚無量、郭山惲等皆以曾言爲然。明皇天寶元年二月，敕曰：「凡所祠享，必在躬親，朕不親祭，禮將有缺。其皇地示宜就南郊合祭。」是月二十日，合祭天地于南郊，自後有事于圜丘皆合祭。此則唐世合祭天地之明驗也。今議者欲冬至祀天，夏至祀地，蓋以爲用周禮也。臣請言周禮與今禮之別。古者一歲祀天者二，明堂享帝者一，四時迎氣者五，祭地者二，享宗廟者四，此十四者〔一〕，皆天子親祭也。而又朝日、夕月、四望、山川、社稷、五祀及群小祀之類，亦皆親祭，此周禮也。太祖皇帝受天眷命，肇造宋室，建隆初郊，先享宗廟，乃祀天地。自真宗以來，三歲一郊，必先有事景靈宮，享太廟，乃祀天地，此國朝之禮也。夫周之禮，親祭如彼其多，而歲歲行之，不以爲難。今之禮，親祭如此其少，而三歲一行，不以爲易，其故何也？古者天子出入，儀物不繁，兵衛甚簡，用財有節。而宗廟在大門之內，朝諸侯，出爵賞，必于太廟，不止時祭而已。天子所治，不過王畿千里，唯以齊祭禮樂爲政事，能守此則天下服矣。是故歲歲行之，率以爲常。至于後世，海内爲一，四方萬里，皆聽命于上，機務之繁，億萬倍于古，日力有不能給。自秦、漢以來，天子儀物，日以滋多，有加無損，以至于今，非復如古之簡易也。今之所行，皆非周禮：三年一郊，非周禮也；先郊二日而告原廟，一日而祭太廟，非周禮也；郊而肆赦，非周禮也；優

〔一〕「十四」，原作「十五」，據光緒本改。

賞諸軍，非周禮也；自后妃以下至文武官，皆得蔭補親屬，非周禮也；自宰相宗室以下至百官皆有賜賚，非周禮也。此皆不改，而獨于地示，則曰「周禮不當祭于圜丘」，此何義也哉？議者必又曰：夏至不能行禮，則遣官攝祭，亦有故事。此非臣之所知也。周禮大宗伯：「若王不與祭祀則攝位。」鄭氏注曰：「王有故，則代行其祭祀。」賈公彦疏曰：「有故，謂王有疾及哀慘皆是也。」然則攝事非安吉之禮。後世人主不能歲歲親祭，故命有司行事，其所從來久矣。若親郊之歲，遣官攝事，是無故而用有故之禮也。議者必又曰：省去繁文末節，則一歲可以再郊。臣將應之曰：古者以親郊爲常禮，故無繁文；今世以親郊爲大禮，則繁文有不能省也。若帷城幔屋，盛夏則有風雨之虞，陛下自宫入廟，自廟出郊，冠通天，乘大輅，日中而舍，百官衛兵，暴露于道，鎧甲具裝，人馬喘汗，皆非夏至所能堪也。王者父事天，母事地，不可偏異。事天則備，事地則簡，是于父母有隆殺也。豈得以爲繁文末節而一切欲省去乎？國家養兵，異于前世，自唐之時，未有軍賞，猶不能歲歲親祠。天子出郊，兵衛不可簡省，大輅一動，必有賞給。今三年一郊，傾竭帑藏，猶恐不足，郊賚之外，豈有復加？若一年再賞，國力將何以給？分而與之，人情豈不失望？議者必又曰：三年一祀天，又三年一祭地。此又非臣之所知也。三年一郊，已爲疏闊，若獨祭地而不祭天，是因事地而愈疏于事天，自古未有六年一祀天者，如此則典禮愈壞，欲復古而背古益遠，神示必不顧享，非所以爲禮也。議者必又曰：當郊之歲，以十月神州之祭易夏至方澤之祀，則可以免方暑舉事之患。此又非臣之所知也。夫所以議此者，爲欲舉從周禮也。今以十月易夏至，以神州代方澤，不知此周禮之經耶，變禮之權耶？若變禮從權而可，則合祭圜丘，何獨不可乎？十月親祀地，十一月親祀天，先地後天，古無是禮。而一歲再郊，軍國勞費之患，尚未免也。議者必又曰：當郊之歲，以夏至祀地示于方澤，上不親郊，而通爟火，天子于禁中望祀。此又非臣之所知也。書之望秩，周禮之四望，春秋之三望，皆謂山川在四郊者，故遠望而祭也。今所在之處，俛則見地，而云望祭，是爲京師不見地乎？此六議者，合祭可否之決也。夫漢之郊禮，尤與古戾，唐亦不能如古。本朝祖宗欽崇祭祀，儒臣、禮官講求損益，非不知圜丘、方澤皆親祭之爲是也。蓋以時不可行，是故參酌古今，上合典禮，下合時宜。較其所得，已多于漢、唐矣。天地、宗廟之祭，皆當歲徧，今不得歲徧，是故徧于三年當郊之歲，又不能于一歲之中再舉大禮，是故徧于三日。此皆因時制宜，雖聖人復起，不能易也。今並祀不失親祭，而北郊則必不能親往，二者孰爲重乎？若一年再郊而遣官攝事，是長不親事地也。三年間郊，當祀地之歲，而暑雨不可親行，遣官攝事，則是天地皆不親祭也。夫分祀天地，決非今世之所能行。願陛下謹守太祖建隆、神宗熙寧之禮，無更改易郊祀、廟享，以億寧上下神示。仍乞下臣此章，付有司集議，如有異論，即須畫一解破臣所陳六議，使皆屈伏，上合周禮，下不爲當今軍國之患。不可但執周禮，更不論今可與不可施行，所貴嚴祀大典，以時決定取進止。貼黃稱：「唐制：將有事于南郊，則先朝獻太清宫，朝享太廟，亦如今禮。先二日告原廟，先一日享太廟。然議者或亦以爲非三代之禮。」臣謹案武王克商，丁未，祀周廟，庚戌，柴望，相去三日，則先廟後郊，亦三代之禮也。

初，詔議北郊典禮，蘇軾主合祭之說，從之者五人。劉安世主分祭之說，從之者四十人。又有三人，欲于十月以神州地示之祭易夏至方丘之祀。又有一人，欲上不親祠而通爟火，天子于禁中望拜。既而朝廷復送下三狀，再令詳定。安世復議，略云：「蘇軾謂『合祭圜丘，于禮爲得，不可復改』，臣等謹案周禮，天子親祀上帝凡九，國朝三歲一郊，固已疏闊，豈可因循謬誤，不加考正？古者求神以類。天，陽物也；地，陰物也。歲、月、日、時、方位、牲器、樂舞，皆從其類。今議者于聖人成法則棄而不行，猥用王莽不經之説，至引夫婦同牢私褻之語，黷亂天地；又引昊天有成命之詩以爲證。臣等切詳此詩，終篇未嘗有合祭之文，序乃後儒之辭，亦謂成周之世，圜丘、方澤各歌此詩，以爲樂章耳。如潛之序曰：『季冬獻魚，春薦鮪也。』豐年之序曰：『豐年，秋冬報也。』噫嘻之詩曰：『春夏祈穀于上帝也。』如此之類，不知爲一祭耶，抑二祭耶？若郊祀賜予，乃五代姑息之弊法，聖朝寬仁，不欲遽罷，若分而爲二，何所不可？議者乃欲因此造爲險語，以動上聽，又引禍福殃咎之説，劫持朝廷，必欲從己，甚無謂也。大抵臣等所守，乃先王之正禮，而蘇軾之議，皆後世之便宜，權之與正，決不可合。伏望聖慈詳審其當，上以體神考之志，下以正千載之惑，不勝幸甚！」方送同議官簽書，其徒馳告軾，曰：「若劉承旨議上，決恐難答。」時蘇轍爲門下侍郎，遂白轍，令請降旨罷議安世議，竟不得上。

蕙田案：此元祐再議也。蘇軾所發六議，辨矣，然衷而論之，有十二失焉。古者祭天特牲，後世乃有從祀百神。若果百神從祀，則虞書類上帝之下，不應又禋六宗、望山川、徧群神矣。軾乃以百神從祀之故，謂皇地祇亦宜從上帝而合祭于圜丘，其失一也。謂古者秋分夕月于西郊，亦可謂陰時陰位矣，至于從祀上帝，則冬至而禮月于南郊，以破陽時陽位不可求陰之説，夫既不以配月從祀之故而廢秋分之夕月，何得以地祇從祀之故而廢夏至之方澤耶？其失二也。告祭不及地祇，或經偶遺之，昊天有成命不足爲郊祀天地之證，劉安世之駁甚明，軾引此爲證，其失三也。謂光武親誅莽，亦采用元始合祭故事，不當以莽爲不足法。然沛公親滅秦而所用皆秦法，非秦法果足尚也。武王受命，未遑制作，必有待於周公。今以光武襲莽故事，遂謂不當以人廢，其失四也。漢、魏及唐，誰則能復古禮者？不以三代聖人爲法，而以漢、魏、唐一切苟簡之世爲法，其失五也。又陳周禮、今禮之别，大意謂周禮必不可行，今禮決不可改，而不辨周禮之是與今禮之非，其失六也。謂今所行皆非周禮，獨於祭地祇欲從周禮爲非義，則是孔子應以魯季世之禮爲禮，而餼羊決不可復存，其失七也。謂古天子王畿不過千里，故周禮可行。後世四海爲一，機務之煩，億萬倍于古，則周禮不可行。然古之帝王，或盤于遊畋，或不遑暇食，或總攬大綱而有餘，或親決庶務而不足，俱在人主之自爲。而禮之可行不可行曾不在是，軾之所言，是不爲也，非不能也，其失八也。天子儀物，日以滋多，此後世君日尊臣日卑之陋習也，不改陋習而欲改古禮，其失九也。郊天祭地，天子歲必親行，三年一郊，非禮之正。今以是爲國朝之禮，非子孫所可輕易者，何其陋耶！其失十也。又謂盛夏出郊，官兵暴露，人馬喘汗，皆非夏至所能堪，是盛夏之日，君若臣俱當棲遲偃仰，而謂敬不足行，謂祭無益也，其失十一也。又郊有肆赦，有優賞諸軍，有蔭補親屬，有百官賜賚，既知其非禮矣，而曰一年再賞，力將不給，分而與之，人情豈不失望？軾之意，難于失人情而不難于改古禮，抑亦異矣，其失十二也。至于六年一祭之議、十月祭地之議、禁中望祀之議，説本悠謬，原不足辯。劉安世曰：「臣等所守，乃先王之正禮，蘇軾之議，皆後世之便宜。」可謂得其情矣！

明艾南英論宋天地合祭：嗚呼！始爲天地合祭之説者，誰歟？何其鄙誕而不經也！天地之形雖分，而同屬于陰陽之氣，則合陰陽之氣，天與地皆在其中，其分陰分陽者，一氣而已。天地之氣，往而伸則爲陽，閉而息則爲陰，非天專有陽，地專有陰也。譬之人身，一呼吸之間而已，非以呼者專屬之精魂，以其吸者專屬之骨骸也。冬日至，祀天于南郊之圜丘，所以迎陽氣之始也，非祀天之形也。一氣漸萌于黄鐘之宫，地之陽氣與天俱升矣。易曰：「復，其見天地之心乎？」夏日至，祀地于北郊之方澤，所以迎陰氣之始也，非祀地之形也。霜露冰雪，以漸而至，天之陰氣，亦自是始升矣。天地可以形分，而陰陽之氣不可以分屬天地，南北郊之祭，蓋分陰陽之氣而迎之，非分天地而祀之也。議者徒見孝經有「父事天，母事地」之文，遂有天地合祭，若夫婦同牢之義，而以人神禮之。如是，則所謂地者，殆將姑嫗其貌，勢必至如道家之妄于山川后土之神，一切冠以天妃聖母、碧霞元君之像而後已。嗚呼！何其鄙誕而不經歟！中庸曰：「郊社之禮，所以事上帝也。」並舉郊社，非大社也，蓋指皇地祇而言，以其爲覆物載物之始，故皆稱上帝。然則南北郊之祭，雖謂之皆祀天可也，豈待後世紛更而配合之哉？況器用陶匏，牲用犢，異于明堂之祭者，不以人道事之而已。而又爲之合祭，以類其配偶，是以人道事天地也。嗚呼！何其誕歟！至其最陋而不通。于是南郊之壇，其位次遍及于周天之宿；北郊之壇，及于嶽鎮、海瀆、丘陵、墳衍，是真以南、北郊之祭爲分祀天地之形，無怪其亟亟然欲合之也。有南郊而無北郊，迎陽而不迎陰，然則獨陽不生，乾坤之策幾乎毁矣，其何以配天立極，爲天下神明之主乎？若夫萬乘之尊，不可以暴暑，推恩太繁，六軍望倖，大裘不宜于仲夏之月，以其小不便而廢先王對越天地之禮者，其議乃出于宋之名臣。嗚呼！又何足怪也！

觀承案：父天母地，乃實理，亦實事。六經言之甚詳，不但孝經也。至王莽援之，而謂「夫婦同牢，父母可以合食」，因以爲合祭天地之徵，則非耳。前人論此已明。東坡圜丘六議，亦屬曲説而違經，不足論也。艾氏説力主分祭，極是。其謂「冬至迎陽氣之始，夏至迎陰氣之始，非祀天地之形，則是迎氣之祭」，而非所謂大報本反始矣。兩郊之禮，固非祀天地之形，然天高地下，昭然在目，不比他鬼神之有氣無形，則雖不以形祀，亦豈徒以氣求者？且謂「分陰陽之氣而迎之，非分天地而祀之」，不適爲合祭者之藉口乎？王者父天母地，無時無處而不然，然猶虛而無迹，惟郊祀之時，乃盡其父事母事之實。説者欲破合食之論，當曰：「一陽始生，事天於南郊，以就陽位，乃所謂父事天也；一陰始生，祭地於北郊，以就陰位，乃所謂母事地也。若合食於南郊，則亂其陰陽之位，是父天而亦父地矣。且廢其北郊之祭，是有父而已，無母矣。而謂父天母地也，可乎？是即以父天母地之義折之，而合祭之非禮已立判矣，又何待別爲之説哉？」

宗元案：兩郊之宜分不宜合，禮經既有明文，前儒又有定論，其是非得失，本可一言而定。漢、唐以下，尚紛然聚訟者，是未窺夫聖人制禮之精義，而徒分爭於儀文器數之末，牽引於箋疏紀志之文，且但就兩郊分合論之，而不知總郊、社、禘、嘗而思之耳！虞書「秩宗典朕三禮」。三禮者，天神、地祇、人鬼，三才之禮也。聖人制禮，先洞徹乎三才一貫之大源，而後定爲報本反始之三大祭，欲合幽明上下而一之，必先辨幽明上下而分之。蓋人鬼則自親及尊，由衆而萃於一，天神、地祇則自尊及親，由一而涣於衆。故夫宗廟之禮，以三爲五，以五爲九，進群廟、祧廟而合之太廟，又進太廟而追所自出之一人，則惟配以太祖一位，而不及其餘。此之謂自親以及尊而衆萃於一也。於是達之天地，而冬至祭天於南郊，即以其太祖一人配，而後分爲五帝、六宗、百神之群祀，則漸近於人矣。夏至祭地於北郊，亦以其太祖一人配，而後分爲山川、社稷、百族之群祀，則漸近於人矣，此之謂自尊及親而一涣於衆也。而皆配以太祖之一人，則三才一貫矣。夫配惟一人而自出，昊天后土爲三大祭之主者，其反容有二乎？蓋禘與兩郊，所以立三禮之大宗，惟截然各爲一祭而不相混，乃爲專志一心而格上下，達幽明，此聖人報本反始三大祭之精義也。若兩郊可合，則三禮已缺其一矣，何以爲三才立極，而成位於天地之中也哉？因前人論郊祀分合者，皆未及此義，故略推言之。

哲宗本紀：紹聖元年五月甲寅，右正言張商英言先帝謂天地合祭非古，詔禮部、太常詳議以聞。

禮志：紹聖元年，以右正言張商英言：「先帝制詳定禮文所，謂合祭非古，據經而正之。元祐之臣，乃復行合祭，請再下禮官議。」御史中丞黄履謂：「南郊合祭，因王莽諂事元后，遂躋地位，合席同牢。逮先帝親郊，大臣以宣仁同政，復用莽意合祀，瀆亂典禮。」帝以詢輔臣，章惇曰：「北郊止可謂之社。」黄履曰：「郊者，交於神明之義，所以天地皆稱郊。社者，土之神爾，豈有祭大祇亦可謂之社乎？」乃以履奏送禮部、太常寺。權禮部侍郎盛陶、太常丞王誼等言：「宜用先帝北郊儀注，以時躬行，罷合祭禮。」已而三省言：「合祭既非禮典，但盛夏祭地祇，必難親行。」詔令兩省、臺諫、禮官同議，可親祀北郊，然後罷合祭之禮。曾布、錢勰、范純禮、韓宗師、王古、井亮采、常安民、李琮、虞策、劉定、傅楫、黄裳、豐稷、葉祖洽等言，互有是否。蔡京、林希、蔡卞、黄履、吴安持、晁端彦、翟思、郭知章、劉拯、黄慶基、董敦逸等請罷合祭。詔從之。然北郊親祀，終帝之世未克舉云。

文獻通考：紹聖元年，詔：罷合祭天地。自今因大禮之歲，夏至之日，躬祭地于北郊，應緣祀事儀物及壇壝、道路、帷宫等，宜令有司參酌，詳具以聞。蓋用蔡京等議。然北郊親祠，終帝世未克舉云。

宋會要：紹聖元年五月，右正言張商英言：「神宗以歷代典禮訛謬，謂合天地非古也，據經而正之。元祐之臣，乃率其私意，剗蕩前美，既獲權且合祭指揮于前，蘇軾又發六議于後，太常博士陳祥道又以昊天有成命，郊祀天地之詩，爲合不可破之論。或折祥道曰：『審如子言，則春夏祈穀于上帝，豈以夏祈而合春乎？「般」，巡守而祀四岳河海也』。詩曰『允猶翕河』，豈以海岳之祀而合于河乎？」祥道屈無以對。御史中丞黄履言：「昊天有成命，郊祀天地，詩之終篇，雖不言地，而用可通，是以序兼言之，亦猶天作祀先王先公，般巡守祀四岳河海。詩不言，其指皆同。由是推之，天地不可合祀，亦昭然矣。」後黄履、林希等議，請罷合祭天地。自後間因大禮歲，以夏至之日親祠北郊，其親祠北郊歲，更不親祠南郊。

蕙田案：此紹聖三議也。張商英、黄履之言甚正，然人主以親祠爲難，古禮亦無復可説。

哲宗本紀：元符元年十一月甲子，祀昊天上帝于圜丘，赦天下。

禮志：元符元年，左司員外郎曾旼言：「周人以氣臭事神，近世易之以香。按何佟之議，以爲南郊、明堂用沈香，本天之質，陽所宜也；北郊用上和香，以地于人親，宜加雜馥。今令文北極天皇而下皆用濕香，至于衆星之位，香不復設，恐於義未盡。」于是每陛各設香。又言：「先儒以爲實柴所祀者無玉，槱燎所祀者無幣。今太常令式，衆星皆不用幣，蓋出于此。然考典瑞、玉人之官，皆曰『圭璧以祀日月星辰』。則實柴所祀非無玉矣。槱燎無幣，恐或未然。」至是遂命衆星隨其方色用幣。

樂志：元符親郊五首：餘同咸平，凡闕者皆用舊詞。

降神，景安六變辭同。 無爲靡遠，深厚廣圻。祭神恭在，弁冕袞衣。粢盛豐美，明德馨輝。以祥以佑，非眇專祈。

升降，乾安罍洗、飲福並奏。 神靈擁衛，景從雲隨。玉色温粹，天步舒遲。周旋陟降，皇心肅祗。千靈是保，百福攸宜。

退文舞，迎武舞，正安 左手執籥，右手秉翟。進旅退旅，萬舞有奕。

徹豆，熙安 陟彼郊丘，大祀是承。其豆孔庶，其香始升。上帝時歆，以我齊明。卒事而徹，福禄來成。

送神，景安　馨遺八尊，器空二簋。至祀至虔，穹祇貺祉。

徽宗本紀：建中靖國元年十一月辛未，出御製南郊親祀樂章。庚辰，祀天地于圜丘，赦天下。

范百禄傳：是歲郊祀，議合祭天地，禮官以「昊天有成命」爲言。百禄曰：「此三代之禮，奈何復欲合祭乎？『成命』之頌，祀天祭地，均歌此詩，亦如春夏祈穀而歌噫嘻，亦豈爲一祭哉？」爭久不決，質于帝前。宰相曰：「百禄之言，禮經也；今日之用，權制也。陛下始郊見，宜以並事天地爲恭。」于是合祭。

文獻通考：建中靖國元年，詔：初祀南郊，權合祭天地于圜丘。起居郎周常等以合祭爲非禮，曾布主其説，乃詔罷合祭。

是歲，帝初郊，十一月戊寅，玉輅至景靈宫，行禮畢，赴太廟，大雪。上遣内臣問二相：「若大風雪不止，何以出郊？」右相曾布奏云：「郊禮尚在後日，雪勢暴，必不久，況乘輿順動，理無不晴。若更大雪，亦須出郊，必不可升壇，則須于端誠殿望祭，此不易之理。已降御札，頒告天下，何可中輟？」左相韓忠彦欲于大慶殿望祭，布不可。以爲「若還就大慶，是日却晴霽，奈何？」議遂定。中夜雪果止。五更上朝，享九室，已見月色。己卯黎明，自太廟齊殿步出廟門，升玉輅，景色已開霽，時見日色。巳午間至青城，晚遂晴，五使巡仗至玉津園，夕陽滿野。庚辰四鼓，赴郊壇行禮，天色晴明，星斗粲然。五鼓，二府稱賀于端誠殿。黎明，升輦還内。

盛陶傳：召爲太常少卿。議合祭天地，請從先帝北郊之旨；既而合祭，陶即奉行，亦不復辯執也。

宋史樂志：政和親郊三首：

皇帝升降，乾安　因山爲高，爰陟其首。玉趾躩如，在帝左右。帝謂我王，予懷仁厚。眷言顧之，永綏九有。

配位酌獻，大寧　於穆文祖，妙道九德。默契靈心，肇基王迹。啓佑後人，垂裕罔極。合食昭薦，孝思維則。

於皇順祖，積德累祥。發源深厚，不耀其光。基天明命，厥厚克昌。是孝是享，申錫無疆。

蕙田案：建中靖國元年所製，即此樂章，以政和紀年稍長，遂書政和耳。

徽宗本紀：崇寧三年十一月丙申，祀昊天上帝于圜丘。

大觀四年十一月丁卯，祀昊天上帝于圜丘，赦天下，改明年元。

政和三年十一月癸未，祀昊天上帝于圜丘，大赦天下。

禮志：政和三年，詔有司討論壇壝之制。十月，禮制局言：「壇舊制四成，一成二十丈，再成十五丈，三成十丈，四成五丈。成高八尺一寸，十有二陛，陛十有二級；三壝，二十五步。古所謂地上圜丘、澤中方丘，皆因地形之自然。王者建國，或無自然之丘，則于郊擇吉土以兆壇位。爲壇之制，當用陽數，今定爲壇三成，一成用九九之數，廣八十一丈，再成用六九之數，廣五十四丈，三成用三九之數，廣二十七丈；每成高二十七尺，三成總二百七十有六，乾之策也。爲三壝，壝三十六步，亦乾之策也。成與壝俱三，參天地之數也。」詔行之。

蕙田案：乾策二百一十六，「七」爲誤字顯然。「每成高二十七尺」以下，當有脱文。蓋每成二十七尺，三成則八十一尺，合九九之數，其合乾策者，乃陛級之數也，以是年所定方壇制度參考可見。

政和三年，議禮局上五禮新儀：皇帝祀昊天上帝，太史設神位版，昊天上帝位于壇上北方，南向，席以槀秸；太祖位于壇上東方，西向〔二〕，席以蒲越；天皇大帝、五帝、大明、夜明、北極九位于第一龕；北斗、太一、帝坐、五帝内坐、五星、十二辰、河漢等内官神位五十有四于第二龕；二十八宿等中官神位百五十有九于第三龕；外官神位一百有六于内壝之内；衆星三百有六十于内壝之外。第一龕席以藁秸，餘以莞席，皆内向。其位版之制：上帝位版長三尺，取參天之數；厚九寸，取乾元用九之數；廣尺二寸，取天之備數；書徽號以蒼色，取蒼璧之義。

文獻通考：政和三年冬十一月癸未，郊，上搢大圭、執玄圭，以道士百人執儀衛前導，蔡攸爲執綏官，玉輅出南熏門，至玉津園，上忽曰：「玉津園東，若有樓殿重複，是何處也？」攸即奏：「見雲間樓殿臺閣，隱隱數重，既而審視，皆去地數十丈。」頃之，上又曰：「見人物否？」攸即奏：「若有道流童子持幡節蓋，相繼而出雲間，衣服眉目，歷歷可識。」攸請付史館，宰相蔡京率百僚稱賀。

宋史徽宗本紀：政和六年九月辛卯朔，詣玉清和陽宮，上太上開天執符御曆含真

〔二〕「西」，諸本作「南」，據宋史禮志二校勘記改。

體道昊天玉皇上帝徽號寶册。丙申，赦天下。十一月丁酉，朝獻景靈宫。戊戌，享太廟。己亥，祀昊天上帝于圜丘，赦天下。

宣和元年十一月乙卯，祀昊天上帝于圜丘，赦天下。

四年十一月庚午，祀昊天上帝于圜丘，赦天下。

七年十一月丙戌，祀昊天上帝于圜丘，赦天下。

輿服志：政和議禮局上：大裘，青衣纁裏，黑羔皮爲領、褾、襈，朱裳，被以衮服。冬至祀昊天上帝服之。立冬祀黑帝，立冬後祭神州地祇，亦如之。

陸佃傳：佃拜尚書右丞。徽宗祀南郊，有司欲飾大裘匣，度用黄金多，佃請易以銀。徽宗曰：「匣必用飾耶？」對曰：「大裘尚質，後世加飾焉，非禮也。」徽宗曰：「然則罷之可乎？數日來，豐稷屢言之矣。」佃因贊曰：「陛下及此，盛德之舉也。」